U0373795

桥梁施工机械构造与运用

史俊青　臧其亮 等 编著

苏州大学出版社

图书在版编目(CIP)数据

桥梁施工机械构造与运用/史俊青等编著. --苏州:苏州大学出版社, 2023.7
ISBN 978-7-5672-4405-4

Ⅰ.①桥… Ⅱ.①史… Ⅲ.①桥梁施工-施工机械-高等职业教育-教材 Ⅳ.①U445.3

中国国家版本馆 CIP 数据核字(2023)第 107187 号

内容简介

本书主要介绍了常用的起重机械、钢筋加工机械、钻孔机械、打桩机械、预应力施工机械、提梁机、运梁车和架桥机的构造、特点、工作原理、应用领域、使用要点及施工流程等内容。

本书可作为高等职业技术学院道路机械化施工类、道路与桥梁工程技术、工程机械类等专业的教材,也可以作为行业培训教材,以及相关技术人员学习参考用书。

书　　名:桥梁施工机械构造与运用

编　　著:史俊青　臧其亮 等
责任编辑:周建兰
装帧设计:吴　钰

出版发行:苏州大学出版社(Soochow University Press)
出 版 人:盛惠良
社　　址:苏州市十梓街 1 号　邮编:215006
印　　装:苏州市深广印刷有限公司
网　　址:www. sudapress. com
邮　　箱:sdcbs@ suda. edu. cn
邮购热线:0512-67480030

开　　本:787 mm×1 092 mm　1/16　印张:16　字数:370 千
版　　次:2023 年 7 月第 1 版
印　　次:2023 年 7 月第 1 次印刷
书　　号:ISBN 978-7-5672-4405-4
定　　价:52.00 元

PREFACE / 前言

随着我国科技水平和综合国力的提高，道路与桥梁施工技术突飞猛进，在桥梁跨度、结构形式、新材料、施工工艺和装备等方面不断取得突破性进展，桥梁施工机械也已发展到高技术、高效能、多品种的新阶段，正快速向自动化、智能化阶段迈进。要使培养的学生跟上时代发展的步伐，教材是关键因素之一。

本书以培养技术应用型人才为目标，以够用为度，构建教材内容体系。同时关注行业发展现状，掌握企业发展的动态，将企业需要的新工艺、新技术、新设备等编入教材内容。把创新意识、创新能力培养的要素有机融入教材中，以此促进学生智力和技能的提高。

本书共八章，分别介绍了常用起重机械、钢筋加工机械、钻孔机械、打桩机械、预应力施工机械、提梁机、运梁车和架桥机等相关机械的构造、特点、工作原理、应用领域、使用要点及施工流程等内容，力求反映现代施工机械的结构及施工特点。本书具有内容精练、图文并茂、紧密联系施工实际、深入浅出、通俗易懂及便于教学和自学等特点。

为更贴近桥梁施工现场实际，更符合行业的新工艺、新标准，教材由学校具有多年教学经验的专业教师会同企业具有丰富实践经验的高级工程师编写而成，本书由徐州徐工铁路装备有限公司贾体锋主审，江苏建筑职业技术学院的史俊青、臧其亮、吴波、李顺编著。本书可供高职院校道路机械化施工类、道路与桥梁工程技术、城市轨道交通工程技术、工程机械类等专业学生使用，也可供相关行业培训及相关技术人员参考使用。

本书在编写过程中参考和借鉴了许多优秀教材、专著和相关技术文献资料，并得到了徐州徐工铁路装备有限公司资深专家和广大技术人员的大力支持与帮助，在此一并致谢！限于编者的水平及经验，书中难免有疏漏和不足之处，恳请广大读者批评指正。

CONTENTS / 目录

第一章 桥梁施工机械的认识

- 了解桥梁下部施工的内容及施工所用的机械设备。
- 了解桥梁上部施工的内容及施工所用的机械设备。

- 浅基础、深基础的概念。
- 深基础中桩基础、沉井基础、沉箱基础和连续墙基础的概念。
- 桥梁下部施工中预制桩施工所用机械的类型，灌注桩施工所用机械的类型。
- 桥墩、桥台的概念，桥梁上部施工中顶推法施工所用机械的类型，滑模施工法所用机械的类型，悬臂拼装施工法所用机械的类型，预制梁吊装施工法所用机械的类型。

- 能说出桥梁上部及下部的施工内容及其所用的机械设备。

桥梁施工机械是桥梁施工技术中的重要组成部分，施工机械的优劣不仅影响施工的效率，而且影响施工的质量。先进的施工机械为桥梁施工方案和施工方法的选择提供了更大的空间，从而推动桥梁施工技术的发展；同时，施工技术的发展，要求施工机械不断进行更新和改造，以满足施工新技术和新工艺的要求。

桥梁机械化施工已经广泛地使用各种类型的工程机械和设备，以达到确保工程质量、加快施工速度、减轻工人劳动强度、降低工程成本的目的，特别是一些专门的桥梁工程施工设备代替了以往的手工操作，极大地提高了施工效率，缩短了施工工期。

桥梁施工机械种类繁多，按其功能划分为水泥混凝土机械、起重运输机械、钢筋加工机械、排水机械、钻孔机械、打桩机械、预应力梁施工机械、架桥施工机械等；桥梁施工分为下部施工和上部施工，其施工机械也分为下部施工机械和上部施工机械。

第一节　桥梁下部施工机械

桥梁下部施工机械是为桥梁基础施工服务的。按照桥梁基础埋置深度的不同，可分为浅基础和深基础。一般而言，基础多埋置于地面以下，如桩基础（图 1-1）、桥梁基础（图 1-2）等均有一部分在地表之上。通常把位于天然地基上、埋置深度小于 5 m 的一般基础（如小桥涵基础）以及埋置深度虽然超过 5 m，但深度小于基础宽度的大尺寸基础（如箱形基础）统称为浅基础，可用一般方法施工。现代桥梁向大跨度、深水基础方向发展，对基础的承载力、变形和稳定性有较高要求。常把位于地基深处承载力较高的土层上，埋置深度大于 5 m 或基础深度大于宽度的基础称为深基础。深基础有桩基础、沉井基础、沉箱基础、连续墙基础等。

一、桩基础

桩基础由基桩和连接于桩顶的承台共同组成，如图 1-1 所示。若桩身全部埋于土中，承台底面与土体接触，则称为低承台桩基础，如图 1-1（a）所示；若桩身上部露出地面而承台底面位于地面之上，则称为高承台桩基础，如图 1-1（b）所示。桩基础是实现基础工业化的主要方向之一。桩基础按施工方法不同可分为预制桩和灌注桩两大类。

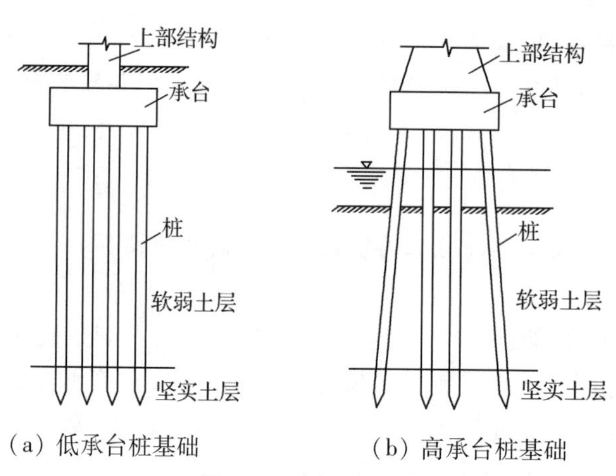

（a）低承台桩基础　（b）高承台桩基础

图 1-1　桩基础示意图

（一）预制桩施工机械

在工厂和施工现场制作的预制桩，按所用材料的不同，可分为木桩、混凝土桩、钢筋混凝土预制桩（图 1-3）、钢桩（图 1-4）和其他组合材料桩。可以通过锤击、振动打入，也可通过静压力，压入或旋入来沉桩。常用的沉桩施工机械有蒸汽锤、柴油锤、液压锤、振动沉拔桩锤和静压沉桩机等。

预制桩施工由于采用工厂化制作，施工速度快、工人劳动强度低、施工场地整洁、生产成本低，现场沉桩操作易实现机械化，但由于采用不取土方式沉桩，限于设备能力，桩径不宜太大，桩长也受限，而且单根预制桩承载能力有限，所以这种施工方法适用于中小跨桥梁

基础的施工和对环境要求较高的场合。

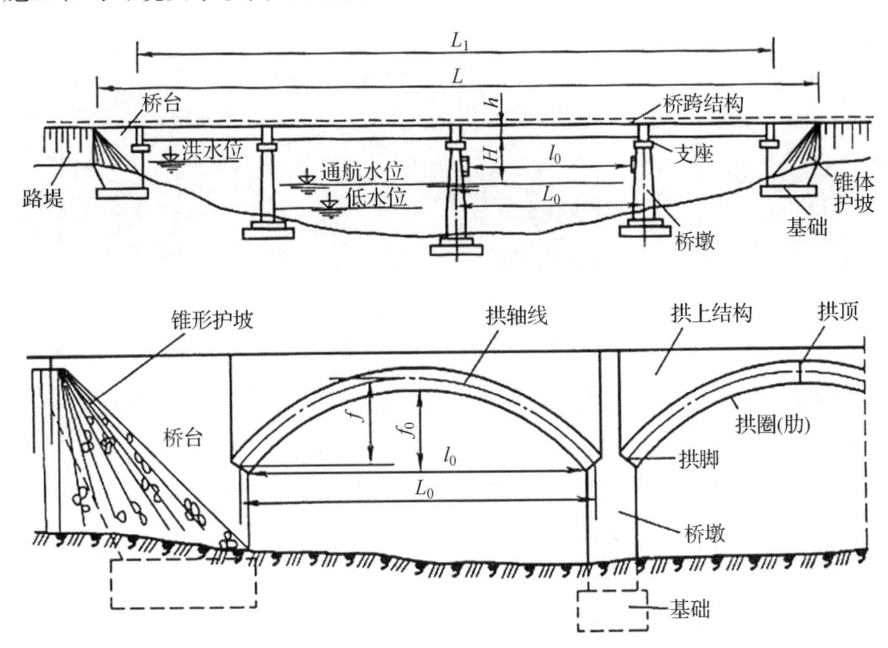

图 1-2 桥梁基础示意图

图 1-3 钢筋混凝土预制桩

图 1-4 钢桩

（二）灌注桩施工机械

灌注桩施工是指在工程现场的设计桩位钻孔，然后在钻成的桩孔内放置钢筋笼（图 1-5），并就地浇灌水泥混凝土的施工方法。与预制桩施工方法相比，其施工速度慢，施工人员劳动强度大，施工场地需要考虑泥浆搅拌、排放、沉淀池、弃渣存放和转运及混凝土拌和等工作。但是在承载能力要求较大的情况下，它有着预制桩所不可替代的作用。我国自 20 世纪 60 年代初在桥梁建设中应用钻孔灌注桩施工技术以来，钻孔桩及施工机械得到了快速发展，成为现在国内修建桥梁的主要基础形式。

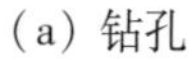
(a) 钻孔　　(b) 放置钢筋笼

图 1-5　桩孔内放置钢筋笼

钻孔桩的施工方法有以下几种(有配套的施工机械):

(1) 全套管施工法:即贝诺特(Benoto)法,用全套管钻机。

(2) 旋转钻施工法:包括有钻杆旋转钻机和无钻杆旋转钻机——潜水钻机。

(3) 回转斗钻孔法:用回转斗钻机。

(4) 冲击钻孔法:用冲击钻机。

(5) 螺旋钻孔法:包括长螺旋钻孔机和短螺旋钻孔机。

目前,在桩工机械中,进口设备与国产设备均有相当大的保有量。近年来我国通过引进技术、自主创新,提高了产品的技术水平,国产设备的性能和质量得到了很大提高,许多设备已成为国内施工单位的首选设备,而且已经走向了国际市场。

二、沉井基础

沉井基础是一个井筒状的结构物,其平面形状如图 1-6 所示,它是从井内挖土、依靠自身重力克服井壁摩阻力后下沉到设计标高,然后采用混凝土封底并填塞井孔(图 1-7),使其成为桥梁墩台或其他结构物的基础。图 1-8 为沪通长江大桥桥梁基础沉井施工。

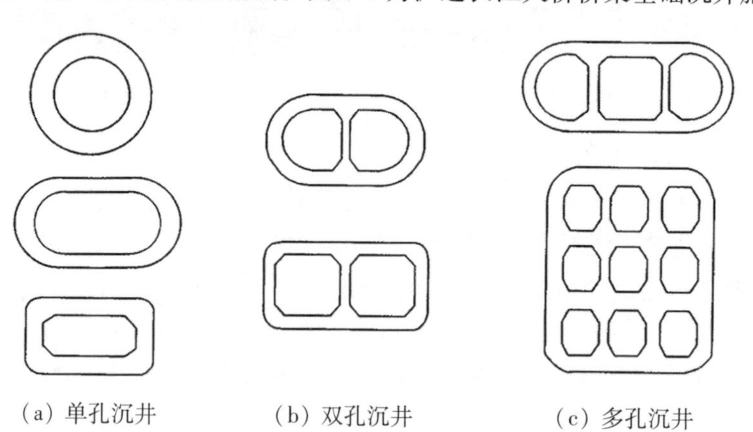
(a) 单孔沉井　　(b) 双孔沉井　　(c) 多孔沉井

图 1-6　沉井平面形状

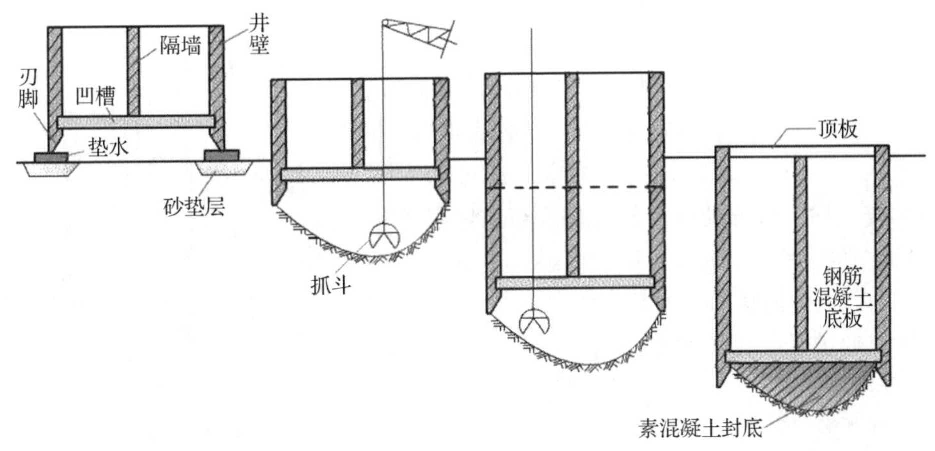

图 1-7　沉井施工程序示意图

图 1-8　沪通长江大桥桥梁基础沉井施工

沉井基础具有如下特点：埋置深度可以很大，整体性强，稳定性好，有较大的承载面积，能承受较大的垂直荷载和水平荷载；沉井既是基础，又是施工时的挡土和挡水的围堰结构物，施工工艺并不复杂。

沉井施工所用的机械除了与其他混凝土筑构物施工所需的设备相同外，在沉井下沉过程中还需用长臂挖机挖土，或者用水泵冲水等。

三、沉箱基础

沉箱基础又被称为气压沉箱基础，它是以气压沉箱来修筑桥梁墩台或其他构筑物的基础。气压沉箱是一种无底的箱形结构，因为需要输入压缩空气来提供工作条件，故称为气压沉箱，简称沉箱。

如图 1-9 所示，沉箱由顶盖和侧壁组成，其侧壁也称刃脚。顶盖留有孔洞，以安设向上接高的气筒(井管)和各种管路,气筒上端连有气闸。

气闸由中央气闸、人用变气闸及料用变气闸(或进料筒、出土筒)组成。在沉箱顶盖上安装围堰或砌筑永久性外壁。顶盖下的空间称工作室。当把沉箱沉入水下时,在沉箱外用空气压缩机把压缩空气通过储气筒、油质分离器经输气管分别输入气闸和沉箱工作室,把工作室内的水压出室外。工作人员就可经人用变气闸,从中央气闸及气筒内的扶梯进到工作室内工作。人用变气闸的作用是通过逐步改变闸内气压而使工作人员适应室内外的气压差,同时又可防止由于人员出入工作室而导致高压空气外溢。

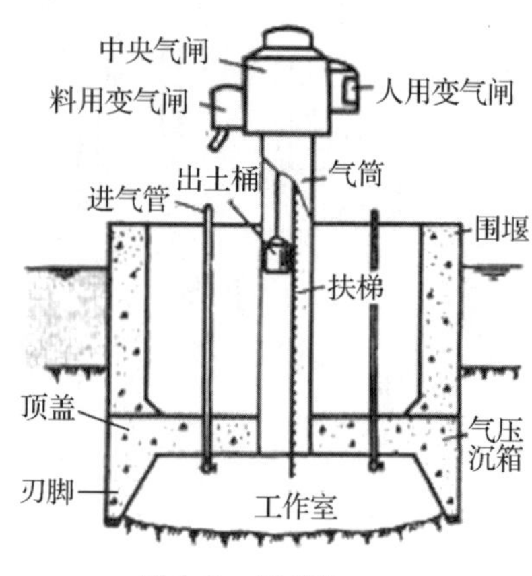

图 1-9　沉箱施工

在沉箱工作室里,工作人员用挖土机具、水力机械(包括水力冲泥机、吸泥机)和其他机具挖除沉箱底下的土石,排除各种障碍物,使沉箱在其自重及其上逐渐增加的圬工或其他压重作用下,克服周围的摩阻力及压缩空气向上的作用力而下沉。沉箱下到设计标高并经检验、处理地基后,用圬工填充工作室,拆除气闸气筒,这时沉箱就成了基础的组成部分。在其上面可在围堰保护下继续修筑所需要的建筑物,如桥梁墩台、水底隧道、地下铁道及其他水工、港口构筑物等。

由于沉箱施工人员作业条件差,有损健康,且工作效率低、费用高,加上人体不能承受过大气压,沉箱入水深度一般不能超过 35 m,使基础埋深受到限制。因此,沉箱基础除特殊情况外,一般不用。

四、连续墙基础

连续墙基础又称地下连续墙,是基础工程在地面上采用一种挖槽机械,沿着深开挖工程的周边轴线,在泥浆护壁条件下,开挖出一条狭长的深槽。清槽后,在槽内吊放钢筋笼(图 1-10),然后用导管法灌注混凝土筑成一个单元槽段。如此逐段进行,在地下筑成一道连续的钢筋混凝土墙壁,作为截水、防渗、承重和挡土结构。

图 1-10　地下连续墙施工

用开槽筑壁法施工筑成的地下连续墙体作为土中支撑单元的桥梁基础，它的形式大致可分为两种：一种是采用分散的板墙，根据墩台外形和荷载状态将它们排列成适当形式，墙顶接筑钢筋混凝土承台；另一种是用板墙围成闭合结构，其平面呈四边形或多边形，墙顶接筑钢筋混凝土盖板。后者在大型桥基中使用较多，与其他形式的深基础相比，它节省材料，施工速度快，而且具有较大的刚度，是发展较为成熟的一种新型基础。连续墙厚度一般为0.2～2.0 m，随深度而异，最大深度已达150 m。

第二节　桥梁上部施工机械

桥梁上部施工机械是指当桥梁下部基础施工完成后，桥墩以上结构物施工时使用的机械。上部施工包括钢结构的施工和钢筋混凝土结构的施工。桥梁主要使用钢筋混凝土结构。

桥墩或桥台修建好后，上部钢筋混凝土结构跨越的施工方法主要有以下几种。

一、顶推法

顶推法多用于预应力钢筋混凝土等截面连续桥梁和斜拉桥梁的施工。它是在桥位一端的桥台上安装大吨位千斤顶，将预制好的混凝土梁向下一个墩位推移，直至上墩，反复进行此动作，直至全部预制梁架设完毕，这种方法称为单点顶推法（图1-11）。另一种方法是在各墩位安装小吨位穿心式千斤顶，同步起动，推梁前移，称为多点顶推法。这种方法不需要大型吊装设备，减少了预制场地，但施工速度较慢。顶推设备主要有油泵车、大吨位千斤顶、穿心式千斤顶和导向装置等。

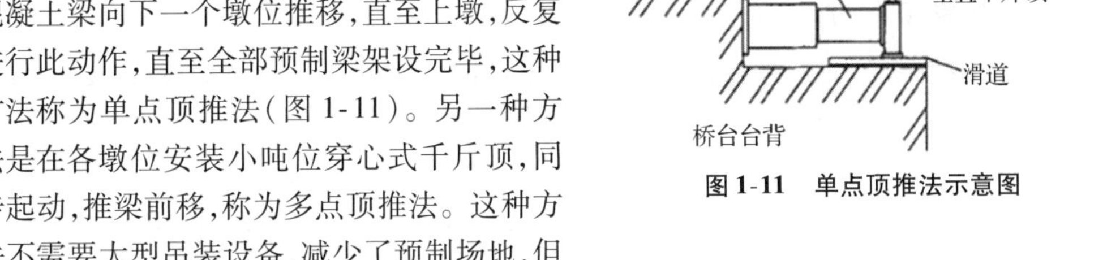

图1-11　单点顶推法示意图

二、滑模施工法

滑模施工法不仅可用于高桥墩施工，而且可用于混凝土索塔施工。只要施工场地适宜、搭设支架方便的地区均可采用滑模施工法施工。整个滑模结构一般由模板系统、操作平台、提升系统和垂直运输设备四部分组成。它是在桥墩之间设支架、滑模轨道，通过油缸顶推或卷扬机牵引移动，使模板在轨道上滑动，一段一段地现场浇注混凝土结构，如图1-12所示。滑模施工法节省预制场地、施工进度快、操作简单方便，但需要考虑搭设支架的经济性问题。施工设

图1-12　滑模施工法

备主要有支架(用万能杆件等型材搭设,可能的情况下也可用木排架等)、卷扬机、油泵、油缸、钢模板等。

三、悬臂施工法

大跨径变截面连续梁常采用悬臂施工法。当桥墩施工完成后,在桥墩两侧设置吊架,平衡地逐段向跨中悬臂拼装水泥混凝土梁体预制件[图 1-13(a)],或向两侧平衡地用挂篮设备现浇混凝土[图 1-13(b)],逐节延伸,直至和对面墩位上延伸过来的构件合拢,重复这几步操作,直至完工。悬臂施工法使用的设备主要有吊车和悬浇时专门设计的挂篮设备等。

(a) 悬臂拼装法

(b) 悬臂现浇法

图 1-13　悬臂施工法

四、预制梁吊装施工法

在桥墩修建完成后,使用吊装设备将预制好的钢筋混凝土梁一次吊装就位(图 1-14)。这种施工方法最适宜于工厂化施工,特点是施工组织可交叉进行,施工工期短。吊装方法主要采用各类吊车在地面上安装、门架安装、水上浮吊安装、空中缆索吊装、桥上设备安装等,可根据不同情况选择安装设备。所用的主要设备有各类吊车或卷扬机、架桥机、万能杆件、贝雷架或其他标准构件和可拼装的钢结构等。

图 1-14　预制梁吊装施工法

在桥梁施工中还大量使用其他机具和设备,如对钢筋混凝土施加预应力可以充分发挥

混凝土和钢筋的潜能，常用的设备有千斤顶、锚具、卷管机、穿索机、压浆机等。现代桥梁中长桥的修建越来越多，混凝土输送车、泵车就成为必备设备，它们能有效地保证就地浇筑混凝土结构物的质量。此外，还有一些通用设备，如钢筋切断机、钢筋折弯机、柴油发电机等。

◆复习题◆

一、单选题

1. 通常把位于天然地基上、埋置深度小于(　　)的一般基础称为浅基础。
   A. 4 m　　B. 5 m　　C. 6 m
   D. 8 m
2. (　　)是沉井施工所用的机械。
   A. 液压锤　　B. 螺旋钻机　　C. 长臂挖机
   D. 穿心式千斤顶
3. 沉箱入水深度一般控制在(　　)以内。
   A. 20 m　　B. 25 m　　C. 30 m
   D. 35 m
4. (　　)作为截水、防渗、承重和挡土结构。
   A. 桩基础　　B. 沉井基础　　C. 沉箱基础
   D. 连续墙基础
5. 在桥梁上部施工中，大跨径变截面连续梁常采用的施工方法是(　　)。
   A. 顶推法　　B. 滑模施工法　　C. 悬臂施工法
   D. 预制梁吊装施工法

二、多选题

1. 深基础有(　　)等。
   A. 小桥涵基础　　B. 桩基础　　C. 沉井基础
   D. 沉箱基础　　E. 连续墙基础
2. 常用的沉桩施工机械有(　　)等。
   A. 蒸汽锤　　B. 柴油锤　　C. 液压锤
   D. 振动沉拔桩锤　　E. 静压沉桩机
3. 桥梁上部施工方法有(　　)。
   A. 贝诺特法　　B. 顶推法　　C. 滑模施工法
   D. 悬臂施工法　　E. 预制梁吊装施工法
4. 下列用于钻孔的施工机械有(　　)。
   A. 全套管钻机　　B. 旋转钻机　　C. 回转斗钻机
   D. 冲击钻机　　E. 螺旋钻机

5. 对于公路、铁路连续箱梁的架设可采用顶推法施工,顶推设备主要有(   )。

A. 油泵车　　B. 大吨位千斤顶　　C. 穿心式千斤顶

D. 导向装置　　E. 起重装置

6. 预制梁吊装施工法使用的主要设备包括(   )。

A. 各类吊车或卷扬机　　B. 架桥机　　C. 万能杆件

D. 贝雷架　　E. 可拼装的钢结构

三、判断题

1. 若桩身上部露出地面而承台底面位于地面之上,则称为低承台桩基础。(   )

2. 预制桩施工适用于对环境要求较高的场合和大跨桥梁基础的施工。(   )

3. 在承载能力要求较大的情况下,灌注桩有着预制桩所不可替代的作用。(   )

4. 现代桥梁向大跨、深水基础发展,对基础的承载力、变形和稳定性有较高要求,因此采用深基础。(   )

5. 沉井基础需要输入压缩空气来提供工作条件,故称为气压沉井基础。(   )

6. 单点顶推法施工所用设备有油泵车、穿心式千斤顶和导向装置等。(   )

7. 滑模施工方法是在桥墩之间设支架、滑模轨道,通过油缸顶推或卷扬机牵引移动,使模板在轨道上滑动,一段一段地现场浇注混凝土结构。(   )

8. 对于公路、铁路连续箱梁的架设可采用顶推法施工,它所用的设备是小吨位穿心式千斤顶。(   )

四、填空题

1. 桥梁施工分为下部施工和上部施工,其施工机械也可分为__________和__________。

2. 桩基础按施工方法的不同,可分为__________和__________两大类。

3. 桥梁基础按埋置深度的不同,可分为__________和__________。

4. 常用深基础有__________、__________、__________和连续墙基础等。

5. 桥梁上部采用滑模施工的设备主要有__________、__________、油泵、油缸、钢模板等。

第二章 起重机械的构造与运用

学习目标

- 掌握起重机的用途、工作过程及特点。
- 掌握汽车起重机的主要组成部分及各部分的作用。

知识要点

- 起重机的用途、工作过程、特点、四大机构、类型及主要参数。
- 汽车起重机的主要组成部分、各部分的作用、使用操作。
- 其他起重机械的用途、结构、使用操作。

能力目标

- 能看懂汽车起重机的机械及液压传动系统图。
- 能说出汽车起重机的主要部件及主要部件的作用。
- 能正确操作汽车起重机。

起重机械是桥梁建设中的重要机械设备，它对减轻工人劳动强度，提高生产效率，加快建设速度，降低建设成本，实现施工机械化起着关键作用。因此，起重机械的广泛应用，是施工企业现代化生产的主要体现。

起重机械是用来对物料进行起重、运输、装卸或安装等作业的机械设备，它是一种循环作业的机械设备，在现代化施工中，特别是在道路建设中，如在高速公路、高速铁路、高架桥、立交桥等日益增多的情况下，起重机械已成为垂直运输与结构物吊装必不可缺的重要设备。

起重机械在搬运物料时，经历上料、运送、卸料和回到原处的过程，有时运转，有时停转，所以它是一种间歇动作的机械，其工作特点为重复短时工作制。通常，起重机械由四大部分组成，即金属结构、动力部分、工作部分和控制部分。所谓工作部分是指起重机械的动力传动和执行装置部分，通常有起升机构、运行机构、回转机构和变幅机构，称为“起重机的四大机构”。它是为实现起重机不同工作要求而设置的。依靠这四个机构的复合运动，可以使起重机械在所需的任何指定位置进行上料与卸料。

一、起重机械的分类

在工程中所用的起重机械，根据其构造和性能的不同，一般可分为轻小型起重设备、桥梁型起重机械、臂架型起重机械和缆索型起重机械等。

（一）轻小型起重设备

主要有千斤顶、起重滑车、起重葫芦和卷扬机等。

（二）桥梁型起重机械

主要有梁式起重机、桥式起重机、门式起重机、装卸桥等。

（三）臂架型起重机械

主要有汽车起重机、轮胎起重机、履带起重机、塔式起重机、固定旋转起重机、门座起重机、浮式起重机等。

（四）缆索型起重机械

主要有缆索起重机、门架缆索起重机等。

桥梁建设中最常用的起重机械有卷扬机、自行式起重机等。

电动卷扬机是以电动机为动力，通过减速机构驱动卷筒旋转，使钢丝绳向卷筒上缠绕或下放，进而升降重物。其构造简单、操作容易、移动方便、价格便宜，若配备井字架、龙门架、塔架、扒杆、缆索、轨道及滑轮组等，可做垂直运动和水平移动，在建筑施工、安装工程中被广泛使用。

自行式起重机是指以内燃机为动力，能够行驶的起重机械。基本类型有汽车式、轮胎式和履带式三种，主要特点是操作灵活，机动性能好，使用范围广，行驶速度高（汽车式和轮胎式起重机能与汽车编队行驶），如果将工作装置加以改装，还可用于挖土、打桩等作业，此类起重机适用于公路工程、管道工程、桥梁工程等吊装材料和构件。

二、起重机械的主要参数

起重机械的技术参数是表征起重机械的作业能力，不仅是设计起重机械的基本依据，同时也是选用各种起重设备的重要依据，是所有从事起重作业人员必须掌握的基本知识。起重机械的技术参数主要有起重量、跨度、幅度、起升高度、各机构的工作速度及起重机械的工作级别等，具体可查阅国家标准《起重机 术语 第1部分：通用术语》（GB/T 6974.1—2008）、《起重机 术语 第2部分：流动式起重机》（GB/T 6974.2—2017）和《起重机设计规范》（GB/T 3811—2008）等。

第一节 汽车起重机的构造与运用

汽车起重机又叫汽车吊，是将起重工作装置及设备装在通用或专用载货汽车底盘上的起重机，其行驶驾驶室与起重操纵室分开设置。这种起重机的优点是具有汽车的行驶通过

性能、机动灵活、转移迅速、行驶速度大、到达目的地后能立即投入工作,因此,它特别适用于流动性大、不固定的工作场所。由于它是在现有的汽车底盘上改装而成的,不仅经济而且制造容易。其底盘性能等同于同样整车总重的载重汽车,符合公路车辆的技术要求,因而可在各类公路上无阻通行。近年来随着汽车工业的迅速发展,各国汽车起重机的品种和产量都大幅度增加。汽车起重机的缺点是工作时须支腿,不能负荷行驶,也不适合在松软或泥泞的场地上工作,且车身较长,转弯半径大。

汽车起重机有机械式和液压式两种传动形式,这里仅简单介绍液压式汽车起重机。

一、汽车起重机的总体结构及型号

(一) 总体结构

汽车起重机的实物图如图 2-1 所示。汽车起重机主要包括主臂、副臂、变幅油缸、回转平台、上车驾驶室、下车驾驶室、底盘和支腿等。

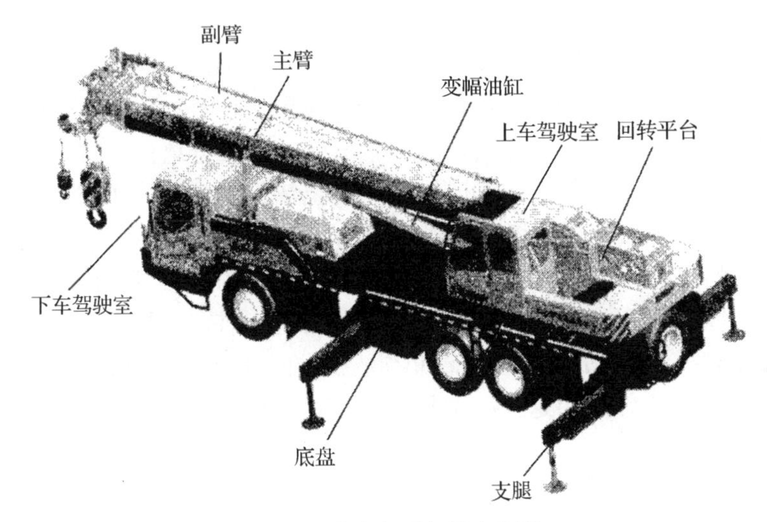

图 2-1 汽车起重机的实物图

(二) 型号及参数

汽车起重机的型号由组、形式、特性代号与主参数代号构成。如需增添变型、更新代号时,其变型、更新代号置于产品型号尾部,如图 2-2 所示。字母 Q 表示汽车起重机,QL 表示轮胎式起重机;字母 Y 表示液压传动,字母 D 表示电力传动,不标字母时表示机械传动;字母后面用数字表示起重机的吨位。在型号的末尾用 A、B、C、E 等字母表示该起重机的设计序号。

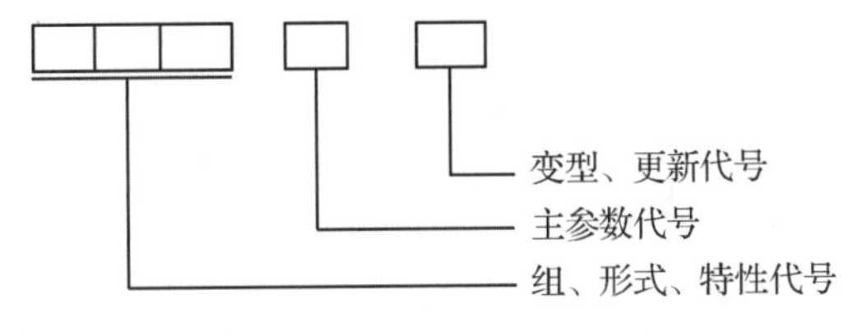

图 2-2 汽车起重机的型号

例如,QY8 表示液压汽车起重机,额定起吊质量为 8 t;QLD16B 表示电力传动的轮胎式起重机,额定起吊质量为 16 t、第二代设计产品;QD100 表示电动式汽车起重机,额定起吊质量为 100 t;QAY160 表示全路面液压汽车起重机,额定起吊质量为 160 t。

二、工作装置的组成及特点

汽车起重机的工作装置主要由起升机构、回转机构、起重臂、变幅机构和支腿等组成,如图 2-3 所示。

(一) 起升机构

汽车起重机的起升机构如图 2-4 所示,由定量液压马达、减速器、离合器、制动器及主、副卷筒等组成。

起重机的主卷筒和副卷筒装在同一根轴上,由一个液压马达通过减速器集中驱动。在主、副卷筒上分别装有各自的离合器和制动器,以便保证主、副卷筒各自独立工作和实现重物下降。

在卷筒轴上装有蹄式离合器,当离合器液压缸中通入高压油后,制动蹄张开,使制动鼓张紧,卷筒与轴结合,卷筒随液压马达转动,实现起吊重物的升降。当离合器液压缸内油液排出时,在离合器油缸弹簧力作用下,离合器打开,卷筒与轴分离处于自由状态,可以实现重物下降。如果使起重机卷筒处于停止状态,则需要依靠制动器的作用。正常情况下,制动器可在制动油缸弹簧力作用下将卷筒刹住,当吊钩升降重物时,各制动油缸内同时输入压力油,压缩弹簧,使制动器松开。在无液压油控制时制动器卡紧卷筒。制动器的卷筒必须与离合器、起升液压马达的动作配合,当液压马达停止时,制动器卡紧卷筒实现起重对象在空中的停止;当液压马达转动时,制动器必须放松卷筒,这时离合器的离或者合决定起重对象是重物下降还是强迫下降,这种动作要配合控制阀来实现。

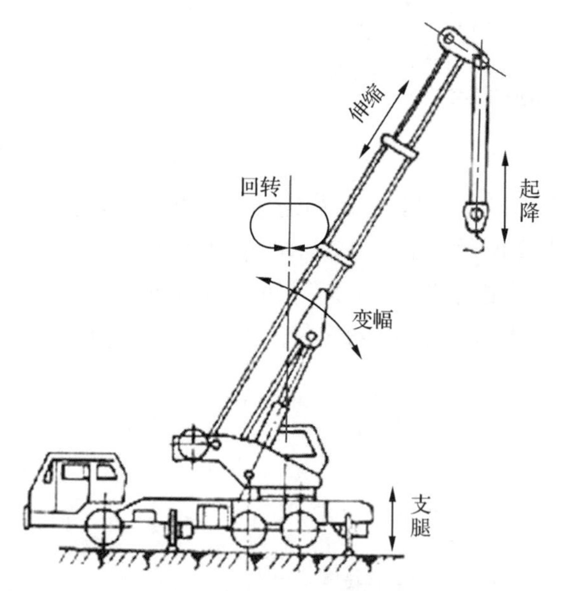

图 2-3　汽车起重机的机构

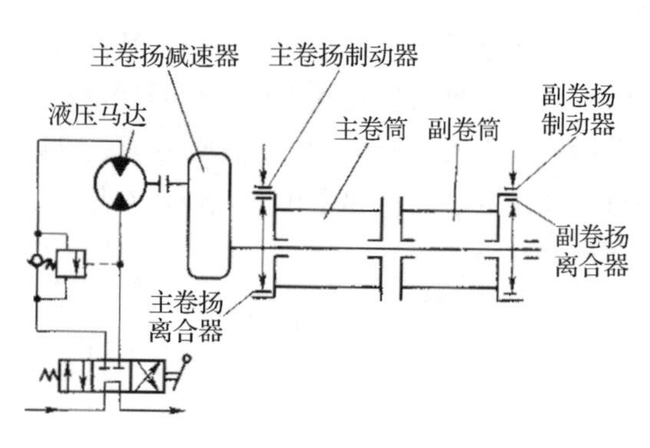

图 2-4　汽车起重机的起升机构

（二）回转机构

为了使起重机的工作机构能够灵活机动地在更大范围内作业，就需要上车回转台做旋转运动，回转机构就是实现这种目的的。回转机构主要由回转液压马达、回转减速机、回转支承等部件组成，如图 2-5(a)所示。

如图 2-5(b)所示，回转机构工作时，将上车操纵阀的手柄(或操纵拉杆)扳到转台回转位置(上位或下位)，从液压泵来的液压油通过下车管路、中心回转接头、上车管路到上车操纵阀后，输送给回转机构的液压马达。液压马达驱动回转减速机回转，减速机输出端的小齿轮与回转支承的内齿圈相啮合，驱动回转支承内圈转动。但因回转支承内圈是用螺栓固定在底盘座圈上的，内圈无法转动，因此，安装在转台底板上的回转减速机连同转台一起回转，即实现转台 360°回转运动。

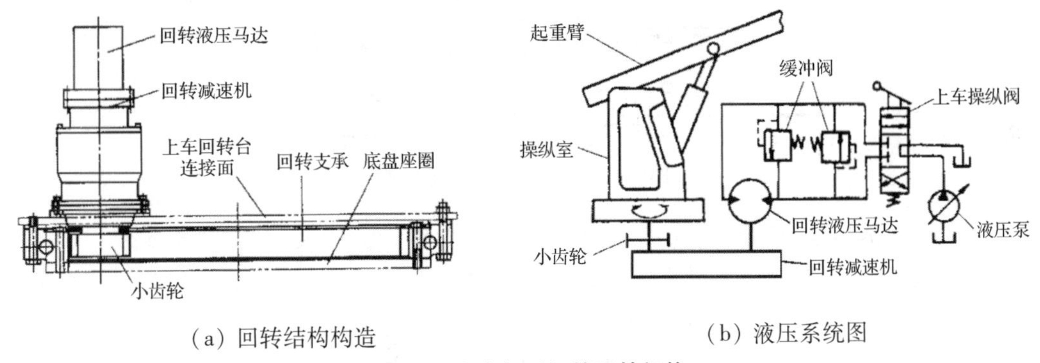

（a）回转结构构造　　（b）液压系统图

图 2-5　汽车起重机的回转机构

（三）起重臂

起重臂主要包括伸缩箱形结构主臂和桁架结构副臂。

起重主臂是由钢板焊接而成的箱形结构。图 2-6 是由一节基本臂和四节伸缩臂组成的五节主臂结构。

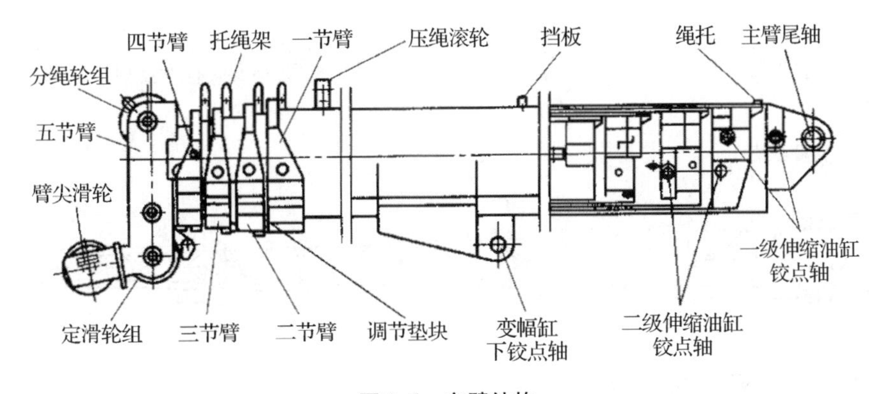

图 2-6　主臂结构

主臂的伸缩系统由两个伸缩油缸和两级伸缩钢丝绳滑轮组成同步伸缩机构。二节臂采用一单级双作用液压缸实现伸缩。液压缸倒置安装，活塞杆端部用销轴固定在基本臂根部，液压缸缸体中部铰接在二节臂后端，如图 2-7 所示。因此，当压力油从活塞杆端部通入

液压缸无杆腔时，二节臂随同液压缸体一同伸出；当压力油通入液压缸有杆腔时，二节臂随同液压缸体一同缩进。

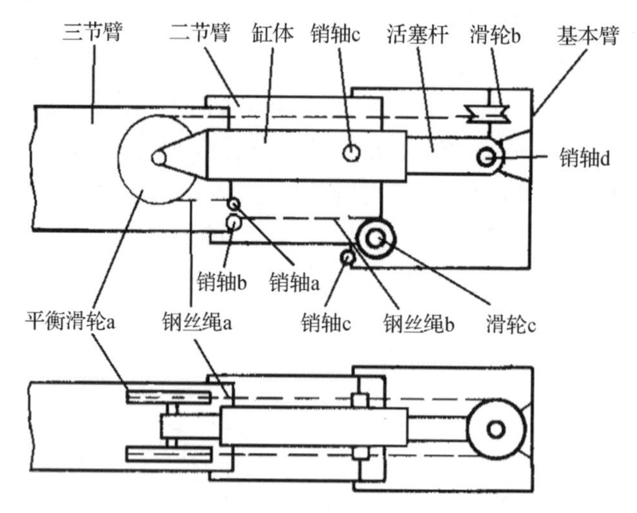

图 2-7　钢丝绳同步伸缩机构

活塞杆与基本臂由销轴 d 铰接，缸体与二节臂由销轴 c 铰接，平衡滑轮 a 装于缸体头部，滑轮 b 装在基本臂上。钢丝绳 a 绕过平衡滑轮 a 和滑轮 b 将两绳头由销轴 a 与三节臂端部相连。当缸体带动二节臂伸出时，平衡滑轮 a 与滑轮 b 间距增加，因为钢丝绳 a 的长度不变，故销轴 a 与平衡滑轮 a 间的距离减小，这就是说，在二节臂相对基本臂伸出的同时，三节臂也相对二节臂伸出了同样的距离，即实现了同步伸出。滑轮 c 装于二节臂上，钢丝绳 b 绕过滑轮 c 后两端分别连接在基本臂上的销轴 c 上和三节臂的销轴 b 上，三节臂的同步缩回原理与同步伸出原理相同。

伸缩臂钢丝绳端部均装有调节螺栓，用以调节绳长，使之松紧适当；各节起重臂相对滑动部位都装有滑块，以减少磨损；起重臂全部滑轮均安装在滚动轴承上，以减少伸缩臂的阻力。

副臂是桁架式结构，由臂座、臂架、连接杆系统、臂头、支承架、托架总成等部件组成，如图 2-8 所示。

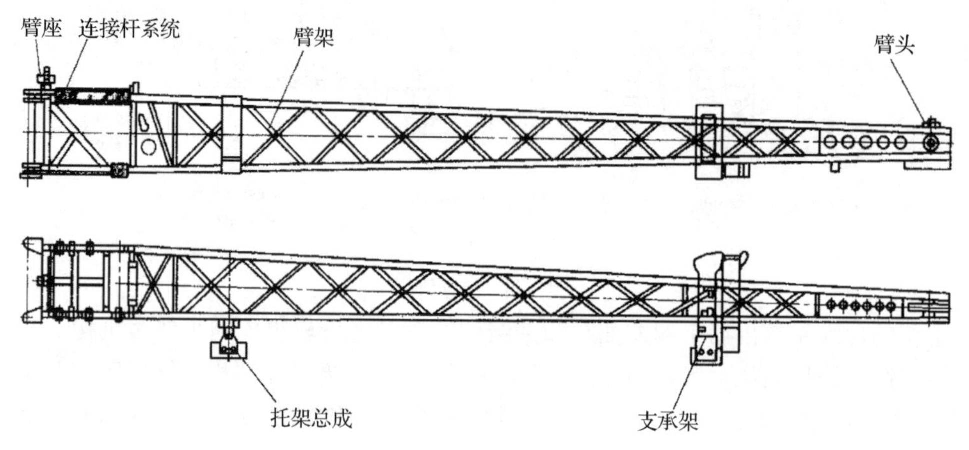

图 2-8　副臂

（四）变幅机构

变幅机构在起重机工作过程中用于改变臂的倾角，增大主机的工作范围。起重臂的变幅由一个前倾的双作用液压缸控制，如图 2-9 所示。液压缸铰接在回转台上，活塞杆铰接在基本臂上，使活塞杆伸缩来改变起重臂仰角，实现变幅动作。液压缸上装有平衡阀，以保持平稳的变幅速度，以及防止液压软管突然破裂时起重臂跌落。

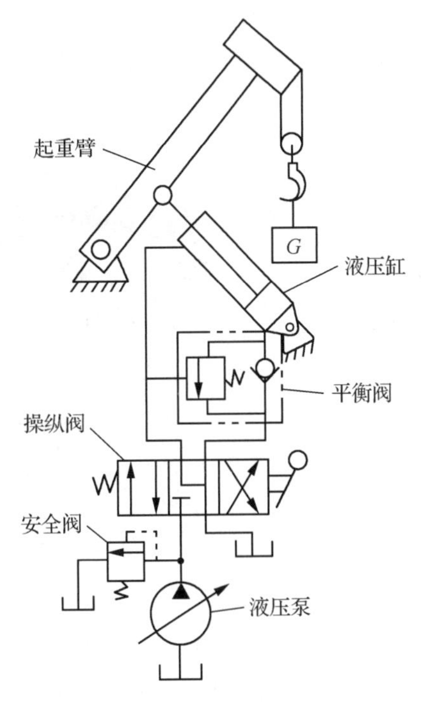

图 2-9　双作用液压缸变幅回路

（五）支腿

支腿的作用是增大起重机的支撑基底，提高起重能力，保护轮胎。汽车起重机一般装有四个支腿，前后左右分置。各支腿既能同时伸缩，又能单独调节高度，以补偿作业场地的不平和倾斜，增大起重机的稳定性。工作时支腿外伸着地，将起重机支起。行驶时，支腿缩回，减小外形尺寸，提高通过性能。为提高汽车起重机前方作业性能，有些汽车起重机在汽车底盘前部下边设置有前支腿（第五支腿）。汽车起重机液压支腿的形式有蛙式支腿、X 形支腿、H 形支腿、铰接式支腿和辐射式支腿。

蛙式支腿如图 2-10 所示，支腿伸缩动作由每个支腿上所装的油缸完成。蛙式支腿结构简单、重量轻，但支腿在高度上单独调节困难，不易保证车架水平，且支腿跨距不能很大。因其跨距小、支承高度低，故适用于小型起重机。

X 形支腿如图 2-11 所示，垂直液压缸作用在固定腿上。每个腿可以单独调节高度，可以伸入斜角内支承。X 形支腿铰轴数目多，行驶时离地间隙小，垂直液压缸的压力比 H 形支腿高，在打开支腿时有水平位移，现已被 H 形支腿取代。

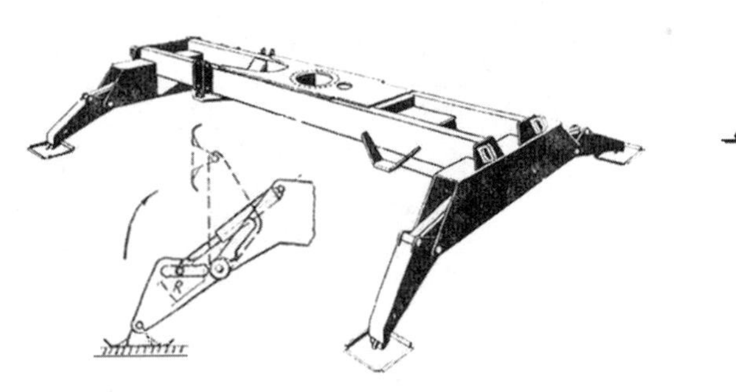

图 2-10　蛙式支腿

垂直液压缸
车架
伸缩液压缸
支脚盘
伸缩腿
固定腿

图 2-11　X 形支腿

H 形支腿由型钢焊成，两个一组，安装在车架主梁下表面上，如图 2-12 所示。每个支腿各有固定梁、活动梁、立柱外套和内套、水平油缸、垂直油缸、支腿盘。为保证有足够的外伸距离，左右支腿的固定梁前后错开，升降液压缸上端装有双向液压锁，可将活塞杆锁定在任意位置，以确保支腿的可靠性。H 形支腿的特点是，外伸距离大，每个支腿的外伸量及高度都可以单独调节，在作业场地和地面情况较差时，亦可保证起重机的良好稳定性。因此，H 形支腿对作业场地和地面的适应性好，广泛用于中、大型起重机上。

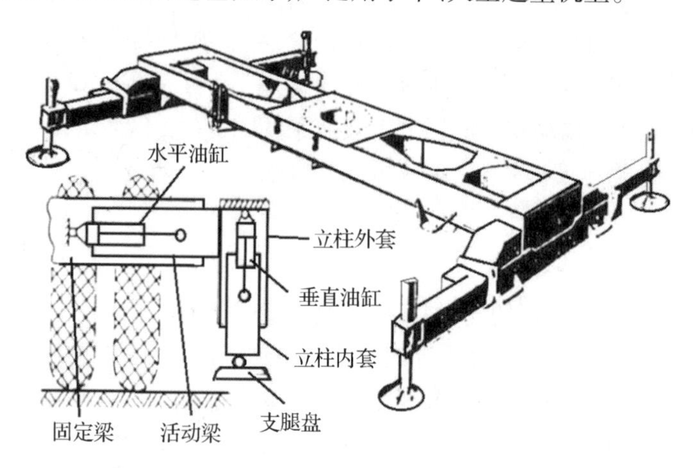

图 2-12　H 形支腿

铰接式支腿的活动支腿与车架铰接，如图 2-13 所示，由液压缸来实现水平支腿的收拢或放开。收腿时活动支腿紧靠车架大梁两侧，放开时根据需要支腿与车架形成不同的夹角，从而改变跨距。铰接式支腿的垂直支承液压缸如同 H 形支腿，没有因伸缩套筒之间的间隙而引起车架摆动现象，其整体刚度比 H 形支腿好，常用于中、大吨位的起重机上。

辐射式支腿直接装在回转支承装置的底座上，如图 2-14 所示，起重机上车所受的全部载荷直接经过回转支承传到支腿上。这种构造方式可以避免由于支腿反力过大，要求车架加大断面、增加自重，整个底盘的重量可以减轻 5% ~10%，一般用于大型轮胎式起重机上。

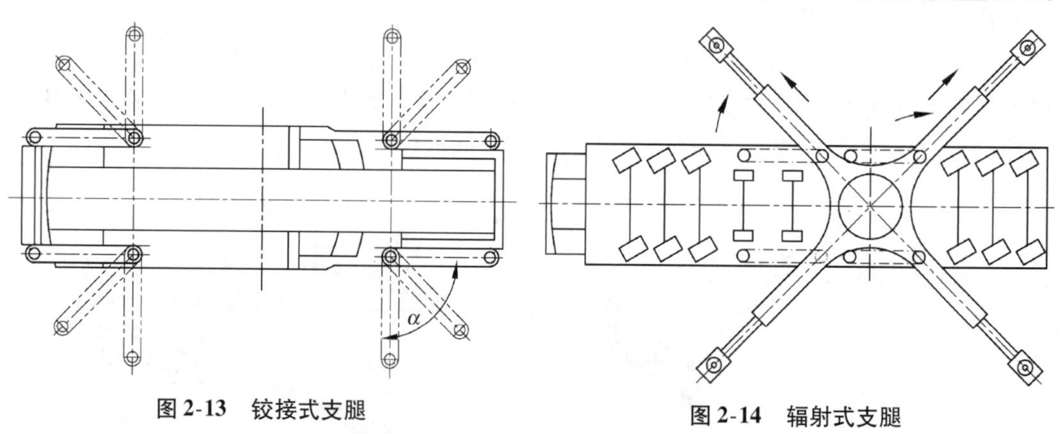

图 2-13　铰接式支腿

图 2-14　辐射式支腿

三、传动系统功用及分类

汽车起重机的传动系统是位于汽车发动机与驱动车轮之间的动力传递装置，其功用为：

（1）将发动机输出的动力传递给驱动车轮。

（2）保证汽车起重机在各种行驶条件下所必需的牵引力与车速，使它们之间能协调变化，并有足够的变化范围，实现减速增矩。

（3）使汽车起重机具有良好的动力性和燃料经济性。

（4）使动力传递能根据需要而顺利接合与分离。

（5）保证汽车起重机能倒车及左右驱动车轮，能适应差速要求。

按结构和传动方式的不同，汽车底盘传动系统分为机械传动系统、液力-机械传动系统、液压传动系统和电力传动系统等类型。传动系统的组成取决于发动机的形式和性能、汽车总体结构、行驶和传动系统本身的结构形式等。

（一）机械传动系统

机械传动系统如图2-15所示，是由离合器、变速器、万向节、传动轴组成的传动装置，以及安装在驱动桥壳内的主减速器、差速器和半轴等组成的传动装置组成。

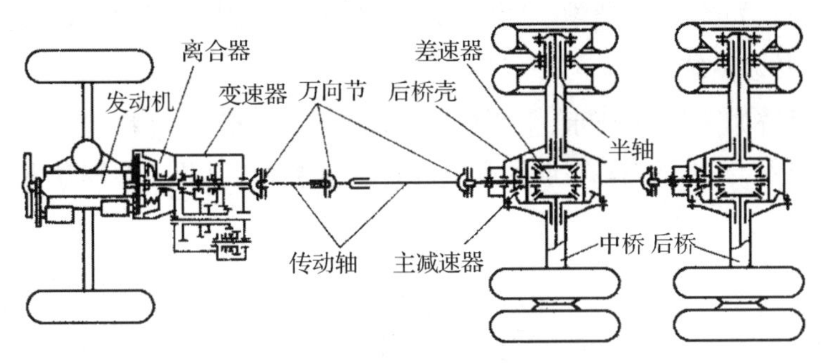

图2-15　机械传动系统

（二）液力-机械传动系统

液力-机械传动系统如图2-16所示，主要由液力变矩器和动力换挡变速器组成。变矩器是一种以工作液体动量矩的变化来传递扭矩的装置，它实质上是一个无级变速器。液力-机械传动系统具有以下优点：

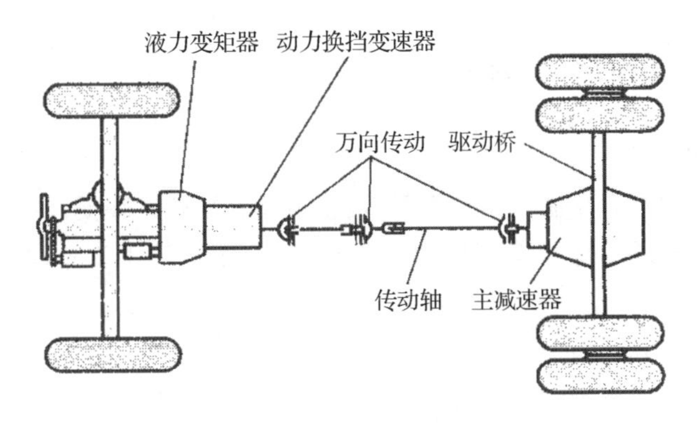

图2-16　液力-机械传动系统

（1）具有良好的自动适应性。即当外载荷增大时，它能自动降低输出转速，增大扭矩，即增大牵引力，以克服增大的外载荷；反之，当外载荷减小时，能自动提高车速，减小牵引力。

（2）提高了车辆的使用寿命。液力传动利用液体作为工作介质，能吸收冲击和振动，传动非常柔和平稳，过载保护性能好，不仅提高了整个传动系统的寿命，而且延长了发动机的使用期限。

（3）提高了车辆的舒适性。由于液力传动能改善启动性能，车辆起步平稳，振动和冲击小，提高了驾驶人员的乘坐舒适性。

（4）操纵简便、省力。液力变矩器相当于一个无级自动变速器，在变矩器的扭矩变化范围内不需要换挡，若超出扭矩变化范围时，可用动力换挡变速器换挡。而动力换挡变速器可不切断动力直接换挡，使操纵简便而省力，大大减轻了驾驶人员的劳动强度。

与机械传动系统相比，其结构复杂、成本高、维修困难；另外，其牵引效率也较差，如无特殊装置，无法实现拖起发动机。

（三）液压传动系统

液压传动系统如图 2-17 所示，是由发动机、油泵、控制阀和液压马达组成的传动装置。

（四）电力传动系统

电力传动系统如图 2-18 所示，主要包括发电机、控制器、电动机等。电力传动是由发动机驱动发电机发电，再由电动机驱动起重机驱动桥或由电动机直接驱动带有减速器的驱动轮。

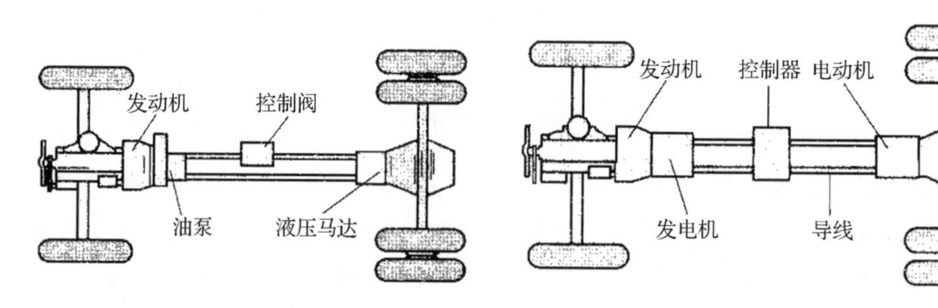

图 2-17　液压传动系统

图 2-18　电力传动系统

四、汽车起重机的安全操作

（一）起动前的检查

（1）检查汽车起重机轮胎气压是否正常、轮胎外表面有无破损，并清除胎纹间杂物，检查表面到轮胎沟槽底部的橡胶厚度是否符合要求（应不低于 1.6 mm），若不符合，应更换轮胎。

（2）检查油、冷却液是否充足，有无渗漏现象。

（3）检查驾驶室内携带的工具及汽车起重机外部的辅件，如滑车、千斤顶等是否齐全。

（4）上、下汽车起重机时，应先观察汽车起重机前、后、左、右情况，再缓开车门或关闭车门。

（5）驾驶汽车起重机前应系紧安全带，锁住上车操作室的门。

（6）检查汽车起重机的起动、转向机构及照明信号灯和制动装置等是否完好。

(7) 检查起重机构的链轮转动是否灵活，链轮凹槽深度不应超过原尺寸0.5 mm。

(8) 检查起重机构的滚轮及轴是否有裂纹、缺损，滚轮转动应灵活，滚轮轮槽磨损量不得大于原尺寸的10%。

(9) 汽车起重机吊钩的开口度比原尺寸增大15%时应报废。

(10) 当汽车起重机滑轮轮槽不均匀磨损量达3 mm或轮槽壁厚的磨损量达原尺寸的20%时应报废。

(二) 作业前的检查

(1) 检查散热器中的冷却液、燃油箱内的汽油和发动机曲轴箱内的润滑油是否充足。

(2) 检查各个部件的紧固情况及钢丝绳是否有磨损、断丝的情况，组卡必须牢固。

(3) 随车工具等辅件应装在工具箱内，垫木、吊索等应紧固在底架上。

(4) 起重主钩应安放在底架上的固定器内，并用固定装置将其紧固；起重副钩应安放在副钩固定器内。

(5) 支腿盘应锁固在支脚盘架上，活动支腿收回后应插上固定销。

(6) 转台防转插销应插入底架上的固定套内。

(7) 驾驶室内的液压泵取力操纵开关手把应推至脱挡位置。

(8) 应选择平坦坚实的地面停置汽车起重机，打开支腿前应拔出水平支腿固定插销，如果支腿下方地势不平，应用合适的铁板或枕木填平，以保证支脚盘下方的基础坚固。打开支腿后，应将全部支腿操纵手柄放在中间位置。若是机械结构的起重机，应在支腿撑好后用插销固定。

(9) 在未打开支腿时，起重臂禁止转到侧方或后方。

(10) 检查发动机工作是否正常，起动前检查各手柄是否均位于“零”位，各操作手柄是否放在中间或停止位置。

(11) 按照要求进行发动机起动及液压泵取力器的接合。

(12) 检查液压油箱中的油液是否充足，油路、气路是否有泄漏现象。

(13) 松开起重主钩固定器时，应缓慢放松卷扬钢丝绳并逐渐起臂，注意臂头上方有无高压线等障碍物。

(14) 操作上车回转前，应先将转台防转插销拔出。

(15) 起重作业前，应操纵上车操纵阀手柄，使各机构空载运转，观察各仪表读数是否正常、有无异常声响等。

(三) 汽车起重机的操作

(1) 起重机不得在倾斜和松软的地面上作业，并注意在作业范围内不得有障碍物。

(2) 起吊重物时，所有人员不能站在起重机吊臂回转所及范围内，起吊重物应尽量避免在司机室上方通过。辅助人员在挂好钩后，应撤到安全区域。

(3) 在夜间作业时，作业场所要有足够的照明设备和畅通的吊运通道，并且起重机应与附近的设备、建筑物保持一定的安全距离，使其运行时不致发生碰撞。

(4) 起重机不得在架空电线下作业。在通过架空电线时，应将吊臂降低，避免碰撞。在架空电线一侧工作时，不论在任何情况下，吊臂、钢丝绳或重物等与架空电线的最小距离不得小于表 2-1 所示数值。

表 2-1 吊臂、钢丝绳或重物与架空电线的最小距离

输电线路电压/kV	<1	1~20	35~110	154	220
允许最小距离/m	1.5	2	4	5	6

（5）当起重机吊臂触及高压输电线时，驾驶员千万不能触地，现场人员应立即把危险区围好（半径为 8~10 m 范围内），同时通知有关部门切断电源。

（6）起重机应设有起重量指示器，不准超载吊运。

（7）起重机卷筒上的钢丝绳在工作时不可全部放尽，一般应保留 2~3 圈，以防钢丝绳的末端松脱而发生事故。

（8）吊重作业中不准扳动支腿操纵手柄，当必须调整支腿时，应先将重物落下后再进行调整。

（9）当起重机在最大载荷下工作时，吊臂的左右旋转角度应≤45°，在吊装货物回转时，禁止突然制动和变向。

（10）当起重机在吊装高处的重物时，过卷扬限位器应灵敏可靠，吊钩与滑轮之间应保持一定的距离，以防提升过头，使钢丝绳拉断，吊臂后翻。

（11）不准使用起重机吊拔埋在地下情况不明或冻结在地面、设备上的物件，以免超载引起事故。起重机吊运作业中，重物应由钢丝绳垂直起吊，不准斜吊。

（12）当轮胎式起重机负荷做短距离行走时，其重物不能超过吊臂在该位置（不用支腿）时的额定起重量的 2/3，离地高度应≤0.5 m。

（13）每次作业前，都要先试吊，把重物吊起离地面 50~100 mm，试验制动器是否可靠，在重载时还要在试吊中检查支腿是否可靠。

（14）在雨天或雪天制动器易失效，落钩要慢；如遇 6 级大风，必须停止作业，并要卸下载荷，把起重臂放在托架上。

第二节 其他起重机械的构造与运用

一、起重葫芦

起重葫芦是一种由汇装在公共吊架上的驱动装置、传动装置、制动装置及挠性件卷放或夹持装置带动取物装置升降的轻小型起重设备，其结构简单，使用方便，广泛应用在建筑安装作业中。

常用的起重葫芦有链条传动、滑轮与钢索传动两种，有手拉和电动之分。

（一）手拉葫芦

手拉葫芦是用来提升重物的轻小型起重机械。其起重量一般为 0.5~10 t，最大可达 20 t。其外形尺寸小、结构紧凑、自重轻、效率高且操作方便，被广泛应用于工矿企业、建筑工地和仓库等固定工作场所的起重作业，也可作为桥架型起重机的起升机构。

如图 2-19 所示，当提升重物时，可顺时针方向牵引链轮，由于制动装置作用，所提升的重物不会自动下落；当下落重物时，可逆时针方向牵引链轮。

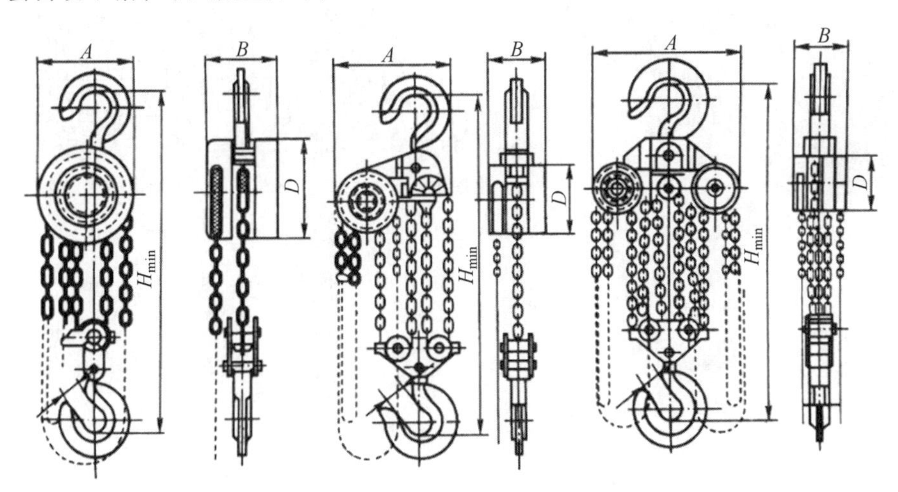

图 2-19　WA 型手拉葫芦简图

使用手拉葫芦注意事项：

(1) 操作前必须详细检查各个零部件有无损伤，使用中不得超载。

(2) 起重时，须缓慢将其拉紧，待手拉葫芦完全吃重后，经检查无误后方可继续工作。

(3) 起重链条要垂直悬挂重物，链条各个链环间不得有错钮。

(4) 拉动手拉链时，必须使拉链方向与手拉链轮处于同一平面，严禁斜拉，以防卡链。

(5) 拉链时必须用力平稳，以免跳链或卡链，当发现拉链困难时，要及时检查原因，不得加力硬拉，以免拉断链条或销子。

(6) 使用三脚架时，三脚间必须保持相对间距，两脚间应用绳索连接，当连接绳索落于地面时，要注意防止作业人员绊倒。

(7) 起重高度不得超过标准值，以防链条拉断销子，造成事故。

(二) 电动葫芦

电动葫芦是一种轻小型起重设备，具有起升和行走两个机构，通常它安装在直线或曲线的工字钢轨上，用以起升和运移重物。电动葫芦具有体积小、重量轻、结构紧凑、运行平稳、操作简单和使用方便等特点。它可以安装在葫芦单梁、桥式起重机、门式起重机、悬挂起重机上，因此它是工厂、矿山、港口、仓库、货场等常用的起重设备之一，是提高劳动效率、改善劳动条件的必备机械。

电动葫芦主要由电控箱、卷筒、减速器、电动机轴、制动轮等组成，如图 2-20 所示。当电动机通电时，电动机轴旋转，通过减速器，再通过花键连接驱动卷筒旋转，卷筒正向或反向卷绕钢丝绳，使吊钩与重物升降，完成起重作业。当断电时，弹簧将电动机轴向右推出，使制动环与制动轮压紧，制动停车。导绳器与起升限位开关联动来控制升降限位。

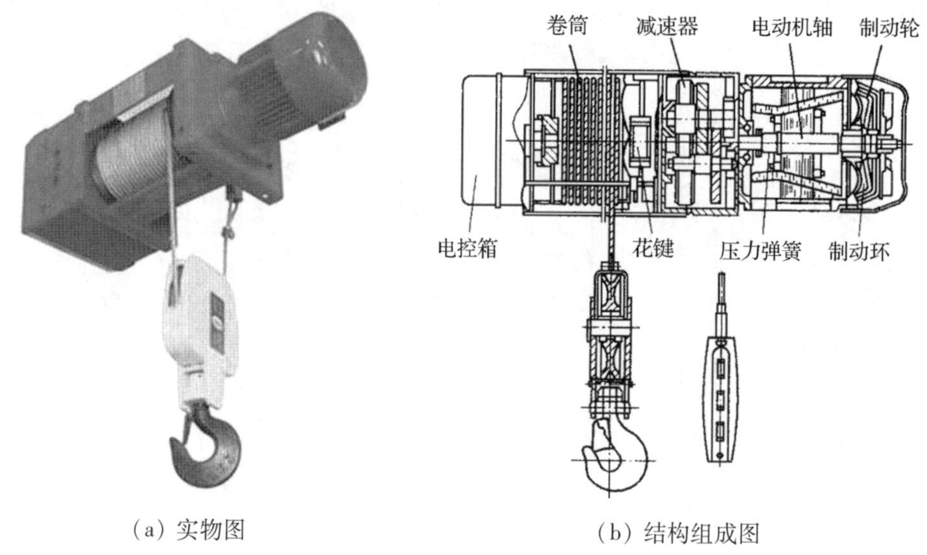

（a）实物图　　（b）结构组成图

图 2-20　电动葫芦

电动葫芦使用注意事项：

（1）使用前检查工作。

① 在操作者和重物通过的路线上应无障碍物。

② 手控按钮上下、左右方向动作应准确灵敏。

③ 电动机和减速器应无异常声响，制动器应灵敏可靠。

④ 电动葫芦运行轨道上应无异物。

⑤ 上下限位器动作应准确。

⑥ 吊钩止动螺母应紧固。

⑦ 吊钩滑轮应转动灵活。

⑧ 钢丝绳应无明显缺陷，在卷筒上排列整齐，无脱开滑轮槽迹象，并润滑良好。

⑨ 电动机制动轮上的制动环上无油垢，调整螺母应紧固（以免因制动失灵而发生事故）。

⑩ 吊辅具无异常现象。

（2）电动葫芦不得斜拉吊卸重物，禁止超负荷使用。

（3）在使用过程中，操作人员应随时检查钢丝绳是否有乱扣、打结、掉槽、磨损等现象，若有，应及时排除，并要经常检查导绳器和限位开关是否安全可靠。

（4）在日常工作中不得人为地使用限位器来停止重物提升或停止设备运行。

（5）禁止同时按下两个相反方向的按钮。

（6）使用过程中，若发现故障，应及时切断主电源。

（7）电动葫芦不工作时，不允许将重物悬挂在空中，以防止零部件发生永久变形。

（8）工作完毕，应关闭电源总开关，切断主电源。

（9）电动葫芦使用完毕，应停在指定的安全地方，若在室外应设防雨罩。

（10）电动葫芦各润滑部分应及时加适量的润滑油，润滑油要清洁，不含其他杂质。

（11）应设专门维修保养人员每周对电动葫芦的主要性能和安全状态进行一次检查，若发现故障，及时排除。

二、卷扬机

卷扬机又称绞车，是由人力或机械动力驱动卷筒、卷绕绳索来完成牵引工作的装置。利用它可以垂直提升、水平或倾斜拽引重物。

卷扬机分为手动卷扬机和电动卷扬机两种。

（一）手动卷扬机

手动卷扬机是指以人力作为动力，通过驱动装置使卷筒回转的卷扬机，如图 2-21 所示，它主要由几对齿轮、一个卷筒及其他配件组成。

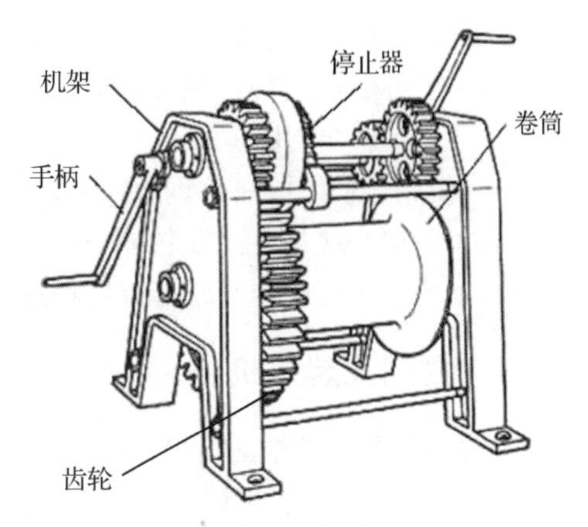

图 2-21　手动卷扬机

（二）电动卷扬机

如图 2-22 所示，电动卷扬机由电动机、制动器、减速器和卷筒等组成，它们共同安装在机架上。电动卷扬机利用电动机把电能转换为机械能，即电动机的转子转动输出，经减速后再带动卷筒旋转。卷筒卷绕钢丝绳，并通过滑轮使起重机吊钩提升或落下载荷，把机械能转变为机械功，完成载荷的垂直运输装卸工作。

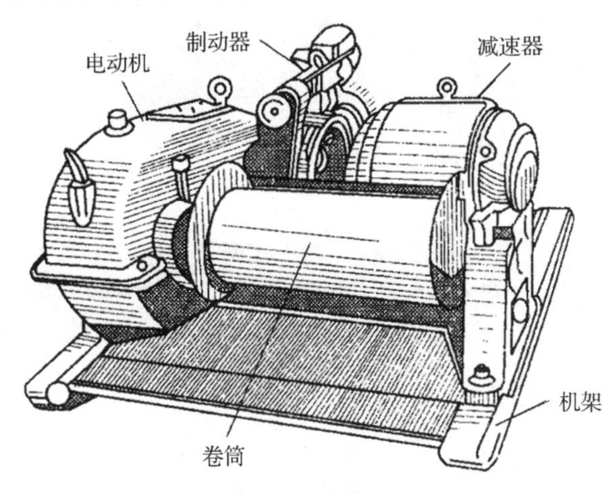

图 2-22　电动卷扬机

使用卷扬机时应注意：

（1）卷筒上的钢丝绳应排列整齐，如发现重叠和斜绕，应停机重新排列。严禁在转动中用手、脚拉踩钢丝绳。钢丝绳不许完全放出，最少应保留 3 圈。

（2）钢丝绳不许打结、扭绕，在一个节距内断线超过 10% 时，应予更换。

（3）作业中，任何人不得跨越钢丝绳。物体被提升后，操作人员不得离开卷扬机。休息时物件或吊笼应降至地面。

（4）作业中，司机、信号员要同吊起物保持良好的可见度，司机与信号员应密切配合，服从信号,统一指挥。

(5) 作业中若突然停电,应立即拉下电源闸刀,将运送物放下。

(6) 作业完毕,应将料盘落地,关锁电箱。

(7) 使用过程中,钢丝绳局部的机械磨损与自燃腐蚀难免,应定期涂刷保护油。

(8) 严禁超载使用。

(9) 使用过程中要注意钢丝绳不要打结、压扁、被电弧打伤、被化学介质侵蚀等。

(10) 不得直接吊装高温物体,对于有棱角的物体要加护板。

(11) 使用过程中应经常检查所使用的钢丝绳,若其达到报废标准,应立即报废。

三、龙门式起重机

龙门式起重机俗称龙门吊,其结构像门形,如图 2-23 所示。承载主梁下装置两个立柱,立柱下有支脚,支脚可以是轨轮,也可以是轮胎,若是轨轮,能够直接在地上的轨道上行走。主梁两头具有外伸悬臂梁。龙门式起重机具有场所利用率高、作业规模大、范围广、通用性强等特点,在车站、港口、码头、石油化工、冶金、机械、海洋工程、预制厂、桥梁施工工程等行业的露天场所,担负着机电设备及大型构件安装作业过程中的物料搬运、装卸任务,是企业生产活动中实现机械化和自动化的重要生产力。龙门式起重机是桥式起重机的一种变形,但其造价低,自重轻,抗风性好。

图 2-23　龙门式起重机

(一) 龙门式起重机的分类

1. 按门框结构分

按门框结构分,有门式起重机和悬臂门式起重机。

2. 按主梁形式分

按主梁形式分,有单主梁门式起重机和双主梁门式起重机。

(1) 单主梁门式起重机。其结构简单、制造安装方便、自身质量轻。与双主梁门式起重机相比,其整体刚度较弱。当起重量 $Q \leqslant 50$ t、跨度 $S \leqslant 35$ m 时,可采用单主梁门式起重机。

(2) 双主梁门式起重机。其承载能力强、跨度大、整体稳定性好、品种多,但与起重量相同的单主梁门式起重机相比,其自身质量较大,造价较高。

3. 按主梁结构分

按主梁结构分，有桁架梁、箱梁和蜂窝梁。

（1）桁架梁。主梁使用角钢或工字钢焊接而成，优点是造价低、自重轻、抗风性能好。但是桁架梁具有挠度大、刚度小、可靠性较低、焊点需要频繁检测等缺点。其适用于对安全性要求较低、起重量较小的场地。

（2）箱梁。主梁使用钢板焊接成箱式结构，优点是安全性高、刚度大。其一般用于大吨位及超大吨位的门式起重机。例如，MGHZ1200 门式起重机，起重量达 1 200 t。但箱梁也具有造价高、自重大、抗风性较差等缺点。

（3）蜂窝梁。一般指“等腰三角形蜂窝梁”，主梁端面为三角形，两侧斜腹上有蜂窝孔，上下部有弦杆。蜂窝梁吸收了桁架梁和箱梁的特点，较桁架梁具有较大的刚度、较小的挠度，可靠性也较高。但是由于采用钢板焊接，自重和造价也比桁架梁稍高。其适用于使用频繁或起重量大的场地或梁场。

（二）龙门式起重机的构成及应用

龙门式起重机主要由车轮、缓冲器、制动器、钢丝绳、起重吊钩、司机室、减速器、滑轮、卷筒、电动机、电控设备等组成。

龙门式起重机是桥式起重机的变形产品，在继承了桥式起重机主要特点与性能的同时，在实际工作中，还具有以下优点：

（1）吊装结构依托于轨道完成，消除了来自轮胎式大车或者柴油发电机组的故障源，降低了起重机运行期间的故障率。

（2）龙门式起重机多通过电力方式进行驱动，运行期间不需要更换机油，耗材保养得到了有效控制，维修保养费用低，经济效益显著。

（3）龙门式起重机在轨道吊装过程中，轨道处于固定状态，配合大车定位装置，避免在负载作用力较高情况下发生跑偏问题，自动化水平高。

（4）在龙门式起重机运行过程中，直接外接高压电源，在机构不动作条件下，基本不会产生噪声污染或空气污染，且可通过引入能量反馈装置的方式，在起升机构下降状态下实现能量反馈，达到节约能源消耗量的目的。

（三）龙门式起重机的选用

1. 主梁形式的选择

一般情况下，起重量在 50 t 以下，跨度在 35 m 以内，无特殊使用要求，宜选用单主梁门式起重机。如果要求门跨度大，工作速度较高，或经常吊运重件、长大件时，则宜选用双主梁门式起重机。门式起重机的跨度是影响起重机自身质量的重要因素。在满足设备使用条件和符合跨度系列标准的前提下，应尽量减少跨度。

2. 轮距的确定原则

（1）能满足门架沿起重机轨道方向的稳定性要求。

（2）货物的外形尺寸要能顺利通过支腿平面刚架。

（3）注意使轮距 B 与跨度 S 成一定比例关系，一般取轮距 B 为$\frac{1}{6}S \sim \frac{1}{4}S$。

3. 门式起重机间距尺寸的确定

在工作中，门式起重机外部尺寸与堆场的货物及运输车辆通道之间应留有一定的空间尺寸，以利于装卸作业。一般运输车辆在跨度内装卸时，应保持与门腿有0.7 m以上的间距。吊具在不工作时应与运输车辆有0.5 m以上的间距，货物过门腿时应有0.5 m以上的间距。

（四）龙门式起重机的安全操作

（1）在工作前，对制动器、吊钩、钢丝绳和安全装置等部件要按要求检查，若发现异常，应预先排除。

（2）操作者必须在确认走台或轨道上无人时，才可以闭合主电源。当电源断路器上加锁或有告示牌时，应由原有关人员摘掉后方可闭合主电源。

（3）操作运行中应按统一规定的指挥信号进行。

（4）每班第一次起吊重物时（或负荷达到最大重量时），应在吊离地面高度0.5 m后，重新将重物放下，检查制动器性能，确认可靠后，再进行正常作业。

（5）操作者在作业中，应按规定对下列各项作业鸣铃报警：

① 起升、降落重物时，开动大、小车行驶时。

② 起重机行驶在视线不清楚通过时，要连续鸣铃报警。

③ 起重机行驶接近跨内另一起重机时。

④ 吊运重物接近人员时。

（6）工作中突然断电时，应将所有的控制器手柄置于“零”位，在重新工作前应检查起重机动作是否正常。

（7）起重机大、小车在正常作业中，严禁开反车制动停车；变换大、小车运动方向时，必须将手柄置于“零”位，使机构完全停止运转后，方能反向开车。

（8）有两个吊钩的起重机，在主、副钩换用时和两钩高度相近时，主、副钩必须单独作业，以免两钩相撞。不准两钩同时吊两个物件。

（9）不准利用极限位置限制器停车，严禁在有负载的情况下调整起升机构制动器。

（10）严格执行“十不吊”制度：

① 指挥信号不明或乱指挥不吊。

② 超过额定起重量时不吊。

③ 吊具使用不合理或物件捆挂不牢时不吊。

④ 吊物上有人或有其他浮放物品时不吊。

⑤ 抱闸或其他制动安全装置失灵时不吊。

⑥ 行车吊挂重物直接进行加工时不吊。

⑦ 歪拉斜挂时不吊。

⑧ 具有爆炸性的物件不吊。

⑨ 埋在地下的物件不拔吊。

⑩ 带棱角缺口物件未垫好时不吊。

（11）如发现异常，立即停机，检查原因并及时排除。

（12）工作后，将吊钩升高至一定高度，大车、小车停靠在指定位置，控制器手柄置于“零”位；拉下保护箱开关手柄，切断电源。

（五）龙门式起重机的日常维护和保养

（1）润滑。机电产品的保养、润滑参见自身说明书，走行大车、吊重桁车等应每周注一次润滑脂。卷扬机要加注工业齿轮油，应经常检查油面高度，并及时补充。

（2）钢丝绳。常用品种有磷化涂层钢丝绳、镀锌钢丝绳和光面钢丝绳，应注意对钢丝绳的断丝、磨损和锈蚀情况进行检查。如有断丝、断股或磨耗量达到报废标准时，应及时更换新绳。

（3）吊具。吊具必须定期检查。

（4）滑轮组。主要检查绳槽磨损情况，轮缘有无崩裂及滑轮在轴上有无卡住现象。

（5）车轮。定期检查轮缘和踏面，当轮缘部分的磨损或崩裂达到10%厚度时应更换新轮；当踏面上两主动轮直径 D 相差超过 $D/600$，或踏面上出现严重的伤痕时应重新车光。

（6）制动器。每班应检查一次。制动器应动作准确，销轴不应有卡住现象。闸瓦应正确贴合制动轮，松闸时闸瓦间隙应相等。

四、缆索式起重机（缆索吊）

缆索式起重机是指挂有取物装置的起重小车沿着架空承载索运行的一类起重机。它主要用于高差较大的垂直吊装和架空纵向运输，或在地势起伏不平的河道、山谷等处。当铺设龙门式起重机的轨道困难或不可能使用一般起重机械时，用缆索吊是一种很好的方法。在桥梁工程施工中用缆索式起重机取代施工支架，可提高安装施工的质量和效率，降低成本，简化工艺，因而得到了广泛应用。它除了用于桥梁工程外，还可用于采矿、森林、工业原料场、码头、渡口、水电建筑等工程的起重和施工作业中。

缆索式起重机吊运质量从几吨到几十吨，纵向运距从几十米到几百米。设备可自行设计、就地安装，也可采用定型产品运至现场安装。

缆索式起重机的优点是跨度大、速度快、效率高、总体结构简单、造价低廉、施工周期短，并且不受气候和地形条件的限制，可以克服在通航河道施工时与通航间的相互干扰和洪水的威胁，在特定的条件下能发挥其他起重机械和起重技术所不能发挥的作用。

缆索吊装设备系统如图2-24所示，主要由主索、天线滑车、起重索、牵引索、起重及牵引绞车、主索锚碇、塔架、缆风索等主要设备和扣索、扣索锚碇、扣索排架、扣索绞车等辅助设备所组成。缆索吊装设备如图2-25所示。

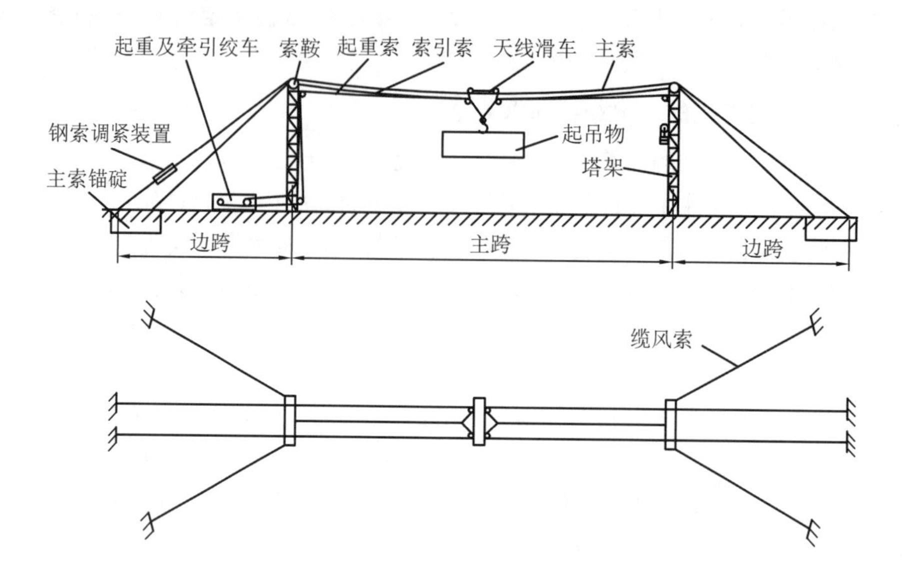

图 2-24 缆索吊装设备系统组成

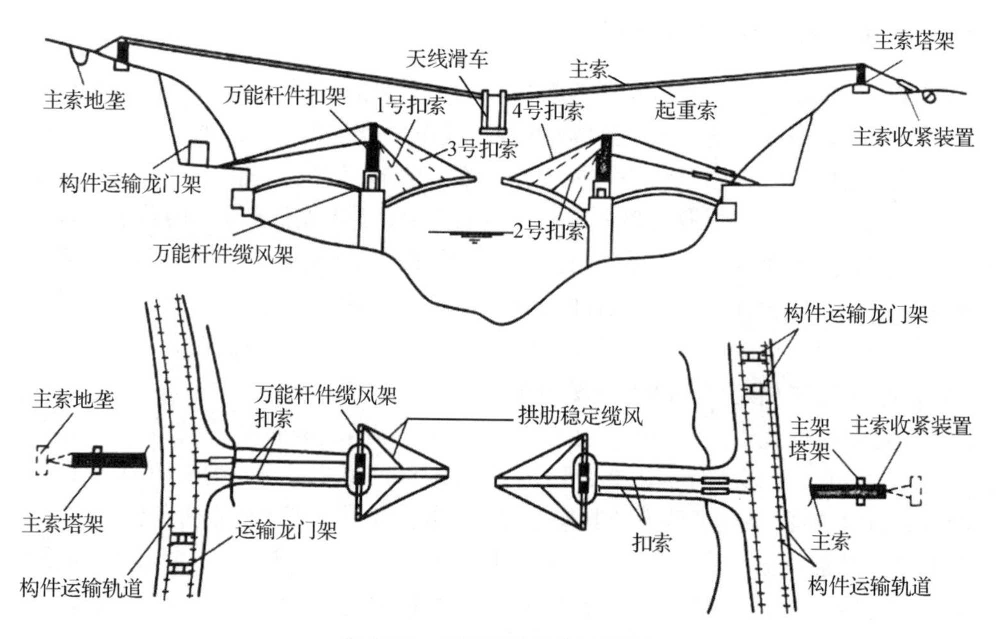

图 2-25 缆索吊装设备示意图

(1) 主索。主索又称承重索，它横跨桥墩支承在两岸塔架的索鞍上，两端锚固于锚碇上，吊运构件的滑车支承于主索上。

(2) 起重索。起重索套绕于天线滑车组，起吊运重物之用。一端与绞车卷筒相连，另一端固定于对岸的锚碇上。这样，当滑车在主索上沿桥跨做往复运动时，可保持滑车与吊钩间的起重索长度不随滑车的移动而改变。

(3) 牵引索。牵引索是牵引天线滑车沿主索做水平移动的拉绳。其套绕方法有两种，即每岸各设一台绞车，一台用于前进牵引，一台用于后退牵引，而牵引一端固定在滑车上，

一端与铰车相连。

(4) 结索。结索用于悬挂分索器,使主索、起重索和牵引索相互间不干扰,且仅承受分索器重量和自重。

(5) 扣索。扣索是在装配式拱桥的吊装中,为了暂时固定拱箱(肋)分段时所用的钢丝索,如图 2-25 所示。扣索分为墩扣、塔扣和天扣等几种。

(6) 缆风索。缆风索又称浪风索或抗风索,主要用于稳定塔架(或索架和墩上排架),调整和固定预制构件的位置。

(7) 横移索。如果缆索吊装设备只设置一道主索,这时横移索用以横移预制构件就位,且方向应尽可能与预制的轴线垂直。

(8) 天线滑车。天线滑车又称骑马滑车或跑车,由跑车轮、起重滑车组和牵引系统三部分组成。

(9) 塔架和索鞍。塔架是用来提高主索的临空高度和支承各种受力钢索的结构物,由塔身、塔顶、塔底等组成。塔顶设置索鞍,索鞍用于放置主索、起重索、扣索等,以减少钢绳与塔架间的摩擦阻力。

复习题

一、单选题

1. QAY160 表示(　　)汽车起重机,额定起吊质量为 160 t。
   A. 机械式　　B. 轮胎式　　C. 电动式
   D. 机械-液压式　　E. 全路面液压式
2. (　　)特别适用于流动性大、不固定的工作场所。
   A. 汽车起重机　　B. 塔式起重机　　C. 桥式起重机
   D. 门式起重机
3. 起重机吊臂一般采用(　　)伸缩机构 。
   A. 全液压式　　B. 气压-机械复合式　　C. 液压-机械复合式
   D. 全机械式
4. 汽车起重机的(　　)是实现重物水平位移的装置。
   A. 起升系统　　B. 变幅系统　　C. 回转系统
   D. 吊臂系统
5. (　　)支腿结构简单,重量轻,但跨距小,支承高度低,适用于小型起重机。
   A. 蛙式　　B. H 形　　C. X 形
   D. 铰接式　　E. 辐射式
6. (　　)支腿一般用于大型轮胎式起重机上。
   A. 蛙式　　B. X 形　　C. H 形
   D. 铰接式　　E. 辐射式

7. (　　)传动系统主要由液力变矩器和动力换挡变速器组成。

A. 机械　B. 液力-机械　C. 液压

D. 电力

8. 输电线路电压为35~110 kV时,汽车起重机的吊臂、钢丝绳或重物等与架空电线的最小距离为(　　) m。

A. 1.5　B. 2　C. 4

D. 5　E. 6

9. 汽车起重机在作业中若遇(　　)级大风时,必须停止作业,并要卸下载荷,把起重臂放在托架上。

A. 5　B. 6　C. 7

D. 8　E. 9

10. 卷扬机卷筒上的钢丝绳不许完全放出,最少应保留(　　)圈。

A. 2　B. 3　C. 4

D. 5　E. 6

11. (　　)设置在预制场内,吊移预制构件,或设置在墩旁,可作装配式桥构件的安装。

A. 汽车起重机　B. 龙门式起重机　C. 缆索式起重机

D. 桅杆式起重机　E. 门座式起重机

12. 在地势起伏不平的河道、山谷等处起吊重物时,可采用(　　)。

A. 汽车起重机　B. 龙门式起重机　C. 缆索式起重机

D. 桅杆式起重机　E. 门座式起重机

13. 缆索式起重机的(　　)是牵引天线滑车沿主索做水平移动的拉绳。

A. 起重索　B. 牵引索　C. 缆风索

D. 横移索

14. 缆索式起重机的(　　)横跨桥墩支承在两岸塔架的索鞍上,两端锚固于锚碇上,吊运构件的滑车支承在它上面。

A. 主索　B. 起重索　C. 牵引索

D. 缆风索

15. 缆索式起重机的(　　)用于稳定塔架(或索架和墩上排架),调整和固定预制构件的位置。

A. 主索　B. 起重索　C. 牵引索

D. 缆风索

二、多选题

1. 起重机在搬运物料时,经历(　　)和回到原处的过程,有时运转,有时停转。

A. 上料　B. 运送　C. 卸料

D. 搅拌　E. 翻转

2. 汽车起重机的特点有(　　)等。

A. 通过性好、机动灵活

B. 行驶速度大、可快速转移

C. 兼有低速越野和高速行驶的使用特性

D. 到达目的地能马上投入工作

3. 汽车起重机液压支腿的形式有(　　)支腿。

A. 蛙式　　B. X 形　　C. H 形

D. 铰接式　　E. 辐射式

4. (　　)型支腿适用于中、大型起重机上。

A. 蛙式　　B. X 形　　C. H 形

D. 铰接式　　E. 辐射式

5. 汽车起重机的液力-机械传动系统具有的优点有(　　)。

A. 良好的自动适应性

B. 提高了车辆的使用寿命

C. 提高了车辆的舒适性

D. 操纵简便、省力

E. 结构简单、成本低、维修方便

三、判断题

1. 起重机的工作特点是间歇动作、重复短时工作制。(　　)

2. 汽车起重机是在通用或专用载货汽车底盘上装上起重工作装置及设备的起重机。(　　)

3. 汽车起重机不仅能带负荷行驶,而且可在松软或泥泞的场地上工作。(　　)

4. QY8 表示液压汽车起重机,额定起吊质量为 80 t。(　　)

5. 汽车起重机的起升机构,正常情况下,在制动油缸弹簧力作用下将卷筒刹住,在吊钩升降重物时,各制动油缸内同时输入压力油,压缩弹簧,使制动器松开。(　　)

6. 汽车起重机的上车回转台是由液压马达驱动而在 360°范围内做旋转运动的。(　　)

7. 汽车起重机主臂是由钢板焊接而成的箱形结构,由多节组成,根据工作需要,各节间可相对移动,使主臂伸长和缩短。(　　)

8. 汽车起重臂升降变幅系统是利用变幅油缸的活塞杆伸缩实现吊臂的抬起与下放的。(　　)

9. 汽车吊重作业中不准扳动支腿操纵手柄,若必须调整支腿,起吊重物不用下落,直接进行调整即可。(　　)

10. 当用手拉葫芦提升重物时,可逆时针方向牵引链轮;当下落重物时,可顺时针方向牵引链轮。(　　)

11. 在安全性要求较高、起重量较大的情况下应选用桁架梁式龙门式起重机。(　　)

12. 起重量在 50 t 以下,跨度在 35 m 以内,无特殊使用要求下,宜选用双主梁门式起

重机。(　　)

13. 塔架是用来提高主索的临空高度和支承各种受力钢索的结构物,由塔身、塔顶、塔底等组成。

14. 对于汽车起重机来说,可以将低速大转矩油马达直接与卷筒连接,一般不需要减速装置。(　　)

15. 大中型汽车起重机起升机构大多采用高速小转矩液压马达。(　　)

16. 汽车起重机可以进行多桥驱动和多桥转向。(　　)

四、填空题

1. 起重机械由四大部分组成,即金属结构、__________、__________与控制部分。

2. 起重机的主要参数有:__________、__________、__________、__________、各机构的工作速度及起重机的工作级别等。

3. 起重机械是用来对物料进行__________、__________、装卸或安装等作业的机械设备。

4. 起重机工作装置的四大机构是__________、__________、__________、和__________。

5. 汽车起重机支腿的作用是增大__________,提高__________能力,保护__________。

6. 电动葫芦主要由__________、__________、__________、吊钩、钢丝绳等组成。

五、问答题

1. 参照图2-7叙述汽车起重机主臂伸缩系统工作原理。

2. 在使用电动葫芦前应检查哪些内容?

3. 请叙述起重机“十不吊”制度。

第三章 钢筋加工机械的构造与运用

学习目标

- 了解钢筋加工机械的作用及构造。
- 理解钢筋加工机械的工作原理。
- 掌握钢筋加工机械的正确使用方法。

知识要点

钢筋冷加工机械、钢筋调直切断机、钢筋切断机、钢筋弯曲机和钢筋焊接机的作用、结构组成、工作原理及安全操作注意事项。

能力目标

- 能看懂钢筋加工机械的机械传动系统图。
- 能安全操作钢筋加工机械。

钢筋加工机械是将盘条钢筋和直条钢筋制作成各种水泥混凝土结构物或预制件中所用的钢筋骨架。按钢筋加工工艺来分,有钢筋冷加工机械、钢筋调直机械、钢筋切割机械、钢筋弯曲机械及钢筋焊接机械等类型。钢筋作为混凝土的骨架,成为建筑结构中使用面广量大的主材。钢筋加工机械的应用降低了工人的劳动强度,减少了人工费用,降低了加工成本,同时加快了施工进度,提高了钢筋工程施工质量,缩短了钢筋加工周期和工程施工工期,大大提高了生产效率和经济效益。

第一节　钢筋冷加工机械的构造与运用

钢筋冷加工机械包括冷拉和冷拔两个方面。在常温下,对钢筋进行冷拉和冷拔,可以提高钢筋的强度和硬度,达到节约钢材的目的。钢筋冷加工大多在工厂中进行,工地现场不再进行钢筋的冷加工处理,解决了现场钢筋加工占地问题。

一、钢筋冷拉机械

冷拉是把钢筋拉伸到超过钢材自身的屈服点应力，然后放松，以使钢筋获得新的弹性限度，提高钢筋强度。经过冷拉的钢筋屈服点一般可提高20%～25%。冷拉不但可以拉直、延长钢筋，而且还能起到除锈和检验钢材的作用。钢筋冷拉机械分为阻力轮式冷拉机、液压式冷拉机、卷扬机式冷拉机和丝杆式冷拉机。

（一）阻力轮式冷拉机

阻力轮式冷拉机由电动机、变速器、绞轮、阻力轮、调节槽和支撑架等构成。它的工作原理如图3-1所示，电动机经减速器带动绞轮以40 m/min的速度旋转，将绕过四个不在一条直线上的阻力轮的钢筋进行冷拉，使钢筋拉长。可通过调节槽来调节一个阻力轮的高度，进而改变阻力大小，以控制钢筋的拉伸率。钢筋的一般拉伸率为6%～8%。

阻力轮式冷拉机的结构简单、效率高、布局紧凑，适用于冷拉直径为6～8 mm的圆盘钢筋。

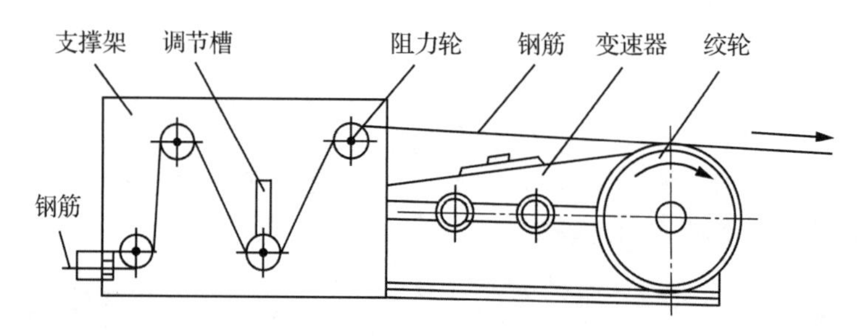

图3-1　阻力轮式冷拉机的工作原理

（二）液压式冷拉机

液压式冷拉机由泵阀控制器、液压张拉缸、装料小车、翻料架及前后端夹具等组成。其工作原理如图3-2所示，钢筋由前后端夹具夹紧，由两台电动机分别驱动高低压液压泵，从液压泵输出的油液经油管、液压控制阀进入液压张拉缸，在液压张拉缸的拉力作用下完成对钢筋的拉伸。

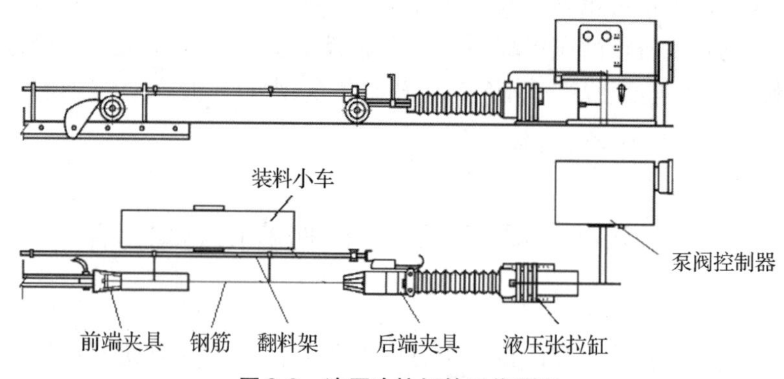

图3-2　液压冷拉机的工作原理

液压式冷拉机结构紧凑、工作平稳、噪声小，而且能正确测定冷拉应力和拉伸率，易于

实现自动控制,但其行程短,使用范围受到限制。

（三）卷扬机式冷拉机

卷扬机式冷拉机主要由卷扬机、地锚、定滑轮组、导向滑轮、动滑轮组、测力装置等组成。其工作原理如图 3-3 所示,卷筒上的钢丝绳正、反向穿绕在两副动滑轮组上,当卷扬机旋转时,夹持钢筋的一副动滑轮组被拉向卷扬机,使钢筋被拉伸;而另一副动滑轮组则被拉向导向滑轮,为下次冷拉时交替使用。钢筋所受的拉力经传力杆、活动后横梁传给测力器,便可测出拉力的大小。对于拉伸长度,可通过标尺直接测量或用行程开关来控制。

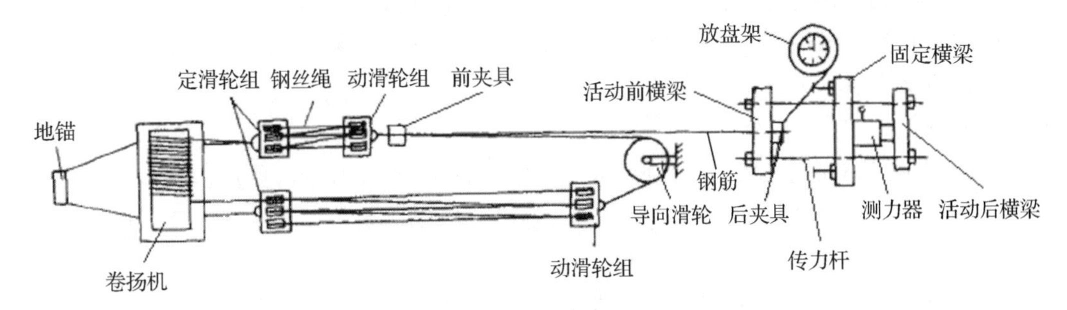

图 3-3　卷扬机式冷拉机的工作原理

卷扬机式冷拉机结构简单,易于安装、组合,被冷拉钢筋不受长度和直径的限制,便于实现单控(只控制冷拉率)或双控(在控制冷拉率的同时还要控制冷拉应力)的不同要求,因此在钢筋冷拉中被普遍采用。

（四）丝杆式冷拉机

常用的丝杆式冷拉机由电动机、变速器、丝杆、夹具、传力柱、测力器等组成。其工作原理如图 3-4 所示,电动机经三角皮带驱动变速器,变速器经齿轮传动使两根丝杆旋转,丝杆的另一端固定在轴承座上。当丝杆旋转时,套在它上面的活动横梁(活动螺母)向左或向右移动,并通过夹具对钢筋进行冷拉。

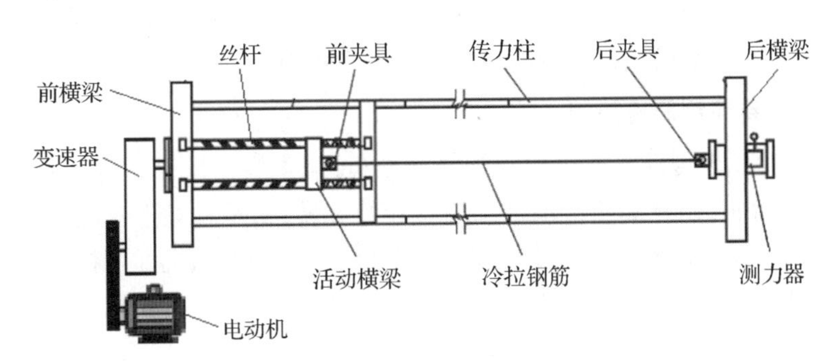

图 3-4　丝杆式冷拉机的工作原理

丝杆式冷拉机结构简单,但其传动构件容易磨损,磨损后会影响拉伸精度,且丝杆不能过长,使冷拉行程受到限制。丝杆式冷拉机与油压千斤顶配合可以作测力器使用。

（五）钢筋冷拉的安全操作

(1) 根据冷拉钢筋的直径,合理选用冷拉设备,不允许超载冷拉,特别是用粗钢筋、旧设备时更应注意。

(2) 冷拉场地,在两端地锚外侧设置警戒区,装设防护栏杆及警告标志。严禁无关人员在此停留。操作人员在作业时必须离开钢筋至少2 m。

(3) 用配重控制的设备必须与滑轮匹配,并有指示起落的标记,没有指示标记时应有专人指挥。配重框提起时高度应限制在离地300 mm以内,配重架四周应有栏杆及警告标志。

(4) 在每班作业前必须仔细检查冷拉设备和机具。例如,拉钩、地锚及防护装置均应齐全、牢固,夹具必须完好,滑轮、拖拉小车应转动灵活,确认良好后方可作业。

(5) 冷拉操作人员必须看到指挥人员发出信号,并待所有人员离开危险区后方可作业。冷拉应缓慢、均匀地进行,随时注意停车信号或见到有人进入危险区时,应立即停拉,并稍稍放松机具拉力。

(6) 用延伸率控制的装置,必须装设明显的限位标志,并有专人负责指挥。

(7) 夜间工作,照明设施应装设在张拉危险区外,如需要装设在场地上空,其高度应超过5m。灯泡应加防护罩,导线不得用裸线。

(8) 每班冷拉完毕,必须将钢筋整理平直,不得相互乱压和单头挑出,未拉盘筋的引头应盘住,机具拉力部分均应放松。

(9) 作业完毕,要先切断电源,再对机具进行清洁维护。

(10) 维修或停机时,应放松机具拉力,落下配重,切断电源,锁好开关箱。

二、钢筋冷拔机械

钢筋冷拔是在拉力作用下,使HPB235级光面钢筋在常温下通过特制的钨合金拔丝模孔(一般模孔直径比钢筋直径小0.5~1.0 mm),使钢筋变细,被拔的钢筋直径一般为6~8 mm,最大为10 mm。进行这种工作的机械叫冷拔机,亦称拔丝机。钢筋冷拔并非一次完成,而要反复多次,经过数次冷拔后,钢筋产生较大塑性变形,强度可提高40%~90%。冷拔用的机械有立式拔丝机和卧式拔丝机两种,每种又有单卷筒和双卷筒之分,也有把几台联合在一起的三联、四联拔丝机。钢筋冷拔只在加工厂进行。

(一) 立式单卷筒钢筋冷拔机

图3-5是一种蜗轮传动立式单卷筒钢筋冷拔机,绕丝卷筒固套在变速箱立轴上,电动机通过一对锥形齿轮、蜗杆蜗轮传动带动绕丝卷筒旋转,当承料架上盘圈钢筋的端头经轧细后穿过润滑剂盒及拔丝模而被固定在绕丝卷筒侧面,开动电动机即可拔丝。卷筒转速一般为30 r/min,拔丝速度可达75 r/min。

(二) 卧式钢筋冷拔机

卧式钢筋冷拔机有单卷筒和双卷筒两种,双卷筒效率高。卧式双卷筒钢筋冷拔机的构造如图3-6所示,电动机通过变速箱带动卷筒旋转,卷筒的旋转使钢筋通过拔丝模盒完成冷拔,并将冷拔后的钢丝缠绕在卷筒上。当卷筒上面的冷拔钢丝达到一定数量后将其卸下,再用卷筒继续进行钢筋冷拔。卧式钢筋冷拔机构造简单,操作方便,多用于现场施工工地冷拔丝的生产。

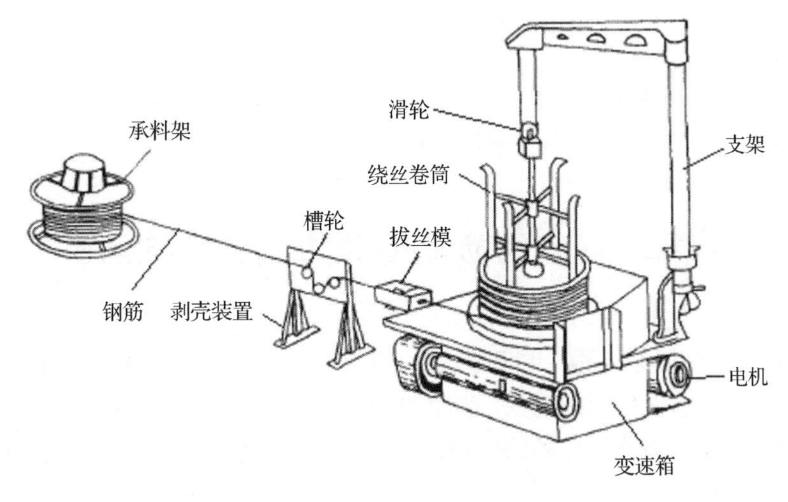

图 3-5　立式单卷筒钢筋冷拔机的构造

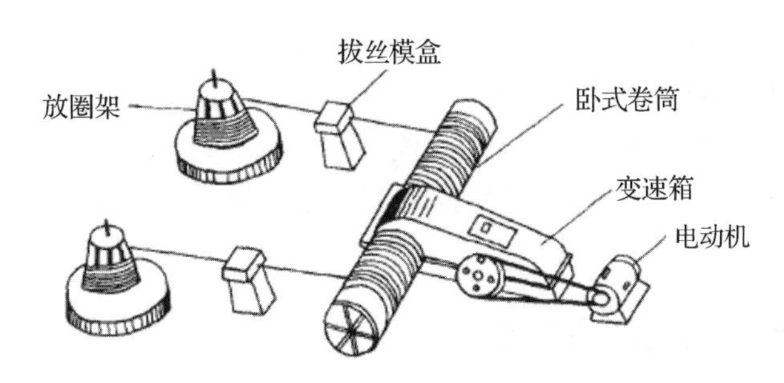

图 3-6　卧式双卷筒钢筋冷拔机的构造

(三) 钢筋冷拔的安全操作

1. 作业前的准备

(1) 检查电气设备接地是否良好,电源电压与工作电压是否匹配。

(2) 检查安全防护设施是否齐全、可靠,各连接件是否牢固,机器润滑是否良好。

(3) 检查模具有无裂纹,钢筋直径和模具的规格是否配套。

(4) 检查拔丝机的卷筒是否磨损超量,必要时加以补修。

2. 作业中的要求

(1) 在各项检查均良好后,先启动主轴空运转,确认正常后,方可作业。

(2) 在冷拔模架中应随时加足润滑剂,在通过冷拔模前的钢筋上涂少量润滑脂。

(3) 放置拔丝模具时,要注意区分模孔的正反面,要使钢筋轧头从模子入孔直径大的一面穿进,从直径小的一面拉出。

(4) 开始拔丝时速度要慢,逐渐加快到规定速度。

(5) 拔丝过程中,操作人员要靠近电源开关,若发现断丝、盘圆钢筋打结或乱盘时,应立即停机,处理后方可开机。

(6) 在冷拔钢筋时,每道工序的冷拔直径应按规定进行,不得超量缩减模具孔径。

(7) 拔丝模孔若磨损严重或损坏,应立即更换。

（8）冷拔结束时，要防止钢筋末端回弹伤人。

3. 作业后的要求

（1）工作结束，应堆放好成品，清理场地，切断电源，锁好电器开关箱。

（2）按规定对机器进行维修和保养工作。

第二节 钢筋调直切断机的构造与运用

钢筋调直是钢筋加工中的一项重要工序，因为混凝土结构中的曲折钢筋会影响构件的受力性能，使构件提前发生裂缝现象，若不对钢筋进行调直，不仅使钢筋失去准确的尺寸度量，而且还会造成钢材浪费。另外，调直过程中还可以对钢筋进行除锈。钢筋调直一般利用钢筋调直切断机进行。

钢筋调直切断机用于加工直径较细的钢筋。由于细钢筋是绕成盘形供应的，因此，在调直之前先要把钢筋扯开。钢筋调直切断机按扯开、除锈、调直和剪切的顺序将钢筋的几个工序贯穿起来。使用钢筋调直切断机不仅功率消耗少，而且劳动生产率高。

钢筋调直切断机按调直原理，可分为孔模式和斜辊式；按切断机构，可分为下切剪刀式和旋转剪刀式。下切剪刀式又由于切断控制装置的不同，可分为机械控制式和光电控制式。下面介绍几种常用的孔模式钢筋调直切断机。

一、GTJ4/14 型钢筋调直切断机

GTJ4/14 型钢筋调直切断机可调直直径在 4 ~ 14 mm 的圆形盘条钢筋，并自动将钢筋剪切成 300 ~ 7 000 mm 的长度。它由牵引机构、清锈调直机构、切断机构和受料架等组成。它的动力装置是两台 4.5 kW 的三相交流电动机，一台 JO2-51-4 型电动机用于调直，调直筒转速为 1400 r/min；另一台 JO2-62-8 型电动机用于剪切，剪切转速为 710 r/min。

钢筋调直切断机的构造如图 3-7 所示。调直筒用电动机驱动调直清锈筒工作，剪切用电动机驱动牵引、切断机构工作。转架上的钢筋穿过调直清锈筒后被一对牵引辊夹紧，旋转着的牵引辊将钢筋向前送入一对剪切齿轮之间的槽孔，而后进入定长机构，最后触动行程(限位)开关使电磁线圈通电，剪切齿轮的离合器合上，剪切齿轮就随即转动一定角度，齿轮上的剪切刃将钢筋切断，落到受料架上。定长机构上的行程开关位置可以按需要的钢筋长度来调整。

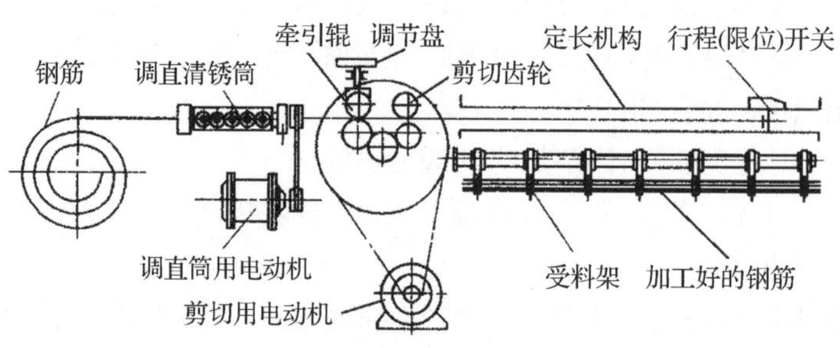

图 3-7 GTJ4/14 型钢筋调直切断机的构造

钢筋调直切断机调直筒的构造如图 3-8 所示。筒体两端较细,作为轴颈,支承在机架的轴承中,筒体沿轴线有穿通孔,还有一排调直孔和一排出屑孔,两者间隔排列。在调直孔内有调直模,可用两个螺塞调节孔的径向位置并使之固定。工作时,各调直模的模孔和调直筒中心孔均不对中,而是按序错开,使钢筋穿过这些模孔时形成一条减幅曲线。波幅的作用是在调直时补偿钢筋的弹性恢复,使钢筋在穿出导套时,形成直线,达到调直的目的。同时,在调直筒旋转时,调直模的模孔不断和钢筋表面摩擦,使钢筋上污锈掉落,其碎屑微粒从出屑孔排出。

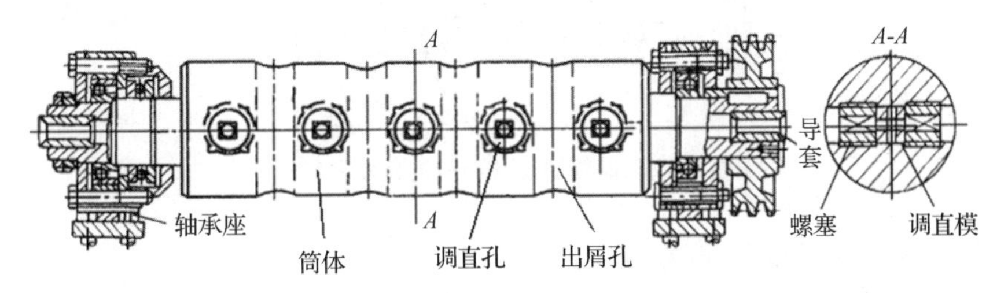

图 3-8　钢筋调直切断机调直筒的构造

为了适应不同直径的钢筋,在牵引辊的圆周面上开设有两条不同深浅的槽(图 3-9),上牵引辊的位置可通过调节盘旋转螺杆做上下调整(图 3-7),以便调节对钢筋的夹紧力。

剪切齿轮的齿面上也有一条凹槽,因此在两剪切齿轮所啮合轮齿间形成小孔,能让钢筋在啮合的轮齿间通过。此外,两个剪切齿轮上有三对轮齿装着刀片,刀片间相隔 120°,当需要剪切钢筋时电磁线圈通电,剪切齿轮的离合器合上,两齿轮转动 1/3 转,切断钢筋一次,如图 3-10 所示。

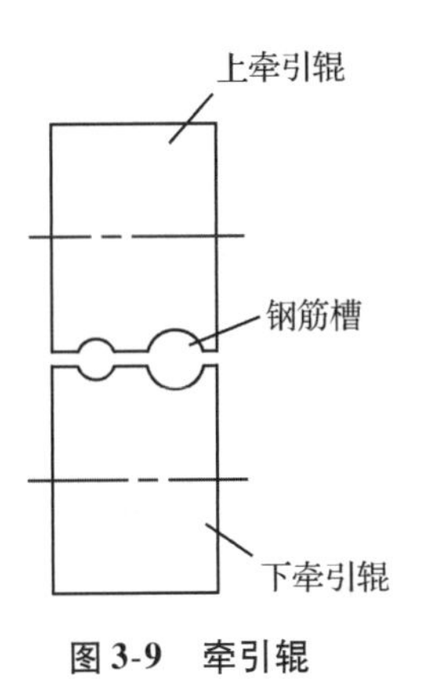

图 3-9　牵引辊

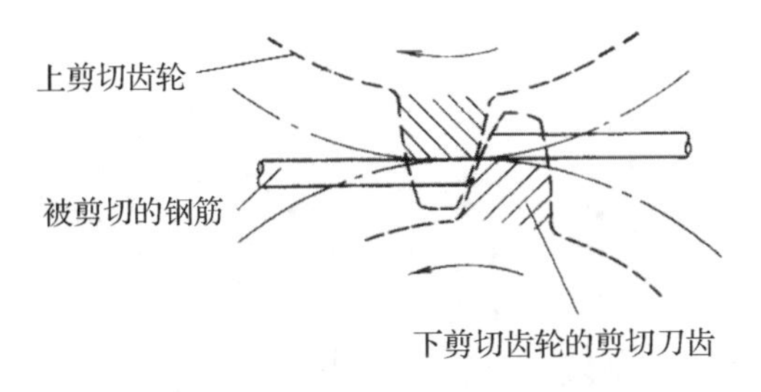

图 3-10　剪切原理图

钢筋调直切断机的传动系统如图 3-11 所示,电动机通过皮带驱动调直筒和牵引辊连续不停地转动,而剪切齿轮则通过离合器才能转动,剪切离合器是由与定长机构的行程开关相连的控制机构控制着,当离合器合上时,钢筋被剪断。

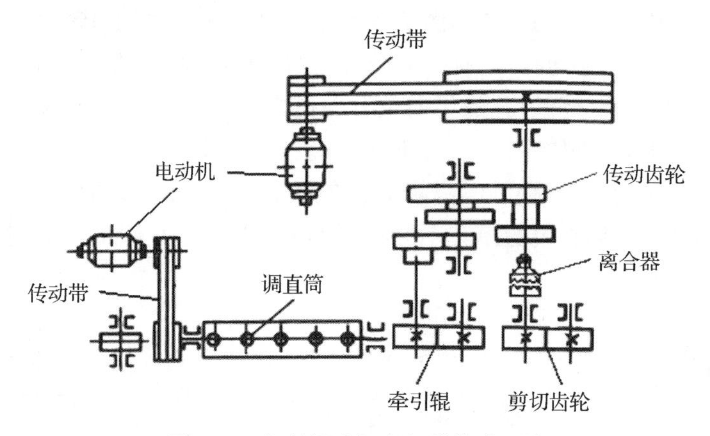

图 3-11　钢筋调直切断机的传动系统

二、GT3/8A 型钢筋调直切断机

GT3/8A 型钢筋调直切断机是机械控制式，其构造如图 3-12 所示，它由机架、电动机、变速箱、导向装置、牵引装置、调直装置、切断装置、定尺装置等组成。它的牵引、调直、送料是由一台 7.5kW 的电动机驱动，该电机两端出轴，左侧输出轴通过皮带传动带动调直筒旋转，调直筒内有七个调直模；右端输出轴通过变速箱由传动链带动送料轮和牵引轮做同步旋转来完成钢筋的送料及退料作业。被调直后的钢筋送入受料架滑槽内被切断。钢筋被切断后，各移动件在弹簧力作用下恢复原位。

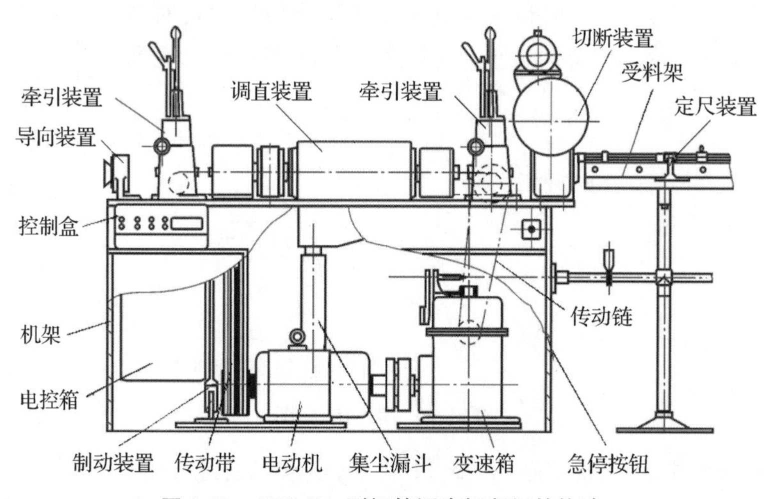

图 3-12　GT3/8A 型钢筋调直切断机的构造

三、GTS3/8 型数控钢筋调直切断机

GTS3/8 型数控钢筋调直切断机能自动控制钢筋的切断长度和切断根数，使钢筋的切断长度控制更准确。其构造如图 3-13 所示，它采用光电测长系统和光电计数装置控制钢筋的切断长度和切断根数，它的调直和牵引部分与 GT3/8A 型钢筋调直切断机相同，仅在钢筋切断部分增加一套由穿孔光电盘、光电管和光电源等组成的光电测长系统和一个计量

钢筋根数的计数信号发生器。

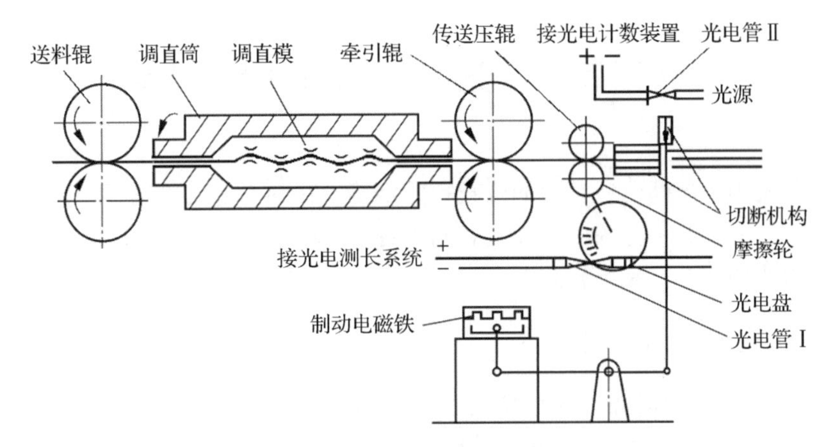

图 3-13　GTS3/8 型数控钢筋调直切断机的构造

四、钢筋调直切断机的安全操作

(一) 作业前的要求

(1) 检查机器固定是否牢固、安全,机器的安全防护设施是否齐全、可靠。

(2) 检查机械电器部分有无损伤,动作是否灵活,机体接地是否良好,电源电压与工作电压是否相符,电源开关是否完好无损,电源线有无破损、绝缘是否良好。

(3) 检查机器各零部件有无损坏,机器的连接件是否可靠,各传动部分是否灵活。

(4) 检查机器的润滑是否良好,调直模的安放是否正确。

(5) 检查调直钢筋直径与机械使用范围是否相适应。

以上各项检查确认无误后方可进行作业。

(二) 作业中的要求

(1) 先进行空机运转,检查轴承(重点是调直筒轴承)、切刀或者剪切齿轮等工作是否正常。

(2) 按要调直钢筋的直径选用适当调直块,调直块直径应比钢筋直径大 2 ~5 mm,牵引轮槽宽与调直钢筋直径相同,转动速度根据钢筋直径选择,直径大时宜选择慢速。经调节合格后方可送料。

(3) 送料前应将不直的钢筋端头切除,钢筋应先穿过钢管,再穿入导向筒和调直筒,以避免每盘钢筋接近调直完毕时弹出伤人。

(4) 切断 3 ~4 根钢筋后应停机检查钢筋长度,当超过允许偏差时,应调整限位开关或定尺板。

(5) 经过调直后的钢筋若仍有慢弯,可逐渐加大调直块的偏移量,直到调直为止。

(6) 对长度小于 2 m 和直径大于 9 mm 的钢筋,调直应低速进行。

(7) 若发现机器运转不正常,有异常声响,应立即切断电源,请专业人员修理。

(三) 作业后的要求

(1) 工作结束后应堆放好成品,清理场地,切断电源,锁好开关箱。

（2）按要求对机器进行维护和保养工作，并按要求填写日常维护和保养记录。

第三节 钢筋切断机的构造与运用

钢筋切断机用于剪断已经整直的或较粗的钢筋。按动力方式不同，可分为手动式和电动式；按结构形式不同，可分为卧式和立式两种；按传动方式不用，可分为机械式和液压式，机械式又分为曲柄连杆式和凸轮式。

一、手动式钢筋切断机

最简易的手动式钢筋切断机的构造如图 3-14 所示，它能切断直径小于 20 mm 的钢筋。该切断机是通过一个固定夹板和一个活动夹板，利用类似于剪刀剪切原理来切断钢筋的。固定夹板与底座用螺栓固定在工作台或地面上，活动夹板右端自由地套在固定夹板中心轴上，左端带有齿，与转动手柄的齿相啮合，在两夹板上方缺口处镶嵌有淬火钢刀。将欲切断的钢筋放入缺口处两刀之间，扳动手柄，通过齿的啮合使活动夹板绕中心轴顺时针方向转动，两钢刀即可把钢筋切断。

二、机械式钢筋切断机

（一）曲柄连杆式钢筋切断机

国产 GJ5-40 型钢筋切断机可用来切断直径在 23～40 mm 的单根钢筋，同时可切断直径在 6～22 mm的若干根钢筋（表 3-1）。

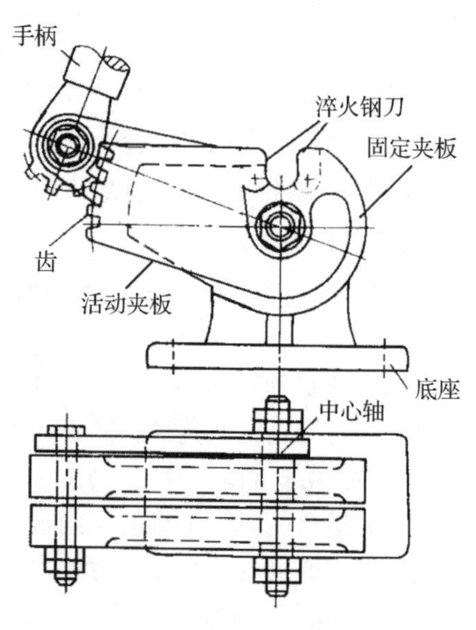

图 3-14 手动式钢筋切断机的构造

该切断机的工件原理如图 3-15 所示，它由 7.5 kW或 7 kW 的三相交流电动机驱动，经由三角皮带和两对减速齿轮传动带动偏心轴转动。两中间轴及偏心轴均由滑动轴承支撑。连杆左端通过剖分式结构和偏心轴相连，右端通过球形头和滑块铰接，活动刀装在滑块上，固定刀装在机座上不动。偏心轴转动可通过连杆使带有活动刀的滑块在机座槽内往复移动，利用固定刀和活动刀之间的剪切力将钢筋切断，活动刀每分钟行程数为 32 次。刀由工具钢制成并经过热处理，刀刃的正确调整和磨砺对于保证优质切断钢筋具有重大意义，调整时，必须保证两刀刃间的错开间隙为0.5～1 mm，刀刃磨砺角度前角为 3°，后角为 12°。

表 3-1　钢筋直径与一次可切断根数

钢筋直径/mm	一次可切断钢筋根数	钢筋直径/mm	一次可切断钢筋根数
6 ~ 8	6	19 ~ 22	2
9 ~ 13	5	23 ~ 40	1
14 ~ 18	3		

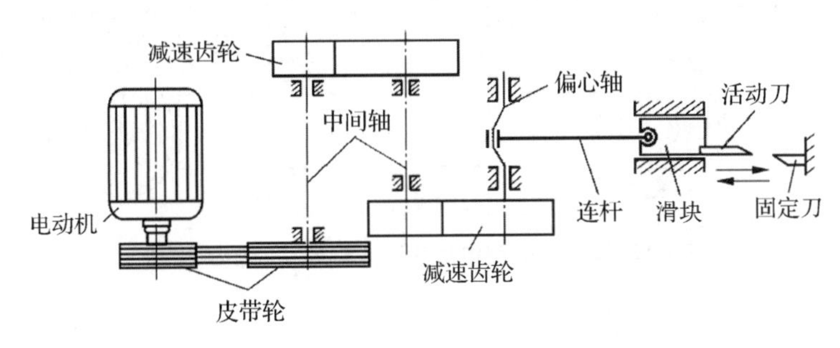

图 3-15　GJ5-40 型钢筋切断机的工作原理

(二) 凸轮式钢筋切断机

凸轮式钢筋切断机的构造如图 3-16 所示，主要由电动机、传动系统、凸轮机构、机架和切断刀等组成。电动机通过皮带及减速齿轮传动带动凸轮机构运动，使活动刀绕其铰接轴摆动，实现对钢筋的切断。

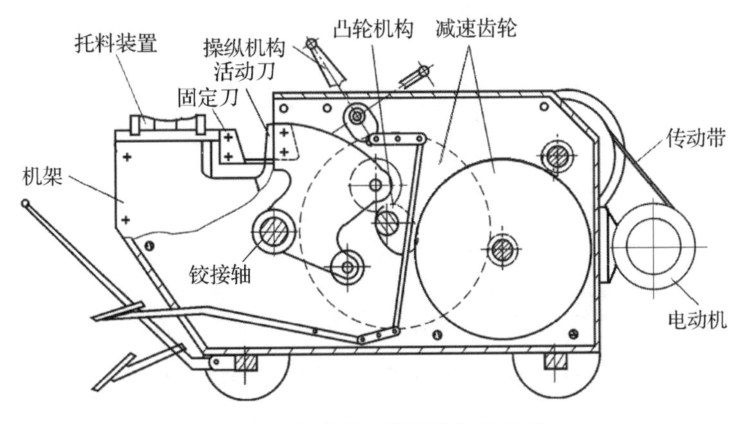

图 3-16　凸轮式钢筋切断机的构造

三、液压式钢筋切断机

(一) 电动液压式钢筋切断机

DYJ-32 型电动液压式钢筋切断机的构造如图 3-17 所示，它主要由电动机、柱塞式高压油泵、液压缸、活动刀片、固定刀片和机架等组成。电动机驱动柱塞式液压泵工作，液压泵向液压缸供油，液压缸的活塞带动活动刀片往复移动，实现对钢筋的切断。DYJ-32 型电动液压式钢筋切断机可切割钢筋最大直径为 32 mm。

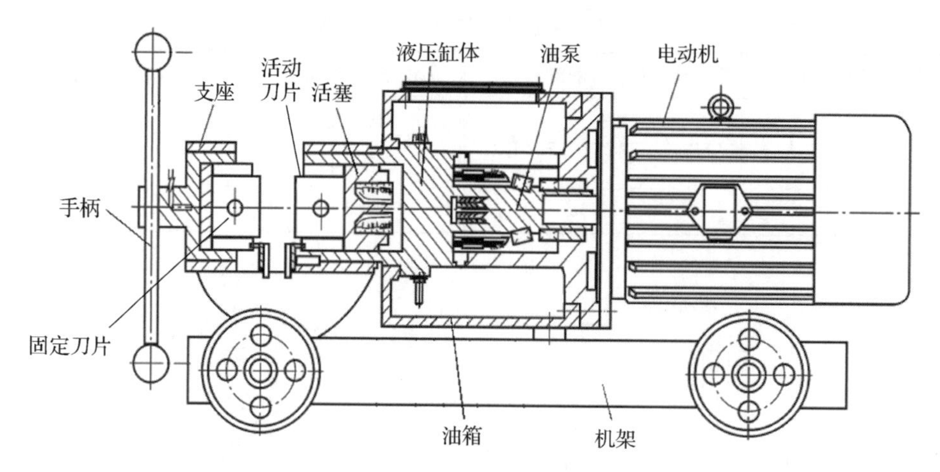

图 3-17　DYJ-32 型电动液压式钢筋切断机的构造

（二）手提液压式钢筋切断机

国产 GQ-20 型手提液压式钢筋切断机的构造如图 3-18 所示，它由电动机、油箱、碳刷和工作头等组成，是一种轻便、灵巧、便携式钢筋切断机械，适用于地面、高空或其他较狭窄场所。总切断力较大，可切断直径在 20 mm 以下的单根钢筋。

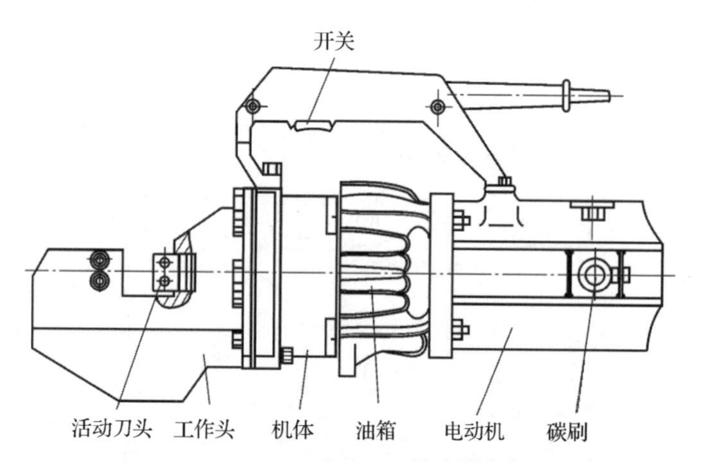

图 3-18　GQ-20 型手提液压式钢筋切断机的构造

四、钢筋切断机的安全操作

（一）准备工作

（1）操作人员应持证上岗，学员应在专人指导下进行操作。

（2）作业人员必须按规定穿戴劳保用品，长发盘于帽内、不得外露，高处作业时必须系安全带。

（3）接送料的工作台面应和切刀下部保持水平，工作台的长度可根据加工材料长度确定。

（4）检查并确认刀架螺栓紧固、切刀无裂纹、防护罩牢靠，方可用手转动皮带轮，检查

齿轮啮合间隙，调整切刀间隙。

（5）若为液压式切断机，应检查液压油位。手提液压式切断机应将放油阀按顺时针方向旋紧，并戴好绝缘手套。

（6）剪切低合金钢时，应更换高硬度切刀。

（二）作业中的要求

（1）启动后应先空载运转，检查各传动部分及轴承运转正常后，方可作业。

（2）不得剪切直径及强度超过机械铭牌规定的钢筋和烧红的钢筋。一次切断多根钢筋时，其总截面积应在规定范围内。

（3）机械未达到正常转速时不得切料。

（4）若为液压式切断机，应空载运转，松开放油阀，排净液压缸内的空气，方可进行切筋。

（5）切筋时，应使用切刀的中、下部位，紧握钢筋对准刃口迅速投入。操作者应站在固定刀片一侧用力压住钢筋，以防钢筋末端弹出伤人。严禁用两手分别放在刀片两边握住钢筋俯身送料。

（6）切长钢筋时应有专人扶助，操作时动作要一致，不得随意拖拉。

（7）切短钢筋时手与刀口距离不得小于150 mm，当手握端小于400 mm时，应用套管或夹具夹牢，不得用手直接送料。活动刀片前进时禁止送料。

（8）运转中，严禁用手直接清除切刀附近的断头和杂物，在钢筋摆动周围和切刀附近，非操作人员不得停留。

（9）当发现机械运转不正常或切刀歪斜或有异常声响时，应立即停机检修。

（三）作业后的要求

（1）作业完毕后，若为手提液压式切断机，应逆时针方向旋松放油阀。

（2）用钢刷清除切刀间的杂物，堆放好成品，清理场地。

（3）切断电源，锁好开关箱，做好润滑工作。

第四节　钢筋弯曲机的构造与运用

钢筋弯曲机的功用是将调直、已切断配好的钢筋，按配筋图弯曲成所要求的尺寸和形状。钢筋弯曲机的工作过程如图3-19所示。首先将钢筋放置在工作盘的心轴和成型轴之间，开动弯曲机使工作盘转动，因为钢筋的一端被挡铁轴挡住，所以钢筋被成型轴推压，绕心轴进行弯曲，当达到所要求的角度时，自动或手动使工作盘停止。弯曲成形后取下钢筋，然后反转工作盘复位。

按动力方式不同，可分为手动式钢筋弯曲机和机动式钢筋弯曲机；按传动方式不同，可分为机械式钢筋弯曲机和液压式钢筋弯曲机；按工作原理不同，可分为蜗杆蜗轮式钢筋弯曲机和齿轮式钢筋弯曲机。

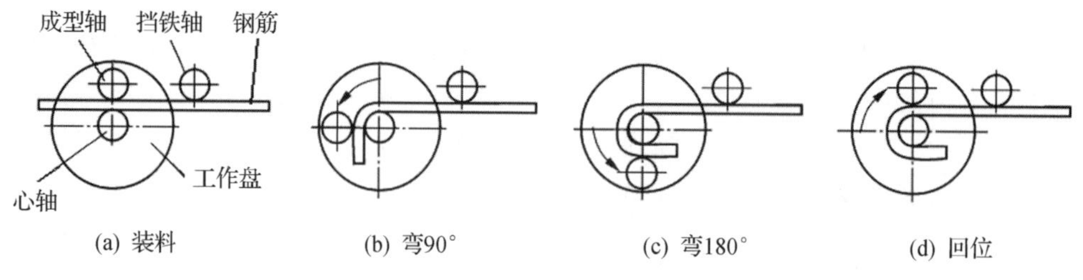

图 3-19　钢筋弯曲机的工作过程

一、手动式钢筋弯曲机

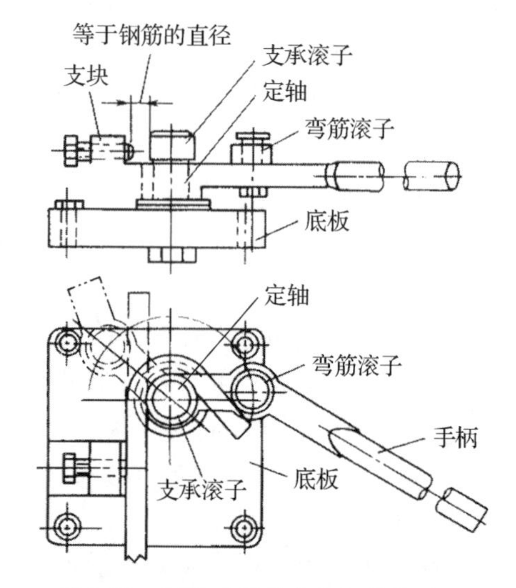

图 3-20　手动式钢筋弯曲机的构造

直径小于 25 mm 的钢筋可以用手动式钢筋弯曲机来弯曲，其构造如图 3-20 所示。它由用螺栓固装在工作台上的底板、套在定轴上的手柄和装有调节螺栓的支块组成。在定轴上装有支承滚子，而在手柄上装有弯筋滚子。当手柄处于如图 3-20 所示的双点画线位置时，把欲弯曲的钢筋送入两个滚子和支块之间，当手柄绕定轴做顺时针回转时，钢筋就绕支承滚子弯曲，按配筋图顺次把钢筋弯曲成需要的形状。钢筋弯曲的角度由操作人员来掌控。

二、蜗杆蜗轮式钢筋弯曲机

国产 GW-40 型钢筋弯曲机的外形如图 3-21 所示，它的动力装置是 3 kW 或 2.8 kW 的三相交流电动机，弯曲机的总质量约为 420 kg。它主要用来弯曲直径小于 40 mm 的钢筋，在钢筋直径为 22 ~ 40 mm 时进行单根弯曲；若钢筋直径在 22 mm 以下，则可以同时弯曲数根。

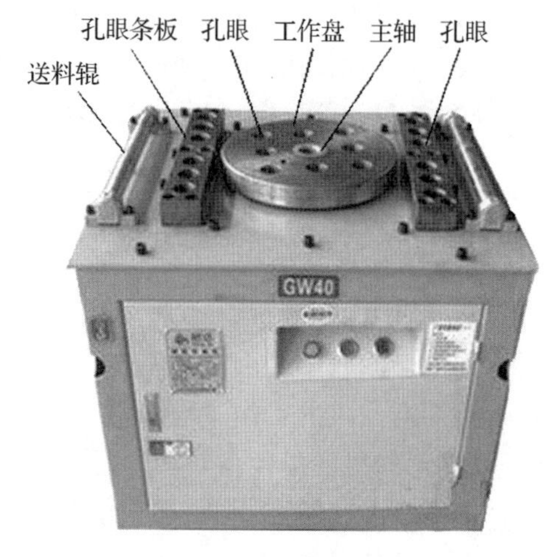

图 3-21　GW-40 型钢筋弯曲机的实物图

GW-40 型钢筋弯曲机的构造及传动系统如图 3-22 所示。它由传动部分、机架和工作台三部分组成。它的主要工作部分是一个具有 8 个孔眼的工作盘，孔眼用来插上弯曲用的管销，工作盘装在工作主轴上，此轴由电动机通过两对直齿圆柱齿轮和一对蜗杆蜗轮减速器带动旋转。更换齿轮可使工作盘得到三种不同的转速，即 3.7 r/min、7.2 r/min、14 r/min。弯曲机的工作台上装有两条具有多个孔眼的条板，孔眼中可插上或拿去支承管销。弯筋过程中，工作盘不仅可正向旋转，而且依靠装在机架侧壁中的磁力起动器使电动机换向，可实现工作盘逆向旋转。为了便于移动钢筋，在工作台面上

装有送料辊。

为了使钢筋弯曲，在主轴的中心孔眼中插有装有滚轴的中心销，然后根据钢筋欲弯曲的形状，在工作盘和条板的适当孔眼中，插入弯筋用和支承用的管销；欲弯钢筋放在工作台中心滚轴与弯筋用管销之间，同时使钢筋顶住支承滚轴，工作盘顺着适当方向转动一定角度，就将钢筋弯曲。当弯曲好钢筋后，为了从弯曲机上取下钢筋，工作盘必须略做反方向的回转。

GW-40 型钢筋弯曲机弯筋角度的控制和恢复“零”位，是靠操作人员的眼观角度（手转倒顺开关）来进行半自动控制的，每弯曲一个角度都必须眼观手转两次。由于转动机构惯性和视觉误差，很难严格控制弯角精度，更不利于弯曲等角度钢筋的成批生产。为了提高施工质量，有些单位在原 GW-40 型钢筋弯曲机上加装一个自动控制装置，可以严格控制任意角度钢筋弯曲，操作人员只需将角度指针转至所需弯筋角度，然后按下起动按钮，即可使钢筋弯曲机自动地周而复始地工作下去。变更弯筋角度，只需拨一下角度指针。这就使弯筋精度有了保证，更有利于等角度钢筋的成批生产，也减轻了操作人员的劳动强度，提高了工效，保证了钢筋混凝土的施工质量。

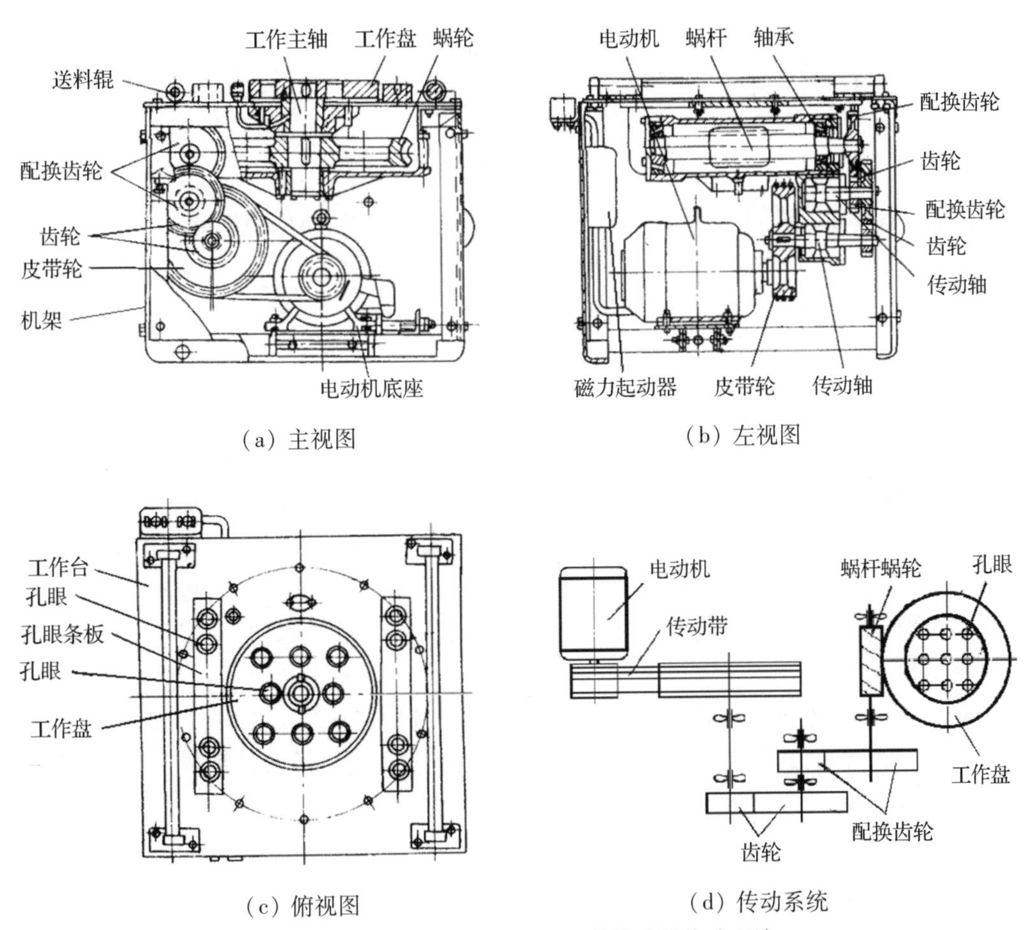

图 3-22　GW-40 型钢筋弯曲机的构造及传动系统

三、齿轮式钢筋弯曲机

齿轮式钢筋弯曲机的构造如图 3-23 所示,它是以全封闭的齿轮减速箱代替了传统的蜗轮蜗杆传动,并增加了角度自动控制机构及制动装置。它主要由机架、装在机架箱体内的电动机和齿轮减速箱、台面工作装置及电气控制系统等组成。

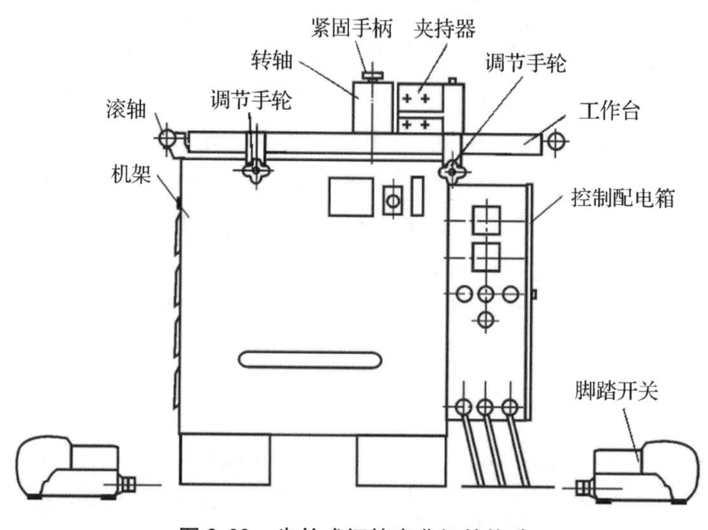

图 3-23 齿轮式钢筋弯曲机的构造

齿轮式钢筋弯曲机的工作盘上有一个插心轴的孔和四个插成型轴的孔。工作台上左右两个插入座可通过手轮无级调节,并与不同直径的成型轴及挡料装置相配合,能适应各种不同规格的钢筋弯曲成型。当弯曲钢筋时,碰块与行程开关接触,使电动机达到正转和反转,实现钢筋弯曲的一次循环,该机全部采用自动控制。

四、钢筋弯曲机的安全操作

(一) 准备工作

(1) 检查并确认机体着地平稳、牢固,电源开关完好无损,电源线无破损、绝缘良好。

(2) 检查并确认机器启动与制动正常,倒顺开关和转盘转向一致,机械润滑良好。

(3) 检查并确认机件齐全,弯曲机的芯轴、挡铁轴、转盘等完整,安装牢固,无损坏及裂纹,防护罩紧固可靠。

(4) 工作台和弯曲机台面应保持水平,并准备好各种芯轴及工具。

(5) 按加工钢筋的直径和弯曲半径的要求,装好相应规格的芯轴和成形轴、挡铁轴和可变挡架。芯轴直径应为钢筋直径的 2.5 倍,挡铁轴应有轴套。

(6) 空机试运转,待确认正常后方可作业。

(二) 作业中的要求

(1) 严禁加工超过机械规定直径和根数的钢筋,严禁机械超转速作业。

(2) 挡铁轴的直径和强度不得小于被弯钢筋的直径和强度,不直的钢筋不得在弯曲机

上弯曲。

（3）作业中，严禁更换芯轴、销子，严禁变换弯曲角度及其他调整作业，亦不得加油或清扫。

（4）改变工作盘转向时，应先将倒顺开关拨向中间停止挡，停机后才能拨向反向挡，不得直接拨到反向挡。

（5）在弯曲未经冷拉或带有锈皮的钢筋时，应戴防护镜。

（6）弯曲高强度或低合金钢筋时，应按机械铭牌规定换算最大允许直径并调换相应的芯轴。

（7）当运转中发现卡盘颤抖，电动机发热量超过铭牌规定时，均应立即断电停车检修。

（8）作业时将钢筋须弯的一端插放在转盘固定销的间隙内，另一端紧靠机身固定销，并用手压紧，检查机身销子确实安在挡住钢筋的一侧，方可开动机器。

（9）当加工较长的钢筋时，应有专人帮扶，并听从操作人员的指挥，不得随意拖拉。

（10）严禁在弯曲钢筋作业半径内和机身不设固定销的一侧站人。应将弯曲好的半成品堆放整齐，弯钩不得朝上。

（三）作业后的要求

（1）应将工作场所及机身清扫干净，缝坑中的积锈应用手动鼓风器吹掉，禁止用手指抠挖。

（2）清理现场，将成品堆放整齐，保养机械，断电锁箱。

第五节 钢筋焊接机的构造与运用

目前，钢筋混凝土构件中的骨架和钢筋网多采用焊接的方法来制成，不仅可以避免人工绑扎浪费材料、人员劳动强度大、骨架和钢筋网受力性能差，而且可以保证钢筋骨架、钢筋网的刚度，同时节省绑扎用的细钢丝，并提高生产效率。

在钢筋预制加工及现场施工中，钢筋的焊接方法有接触焊和电弧焊。由于电弧焊劳动强度大、施工速度慢、钢材耗用多，而且节点钢筋有搭接，配筋密集，影响混凝土浇捣质量，因此施工现场已较少采用。

接触焊是利用电流通过两个被焊件时，由于两焊件端部的电阻，使焊件端部接触处产生大量的热，因而产生很高的温度，使焊件端部金属熔化，当施加一定压力，两焊件就可以牢固地焊接在一起。为了使接触处获得很大的电流，焊机本身需要有变压器设备。

接触焊不需要焊剂，节省材料，无强烈光线和烟尘，不需要戴防护镜，并且具有生产率高、成本低和易于自动化等优点，所以在钢筋焊接中有着广泛的应用。

目前，用于钢筋焊接加工的国产接触焊常用机械有对焊机和点焊机。

一、钢筋对焊机

对焊是将两个被焊件安放在焊机的两个夹具内，两焊件端面相对放置使其接触，然后通过电流加热到近于熔化的高温状态,并在焊接期间断续或连续地加以施压,两焊件即被焊接到一起。钢筋对焊适用于水平钢筋的预制加工。对焊焊接比搭接焊接对钢筋混凝土结构性能和施工更为有利,并能节约钢材,应用较广泛。

钢筋加工中最常用的是UN1系列对焊机。图3-24为UN1系列对焊机的外形和构造。它主要由机身、变压器、固定电极、活动电极、加压机构、控制系统和冷却系统等组成。左面电极装在电焊机的固定平板上,右面电极装在滑动平板上,滑动平板与加压机构相连,可以沿机身导轨移动。电流从变压器的次级线圈引到接触板,并从接触板引到电极。当钢筋夹在电极间以后,开始进行对焊操作,两焊件即被焊接到一起。

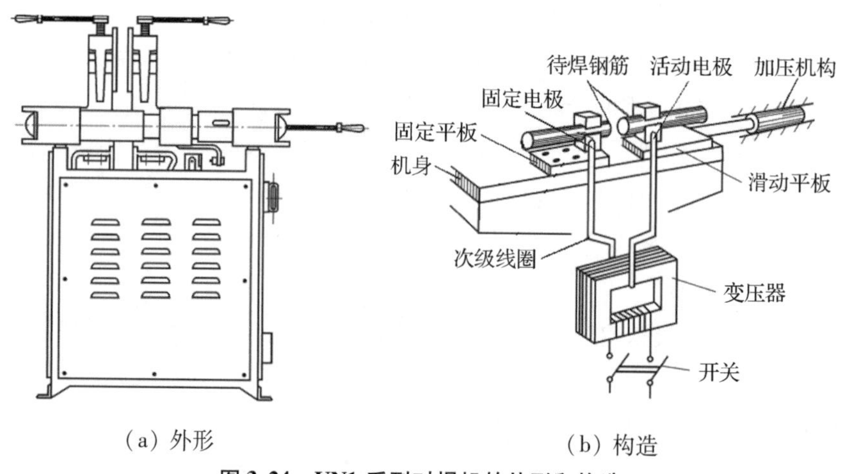

(a) 外形　　(b) 构造

图3-24　UN1系列对焊机的外形和构造

对焊机按结构形式的不同,可分为弹簧顶锻式、杠杆挤压弹簧顶锻式、电动凸轮顶锻式、气压顶锻式和电容蓄能式;按机械化程度的不同,可分为手动式、半机械化式和机械化式;按焊接方法的不同,可分为电阻式和闪光式。

(一) 电阻式对焊机

将焊件通电后使焊件逐渐接触,当两焊件相接触时,接触处的电阻远远超过金属内部的电阻,由于有大量电流通过接触处,其附近的金属温度很快升高,待到端部金属呈塑性状态时,用加压机构压紧,两焊件即会连接成一体。

(二) 闪光式对焊机

施焊时,先使两焊件端面轻微接触,由于压力机构施加给焊件的压力小,焊件端面接触面积小,因此,通过接触点的电流密度很大,接触处集中受热,在极短时间内局部金属熔化,电流继续通过,部分金属氧化,此时熔化的金属微粒从接口处喷出,同时出现火花(闪光),接着徐徐移动焊件,使两端面仍保持轻微接触,形成连续闪光。当闪光到预定的长度,使焊件端头加热到将近熔点时,施加以较大压力,焊件端部金属液体被挤到外部,形成牢固的接头。

两种对焊机相比,闪光焊的优点是热效率高,焊接质量好,焊接速度快,成本低,若与其他自动化设备结合,可实现闪光对焊机的全自动化。

为了焊接不同直径的钢筋,需要不同强度的电流,因此对焊机使用的电压次级线圈有

一组不同数值。在焊接时,对焊机的电极经常在高温状态下工作,因此需要通冷却水冷却。国产对焊机的主要技术性能请查阅有关手册。

(三) 钢筋对焊机的安全操作

(1) 对焊机应安置在室内,并应有可靠的接地或接零。电焊导线长度不宜大于 30 m,当需要加长导线时,应相应增加导线的截面。当多台对焊机并列安装时,相互间距不得小于 3 m,应分别接在不同相位的电网上,并应分别有各自的刀型开关。

(2) 焊接现场 10 m 范围内,不得堆放油类、木材、氧气瓶、乙炔发生器等易燃、易爆物品。

(3) 作业人员必须持证上岗,按规定穿戴劳动防护用品,并必须采取防止触电、火灾等事故的安全措施。

(4) 作业前,应检查并确认对焊机的压力机构灵活,夹具牢固,气压、液压系统无泄漏。

(5) 焊接前,应根据所焊钢筋截面调整二次电压,不得焊接超过对焊机规定直径的钢筋。

(6) 应定期光磨断路器的接触点、电极,定期紧固二次电路全部连接螺栓。冷却水温度不超过 40 ℃,排水量应根据气温调节。

(7) 当焊接较长钢筋时,应设置托架,配合搬运钢筋的操作人员,在焊接时要注意防止火花烫伤。

(8) 闪光区应设阻燃的挡板,焊接时其他人员不得入内。

(9) 冬季施焊时,室内温度不应低于 8 ℃。作业后,应放尽机内冷却水。

(10) 应及时保养对焊机,若发现故障,应立即停机,并及时修理。

(11) 作业后应清理现场,切断电源,清除焊接余热后,方可锁闸离开。

(12) 按要求填写日常检查及保养记录。

二、钢筋点焊机

钢筋点焊机的工作原理与对焊机基本相同,它是将相互交叉的钢筋的接触点焊接起来的一种压力焊接方法。点焊机适合于钢筋预制加工中焊接各种形式的钢筋网。

点焊机按用途,可以分为通用式和专用式;按安装方式,可分为固定式和移动式或轻便式(悬挂式);按导电方式,可分为单侧式和双侧式;按压力传动方式,可分为脚踏式、电动机-凸轮式、气压式、液压式、气液压复合式;按同时焊接的焊点数目,可分为单点式、双点式和多点式等。

(一) 单点式焊机

图 3-25 为单点式点焊机的外形和构造。工作时,将表面清理好的钢筋交叉叠合在一起,合上总开关,当踏下脚踏板时,由于加压机构的作用,放在两个电极之间紧密接触的两根钢筋交叉点被电极夹住,同时断路器的电极接通,电流经变压器次级线圈引到电极上,两根钢筋接触处在极短的时间里产生大量的电阻热,使钢筋熔化,在电极电压下形成焊点。放回脚踏板,断路器随动杆在弹簧恢复力作用下下降,电路便被断开。因此,脚踏一次即焊接一个点。

脚踏(杠杆)单点式点焊机的特点是:电极压紧钢筋是通过脚踩杠杆机构来完成的,并靠弹簧的张力使电极回位。其结构较简单,但其通电焊接时间由人工掌握,操作繁重,故采用不多。

气压式点焊机是靠压缩空气使电极压紧钢筋,气缸上下移动即可使加压臂上下移动,使两个电极相互张开或靠拢。该点焊机可准确地调节电焊时间和电极压紧力,能保证焊接质量,可焊接大型钢筋网。其应用较广泛,但结构较复杂。

单点式点焊机同对焊机一样,工作电压也有一组数值,其技术性能请查阅有关手册。

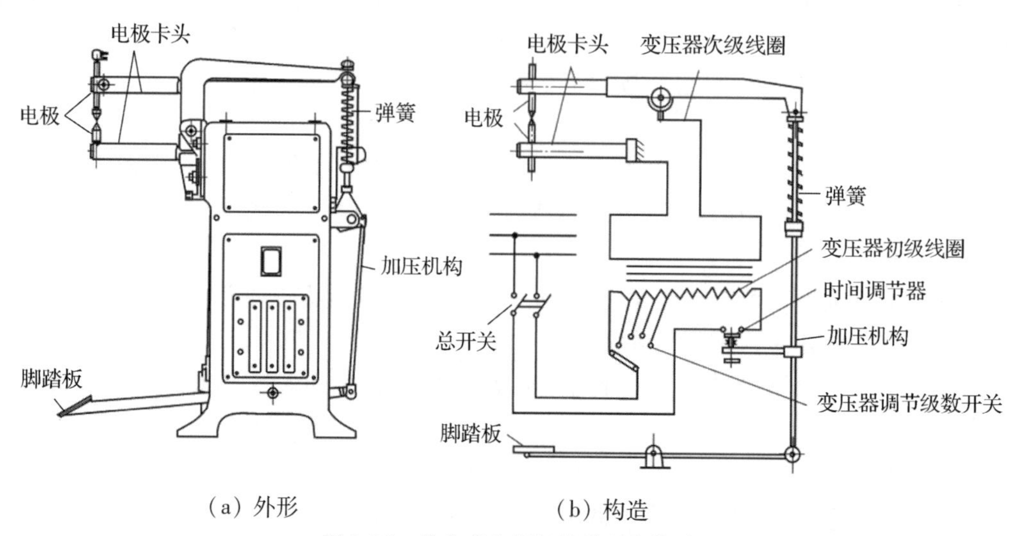

图 3-25　单点式点焊机的外形和构造

(二)多点式点焊机

制造成卷的钢筋网时,采用多点式点焊机,可以极大地提高生产效率。多点式点焊机的工作原理如图 3-26 所示。钢筋松卷架纵向放置,钢筋自松卷架上松下后,经过调直装置调直,再经过中间导向辊,引入焊接装置。焊接装置由焊接用滚轴电极及分路滚筒组成。纵向钢筋在进入焊接装置前,由储备横向钢筋的送料装置供给横向钢筋,二者一并进入焊接装置。为了使钢筋网有一定的节距,横向钢筋的送料有一定的时间间隔。当纵横钢筋通过滚轴电极时,便发生了焊接作用。焊接完的钢筋网绕过导辊,进入卷绕滚筒,当卷成所需长度的网卷时,可用切刀将钢筋切断。

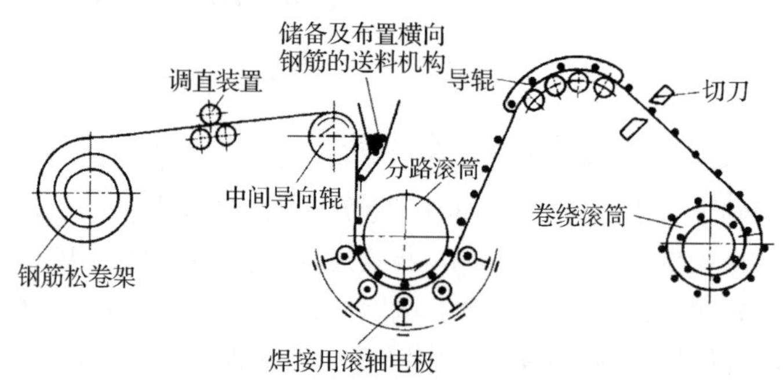

图 3-26　多点式点焊机的工作原理

多点式点焊机一次可焊多个焊点，生产效率比单点式点焊机高，适用于点焊各种钢筋网片。

国产钢筋用多点式点焊机的型号和技术性能请查阅有关手册。

（三）钢筋点焊机的安全操作

（1）作业人员必须持证上岗，必须按规定穿戴防护用品。

（2）应将机器放在防雨和通风良好的地方，不准在点焊场地堆放易燃、易爆物品，防止发生火灾。

（3）使用前，应检查并确认电源电压符合点焊机的规定，点焊机有良好的接零或接地保护，初次极接线正确、无松动和损坏。

（4）通电后，应检查并确认电气设备、操作机构、冷却系统、气路系统及机体外壳无漏电现象，电极触头光洁、无油污。

（5）作业时，气路、水冷系统应畅通，气体应保持干燥，排水温度不得超过 40 ℃，排水量可根据气温调节。

（6）点焊时，禁止将手伸入上下电极之间，防止压伤。不准超载点焊厚度超限的工件。

（7）移动点焊机时，应切断电源，不得用拖拉电缆的方法移动点焊机。

（8）当焊接中突然停电或点焊机发生故障时，应立即切断电源与水源，通知有关人员排除故障。

（9）作业结束，必须清除杂物和焊渣溅沫。

（10）停止工作，应先切断电源、气源，最后关闭水源。

（11）若点焊机长期停用，必须在不涂漆的活动部位涂上防锈油脂，以免零件生锈。

◆ 复习题 ◆

一、单选题

1. 经过冷拉的钢筋屈服点一般可提高(　　)。

A. 5%～10%　　B. 10%～15%　　C. 15%～20%　　D. 20%～25%

2. 阻力轮式冷拉机拉伸钢筋时，可通过调节槽调节(　　)阻力轮的高度来改变阻力大小，以控制钢筋拉伸率。

A. 一个　　B. 两个　　C. 三个　　D. 四个

3. 阻力轮式冷拉机结构简单、效率高、布局紧凑，适用于冷拉直径为(　　)的圆盘钢筋。

A. 3～5 mm　　B. 6～8 mm　　C. 7～10 mm　　D. 10～12 mm

4. (　　)冷拉机具有结构简单，易于安装、组合，被冷拉钢筋不受长度和直径的限制，便于实现单控或双控的不同要求。

A. 阻力轮式　　B. 液压式　　C. 卷扬机式　　D. 丝杆式

5. 钢筋冷拉时操作人员在作业时必须离开钢筋至少(　　)。

A. 1 m　　B. 2 m　　C. 3 m　　D. 4 m

6. 钢筋冷拔是在拉力作用下,使(　　)级光面钢筋在常温下通过特制的钨合金拔丝模孔,而得到比原钢筋直径小的钢筋。

A. HPB235　　B. HRB335　　C. HRB400　　D. HRB500

7. (　　)钢筋调直切断机采用光电测长系统和光电计数装置控制钢筋的切断长度和切断根数。

A. GTJ4/14 型　　B. GT3/8A 型　　C. GTS3/8 型　　D. GTQ3-12 型

8. GJ5-40 型钢筋切断机是经(　　)减速后带动活动刀往复移动实现对钢筋的切断。

A. 一级　　B. 两级　　C. 三级　　D. 四级

9. (　　)型是电动液压式钢筋切断机。

A. GJ5-40　　B. GQ-20　　C. DYJ-32　　D. GQS-12

10. GQ-20 型手提液压式钢筋切断机多用于切断直径为(　　)以下的钢筋。

A. 16 mm　　B. 20 mm　　C. 30 mm　　D. 40 mm

11. 切短钢筋时手与刀口距离不得小于(　　)。

A. 150 mm　　B. 200 mm　　C. 300 mm　　D. 400 mm

12. GW-40 型钢筋弯曲机用来弯曲直径小于(　　)的钢筋。

A. 16 mm　　B. 25 mm　　C. 30 mm　　D. 40 mm

13. (　　)不需要任何附加焊剂,节省材料,无烟尘和强烈光线,不需要防护装置,并且具有生产效率高、成本低和易于自动化等优点。

A. 接触焊　　B. 电弧焊　　C. 气焊　　D. 钎焊

14. 焊接现场(　　)范围内,不得堆放油类、木材、氧气瓶、乙炔发生器等易燃、易爆物品。

A. 5 m　　B. 10 m　　C. 15 m　　D. 20 m

15. (　　)更适合于钢筋预制加工中焊接各种形式的钢筋网。

A. 电阻焊　　B. 闪光焊　　C. 多点焊　　D. 气焊

二、判断题

1. 钢筋的冷加工大多在工厂中进行,用于对钢筋的冷作硬化,而工地现场不再进行钢筋的冷加工处理。(　　)

2. 冷拉钢筋是在常温下对钢筋进行强力拉伸,使钢筋产生塑性变形,以达到钢筋的调直、除锈、检验钢材、提高强度的目的。(　　)

3. 冷拉钢筋是用拉力强迫钢筋通过变径的模孔,使钢筋直径变小的冷加工工艺之一。(　　)

4. 钢筋经过数次冷拔后,钢筋产生较大的塑性变形,强度可提高 40% ~90%。(　　)

5. 放置拔丝模具时,要注意区分模孔的正反面,要使钢筋轧头从模子入孔直径小的一面穿进,从孔径大的一面拉出。(　　)

6. GTJ4/14 型钢筋调直切断机可调直并切断盘条钢筋的直径最小为 4 mm、最大为 14 mm。(　　)

7. GT3/8A 型钢筋调直切断机是手动式调直切断机。(　　)

8. 钢筋调直切断机作业时，转动速度根据钢筋直径选择，直径大时宜选择快速。(　　)

9. 钢筋切断机的作用是用于剪断较粗的或已经整直的钢筋。(　　)

10. GJ5-40 型钢筋切断机可用来切断直径为 22 ~ 40 mm 的单根钢筋，并可同时切断 5 根直径为 9 ~ 13 mm 的钢筋。(　　)

11. 钢筋烧红，更容易切断，所以粗钢筋可烧红再切。(　　)

12. GW-40 型钢筋弯曲机的弯筋角度采用全自动控制，可以严格控制任意角度的钢筋弯曲。(　　)

13. 应将弯曲好的半成品堆放整齐，弯钩不得朝上。(　　)

14. 闪光焊的优点是热效率高，焊接质量好，焊接速度快，成本低。(　　)

15. 对焊机是将相互交叉的钢筋的接触点连接起来。(　　)

16. 点焊机可分为单点式点焊机、双点式点焊机和多点式点焊机。(　　)

三、填空题

1. 钢筋加工机械是将盘条钢筋和直条钢筋制作成各种结构物或预制件中所用的__________。

2. 钢筋加工机械按加工工艺来分，有钢筋冷加工机械、__________、__________、__________以及钢筋焊接机械等类型。

3. 冷加工机械包括__________和__________两种。

4. 钢筋冷拉和冷拔的目的是用以提高__________，节约__________。

5. 常用的钢筋冷拉机械有阻力轮式冷拉机、__________、__________和丝杆式冷拉机。

6. 卷扬机式冷拉机主要由__________、地锚、__________、导向滑轮、__________、测力装置等组成。

7. 钢筋调直切断机的作用是将绕成盘的钢筋扯开、__________、调直和__________。

8. GTJ4/14 型钢筋调直剪切机由__________、__________、__________和受料架等部分组成。

9. 在钢筋弯曲作业中，严禁加工超过机械规定__________和__________的钢筋，加工未经冷拉或带有锈皮的钢筋时，应戴__________。

10. 钢筋焊接方法有__________和__________两种。

11. 目前，用于钢筋焊接加工的国产接触焊常用机械有__________和__________。

12. 按对焊方法的不同，对焊可分为__________和__________。

四、问答题

1. 简述钢筋冷拉安全注意事项。
2. 参照图 3-7 叙述钢筋调直切断机的工作原理。
3. 参照图 3-15,叙述 GJ5-40 型钢筋切断机的传动系统。
4. 简述钢筋弯曲机的工作过程。
5. 接触焊有哪些优点?
6. 简述钢筋对焊原理。

第四章
钻孔机械的构造与运用

学习目标

- 掌握钻孔机械的用途、类型及构造。
- 理解各种钻孔机械的工作原理。
- 掌握各种钻孔机械的安全操作技术。

知识要点

- 钻孔机械的类型及用途。
- 全套管钻机、旋挖钻机、正反循环工程钻机、长螺旋钻机、冲击钻机的结构组成及工作原理。
- 各种钻孔机械的安全操作技术。

能力目标

- 能说出钻孔机械的构造及主要部件的作用。
- 具有对钻孔机械正确使用、维护与保养的能力。

第一节　全套管钻机的构造与运用

全套管钻机又称贝诺特(Benoto)钻机，是由法国贝诺特公司于20世纪50年代初研制而成的。全套管钻机由主机、钢套管、液压动力站、取土装置(锤式抓斗、十字冲锤等)、起重机或旋挖钻机等组成。全套管施工法是利用摇动装置的摇动(或回转装置的回转)使钢套管与土层间的摩擦阻力大大减少，边摇动(或回转)边压入，同时利用取土装置在套管内取土，当套管下沉到设计深度后，清孔并插入钢筋笼，接着将灌注导管竖立在钻孔中心灌注混凝土，灌注的同时拔套管(以便钢套管重复使用)，直到灌注完毕而成桩。整个成孔和混凝土灌注过程中，完全依靠套管护壁，故称为全套管钻机。全套管钻机是一种机械性能好、成孔深、桩径大的新型桩工机械。它主要用于桥梁等大型建筑基础钻孔桩施工中。

一、全套管钻机的分类

全套管钻机按不同的方法有不同的分类。

(1) 按结构形式不同,可分为整体式和分体式。整体式是以履带式或步履式底盘为行走系统,同时将动力系统、钻机作业系统集成于一体。分体式全套管钻机的压拔套管机构是一个独立系统,施工时必须配备其他形式的机架(如履带式起重机)方能进行钻孔作业。

(2) 按套管回转方式不同,可分为摆转式和回转式。摆转式全套管钻机只能使套管在一定角度内往复摆动回转。回转式全套管钻机可使套管回转任意角度。

(3) 按取土方式不同,可分为冲抓式和旋挖式。冲抓式取土装置为锤式抓斗,旋挖式取土装置为旋挖钻头。

(4) 按底盘的形式不同,可分为固定式和履带自行式。固定式钻机的主机自身不能行走,而是由其他机械吊起移位;履带自行式钻机的主机能自动行走。

(5) 按原动机类型不同,可分为发动机式和电动机式。发动机式全套管钻机的原动机为内燃发动机,电动机式全套管钻机的原动机为电动机。

(6) 按成孔直径不同,可分为小型(直径为1.2 m以下)、中型(直径为1.2~1.5 m)和大型(直径为1.5 m以上)。

二、全套管钻机的特点及适用范围

(一) 全套管钻机施工的主要优点

1. 环保效果好

不采用泥浆,避免了泥浆的加工和储运,占地面积小,作业面干净,同时振动小,噪声低,施工现场整洁文明,这对于在城市中施工具有重大意义。

2. 成孔和成桩质量高

由于套管护壁,可避免钻、冲击成孔灌注桩可能发生的缩颈、断桩及混凝土离析等质量问题。不使用泥浆护壁,钢筋周围不会像泥浆护壁法施工那样粘附一层泥浆,有利于提高混凝土对钢筋的握裹力,同时也避免了泥浆进入混凝土中的可能性,成桩质量高。

3. 节约混凝土

取土时由于有套管保护,孔壁不会坍落,易于控制桩断面尺寸与形状,成孔准确,充盈系数小,节约混凝土。

4. 适应范围广

除了岩层外,任何土质都可适用。当遇到有较大的卵石层时,只要抓斗能抓起就可以通过卵石层,且施工速度较旋转钻机更快一些。并且可以确切搞清楚持力层的地质情况,因此可以随时根据实际情况确定混凝土灌注深度。

5. 可以钻斜孔

除了钻竖直孔外,还可以钻斜孔,特别适用斜桩的需要。例如,可以做斜桩,用搭接桩法做桩列式连续挡土墙。

(二) 全套管钻机施工的缺点

(1) 机身庞大沉重,施工时要有较大场地。全套管钻机采用钢套管护壁,在很大的晃管(回转)转矩和压拔管力的作用下下压或上行,下压时主要靠自重,晃管(回转)转矩也直接和自重有关,所以设备本身的体积很大,重量较大,设备价格昂贵,施工和运输对场地有一定的要求,水上作业时施工平台必须坚固而庞大,与其他施工方法相比费用较高。

(2) 在软土地基施工,特别是在含地下水的砂层中挖掘,套管下沉时的摇动将使周围地基因扰动而松散,引起设备本身的移位、歪斜,影响继续成孔和成孔后的垂直度。

(3) 若地下水以下有厚细砂层时(厚度 5 m 以上),套管摇动使土层产生排水固结,有可能导致套管摇不动,拔不出。

(4) 当桩尖持力层位于砂层时,往往因水头控制不当,引起翻砂现象,使持力层松软。

(5) 灌注混凝土过程中,提升导管时往往会将钢筋笼带起,所以施工中要特别注意。

(6) 全套管施工还需要专用吊车配合和土方机械运土,这种施工方法比其他成孔方法配置的机械台班费用要高。

在上述缺点中,桩周、桩尖土层的松软是各种成孔方法普遍存在的问题。防止排水固结引起的拔套管困难,需要事先了解清楚地质情况,选用适宜的设备。在钻进过程中,只要严格按照操作规程施工,完全可避免上述现象发生。但是全套管钻机施工成本相对较高是首先要考虑的问题,应做综合比较后,再决定是否选用。

(三) 全套管钻机的适用范围

全套管钻机是机、电、液集于一体的钻机,它实现了在卵漂石地层、厚流沙地层、强缩颈地层、含溶洞地层、各类桩基础、钢筋混凝土结构等障碍还没有清除的情况下就可以进行灌注桩、置换桩、地下连续墙的施工和顶管以及盾构隧道无障碍穿越各类桩基础的可能。在城市地铁、深基坑围护咬合桩、废桩(地下障碍)的清理,高铁、道桥、城建桩的施工,水库水坝的加固等项目中得到了广泛的应用。

三、全套管钻机的总体结构及施工方法

(一) 分体式全套管钻机

分体式全套管钻机的构造如图 4-1 所示,它由钻机、锤式抓斗、钢套管、起重机等组成。

1. 钻机

钻机是整套机组中的工作机,由机架、提升油缸、锁定油缸、摇动油缸、调节油缸及定位油缸等组成。

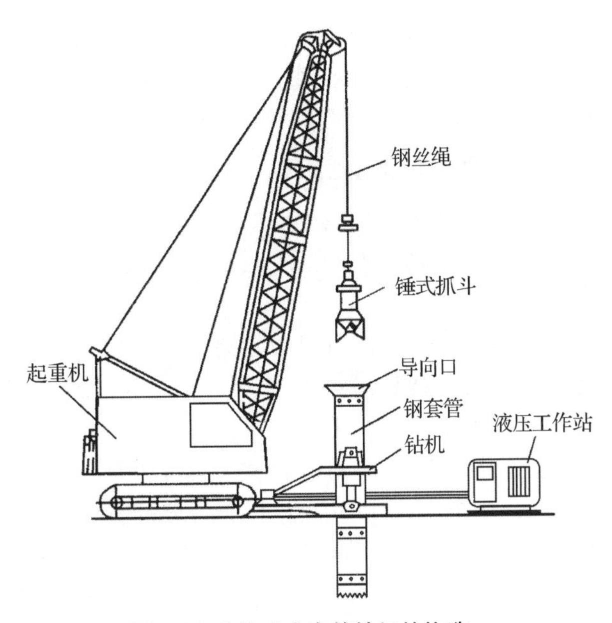

图 4-1 分体式全套管钻机的构造

在钻机底座上装有提升油缸和机架,机架随提升油缸升降,控制钢套管上下运动;机架上还设有锁定油缸及夹具,以夹紧或放松钢套管;在钻机底座的另一端固定一个支架,支架上安装两个摇动油缸及左右摇臂,控制钢套管在一定的角度范围内做周期性反

复摇动;支架上的定位调节油缸用于调节钢套管的垂直度;为使钢套管提升或下放并调整锁定夹具的位置时避免钢套管的下落,在底座上固定两个定位油缸及定位夹具。

2. 锤式抓斗

锤式抓斗的作用和工作过程是,当钢套管压入土中,抓斗片呈打开状态,卷扬筒突然放松,抓斗以落锤(自由落体)方式向钢套管内冲入切土,此后闭合抓斗片,提起抓斗,移出孔外,打开抓斗片弃土。抓斗的外径要与钢套管的内径相匹配。按桩孔处土层特性,抓斗有万能型、硬质土用型、卵砾石用型及击岩的十字凿锤型等。

3. 钢套管

标准长度的钢套管在入土过程中承受一定的扭矩,桩孔越长,所承受的扭矩越大。钢套管上下接头均为经过精确加工的雌雄接头,如图 4-2 所示,便于钢套管准确连接,并用螺栓固定。在第一节钢套管底部设有带刃口的切割环,如图 4-3 所示,其刃口外径比标准钢套管外径稍微大一些,以减少在下沉过程中标准钢套管与孔壁间的摩擦阻力。

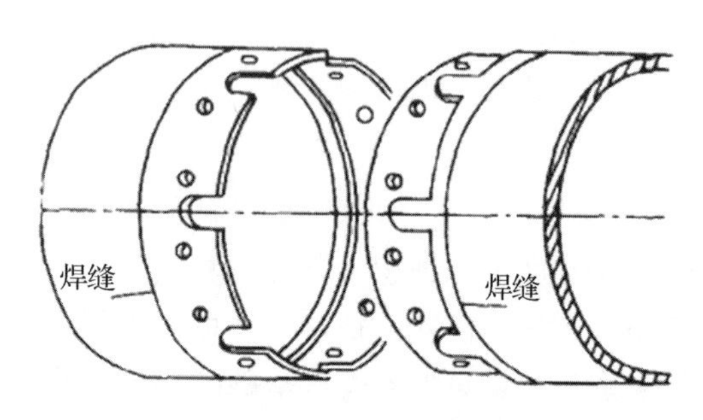

图 4-2　钢套管连接

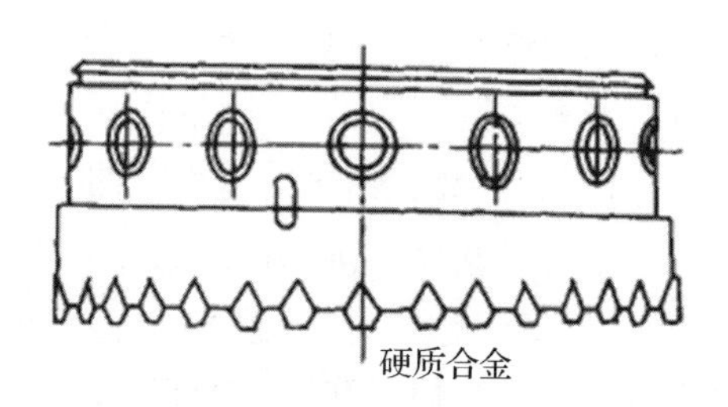

图 4-3　齿形套管口

4. 液压系统

液压系统由液压泵站、钢丝胶管及液压控制阀等组成,以控制各类用途的液压缸工作。

5. 履带式起重机

起重机为通用履带式起重机。在钻机的底座上设有与履带式起重机固定用的连接装置,履带式起重机的悬吊钢丝绳上连接锤式抓斗,可使抓斗完成取土工作,同时可吊放钢筋笼及钢套管就位。

(二) 整体式全套管钻机

整体式全套管钻机的构造如图 4-4 所示,它由主机、钻机、套管、锤式抓斗、钻架等组成。

1. 主机

主机由动力系统、可以短距离移动的底盘和卷扬系统等组成。

2. 钻机

钻机由液压泵,液压缸,控制阀,压拔管、晃管、夹管及其机构,液压管路等辅件组成。

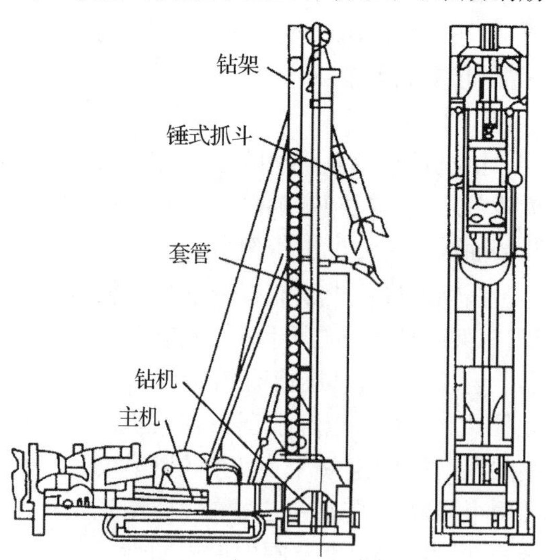

图 4-4　整体式全套管钻机的构造

3. 套管

套管是一种标准的钢质套管,各管段之间用螺栓连接,要求有严格的互换性。

4. 锤式抓斗

锤式抓斗有一定重量,由单绳控制,靠自由落体冲击落入套管内取土,然后提至地面卸土。

5. 钻架

钻架是锤式抓斗的支撑架,钻架上设置有卸土外摆机构和配合锤式抓斗卸土的开启抓斗机构。

(三) 全套管钻机施工方法

全套管钻机施工过程是:平整场地→铺设工作平台→安装钻机→压套管→钻进成孔→安放钢筋笼→放导管→浇注混凝土→拉拔套管→检查成桩质量。

其成孔过程如图4-5所示。全套管钻机一般均装有液压驱动的抱管、晃管、压拔管等机构。利用摇动装置的摇动,使钢套管与土层间的摩擦阻力减少,边摇动边压入,使套管进入土壤之中。此后锤式抓斗在套管中利用自重冲下插入土中,利用钢丝绳完成抓斗抓瓣并瓣取土、后提升出套管、向外摆动开瓣卸土、复位并开瓣下落等过程。此循环周而复始,直至套管下到桩端持力层为止,挖掘完毕后立即进行孔深测定,并确认桩端持力层,然后清除虚土,成孔后将钢筋笼放入孔中,接着将灌注导管竖立在钻孔中心灌注混凝土,同时逐节拔出并拆除套管,最后将套管全部取尽而成桩。

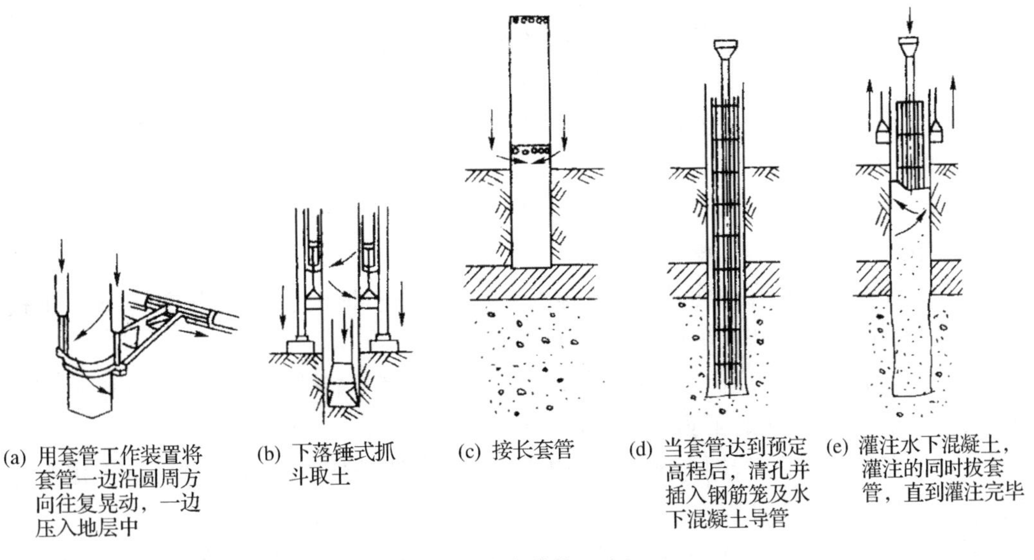
(a) 用套管工作装置将套管一边沿圆周方向往复晃动,一边压入地层中
(b) 下落锤式抓斗取土
(c) 接长套管
(d) 当套管达到预定高程后,清孔并插入钢筋笼及水下混凝土导管
(e) 灌注水下混凝土,灌注的同时拔套管,直到灌注完毕

图4-5　全套管施工法

四、全套管钻机的安全操作

(1) 钻机安装场地应平整、夯实,能承载该机的工作压力;当地基不良时,钻机下应加铺钢板防护。

(2) 安装钻机时,应在专业技术人员指挥下进行。安装人员必须经过培训,熟悉安装

工艺及指挥信号，并有保证安全的技术措施。

（3）安装钻机前，应掌握勘探资料，并确认地质条件与钻机的要求相符，并且地下无埋设物，作业范围内无障碍物，施工现场与架空输电线路的安全距离符合要求。

（4）与钻机相匹配的起重机，应根据成桩时所需的高度和起重量进行选择。当钻机与起重机连接时，各个部位的连接均应牢固可靠。钻机与动力装置的液压油管和电缆线应按出厂说明书规定连接。

（5）引入机组的照明电源，应安装低压变压器，电压不应超过 36 V。

（6）作业前应进行外观检查，并应符合下列要求：

① 钻机各部外观良好，各连接螺栓无松动。

② 燃油、润滑油、液压油、冷却水等符合规定，无渗漏现象。

③ 各部钢丝绳无损坏和锈蚀，连接正确。

④ 各卷扬机的离合器、制动器无异常现象，液压装置工作有效。

⑤ 套管和浇注管内侧无明显的变形和损伤，未被混凝土黏结。

（7）经检查确认无误后，方可启动内燃机，并怠速运转逐步加速至额定转速，按照指定的桩位对位，通过调试，使钻机纵横向达到水平、位正，再进行作业。

（8）机组人员应监视各仪表指示数据，倾听运转声响，发现异状或异响，应立即停机处理。

（9）起吊套管时，应使用专用工具吊装，不得用卡环直接吊在螺纹孔内，以免损坏套管螺纹。亦不得使用其他损坏套管螺纹的起吊方法。

（10）第一节套管入土后，应随时调整套管的垂直度。当套管入土 5 m 以下时，不得强行纠偏。

（11）用锤式抓斗挖掘管内土层时，应在套管上加装保护套管接头的喇叭口，以保护套管接头的完好，防止撞坏。

（12）碰到坚硬土岩和风化岩硬层时，不得用锤式抓斗冲击硬层，应采用十字凿锤将硬层有效地破碎后，方可继续挖掘。

（13）当发现主机在地面及液压支撑处下沉时，应立即停机。在采用 30 mm 厚钢板或路基箱扩大托承面、减小接地应力后，方可继续作业。

（14）挖掘过程中，应保持套管的摆动。当发现套管不能摆动时，应用液压缸将套管上提，再用起重机助拔，拔起至套管能摆动为止。

（15）在对接套管时，接头螺栓应按出厂说明书规定的扭矩对称拧紧。拆下接头螺栓时，应立即洗净后浸入油中。

（16）浇注混凝土时，钻机操作应和灌注作业密切配合，应根据孔深、桩长适当配管，套管与浇注管保持同心，在浇注管埋入混凝土 2 ~ 4 m 之间时，应同步拔管和拆管，并应确保浇注成桩质量。

（17）作业后，应就地清除机体、锤式抓斗及套管等外表的混凝土和泥砂，将机架放回到行走时的位置，将机组转移至安全场所。

第二节 旋挖钻机的构造与运用

一、概述

(一) 旋挖钻机的用途

旋挖钻机是一种建筑基础工程中成孔作业的施工机械。它通过钻头的回转破碎岩土,并将破碎的岩土装入钻头内,然后由钻机提升装置和伸缩式钻架将钻头提出孔外卸土,这样循环往复,不断地取土、卸土,直至钻至设计深度。该钻机也可配置长螺旋钻具、套管及其驱动装置、扩底钻头及其附属装置、地下连续墙抓斗、预制桩桩锤等作业装置工作。其主要适用于砂土、黏性土、粉质土等土层施工,在灌注桩、连续墙、基础加固等多种地基基础施工中得到广泛应用。它是一种综合性的钻机,可以用于多种底层。

(二) 旋挖钻机的分类

旋挖钻机的分类如下:

(1) 按主要参数,可以分为小型(动力头扭矩 <100 kN · m、钻孔直径 <1 m、整机质量 <40 t)、中型(动力头扭矩 100 ~ 240 kN · m、钻孔直径 1 ~ 2 m、整机质量 40 ~ 70 t)和大型(动力头扭矩 >240 kN · m、钻孔直径 >2 m、整机质量 >70 t)。

(2) 按动力驱动方式,可以分为电驱动旋挖钻机和内燃驱动旋挖钻机。

(3) 按底盘结构,可分为轮式旋挖钻机、步履式旋挖钻机和履带式旋挖钻机。

(4) 按动力头悬挂装置结构,可以分为钻桅式旋挖钻机和臂架式旋挖钻机。

(三) 旋挖钻机的优缺点

1. 旋挖钻机的优点

(1) 施工速度快,钻进效率高。旋挖钻机可根据地层情况配置不同的钻头,在黏性土层使用长钻筒,加快钻进速度;在砂卵石含量较大的地层使用短钻筒,配备泥浆护壁,控制钻速;在含孤石、漂石及较硬岩石层可换用长、短螺旋钻头钻进,松动后再换上钻筒继续钻进。与常规钻机相比,旋挖钻机回转扭矩大,并可根据地层情况自动调整扭矩。其钻压大,并易于控制。同时,由于旋挖钻机钻头直接从孔内提取岩土至地面,无需将岩土搅碎靠泥浆返出孔外,故其钻进速度快。一般情况下,在土层、砂层的钻进速度可达 10 m/h,在黏土层可达 4 ~ 6 m/h,是普通回转钻进速度的 3 ~ 5 倍,甚至更高。

(2) 成桩质量好。旋挖钻机在施工过程中对桩深度、垂直度、钻压、钻筒内装土容量等均可以通过电脑控制,施工精度比较高。同时对地层扰动小,护壁泥皮薄,形成的孔壁为粗糙型,有利于增加桩侧摩擦阻力,保证桩基设计承载力。孔底沉渣少,易于清孔,提高桩端承载力。

(3) 环境污染小。旋挖钻机为干式或无循环泥浆钻进,所用泥浆量小。施工过程中泥浆的主要作用在于增加孔壁的稳定性,甚至在土层稳定性比较好的区域可以使用清水代替泥浆钻孔施工,大大减少了泥浆的排放,对周围环境的影响比较小,同时节省了泥浆外运的成本。旋挖钻机施工的噪声主要来自机身发动机的声音,其余部件几乎没有摩擦声,所以振动小,噪声低。

(4) 机械化程度高,劳动强度低。旋挖钻机集机、电、液于一体,施工过程中不需要人工进行钻杆的拆除和组装,可自行移动,自立桅杆,钻孔前对孔位准确、方便、快捷。采用液压伸缩式钻杆,节省了人力和加接钻杆的时间,无须进行泥浆清渣处理等,可降低工人的劳动强度,同时节约人力资源。

(5) 能采用多种钻进方式,实现一机多用。旋挖钻机除可进行旋挖钻进外,还可进行套管或全套管钻进,配备地下连续墙抓斗施工地下连续墙,双动力头切割桩墙施工,以及进行长螺旋钻进等,真正做到一机多用。

2. 旋挖钻机的缺点

(1) 旋挖钻机也会受地层地质情况的制约,在硬岩层、较致密的卵砾石、孤石层钻进时,就变得比较困难,不更换钻头,易发生事故。虽然可以针对硬岩层、粒径超过100 mm的卵石层、直径大于200 mm的漂石地层配备筒式取芯钻头、冲击钻头、冲抓锥钻头,但其钻进效率和实际效果与传统的冲击钻机相比,不甚理想。

(2) 自重大,对场地要求比较严格。大多情况下,旋挖钻机工作状态自重在70 t左右,但其履带与地面接触面积约7.0 m^2,所以要求的地基承载力在100 kPa左右,特别在填土地区,如果地表没有进行硬化或换填处理,地表水比较丰富或在雨季,此时施工要慎重考虑,否则采用旋挖钻机施工仅移机就非常困难,严重浪费机械优势。

(3) 孔壁护壁差。由于旋挖钻机钻进速度快,主要靠切土钻进,孔壁护壁比冲孔桩要差。特别在填土和软土地层,塌孔和缩径容易发生,因此填土和软土中施工要控制钻进速度,尽量多转少钻,达到护壁的要求,同时在软土中施工要注意钻进进尺,一次钻进深度不宜太大。

(4) 软土中孔内容易产生负压。旋挖钻机钻筒与土体接触面比较大,在软土中如果钻进进尺大,钻斗提升过程中容易产生负压,在增大旋挖桩机机体上拔负重的同时,对孔壁稳定性有不利影响,容易形成孔壁缩径。

(5) 需要机械配合作业。旋挖钻机由于构造特点,成孔后钢筋笼的安装和混凝土的灌注不能自行完成,必须有其他起重机械的配合,而且挖孔过程产生的弃土必须有其他运土机械进行挖运配合,否则弃土堆高后会直接影响旋挖钻机的施工。

二、旋挖钻机的工作原理

图4-6、图4-7是两种不同变幅机构的旋挖钻机。

旋挖钻机工作时,由发动机系统提供运行动力,通过液压系统将发动机提供的动力传递到动力头,在动力头旋转驱动下将扭矩传递到钻头,使安装在钻杆上的钻头回转,与此同时由加压装置提供的压力也通过钻杆传递到钻头,使钻头实现对岩土的切削破碎。钻头进尺到位后,提升钻头时,主卷扬回转,加压装置同时提升,当钻头提升至地面后,上车回转带动钻头至指定的卸土位置进行卸土,卸土时提升钻头,使回转斗上端的立柱碰到动力头下端承撞体挡板,立柱受力,打开回转斗底板开启机构,实现卸土作业。然后回转到钻孔位置,开始下一个工作循环,当钻至要求深度,即完成钻孔桩作业。

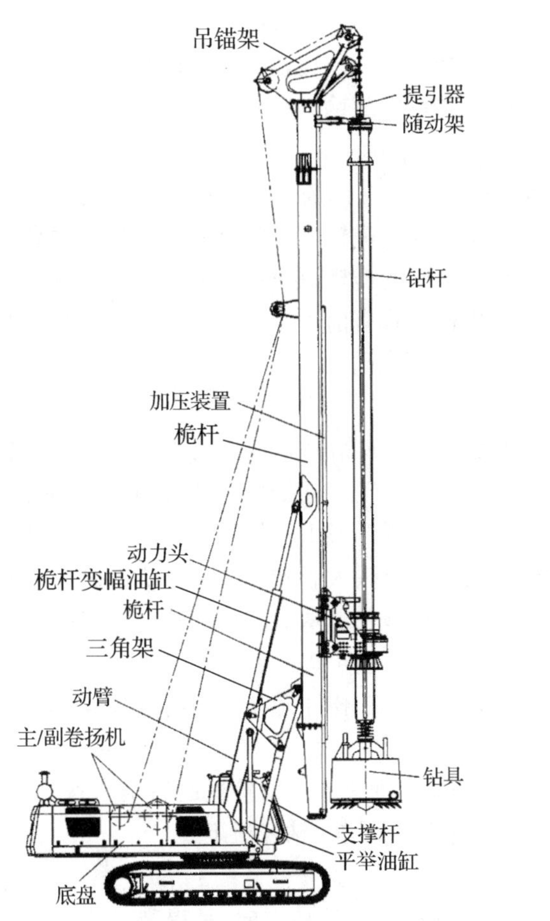

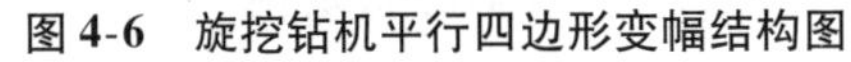
图 4-6　旋挖钻机平行四边形变幅结构图

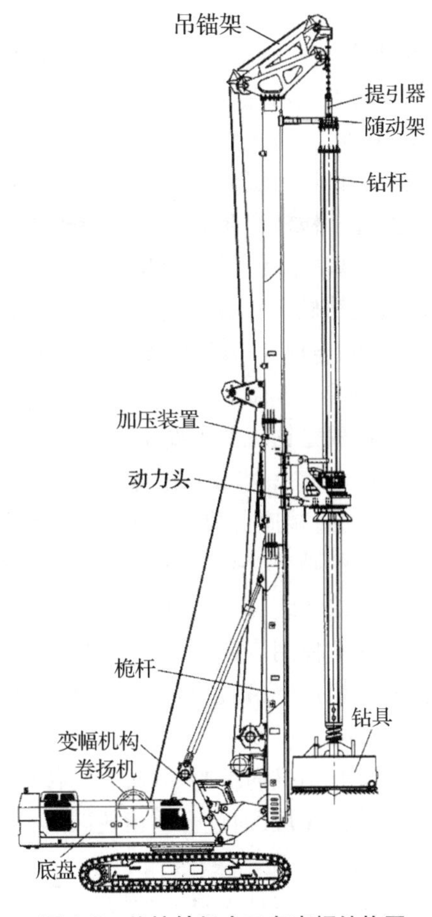

图 4-7　旋挖钻机大三角变幅结构图

三、旋挖钻机的主要部件

旋挖钻机的结构从功能上说，主要由底盘和工作装置两大部分组成。

（一）底盘

为了满足各类地形的施工要求，旋挖钻机的底盘均采取液压驱动技术，以刚性焊接车架和履带为基础进行驱动。底盘包含车架和驱动装置两部分，驱动装置主要由履带张紧装置、履带总成、随动轮、驱动轮和制动器所组成，各个部件关联协作，实现钻机的驱动和制动。

（二）工作装置

工作装置主要包括变幅机构、桅杆、主/副卷扬机、动力头、吊锚架和随动架、加压装置、钻杆、钻具等。

1. 变幅机构

旋挖钻机的变幅机构有两种形式。第一种为平行四边形小三角结构，由动臂、三角架、支撑杆、变幅油缸组成。其优点是变幅范围大，桅杆可向后落桅、折叠，降低运输高度和长度;缺点是前面重量偏重,稳定性稍差,不能承受超大扭矩。第二种为大三角结构,其优点是结构简单,稳定性好,能承受大扭矩;缺点是运输时要拆开,比较费时,且需要辅助起重设备。但有的大三角支承结构,装有辅助起架油缸,整机能放倒折叠,结构新颖,经济实用。

2. 桅杆

桅杆的作用是安装动力头,支承钻杆和固定前置主卷扬装置。桅杆分为上桅杆、中桅杆和下桅杆。桅杆有箱式结构和桁架结构。箱式结构的桅杆,虽然结构复杂,造价偏高,但操作便捷,机动灵活,无须拆卸,有利于运输;桁架结构的桅杆,重量轻,操作视觉比较开阔,可兼作旋挖钻机和履带式起重机使用。桅杆的落桅方式有前落桅和后落桅,其中后落桅方式不用拆卸,桅杆向后落至180°,钻机移动稳定,性能优越。

3. 主/副卷扬机

主卷扬机是钻机的重要组成部件,作用是提升或下放钻杆。其由液压马达、行星减速机、制动器、卷筒及钢丝绳组成。由液压泵输出高压油驱动主卷扬机马达,同时打开油路和机械制动,通过减速机减速增大扭矩,驱动卷筒旋转来提升或下放铂杆、钻具等。主卷扬机对钻孔效率的高低、钻孔事故的发生率、钢丝绳的寿命有较大影响。主卷扬机卷筒容量大,钢丝绳可单层缠绕,提升力恒定,钢丝绳不乱绳、不重叠碾压,从而减少钢丝绳之间的磨损,延长钢丝绳的使用寿命;采用柔性较好的非旋转钢丝绳,也可提高钢丝绳的使用寿命。

副卷扬机用于吊放护筒、下放钢筋笼等辅助工作,其工作原理与主卷扬机基本相同。

4. 动力头

动力头是钻机的重要部件,它的作用是输出扭矩。通过液压泵输送的高压油驱动液压变量马达输出扭矩,通过行星齿轮减速机和动力箱减速并增大钻杆扭矩。

5. 吊锚架和随动架

吊锚架的作用是固定主/副卷扬机滑轮,改变钢丝绳的运动方向,是提升、下降钻杆和起吊的支撑部件。

随动架的作用是落桅时支撑钻杆,能起到固定和导向作用,是钻杆上的辅助装置。一般前落桅、箱式伸缩、桁架结构的桅杆没有随动架。

6. 加压装置

加压装置的作用是给动力头施加压力,压力由加压装置传递至动力头,经钻杆→钻头→齿尖,实现切削、破碎或碾磨的目的。加压形式有两种:油缸加压和卷扬加压。

油缸加压:加压油缸固定在桅杆上,加压油缸活塞连接在动力头滑架上,由钻机辅助液压泵提供高压油,进入油缸无杆腔,推动油缸活塞运动,给动力头施加压力,停止时由单向平衡阀锁油,防止动力头下滑。其优点是结构简单,维修方便。

卷扬加压:在桅杆上安装一个卷扬总成,卷筒上缠绕的两根钢丝绳分别从卷筒的两端引出,一根用于加压,一根用于提升,通过桅杆上定滑轮与动力头动滑轮连接,然后分别固定在下桅杆和上桅杆,实现提升或加压工况。其优点是通过动滑轮可实现更大的加压力,可实现长螺旋施工,缺点是结构有点复杂,组装拆卸麻烦。

7. 钻杆

钻杆的作用是向钻具传递扭矩和压力。钻杆有摩阻式和机锁式两种。

摩阻式钻杆加压力是靠内外键摩擦传递,因此钻杆有负载,便产生摩擦力,摩阻式钻杆

适合较软地层钻进，如淤泥层、泥土层、(泥)砂层、卵(漂)石层。其特点是结构简单，维修方便，造价低，效率高。

机锁式钻杆不但可用于软地层，也可用于坚硬地层钻进。其优点是加压后无损耗，直接传递到钻具齿尖，可以钻进较硬地质；缺点是钻进深度较浅，易损坏，影响效率，使用时需注意解锁。

8. 钻具

钻具的作用是旋挖切削、破碎、碾磨、扩孔并把渣土取出。钻具有多种类型，适合不同地质钻进，大致包括捞砂斗、螺旋斗、筒钻、清底斗及扩孔钻斗等。

四、旋挖钻机的安全操作

(一) 作业前的准备

(1) 操作人员必须经过专业培训，具有本机器相关的专业知识，持证上岗。

(2) 检查并确认配套装备、辅助装置、水电设施和附件、工具齐全、完整，相关的协调作业已到位，能满足正常作业的需要。

(3) 详细了解施工要求和地质结构，选择符合钻机性能并满足施工要求的机具和附件。

(4) 工作场地应平整、坚实，满足钻机正常工作和承载要求，确保主通道的畅通、安全。

(5) 钻机工作环境的地面坡度应小于5°，钻机在有坡度的地面工作时桅杆必须调整铅直，以保证钻孔的垂直和准确性。

(6) 检查并确保各部油位及润滑点符合规定标准，确保液压系统正常。

(7) 无关人员不准进入操作室，任何人不得在履带和机架上停留；不准在作业区堆放燃料及妨碍操作的任何物体。

(8) 夜间施工时，作业区必须有良好的照明设备，钻机必须灯光齐全。

(9) 在低温区，钻机工作前，应将液压油预热到40 ℃左右再进行作业。

(10) 检查并确认底盘的履带已伸展到位，锁止系统有效。确保钻机能稳定作业。

(11) 钻机作业范围内应设明显的安全标志牌。距钻机顶部及周围5 m的范围内不能有高压电线。

(12) 移去桅杆上节上的回折固定销轴，打开桅杆末端，并和桅杆过度节可靠连接。举升桅杆到驾驶室之上。操作倾斜油缸，桅杆下节和整个桅杆成一直线，然后插入销子。把桅杆提升到垂直位置，伸出加压油缸并和动力头可靠连接。

(13) 将桅杆前倾2°~3°，提升钻杆末端高度超过动力头后，调整桅杆并移动钻杆，使钻杆穿入动力头内，打开钻杆导向架滑轨，扣在桅杆导轨上再起升；调整桅杆高度，移动钻杆，安装钻具和绞绳。

(14) 钻机安装完毕，检查钻机发动机、传动装置、操作系统、主/副卷扬机、仪器、仪表等，确保正常。经试运转确认各部分正常后，方可开始工作。

(二) 作业与变换桩位的要求

(1) 钻进时，应有统一的指挥人员，不允许多头指挥。多班作业时，应坚持交接班制度,做好交接班记录。

(2)旋挖钻机开始作业前应发出信号。将钻头移至孔位,并将其放置于地面,锁定行走装置。

(3)将钻头对准孔位后,锁定回转装置,踩住浮动脚踏,通过手柄控制动力头的旋转钻进。在钻孔过程中当动力头超负荷时,应放慢下钻速度。

(4)在旋挖过程中,应根据使用的钻具和土层硬度的不同,操作加压油缸进行加压钻进,在开始几米时,钻头加压不得过急,过度加压易造成偏孔。当需增加护筒时,可借助桅杆下节的支撑油缸来达到下压的目的。

(5)旋挖钻具装满钻渣后,在提升钻杆以前应让动力头逆时针旋转,等钻杆加压点与动力键槽脱开后,用主卷扬机提升钻杆,若拉力不够,可同时使用加压油缸提升。

(6)钻头提升出护筒至没有障碍物的高度,注意转动筒的底部不得碰到桅杆,转动机器的上部到卸土位置,提起钻杆,打开钻头卸土。

(7)钻头卸完土后,朝合适的方向转动,并轻轻地降至地面,使钻具关闭,确保钻杆解锁并回到工作位置,并注意起落钻头要平稳,避免撞击护筒。

(8)随时注意井内的水位,保持规定水压,经常测量泥浆的比重,并保持稳定流量,严禁出现负压。

(9)钻机发出下钻限位报警信号时应停钻,并将钻杆稍稍提升,待报警信号解除后,方可继续下钻。

(10)卡钻时,应立即切断动力,停止下钻。未查明原因前,不得强行启动。

(11)作业中,当需要改变钻杆回转方向时,应待钻杆完全停转后再进行。

(12)钻孔时,当机架出现摇晃、移动、偏斜或钻头内发出有节奏的声响时,应立即停钻,经处理后,方可继续施钻。

(13)当扩孔达到要求孔径时,应停止扩削,并拢扩孔刀管,稍松数圈,使管内存土全部输送到地面,即停钻。

(14)钻机运转时,必须有专人看护。

(15)钻孔时,若发现紧固螺栓松动,应立即停机,在紧固后方可继续作业。

(16)作业时,禁止任何人上下机械和传递物体,不准边工作边维修和保养。不要随便调节发动机、调速器、液压系统及电气系统等。

(17)当回转平台上部做回转运动时,不能反向操作回转手柄,必须等回转装置经制动停稳后才可进行。

(18)操作人员必须随时注意观察机械各部件的运转情况,经常查看液压油的温度和各种报警装置,若发现异常,应立即停机,及时检修。

(19)机组人员登高检查或维修时,必须系安全带;工具和其他物件应放在工具包内,高空人员不得向下随意抛物。

(20)当钻机歇工时,不得将钻机处于钻挖状态,应将钻头提出孔外放在地面上,使卷扬机处于不带负荷的状态,并使安全控制手柄处在拉起状态,并对机器进行例行检查。

(21)当钻机变换桩位时,桅杆应向后倾斜,以增加钻机的稳定性。当地面有坡度时,其坡度应小于10°,此时桅杆必须后倾10°~13°,钻杆或钻具必须靠近地面20~30 cm。

（22）当钻机近距离移动时，必须有助手指挥；上部机身不得回转；行走路线必须无障碍；地面必须坚固平整，如遇沟槽，必须用枕木垫实。

（23）当遇闪电、雷雨、大雾和六级以上大风等恶劣气候时，应停止一切作业。

（24）成孔后，应将孔口加盖保护。

（三）作业后的要求

（1）作业完毕后，应将钻机停放在坚实、平坦的地面，将钻杆及钻头全部提升至孔外，先清除钻杆和刀头上的泥土，再将钻头按下，使之接触地面，各部制动住，将操纵杆放到空挡位置，关闭发动机，使安全控制手柄处于拉起的状态。

（2）锁好驾驶室、所有车门和发动机盖，并按规定进行例行保养。

（3）如停放时间较长，还应拆除钻杆和钻具，并按规定位置存放，降下桅杆。

第三节　正反循环工程钻机的构造与运用

一、概述

在钻孔混凝土灌注桩的施工中，成孔时通常以冲洗液对孔壁进行护壁排渣，按冲洗液的循环方式不同，工程钻机有正循环和反循环两种。正循环工程钻机在钻进施工过程中，是通过钢管或橡胶软管将冲洗液通入钻孔底部，钻渣漂浮至钻孔的上部自然排出。反循环工程钻机在钻进施工过程中，是向钻孔内补充冲洗液，在钻孔底部冲洗液进入排渣管后上升，将钻渣排出。

采用正反循环工程钻机进行灌注桩孔施工的主要特点是施工简便、成本低、效率高、占地面积小、施工噪声低，根据所选用机械能力的不同，可以在土质土壤、岩层等各种各样的地质条件下进行施工，桩的刚性较大，桩的直径、长度、形式（如平底桩、扩底桩等）可随工程情况多样化。并且根据工程需要，可以使基桩牢固嵌入基岩，增大桩的强度和承载力。

进行正反循环施工的钻机有多种，按主机传动方式的不同，可分为机械式和液压式；按驱动方式的不同，可分为转盘式和动力头式；按底盘形式的不同，可分为滚管式和履带式。例如，上海金泰工程机械有限公司生产的 GPS 系列工程钻机（图 4-8）、GD 系列工程钻机及近几年研制的 SQ 系列全液压循环钻机（图 4-9），郑州勘察机械有限公司生产的 KP 系列液压转盘钻机、KT 系列液压动力头钻机及转矩 200 kN·m 以上 KP 系列液压转盘钻机和 KT 系列液压动力头钻机等，均为用循环冲洗液护壁排渣的工程钻机。

正反循环工程钻机主要用于公路交通道路桥梁、高层建筑等的钻孔灌注桩基础施工，也可用于地质、国防、环保矿山等工程孔钻进。

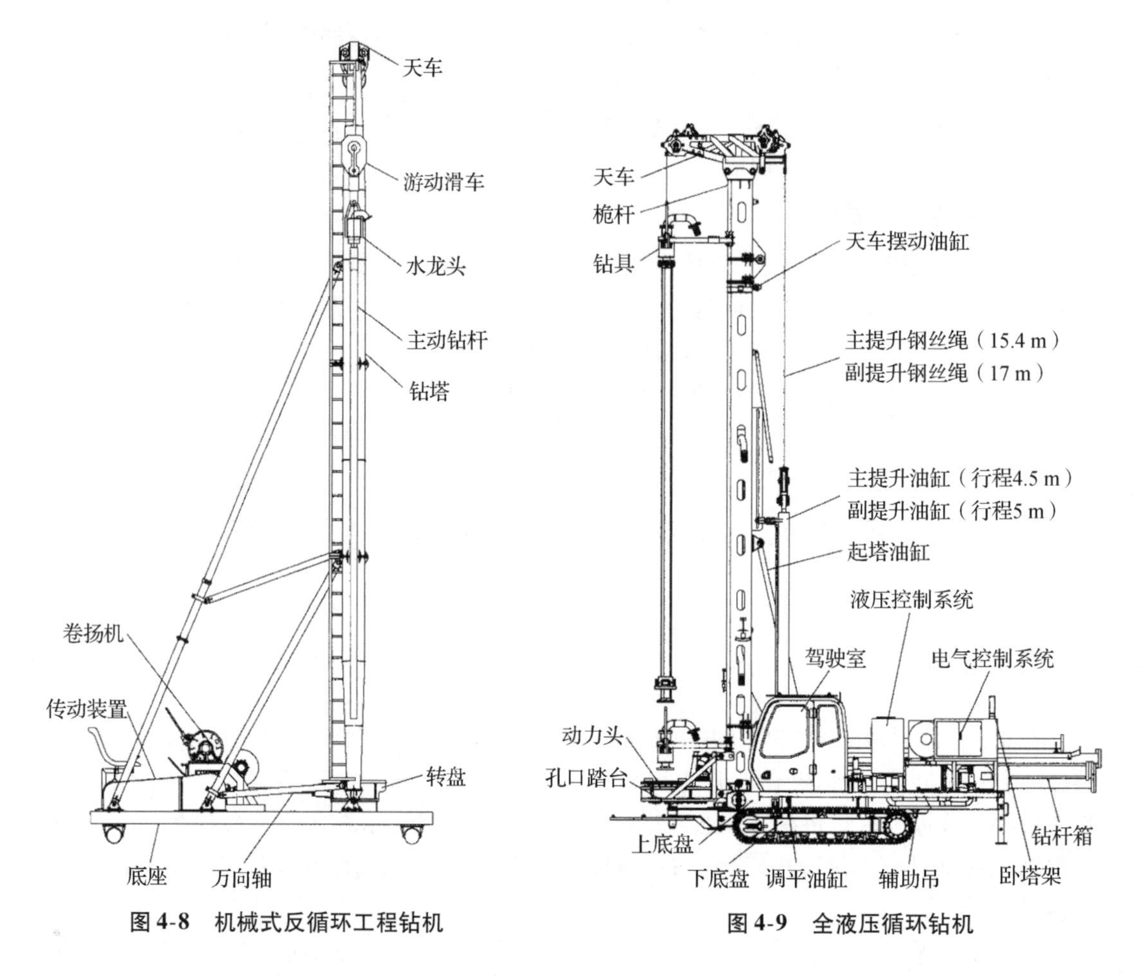

图 4-8　机械式反循环工程钻机

图 4-9　全液压循环钻机

二、正循环钻机

（一）正循环钻机的施工工序

正循环钻机的施工工序为:设置护筒→安装正循环钻机→钻进施工→第一次处理孔底虚土(即沉渣)→移走正循环钻机→测定孔壁,将钢筋笼放入孔中→插入导管,第二次处理孔底虚土→水下灌注混凝土,拔出导管→拔出护筒。

（二）正循环钻机的工作原理

正循环钻机的工作原理如图 4-10 所示,在钻进过程中,由电动机驱动转盘带动钻杆、钻头旋转切土钻孔,同时开动泥浆泵对泥浆池中泥浆加压,使其通过胶管、水龙头、空心钻杆后从钻头下部喷出,冲刷孔底,携带钻渣的泥浆沿钻杆与孔壁之间的环状空间上升,经过排浆孔排出至沉淀池,钻渣在沉淀池沉淀,净化后的泥浆流回泥浆池,如此形成一个工作循环。随着钻渣的不断排出,钻孔不断地向下延伸,直至预定的孔深。

（三）正循环钻机的优缺点及适用范围

1. 正循环钻机的优点

（1）钻机外形尺寸小,重量轻,能在狭窄的工地上使用。

（2）施工设备简单，在某些场合，可直接或者稍加改进、借用地质岩心钻探设备或水文水井钻探设备进行钻孔。

（3）设备故障相对较少，工艺技术成熟，操作简单，易于掌握。

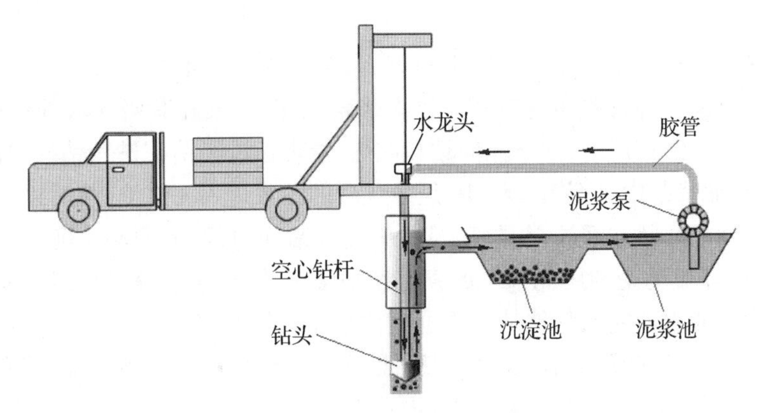

图 4-10　正循环钻机的工作原理

（4）护壁效果好，成孔质量可靠，施工振动小，噪声低，工程费用较低，能有效地使用于托换基础工程。

（5）有的正循环钻机（如日本利根钻探公司的 THS-70 型钻机）可以打倾角为 10°的斜桩孔。

2. 正循环钻机的缺点

（1）孔壁靠水头和泥浆保护，钻渣依靠泥浆浮悬才能上升、排出孔外，故对泥浆的质量要求较高。

（2）对于大直径的桩孔，其孔壁与钻杆之间的环状断面积大，泥浆上升速度慢，挟带泥沙颗粒直径小，排渣能力差，岩土重复破碎现象严重，钻头使用寿命短，工效低。

3. 正循环钻机的适用范围

正循环钻机适用于地下水位较高的填土层、淤泥层、黏土层、粉土层、砂土层，也可在卵砾石含量不大于 15%、粒径小于 10 mm 的部分砂卵砾石层和软质基岩层、较硬基岩层中使用。桩孔直径一般不宜大于 1 m，钻孔深度一般为 40 m，某些情况下，孔径可达 2 ~ 3 m，深度可达 100 m。

正循环钻机排渣能力随钻孔直径加大而明显降低，所以正循环钻机在小直径钻孔中工效更高。

三、反循环钻机

（一）反循环钻机的施工工序

反循环钻机的施工工序为：设置护筒，安装反循环钻机→钻孔→第一次处理孔底虚土（沉渣）→移走反循环钻机→测定孔壁→将钢筋笼放入孔中，并插入导管→第二次处理孔底虚土→水下灌注混凝土，拔出导管→拔出护筒。

（二）反循环钻机的工作原理

反循环钻机的泥浆流动方向与正循环钻机的泥浆流动方向相反，在钻进过程中，泥浆由孔壁与钻杆之间的环形空间流(注)入钻孔,向下到孔底,携带钻渣从钻头进入空心钻杆中向上流出,经过水龙头和排渣管排到地表沉渣池,经净化后的泥浆重新流入孔内,这种循环方式称为反循环。按排渣的动力不同,可分为泵吸反循环、射流反循环和气举反循环。

1. 泵吸反循环

泵吸反循环钻机的工作原理如图 4-11 所示,它是利用离心泵或轴流泵的吸抽力量,使钻杆内流体上升的一种管路布置方式。当泥浆泵工作时,泵在其吸入口处形成负压,钻孔中的泥浆在大气压的作用下,向下流向钻孔底部,携带钻渣经钻头进入钻杆内而上升,通过水龙头、胶管从泥浆泵中排至沉淀池中,经净化后的泥浆进入泥浆池,然后以自流的方式从孔壁与钻杆之间的环状空间流至孔底,经钻头进入钻杆内,形成循环流动。泵吸反循环钻进中,液体的循环流动是利用泥浆泵的真空度来维持的,要求它能排出岩屑而又要有较大的真空度。为了使岩屑能顺利地从泵内通过,泵体内的自由通道应与钻杆内径相符,泵的叶片间隙要大,泵体和叶片要有较好的耐磨性,等等。常用的泵为砂石泵,其有效真空度一般不低于 8 m 水柱,泵的流量应根据钻杆内径而定。

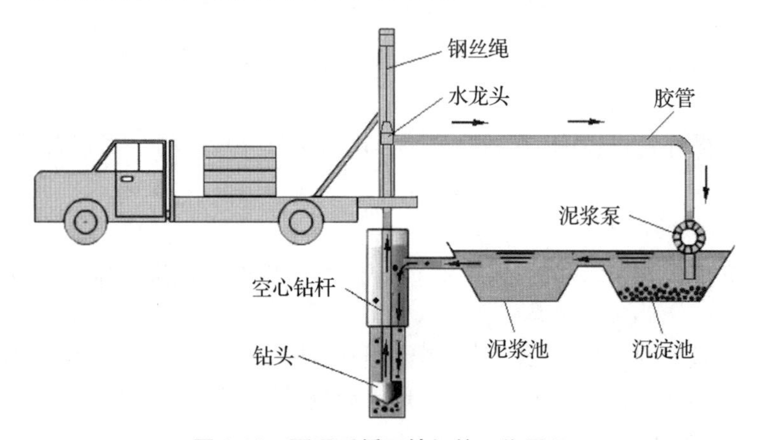

图 4-11 泵吸反循环钻机的工作原理

2. 射流反循环

射流反循环(喷射反循环)钻进,是利用安装在循环管路上的射流泵来驱动循环管路中介质流动的。射流泵的工作原理如图 4-12 所示,高压工作流体经喷嘴右侧入口进入喷嘴,由于喷嘴断面积逐渐减小,使流体速度越来越高(此时压力能转换为动能),从喷嘴高速喷出的流体把喷嘴外、混合室内的其他流体带走,使混合室内压力降低,形成真空,于是被输送的流体便从吸入管进入混合室,后经高压工作流体继续喷射带入扩压管,最后由排出口排出。射流泵常用来抽出容器当中的气体,以获得真空,故称为射流真空泵。当工作流体为水时称为射水喷射泵,当工作流体为蒸汽时称为蒸汽喷射泵。

射流泵的特点是构造简单,工作连续,没有运动部件,故寿命长,但其喷嘴容易被杂物堵塞,且效率低。施工时射流泵通常安装在地表循环管路的排出口处,靠射流泵的吸程来进行工作。

射流反循环钻进只适用于孔径较小的浅孔。

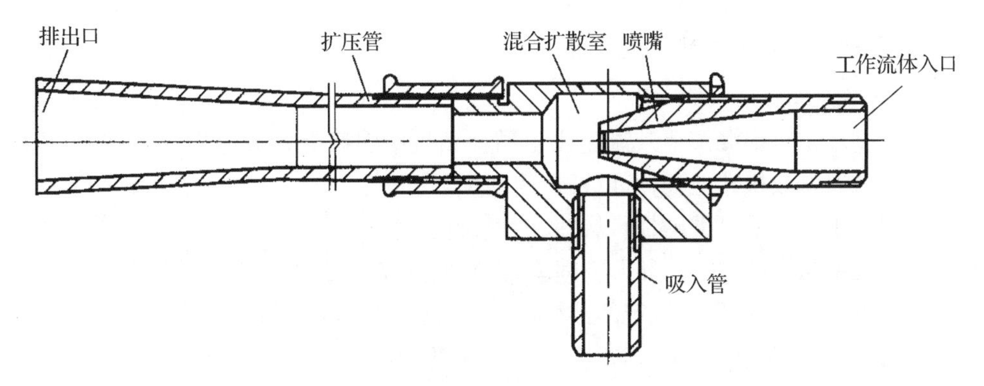

图 4-12 射流泵的工作原理

3. 气举反循环

气举反循环钻机的工作原理如图 4-13 所示,在钻进过程中,空压机产生的高压空气通过水龙头由安装在导管内的风管或者双壁钻杆的外环空间进入气水混合器内,高压空气膨胀,与泥浆混合,形成一种密度小于泥浆的浆气混合物,在高压空气的作用下,浆气混合物沿着钻杆上升,带动钻杆内泥浆及钻渣向上流动。空气、泥浆和钻渣混合的三相液流流向地面的钻渣沉淀池,钻渣沉淀,净化后的泥浆再流回钻孔,向下流动进入混合器,在混合器内泥浆与空气继续形成浆气混合物,在高压空气作用下上升,从而形成循环流动。因为钻杆内的断面积远远小于钻杆外壁与孔壁间的环状断面积,便形成了流速、流量极大的反循环。气举反循环排渣能力强,钻孔效率高。

气举反循环钻机的特点是,只要有空压机提供高压空气,就能钻进较深的孔,且对管路密封没有过高要求。其具有排屑能力强、钻进效率高、钻头寿命长、成井质量好、辅助时间少和劳动强度低等优点。但是气举反循环钻机不宜用于浅孔钻进(深度 50 m 以内时钻进效率不如泵吸反循环),因为浅孔效率较低;随着孔深的增加,钻进效率逐渐提高,当孔深大于 200 m 时,钻进效率不再明显增长。

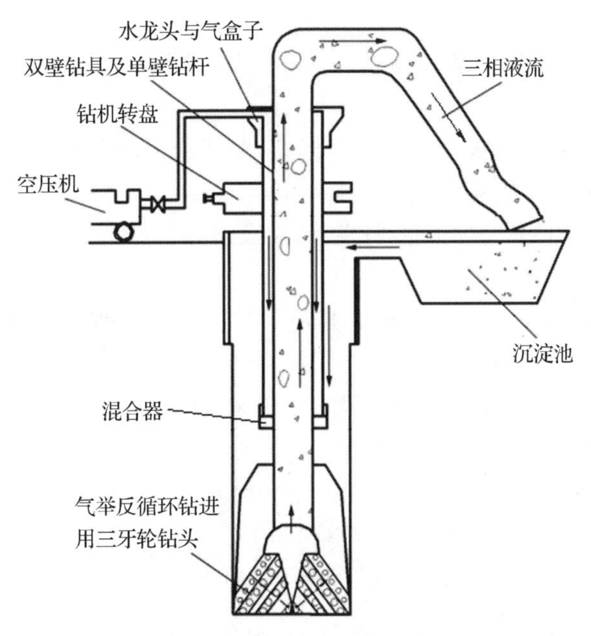

图 4-13 气举反循环钻机的工作原理

（三）反循环钻机的优缺点及适用范围

1. 反循环钻机的优点

（1）反循环钻机中泥浆上升流速比正循环钻机中泥浆上升流速快，排渣效果较好，岩土不经重复破碎就被排到地表，所以钻进速度快、效率高。

（2）因岩土不经重复破碎，所以钻头的寿命较长。

（3）因孔壁与钻杆之间的环形空间大，泥浆的流速较慢，对孔壁的冲刷破坏作用小，只要合理地设置水头高度，保持稳定的液柱压力，钻孔一般不会坍塌。

（4）可施工超大直径（4 m 以上）、超大深度（100 m 以上）的桩，施工时振动小、噪声低。

（5）可钻挖厚度达 5 m 以上地下水位的细砂层。

（6）泥浆冲洗可以使孔底的残渣不超过 5 cm，因此清孔质量好。

2. 反循环钻机的缺点

（1）难以在比钻头吸渣口径大的卵石层或漂石层中钻进。

（2）土层中有压力较高的承压水或地下水流时成孔较困难。如果水压头和泥浆重度等控制不当，会引起坍孔。

（3）废泥水处理量大，切削出来的土砂中水分多，弃土困难。

3. 反循环钻机的适用范围

反循环钻机成孔适用于填土、淤泥、黏土、粉土、砂土、砂砾等地层，当钻入软岩时可采用圆锥式钻头，当钻入硬岩时可采用滚轮式钻头。对于大卵砾石层、大抛石层和大孤石层，钻进效率较低。不适用于湿陷性黄土层，也不宜用于无地下水的地层。

四、正循环、反循环钻机的安全操作

（一）作业前的准备

（1）电动机、内燃机部分，按通用操作规程的有关规定执行。

（2）详细了解钻孔部位的地质和水位情况，以便确定合适的钻头和各项合理的钻进参数。

（3）钻机作业范围内，应设明显的安全标志，钻架顶部以上 5 m 范围内不能有高压电线。水上作业时，应符合水上施工安全技术要求。

（4）钻机的基础场地要坚实并且平整，钻机底座必须加垫方木，并调整水平。水上作业时，应符合水上施工的安全要求。

（5）检查钻架、转盘、卷扬机、水龙头、排渣系统、钻杆夹持装置及钻压指示装置等的完好情况。检查并确认防护装置齐全。

（6）检查电气设备的完好情况，并应有良好的接地保护装置。

（7）检查各润滑点的润滑情况及各运转总成的油面高度，不足时增补。

（8）检查并确认各连接部位连接牢固、无松动。钻杆法兰的连接螺栓必须用特制螺栓，不能用普通螺栓代替。

（9）检查并确认各管路接头密封良好，若不符合要求，应加以紧固。

（10）检查并确认钻机安装后吊钩中心和孔位中心的对准符合要求。

（11）检查并确认井口护筒及其埋设符合要求。

（12）检查并确认排渣防污及供水系统完善。

（13）若为气举正、反循环钻机，要检查空压机及输气系统的完好情况。

（14）各项检查均符合要求后，启动电机，检查转盘的旋转方向是否正确，若发现反向，应改变电机接线。先空机运转 20 min 确认各部分正常后，方可开始钻进。

（二）作业中的要求

（1）钻进时，要有统一指挥，不允许多头指挥。多班作业时，应坚持交接班制度，做好交接班记录。

（2）钻进时，先向钻孔内输送泥浆，待泥浆从孔内流出后，再开动钻盘。初钻时，先以低速钻进，然后逐步提高。

（3）根据不同的地质条件，选择适当的转速和扭矩，以便达到最佳的钻进效果。

（4）随时注意井内的水位，保持规定的水压，应经常测量泥浆的比重，并保持稳定流量，严禁出现负压。

（5）根据不同土层，掌握卷扬机钢丝绳的松紧程度，使钻头保持适宜的速度均匀钻进。

（6）起落钻头应平稳，以免撞击孔壁。

（7）当钻头磨损需更换新钻头时，应修整孔底。修整时，钻头应在稍高于孔底处开始。

（8）拆卸钻杆时，钻杆接头要拧紧，严防钻头脱落。

（9）随时检查钢丝绳的完好情况，若磨损、断丝情况超过规定，严禁使用，必须及时更换新品。

（10）变速箱换挡时，应先停机、挂挡后才能开机。

（11）当第一节钻杆钻完时，先停止钻动，使反循环系统延续工作至孔底沉渣排洗后再换接钻杆，并予拧紧，以防漏气、漏水。

（12）密切注意水龙头的工作情况，若发现漏气、漏渣，应立即更换密封圈。

（13）每次接妥钻杆、钻具并放入水中后，应将钻头提升距孔底 20 ~ 30 cm，以防堵塞吸渣口。

（14）钻盘上严禁放置物品，以防旋转时物品抛出伤人。

（15）禁止对运转过程中的钻机进行修理和润滑。

（16）停止钻进时，必须将钻头提起，但泥浆不能中断，以防埋钻和塌孔。

（三）作业后的要求

（1）每班作业后应按保修规定及时做好例保工作。

（2）短期停用，应将钻架放倒，各附属设备收集存放，并将钻机移至坚硬的地面上。

（3）长期停用，应对钻机进行全面的检查和维护保修，停放到指定地点，露天存放时则应加垫加盖，以防日晒雨淋。

第四节 长螺旋钻机与冲击钻机的构造与运用

一、长螺旋钻机

（一）概述

螺旋钻机是一种建筑工程地基基础施工设备，是钻孔灌注桩、复合地基处理施工机械。按照钻杆螺旋叶片的长短不同，可分为长螺旋钻机和短螺旋钻机。长螺旋钻机的钻杆和钻头上为连续的螺旋叶片，是以螺旋钻头切削土层，用螺旋钻杆将切削下来的土屑连续排出。短螺旋钻机的钻头上一般只有几个螺旋叶片，没有配套的螺旋钻杆，因此只能断续排土。

1. 长螺旋钻机成孔的优点

（1）设备简单，施工方便，易于搬迁。

（2）施工时振动小，噪声低，对附近居民的生活和身心健康影响小。

（3）因其连续出土，钻孔进度快，机械化程度高。

（4）因为是干作业成孔，无泥浆污染，最适合于城市人口密集区和干旱地区。

2. 长螺旋钻机成孔的缺点

（1）桩端或多或少留有虚土。

（2）长螺旋钻机成桩的单方承载力较打入式预制桩低。

（3）适用范围限制较大，有地下水的地区不能使用。

3. 长螺旋钻机的分类

（1）按成孔成桩方式不同，可分为钻孔压灌混凝土螺旋钻机和单纯钻孔螺旋钻机。

（2）按动力源驱动方式不同，可分为电机驱动螺旋钻机和液压马达驱动螺旋钻机。

（3）按行走方式不同，可分为履带式螺旋钻机、液压步履式螺旋钻机和车载式（轮式）螺旋钻机。

（4）按桩架起架方式不同，可分为卷扬机起架螺旋钻机和油缸起架螺旋钻机。

（5）按动力头驱动方式不同，可分为电动全液压螺旋钻机和内燃机驱动全液压螺旋钻机。

4. 长螺旋钻机的适用范围

长螺旋钻机主要用于公路、铁路、高层建筑等工程的钻孔灌注桩、水泥粉煤灰碎石桩（CFG桩）复合地基等工程施工。适用于地下水位以上的黏性土、粉土、素填土、中等密实以上的砂土。

随着科学技术的发展，螺旋钻机已渗透到基础工程施工的各个领域，如采用钻压结合法能使混凝土预制桩的灌入无振动、无噪声，配合全套管钻机用于管内取土，大大提高了全套管钻机的施工速度，还可以配合成槽抓斗用于地下连续墙的施工，配合钢管桩的压入施工、斜土锚的钻进施工等，实现一机多用，越来越显示出螺旋钻机的潜力。

（二）长螺旋钻机的工作原理

螺旋钻机由桩架、动力头、螺旋钻具等组成。桩架大多采用履带式底盘或液压步履式

底盘,可自行行走,自动化程度高。它具有 180°或 360°回转功能。建筑工程中应用最为广泛的是油缸起架方式和卷扬机起架方式的长螺旋钻机。轮式行走的长螺旋钻机,由于动力较小,主要用于直径和深度较小的螺旋钻孔灌注桩钻孔等工程。下面以电动液压步履式螺旋钻机为例,介绍其主要结构和工作原理。

电动液压步履式长螺旋钻机的实物图和构造如图 4-14 所示,它主要由顶部滑轮组、立柱、斜撑杆、底盘、行走机构、回转机构、卷扬机构、操纵室、液压系统及电气系统等组成。

(1) 立柱。立柱为箱形截面结构形式,法兰连接方式。立柱侧面配有圆形滑道作为动力头、钻杆上下运动的导轨。立柱下部与上盘铰接,中后部与斜撑杆铰接,以防止倾倒,立柱顶部有滑轮组,用来完成对动力头、钢筋笼和注浆导管等的升降。

(2) 液压步履式底盘。液压步履式底盘由上盘、回转机构、中盘、履靴、前支腿、后支腿等组成。回转机构的回转支承将上盘与中盘连为一体,使上盘和中盘在回转机构驱动下可相对转动。在行走油缸推拉作用下,中盘及其以上部分与履靴可相对移动。行走时四个支腿液压缸支地撑起,使履靴离开地面,驱动行走油缸,使履靴移动。当移至一定位置时,履靴落地,收起支腿,驱动行走油缸以使中上盘移动,如此反复操作,实现钻机前行。当移至钻孔位置时,使支腿垫脚撑地,保证钻机工作稳定,即可开始钻孔。

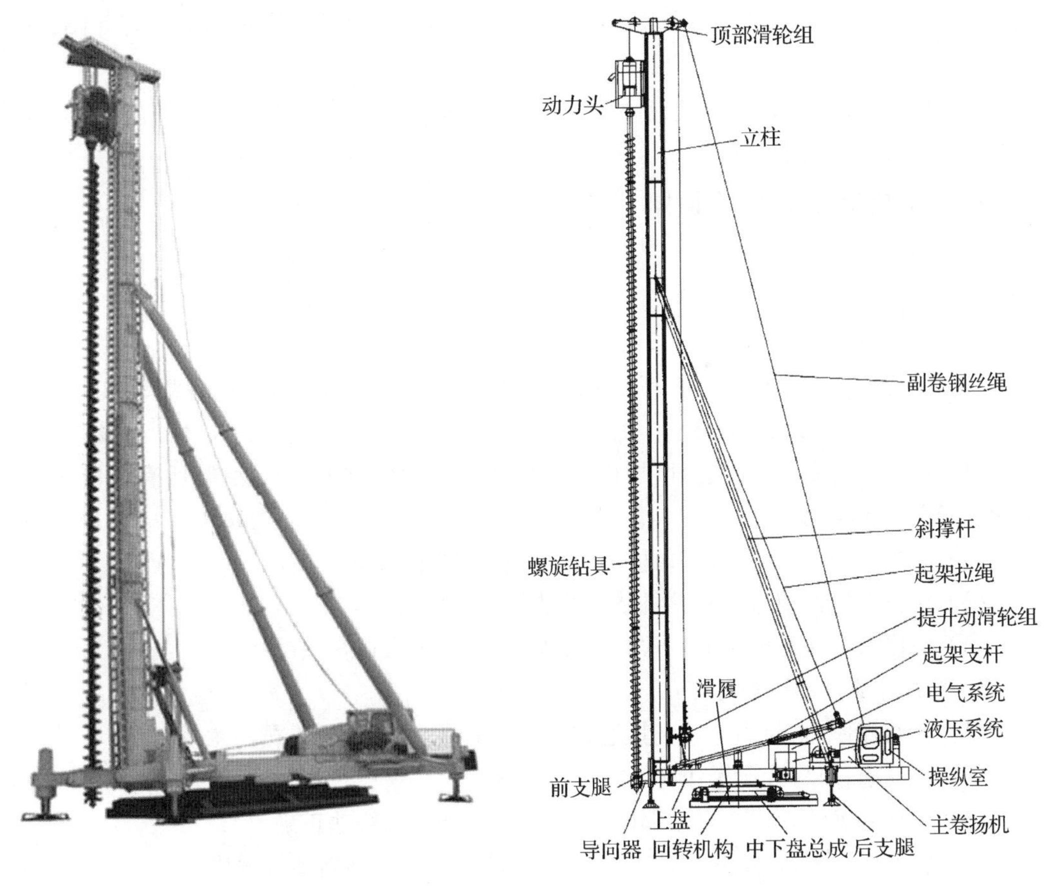

(a) 实物图　　(b) 构造

图 4-14　电动液压步履式长螺旋钻机的实物图和构造

(3) 回转机构。在四个支腿液压缸的配合下,由液压马达通过减速器带动,可使钻机实现360°回转。该钻机具有回转平稳、无振动、无冲击、整机稳定性好及使用寿命长的优点。

(4) 动力机构。动力机构由两个风冷电机、减速器、弯头、注浆旋转接头、提升架和滑块组成。工作时两电机通过减速器将动力传给减速器低速轴,其低速轴通过法兰带动钻杆做旋转运动。低速轴为中空结构,是输送混凝土或泥浆的通道,上端设有带密封装置的注浆(注混凝土)旋转接头,它与弯头接通,弯头的另一端与输送混凝土的软管连接。滑块将工作时的反扭矩传递到立柱的主导向滑道上。

(5) 液压系统。液压系统包括油泵电机总成、油箱、油管、控制阀及油缸等。有7个液压油缸,其中包含4个支腿油缸、1个行走油缸、2个变幅油缸。支腿油缸分布在机器四个角上,实现机器主体的起落高度调整,根据机器型号不同采用不同高度的油缸。行走油缸位于整机底盘中部,配合4个支腿油缸起落,从而行走油缸伸缩,推拉中盘和底盘履靴,使整机前行。变幅油缸位于中盘偏前段,立柱下方偏后,主要起撑起立柱作用。7个油缸的伸缩可以在操纵室操作。

(6) 操纵机构。钻机由电液联合控制,所有操纵电钮及手柄都置于操纵室前方的控制面板上。操纵室位于钻机后部主卷扬机前方,铁壳结构,三面开窗,可保证视野开阔,安全舒适。

(7) 电气系统。电气系统包括配电箱和按钮箱,支路的控制集中在按钮箱内,电气系统的主要部件均安装在底盘上。

(三) 长螺旋钻机的安全操作

1. 对施工场地的要求

(1) 施工场地应平整、坚实,对松软地面,应在其上铺垫碾压。

(2) 施工现场不平度应小于2°,地面承载能力符合钻机使用要求。

(3) 钻机施工现场应在离开高压电线(缆)、油气管道的有关规定危险距离以外工作。

2. 对钻机操作人员的要求

(1) 设备应有专人负责管理,司机必须经培训合格后方可上机操作,所有工作人员必须佩戴安全防护用品。

(2) 应配正副司机各一人,司机酒后或患病不得上机操作。

(3) 司机在操作前应熟知钻机结构性能及使用方法。

(4) 司机必须注意设备的日常维护和保养,认真记录机械状况。

3. 钻机作业前的检查与调试

(1) 开始操作前,应用电铃或其他方式发出信号,提醒周围人员注意或离开。

(2) 启动前,要将液压操作杆放在空挡位置。

(3) 检查并确认钻机各机械部件的连接牢固,钢丝绳绕法正确。

(4) 启动后,应进行空载运转试验,检查仪表、温度、声响等有无异常。

(5) 检查液压系统各支路动作是否正确。

(6) 检查钻机各机械部分动作是否灵活、正常。

(7) 检查卷扬机升降方向及制动是否正常。

(8) 检查钻杆旋转方向是否为顺时针方向。

一切正常后,钻机处于待命工作状态,随时进行施工作业。

4. 钻机作业操作规程

(1) 钻机移位时应有专人指挥,并安排人员移动电缆,以防碰压。支脚地面松软时应用枕木等铺垫,以防接地比压过大,电机下沉。

(2) 钻机移位时支腿和履靴不能同时着地。严禁用上盘、履靴顶土或排除障碍物。

(3) 钻孔前应调节立柱垂直度,并使支腿和履靴同时着地。

(4) 钻具钻进时禁止底盘回转、行走。

(5) 钻进工作中应密切注视控制表盘上电流、电压的指示情况。司钻应根据电流大小控制钻进速度。工作中钻机如有振动、偏移、电流猛增等现象,应立即停钻,予以处理。查明原因并处理后,方可继续下钻。严禁超负荷提拔钻具。

(6) 结束作业后应严格按照使用说明书要求对钻机进行维护和保养。钻进过程中严禁进行维护和保养。

(7) 在六级以上大风、雨及雪天气应停止施工,使钻机支腿和履靴同时着地,且在大风时应加缆绳予以保护。

(8) 钻机维修焊接时,零线必须直接搭在施焊部位,不得利用油缸杆、回转支承等作为零线搭接。

(9) 停止工作后,应立即切断电源。如长期停用,应对钻机进行检查、保养,并做好卷扬机、电器、电机的防潮和防雨的保护措施。

二、冲击钻机

冲击钻机是灌注桩基础施工的一种重要钻孔机械,它是一种以垂直往复运动依靠冲击力进行钻孔的工程钻机设备,其工作原理类似于凿岩的锤子,都是靠冲击力进行钻孔作业。

(一) 冲击钻机的类型

常用冲击钻机主要有钢丝绳冲击式和冲抓锥式两种。

1. 钢丝绳冲击式钻机

钢丝绳冲击式钻机的构造如图 4-15 所示,它由桅杆和装在顶端的提升滑轮、钢丝绳、冲击机构、钻具、电动机等组成。作业时,电动机通过传动装置驱动冲击机构,带动钢丝绳使钻具做上下往复运动,在向下运动时靠钻头本身的重量切入并破碎岩层,向上运动靠钢丝绳牵引。钻头冲程为 0.5 ~ 1 m,冲击频率为 30 ~ 60 次/min。岩屑由抽砂筒清出地面,钻进与清除岩屑同时进行。

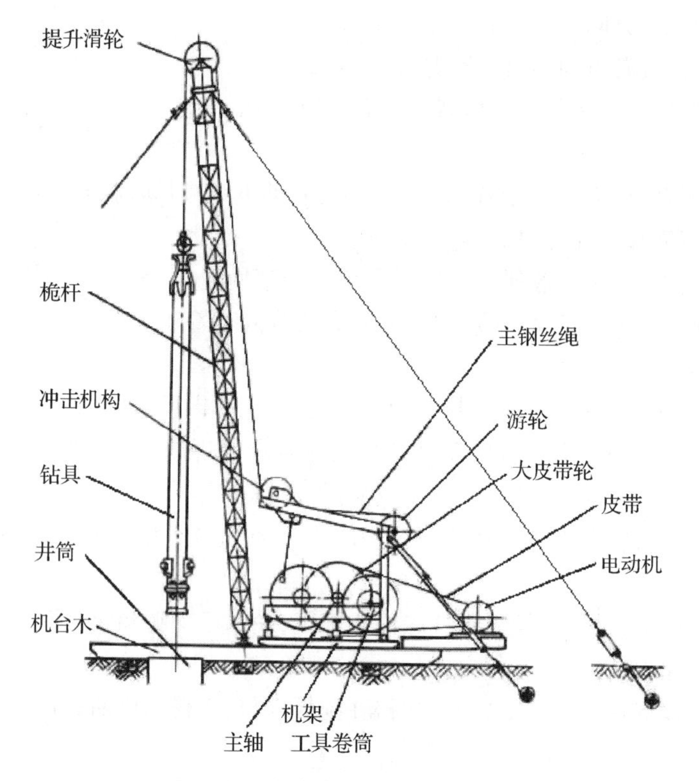

图 4-15 钢丝绳冲击式钻机的构造

2. 冲抓锥式钻机

冲抓锥式钻机是利用钻具本身的重量冲击地层。钻具的下端是几个可以张合的尖角形抓瓣(图 4-16),当钻具在自身重量作用下向下运动时,抓瓣张开,切入岩层,然后由卷扬机通过钢丝绳提升钻具,抓瓣在闭合过程中将岩屑抓入锥体内,提出井口卸出岩屑。钻井深度通常为 40 ~ 50 m,最深达 100 ~ 150 m。

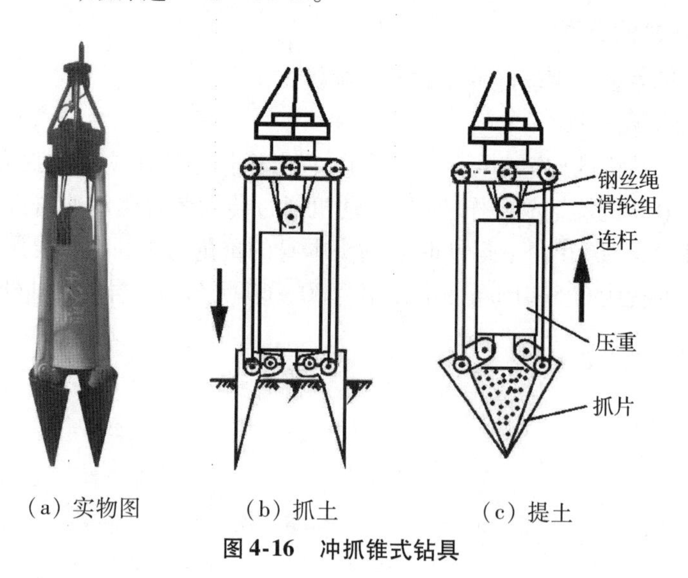

(a) 实物图　(b) 抓土　(c) 提土

图 4-16 冲抓锥式钻具

（二）冲击钻机的优缺点及适用范围

1. 冲击钻机的优点

（1）用冲击方法破碎岩土，尤其是破碎有裂隙的坚硬土和大的卵砾石，所消耗的功率小，破碎效果好；同时，冲击土层时的冲挤作用形成的孔壁较为坚固。

（2）在含有漂砾石层、较大卵石层中施工，成孔效率较高。

（3）设备简单，操作方便，钻进参数容易掌握，机械故障少，设备移动方便。

（4）钻进时，在孔内泥浆循环作用下，使得悬浮钻渣循环至地面排除，并能保持孔壁稳定，泥浆用量少。

（5）冲击过程中，只有提升钻具时才需要动力，钻头自由下落冲击不消耗动力，因此能耗少。和回转钻相比，当设备功率相同时，冲击钻能施工较大直径的桩孔。

（6）在流砂层中亦能钻进，其钻进效率仅次于回转钻机的钻进效率。

2. 冲击钻机的缺点

（1）利用钻杆或钢丝绳牵引冲击头进行冲击钻进时，大部分作业时间消耗在提放钻头和掏渣土上，钻进速度较低。随桩孔加深，掏渣时间和孔底清渣时间相对较长。

（2）容易出现桩孔不圆的情况，扩孔率较高。

（3）遇地层不均匀时容易出现斜孔、卡锤和掉钻等事故。

（4）由于冲击锤头能量的限制，孔深和孔径均比回转钻机施工适应范围小。

3. 冲击钻机的适用范围

冲击钻机除能适应卵石、漂石外，从土质土壤到岩层都可以施工，尤其在卵石、漂石地层条件下具有明显优点。

（三）冲击钻机的安全操作

1. 钻机的安装

（1）安装钻机的场地应平整、坚实。若在松软地层处安装，应对地基进行处理，然后铺设垫木，保证钻机在工作时的稳固性，以免钻机在钻进工作中发生局部下沉，影响钻孔精度。

（2）安装钻机时，必须保持机架水平。

（3）钻机就位后，在桅杆顶端系上四根缆风绳，卸掉桅杆上下节连接螺栓，开动主桅杆专用卷筒，将桅杆缓缓竖起，待竖起后，将下节桅杆固定好，再将上节桅杆拉出，并将上下节桅杆固定，安装好拉杆，再将缆风绳系好，用法兰螺丝调整缆风绳拉力，使桅杆立正，以免倾斜。

（4）桅杆立起后，将桅杆底部的千斤顶旋出，以便载荷通过千斤顶传递到支座上。

2. 开动前检查

（1）检查钻机所有机构是否正确，并向各润滑点和油嘴加注润滑油。

（2）松开所有摩擦离合器，并清除钻机上的杂物。

（3）检查电动机旋向，从皮带轮方向观察电机时，电动机的旋向应为顺时针方向。

（4）各种安全防护装置应齐全。

（5）钻机空转 3 ~ 5 min，待一切正常后方可开始钻进。

3. 对操作人员的要求

（1）操作人员必须经过培训，熟悉冲击钻机的性能、结构、原理，考试合格并取得操作证后，方可操作。

（2）不得使用打滑的摩擦离合器，以防摩擦片磨损。

（3）拧上钻具后，为检查接合处的螺纹连接情况，必须由凿子作检查标记线。

（4）在钻具下降前，应检查并确认钻头安装正确，钻具上无裂纹，等等。

（5）钻头降落时，将卷筒刹住后再间断地松开，将钻头降落到井孔内，不要使其自由降落。

（6）在下降工作中，若钻具停住，不应悬在空中，而应将钻具提上后，再重新下降。

（7）为了避免机器过早磨损与损坏，工作中所用钻具重量不得大于说明书的规定。

（8）不工作时，钻具不得停留在井底。

（9）工作时要保持拉杆的拉力正常，不要在拉杆松弛时进行工作，以防桅杆损坏。

4. 冲击钻机操作时的安全技术

（1）钻孔工作地点应保持清洁。

（2）安装及拆卸钻机时，要保证正确和完整无缺。

（3）升降钻机的桅杆时，操作人员应站在安全的位置上进行。

（4）开动电动机时，应打开钻机所有的摩擦离合器。

（5）当钻机工作时，严禁去掉防护罩。

（6）钻机开始工作前，应检查制动装置的可靠性，以及摩擦离合器和启动装置的工作性能。

（7）电动机未停止前，禁止检查钻机。

（8）钻机工作时，严禁紧固钻机的任何零件。

（9）当钻机运转时，严禁加油。对桅杆上部滑轮加油，应在钻机停止时进行。

（10）电动机未停止前，不允许在桅杆上工作。

（11）无论什么情况下，当桅杆上段有人工作时，桅杆下不许停留其他人员。

（12）遇有恶劣气候时（暴雨、大雨、结冰或五级以上大风），不许在桅杆上工作，也不允许利用人工照明在桅杆上工作。

（13）严禁使用裂股的钢丝绳。

（14）升降钻具时，严禁用手摸钢丝绳。

◆ 复习题 ◆

一、单选题

1. 全套管钻机第一节套管底部的切割环外径比标准套管外径（　　），以减少在下沉过程中标准套管与孔壁间的摩擦阻力。

A. 稍微小一些　　B. 稍微大一些　　C. 相等　　D. 不确定

2. 第一节套管入土后，应随时调整套管的垂直度，当套管入土(　　)以下时，不得强行纠偏。

A. 3 m　　B. 4 m　　C. 5 m　　D. 6 m

3. (　　)在使用落锤式抓斗取土时，不采用泥浆，占地小，不会有化学污染问题发生，施工场地比泥浆护壁施工成孔干净。

A. 全套管钻机　　B. 旋挖钻机　　C. 长螺旋钻机　　D. 冲击钻机

4. (　　)通过钻头的回转破碎岩土，并将破碎的岩土装入钻头内，再由钻机提升装置和伸缩式钻架将钻头提出孔外卸土。

A. 全套管钻机　　B. 旋挖钻机　　C. 长螺旋钻机　　D. 冲击钻机

5. (　　)主要适用于砂土、黏性土、粉质土等土层施工，在灌注桩、连续墙、基础加固等多种地基基础施工中得到广泛应用。

A. 全套管钻机　　B. 旋挖钻机　　C. 长螺旋钻机　　D. 冲击钻机

6. (　　)在软土层中钻进时，若钻进进尺大，孔内容易产生负压。

A. 全套管钻机　　B. 旋挖钻机　　C. 长螺旋钻机　　D. 冲击钻机

7. 旋挖钻机(　　)的作用是通过液压泵输送的高压油驱动液压变量马达输出扭矩，通过行星齿轮减速机和动力箱减速并增大钻杆扭矩。

A. 变幅机构　　B. 桅杆　　C. 主/副卷扬机　　D. 动力头

8. 旋挖钻机(　　)的作用是向钻具传递扭矩和压力。

A. 桅杆　　B. 动力头　　C. 吊锚架　　D. 钻杆

9. 距钻机顶部及周围(　　)的范围内不能有高压电线。

A. 2 m　　B. 3 m　　C. 4 m　　D. 5 m

10. 在已有建筑物附近钻孔施工，应使用(　　)。

A. 全套管钻机　　B. 正循环钻机　　C. 反循环钻机　　D. 冲击钻机

11. 根据所选用机械能力的不同，(　　)可以在土质土壤、岩层等各种各样的地质条件下进行施工。

A. 全套管钻机　　B. 正反循环工程钻机

C. 旋挖钻机　　D. 长螺旋钻机

12. (　　)钻进只适用于孔径较小的浅孔。

A. 泵吸反循环　　B. 射流反循环　　C. 气举反循环

13. (　　)随着孔深的增加，钻进效率逐渐提高，当孔深大于200 m时，钻进效率不再有明显的增长。

A. 泵吸反循环　　B. 射流反循环　　C. 气举反循环

14. (　　)可施工超大直径(4 m以上)、超大深度(100 m以上)的桩，施工时振动小、噪声低。

A. 全套管钻机　　B. 正循环钻机　　C. 反循环钻机　　D. 长螺旋钻机

15. (　　)可钻挖厚度达5 m以上地下水位的细砂层。

A. 全套管钻机　　B. 旋挖钻机　　C. 反循环钻机　　D. 冲击钻机

16. (　　)不适用于湿陷性黄土层，也不宜用于无地下水的地层。

A. 全套管钻机　B. 旋挖钻机　C. 反循环钻机　D. 冲击钻机

17. (　　)它是一种以垂直往复运动依靠冲击力进行钻孔的工程钻机设备,其工作原理类似于凿岩的锤子。

A. 旋挖钻机　B. 反循环钻机　C. 长螺旋钻机　D. 冲击钻机

18. (　　)在含有漂砾石层、较大卵石层中施工成孔效率较高。

A. 旋挖钻机　B. 短螺旋钻机　C. 长螺旋钻机　D. 冲击钻机

19. 长螺旋钻机在(　　)以上大风、雨及雪天气应停止施工,使钻机支腿和履靴同时着地。

A. 五级　B. 六级　C. 七级　D. 八级

二、多选题

1. 全套管钻机施工的主要优点有(　　)。

A. 环保效果好　B. 成孔和成桩质量高

C. 节约混凝土　D. 适应范围广

E. 可以钻斜孔

2. 冲抓式全套管钻机的取土装置为(　　)。

A. 锤式抓斗　B. 十字冲锤　C. 捞砂斗　D. 螺旋斗

E. 扩孔钻斗

3. 与分体式全套管钻机配套的履带式起重机的作用是(　　)。

A. 可用抓斗完成取土工作　B. 可吊放钢筋笼

C. 可使套管就位　D. 可用十字凿锤击碎大的漂石或孤石

E. 可旋挖土层

4. 旋挖钻机施工的主要优点有(　　)。

A. 施工速度快　B. 成桩质量好

C. 环境污染小　D. 机械化程度高,劳动强度低

E. 实现一机多用

5. 长螺旋钻机工作中若出现(　　)现象,应立即停钻,予以处理。查明原因并处理后,方可继续下钻。

A. 钻机振动　B. 钻机偏移　C. 钻机电流猛增　D. 钻机超负荷

E. 仪表、温度、声响无异常情况

6. 适用于岩石地质条件的钻机有(　　)。

A. 全套管钻机　B. 正循环钻机　C. 反循环钻机　D. 螺旋钻机

E. 冲击钻机

三、判断题

1. 摆转式全套管钻机可使套管回转任意角度。(　　)

2. 全套管钻机除了岩层外,任何土质都可适用。(　　)

3. 若地下水以下有厚度5 m以上的细砂层时,使用全套管钻机施工并不理想。(　　)

4. 全套管钻机起吊钢套管时,应使用专用工具吊装,不得用卡环直接吊在螺纹孔内,

以免损坏钢套管螺纹。(　　)

5. 当遇有较大的卵石层,全套管钻机施工速度较旋挖钻机要慢一些。(　　)

6. 全套管钻机施工还需要专用吊车配合和土方机械运土,这种施工方法比其他成孔方法配置的机械台班费用要高。(　　)

7. 分体式全套管钻机以履带式或步履式底盘为行走系统,同时将动力系统、钻机作业系统集成于一体。(　　)

8. 整体式全套管钻机是以压拔管机构作为一个独立系统,施工时必须配备其他形式的机架(如履带起重机),方能进行钻孔作业。(　　)

9. 旋挖钻机在硬岩层、较致密的卵砾石、孤石层钻进时,钻进效率和实际效果不理想。(　　)

10. 旋挖钻机主卷扬机用于升降钻具、吊放护筒、下放钢筋笼等辅助工作。(　　)

11. 不准在钻机作业区堆放燃料及妨碍操作的任何物体。(　　)

12. 钻孔施工的正循环排渣是在钻进过程中,向孔内补水,通过排渣管排渣。(　　)

13. 钻孔施工的反循环排渣是在钻进过程中,通过钢管或橡胶软管将水通入孔底,将钻渣漂浮至孔的上部自然排出。(　　)

14. 长螺旋钻机在开始操作前,应用电铃或其他方式发出信号,提醒周围人员注意或离开。(　　)

15. 冲击钻机在不工作时,钻具可以停留在井底。(　　)

四、填空题

1. 全套管钻机由主机、__________、液压动力站、__________、起重机或旋挖钻机等组成。

2. 全套管钻机按套管回转方式,可分为__________和__________。

3. 小型全套管钻机的成孔直径为__________,中型全套管钻机的成孔直径为__________,大型全套管钻机的成孔直径为__________。

4. 旋挖钻机的底盘分为__________式和__________式两种规格。

5. 钻机桅杆的作用是安装__________,支承__________和固定前置主卷扬装置。

6. 正循环钻机排渣能力随钻孔直径加大而明显__________,所以正循环钻机在小直径钻孔中工效__________。

7. 反循环钻机施工时,按排渣的动力,可分为__________反循环、__________反循环和__________反循环。

8. 螺旋钻机由__________、__________、__________等组成。

9. 长螺旋钻机的立柱侧面配有圆形滑道作为__________、__________上下运动的导轨。

10. 钢丝绳冲击式钻机由桅杆和装在其顶端的__________、__________、__________、钻具、电动机等组成。

五、问答题

1. 简述全套管钻机的成孔过程。

2. 简述旋挖钻机的工作原理。
3. 简述旋挖钻机的作业与变换桩位要求。
4. 简述反循环钻机施工工序。
5. 简述长螺旋钻机成孔的优缺点。
6. 简述钢丝绳冲击式钻机的工作原理。

第五章　打桩机械的构造与运用

学习目标

- 掌握打桩机械的类型、用途及工程过程。
- 理解各种打桩机械的工作原理。
- 掌握打桩机械的安全操作技术。

知识要点

- 振动沉拔桩锤的特点、用途、主要构造及工作过程，振动沉拔桩锤的主要部件及工作原理。
- 冲击式打桩机械的用途及分类，柴油锤、蒸汽锤、液压锤的构造及工作原理。
- 打桩机械的安全操作技术。
- 桩架的用途、分类、结构及应用范围。

能力目标

- 能说出打桩机械的用途、主要部件及主要部件的作用。
- 能正确操作打桩机械。

第一节　振动沉拔桩锤的构造与运用

振动沉拔桩锤是建筑工程中桩基础的施工机械，它是通过偏心块转动产生振动，使桩体周围的土体“液化”，破坏桩和土壤间的黏结力，减少桩土阻力，迅速达到沉拔桩的目的。它广泛应用于各类钢桩和混凝土预制桩的沉拔作业。与相应桩架配套后，可沉拔混凝土灌注桩、混凝土扩底桩（大蒜头桩）、石灰桩、砂桩、碎石桩；配上夹桩器后，可沉拔混凝土预制桩和各类钢桩。它是公路、桥梁、机场、建筑等基础施工的理想设备。另外，振动沉拔桩锤还可作为振动沉管桩机、插板机等机械的打桩用锤。

振动沉拔桩锤的特点是，沉桩时，贯入力强，桩的横向位移和变形小，沉桩质量好；不仅可用于沉桩,而且适用于拔桩;使用方便,施工成本低,效率高,结构简单,维修维护方便;与柴油打桩锤相比,噪声低,无大气污染。

一、振动沉拔桩锤的分类

(1) 按动力的不同,可分为电动式和液压式,前者动力由耐振电动机提供,后者动力则由柴油发动机驱动液压泵-液压马达系统。电动式振动桩锤又分为普通型振动桩锤(DZ型)、中孔型振动桩锤(DZKS 型)、调矩免共振型振动桩锤(DZJ 型,国外称 EP 型)、调频免共振型振动桩锤(DZP 型);液压式振动桩锤又分为普通型振动桩锤(YZ、YZP 型)、调矩免共振型振动桩锤(YZJ、YZPJ 型)。

(2) 按振动频率的不同,可分为低频(300 ~ 700 r/min)、中频(700 ~ 1 500 r/min)、高频(2 300 ~ 2 500 r/min)和超高频(约 6 000 r/min),以适应不同的地基沉桩。

(3) 按振动偏心块结构的不同,可分为固定式偏心块和可调式偏心块。

二、振动沉拔桩锤的工作原理

振动沉拔桩锤的工作原理如图 5-1 所示,振动桩锤工作时,成对配合的两轴(或多对轴)上对称安装的偏心块在同步齿轮的驱动下相对反向旋转,每对轴上偏心块产生的离心力相合成,水平方向的离心力相互抵消,垂直方向的离心力相互叠加,成为一个按正弦曲线变化的激振力, 如图 5-2 所示。

在施工中,振动沉拔桩锤安装在桩头上,当桩锤和桩一起进行沉桩时,激振力使桩产生和激振频率一致的振动,当桩的强迫振动与土壤颗粒的频率接近时,土壤颗粒产生共振,使桩身周围的土体产生"液化",迅速破坏桩和土壤间的黏结力,桩侧面土壤的摩擦阻力和桩端部阻力将迅速降低,在振动桩锤和桩的总重力大于土壤对桩端部阻力的情况下,桩便开始下沉。需要强调的是,桩是在重力作用下下沉的,振动只是降低土对桩的阻力(包括侧面摩擦阻力和端面阻力)。

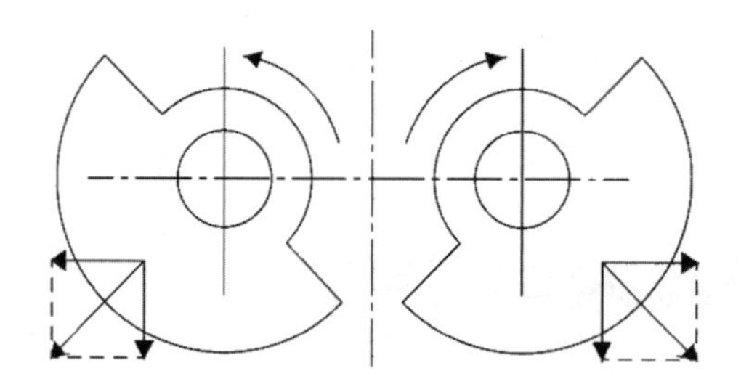

图 5-1 振动沉拔桩锤的工作原理

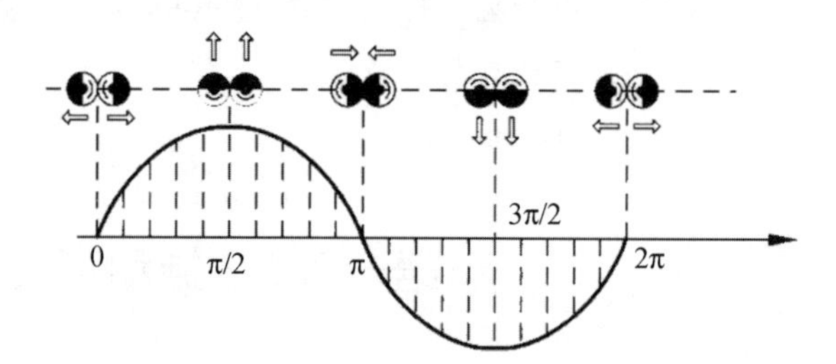

图 5-2 按正弦曲线变化的激振力

三、振动沉拔桩锤的主要结构

DZ 型振动沉拔桩锤的实物图如图 5-3 所示，具体构造如图 5-4 所示。它由悬挂装置、电动机、传动装置、激振器、减振装置等组成。

激振器电机轴上的主动带轮通过传动带带动从动带轮旋转，而后通过偏心轴上的同步齿轮带动另一偏心轴反向旋转。偏心块安装在偏心轴上，偏心轴通过轴上的键带动偏心块旋转，偏心轴支承于轴承上，偏心块做相向转动，产生激振力，使激振器上下振动。由于减振装置上的减振上弹簧、减振下弹簧具有吸振、减振作用，使减振器的振动通过上、下弹簧的减振后对减振横梁及吊环的振动影响很小，达到减振作用。

图 5-3　DZ 型振动沉拔桩锤的实物图

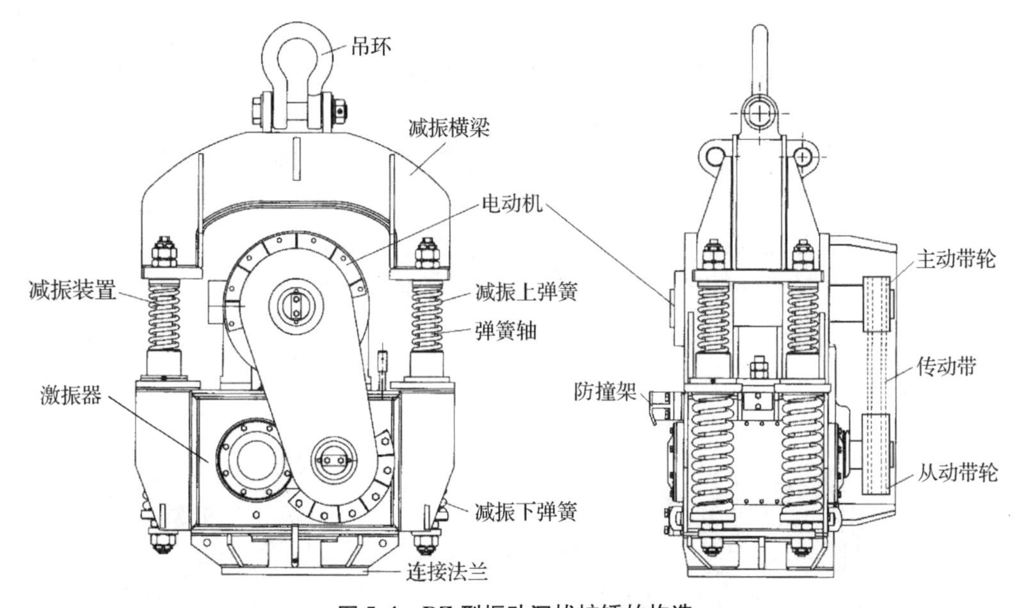

图 5-4　DZ 型振动沉拔桩锤的构造

（一）电动机

电动振动沉拔桩锤的电动机多采用鼠笼式异步电动机。由于振动沉拔桩锤工作时一直处于振动状态，因此对电动机的结构和性能有一定要求。

（1）要求电动机在强烈振动状态下能可靠地运转，因此，电动机的结构件全部采用焊接形式，转轴采用合金钢。

（2）要求电动机有极高的起动力矩和过载能力，因此，在选择绝缘材料时，不仅要考虑耐振性，并且绝缘材料应能承受因过载而产生的高温。

（3）振动沉拔桩锤的起动时间较长，需要很大的起动电流，因此，其电动机均采用△接线，采用 Y-△起动，以便减小起动电流。

(4) 转子导电材料应具有一定的电阻系数,以提高起动力矩,据此,在设计和选择电动机时,应使其起动电流为额定值的7.5倍,起动转矩和最大转矩均为额定值的3倍。

(5) 要求电动机能适应户外工作,一般采用封闭自冷式电动机。

(二) 激振器

激振器是振动沉拔桩锤的振源,大多采用定向机械激振器。常用的有单轴激振器、双轴激振器、多轴激振器、电动机式激振器。

1. 单轴激振器

单轴激振器的构造示意图如图5-5所示。偏心块装在电动机轴上,电动机通过销轴铰接在底板上,整个电动机可以绕销轴摆动。在电动机的两侧用弹簧将电动机与底板连接。弹簧的作用是在振动器工作时,吸收偏心块所产生的激振力的横向分力,在激振器不工作时支撑电动机,使之不致倾倒。这种激振器激振力较小,只用在小型振动锤上。

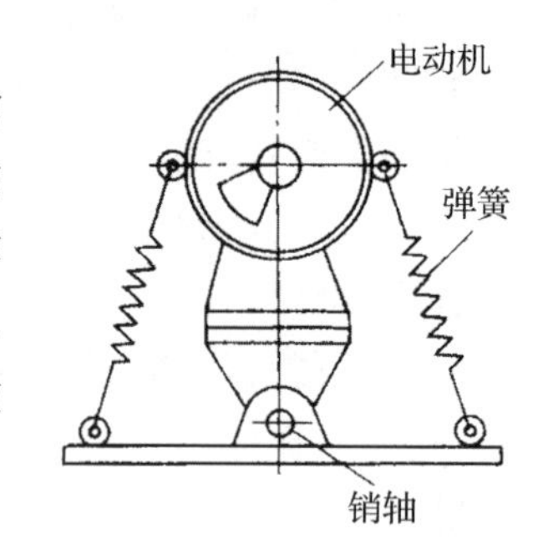

图5-5 单轴激振器的构造

2. 双轴激振器

图5-6(a)为最常用的双轴激振器箱的构造。箱体内有两根轴,每根轴上装有两组偏心块[图5-6(b)],每组偏心块均由一个固定块和一个可动块组成。固定块和可动块的相互位置通过定位销轴固定,调整两者的相互位置可改变偏心力矩,也就是改变激振器所产生的激振力,以适应不同的沉桩和拔桩要求。电动机通过皮带传动带动其中一根轴旋转,由于两轴通过一对相互啮合的同步齿轮连接,所以它们转速相同、转向相反,产生定向的激振力。激振器的频率可以通过变换主、从动皮带轮的直径来改变。箱体内的齿轮与轴承靠偏心块打油飞溅润滑。

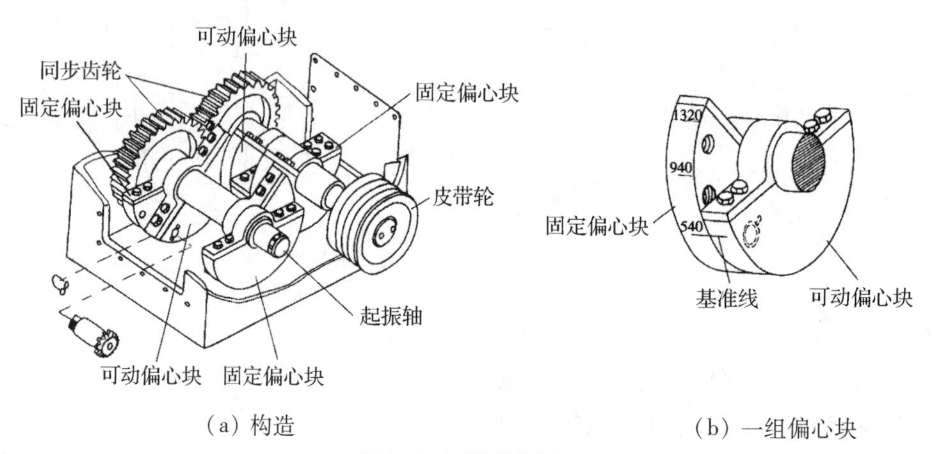

(a) 构造　　(b) 一组偏心块

图5-6 双轴激振器

3. 多轴激振器

具有两对轴(四轴)或三对轴(六轴)的激振器在构造上与双轴激振器相似。各轴之间均以同步齿轮相连,保证各轴间有相应的转速和相位。多轴激振器的优点是把偏心块分别散装在几根轴上,使每根轴和支承轴承的受力情况得到改善,延长了激振器的使用寿命。但轴数增多,箱的体积相应增大,使其构造较复杂。

4. 电动机式激振器

电动机式激振器是在电动机两端的轴颈上安装偏心块。为了产生定向振动,电动机成对安装,有一对、两对或三对。电动机的同步旋转由同步齿轮来保证。由于偏心块直接装在电动机的轴上,省去了多个传动轴和齿轮,因此缩小了结构尺寸,减小了起动力矩,构造较简单。但是激振力通过电动机的轴和轴承传出,容易损坏电动机的轴承和擦伤电枢绕组。

振动沉拔桩锤激振器和锤砧的连接主要有两种结构形式:刚性式和柔性式。

刚性式:激振器刚性连接在上锤砧上。工作时上锤砧冲击下锤砧,把激振器产生的冲击力传给桩身。上、下锤砧的间隙越小,冲击能量越大,当间隙调至零时,冲击能量达极大值。由于刚性式振动冲击锤的激振器和电动机、上锤砧刚性相连,在工作中,它们受到冲击产生的反作用力的影响较大,要承受很高的应力,因此寿命较短。

柔性式:在柔性式振动冲击锤中,激振器通过弹簧与上锤砧相连接。工作时,激振器通过弹簧使上锤砧产生共振,上锤砧以很大的冲击能量冲击下锤砧,进行沉桩作业。其激振器和电动机的使用寿命较长,但它是多自由度的振动体系,很容易因外界条件的变化而产生紊乱的冲击,使冲击能量大大减小,因此,必须精确地确定和调整工作参数。

(三)减振器

为了避免把振动沉拔桩锤的振动传至起重机吊钩,在振动沉拔桩锤与吊钩之间必须有一弹性悬挂装置,来吸收振动沉拔桩锤的振动,这就是减振器。减振器一般由压缩螺旋弹簧组成。

减振器在沉桩时受力较小,但在拔桩时受到的荷载较大。当超载时,螺旋弹簧被压密而失效,使振动传至吊钩。但不能因此而把减振器的刚度提高,因为刚度越大,减振效果越差。因此,减振器应根据拔桩力来设计计算。

(四)夹桩器

振动沉拔桩锤工作时必须与桩刚性相连,这样才能把振动沉拔桩锤所产生的大小和方向(向上、向下)不断变化的激振力传给桩身。因此,振动沉拔桩锤下部都设有夹桩器,如图5-7所示。夹桩器将桩夹紧,使桩与振动锤成为一体,一起振动。

大型振动沉拔桩锤大多采用液压夹桩器,它夹持力大,操作方便迅速,质量相对较轻。图5-8所示是一种夹持力为120 t的液压夹桩器,它主要由油缸、倍率杠杆和夹钳等组成。在夹桩器的内部装有一个油缸,用两根高压软管使油缸活塞的两边空腔分别与油泵和回油腔接通,通过操纵阀,以推动活塞杆的伸出或缩回。活塞杆端部用销轴与杠杆相连接,当活塞杆向外伸出通过杠杆推动滑块时,夹桩器把桩夹紧。当桩的形状改变时,夹钳能做相应的变换。整个夹桩器的上部用螺栓与激振器连接。另外,配有液压操纵箱,它是提供夹桩器油缸压力油并控制油缸活塞杆伸缩的装置。

在小型振动沉拔桩锤上采用手动杠杆式、手动液压式或气动式夹桩器。

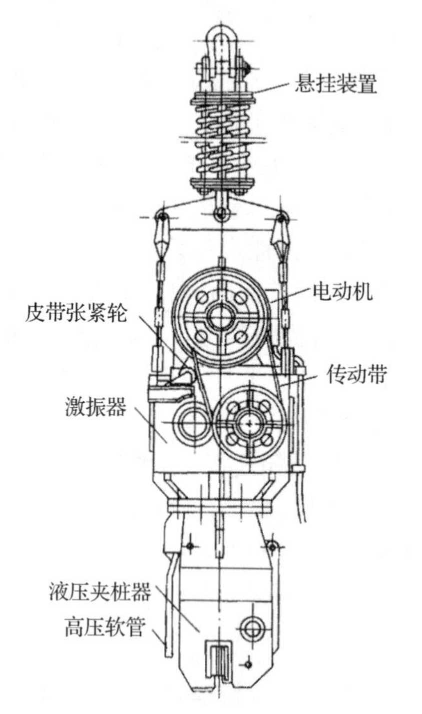

图 5-7　DZ-800 型振动沉拔桩锤的构造

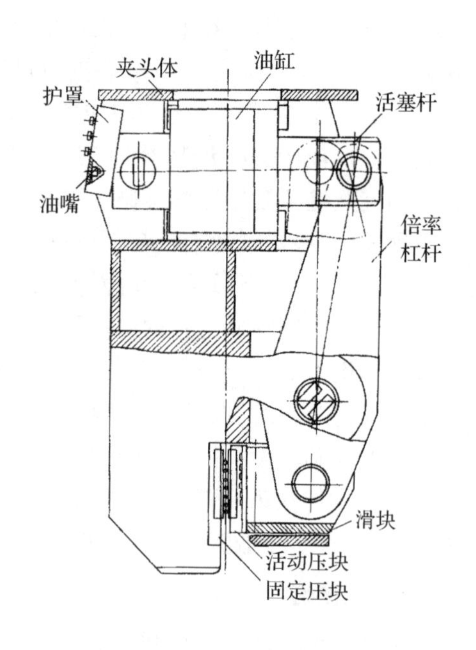

图 5-8　液压夹桩器

四、振动沉拔桩锤的安全操作

（1）作业场地至电源变压器或供电主干线的距离应在 200 m 以内。

（2）电源容量与导线截面应符合出厂说明书的规定。当电动机起动时,其电压降应在额定电压的 -5% ~10% 的范围内波动,可以在额定功率下连续运行,当超过时,则应控制负荷。

（3）液压箱、配电箱应置于安全平坦的地方。配电箱和电动机保护接地或接零应符合施工临时用电的相关规定。

（4）长期停放、重新使用前,应测定电动机的绝缘值(不得小于 0.5 MΩ),并应对电缆芯线进行导通试验。电缆外包橡胶层应完好无损,并确认电气箱内各部件完好,接触无松动,接触器触点无烧蚀现象。

（5）悬挂振动桩锤的起重机,吊钩上必须有防松脱的保护装置。振动桩锤悬挂钢架的耳环上应加装保险钢丝绳。

（6）起动振动桩锤时应监视起动电流和电压,一次起动时间不应超过 10 s。当起动困难时,应查明原因,排除故障后,方可继续起动。起动后,应待电流降到正常值时,方可转到运转位置。

（7）振动桩锤起动运转后,应待振幅达到规定值时,方可作业。当振幅正常后仍不能拔桩时,应改用功率较大的振动桩锤。

（8）拔钢板桩时,应按与沉入顺序相反的方向起拔,夹桩器在夹持板桩时应靠近相邻一根,对工字桩应夹紧腹板的中央。当钢板桩和工字桩的头部有钻孔时,应将钻孔焊平或将钻孔以上割掉,亦可在钻孔处焊加强板,应严防拔断钢板桩。

（9）夹桩时,不得在夹桩器和桩的头部之间留有空隙,应待压力表显示压力达到额定

值后，方可指挥起重机起拔。

(10) 拔桩时，当桩身埋入部分被拔起1.0～1.5 m时，应停止振动，拴好吊桩用钢丝绳，再起振拔桩。当桩尖在地下只有1～2 m时，应停止振动，由起重机直接拔桩。待桩完全拔出后，在吊桩钢丝绳未吊紧前，不得松开夹桩器。

(11) 沉桩前，应以桩的前端定位，调整导轨与桩的垂直度，不应使倾斜度超过2%。

(12) 沉桩时，吊桩的钢丝绳应紧跟桩的下沉速度而放松。在桩入土3 m之前，可利用桩机回转或导杆前后移动，校正桩的垂直度；在桩入土超过3 m时，不得再进行校正。

(13) 沉桩过程中，当电流表指数急剧上升时，应降低沉桩速度，使电动机不超载；但当桩沉入土太慢时，可在振动桩锤上加一定的配重。

(14) 作业中，当遇液压软管破损、液压操纵箱失灵或停电(包括熔丝烧断)时，应立即停机，将换向开关放在"中间"位置，并应采取安全措施，不得让桩从夹桩器中脱落。

(15) 作业中，应保持振动桩锤减振装置各摩擦部位具有良好的润滑。

(16) 作业后，应将振动桩锤沿导杆放至低处，并用木块垫实，对带桩管的振动桩锤，可将桩管插入地下一半。

(17) 作业后，除应切断操纵箱的总开关外，还应切断配电箱(盘)上的开关，并应用防雨布将操纵箱遮盖好。

第二节　冲击式打桩机械的构造与运用

冲击式打桩机械是以人们用榔头向地面打钉子的现象为原始雏形发展起来的。它是采用打入法将预制桩打入地层，即利用桩锤的冲击力，把预制桩沉入地基的设计标高，以提高地基承载能力的建筑施工设备。在使用中，以获得桩锤的较大冲击力和不损伤预制桩为基本要求。

根据常用冲击式打桩机械所用动力的不同，可将冲击式打桩机械分为柴油打桩锤、液压打桩锤和蒸汽打桩锤三大类。

一、柴油打桩锤

(一) 柴油打桩锤概述

1. 柴油打桩锤的用途、特点及应用

柴油打桩锤是利用柴油爆燃释放的能量提升冲击体，并通过燃油爆炸力及冲击体自由下落时的瞬时冲击力作用于桩头，从而破坏桩的静力平衡状态，实现桩体下沉，如此反复，最终将桩贯入地层。

柴油打桩锤是各种冲击式打桩机中应用最为广泛的一种，工作中不需要庞大的锅炉和其他附属设备，因此结构紧凑、轻便，具有良好的长时间热机工作性能，打击能量大，安装和使用方便，价格较低，等等，具有其他桩锤无法替代的优点。但其存在噪声和废气污染，在许多国家和城市建设中被限制使用。所以未来应用领域为海上风电桩、边远地区、大型桥梁的桩基础工程。为适应环保要求及桩基础规格朝大型化发展的趋势，研制大吨位柴油打桩锤，并降低其公害，将是未来努力的方向。

2. 柴油打桩锤的分类

柴油打桩锤按构造,可分为导杆式柴油打桩锤和筒式柴油打桩锤。

(1) 导杆式柴油打桩锤:活塞固定,缸体为冲击体的柴油锤,即缸体上下往复运动进行冲击打桩。这种柴油打桩锤结构较简单,在软土层中工作具有较好的起动性能,适合于打小型桩;但润滑不好,耐磨性能差。

(2) 筒式柴油打桩锤:上、下气缸为筒状,打桩时,上、下气缸缸体固定,活塞为冲击体,即利用活塞在气缸内部的上下往复运动进行冲击打桩。现在常用的柴油打桩锤都是单作用筒式柴油打桩锤。

柴油打桩锤按桩锤的润滑方式的不同,可分为飞溅式润滑与自动润滑。

按打桩作业的应用条件,可分为陆上型和水上型。

按打桩功能,可分为直打型与斜打型。直打型虽然可以打斜桩,但因其润滑方式的不同,只限于打 1° ~ 20°范围内的斜桩;而斜打型则可在 0° ~ 45°范围内打任意角度的斜桩。

按冷却方式的不同,可分为水冷式和风冷式。由于水冷式柴油打桩锤水箱焊缝处会发生破裂而漏水,所以风冷式柴油打桩锤是目前应用最广泛的柴油打桩锤。风冷式柴油打桩锤下气缸下部设计有散热片,通过散热片周围空气的流动带走爆炸产生的热量,实现冷却。风冷式柴油打桩锤的实物图如图 5-9 所示。

图 5-9 风冷式柴油打桩锤的实物图

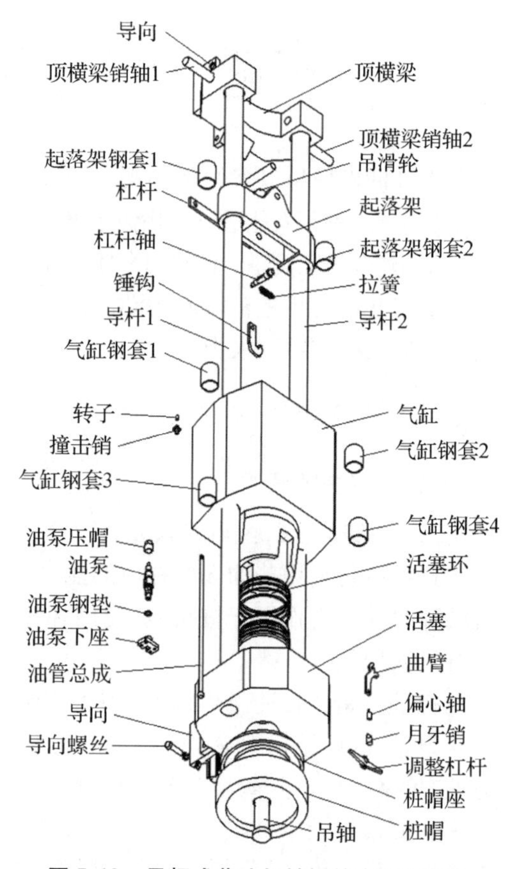

图 5-10 导杆式柴油打桩锤的主要零部件

（二）柴油打桩锤的构造

1. 导杆式柴油打桩锤的构造

导杆式柴油打桩锤是打桩机的主要工作机构，主要由活塞、缸锤（气缸）导杆、顶横梁、起落架、桩帽及燃油供应系统组成。导杆式柴油打桩锤的主要零部件如图5-10所示，其构造如图5-11所示。

（1）活塞：活塞上部圆柱部分有活塞环，上平面中心装有喷油嘴，下部有燃油贮存室，油泵立装于燃油贮存室上，下部侧面有两只导向，与桩架立柱导轨相配，作为桩锤上下运动导向用。

（2）缸锤：为打桩锤的冲击部分，内有气缸体、燃烧室，外部装有撞击销体。

（3）导杆：两根导杆上部与顶横梁连接、下部与活塞连接，并做缸锤和起落架上下运动的导向滑道。

（4）顶横梁：用柱销固定在导杆上部，保证两导杆的平行位置和挂起落架用。

（5）起落架：用以起吊缸锤。其由锤钩的左右挂钩及脱钩操纵系统组成。该件还可以使缸锤在高空脱钩下落。

（6）桩帽及桩帽座：该件为桩锤与桩相接触部分，其缸锤冲击力通过它传递给桩。桩帽与桩帽座之间为弧形接触面，作为调心用。

（7）燃油供给系统：当缸锤靠自重下落到一定位置时，其缸锤外部的撞击销转子给供油曲臂一个外力，曲臂给油泵柱塞一个作用力，这样燃油经过油管和喷油嘴后成雾状喷入燃烧室内，并附有油量调节柄，以控制缸锤的起跳高度。

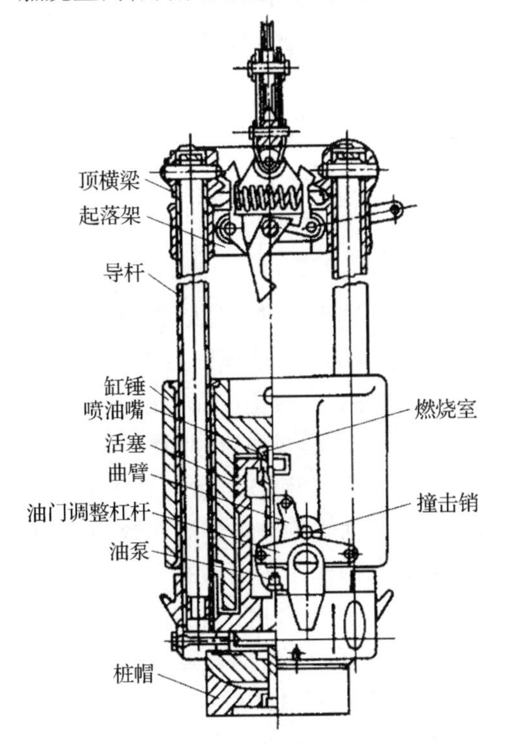

图5-11　导杆式柴油打桩锤的构造

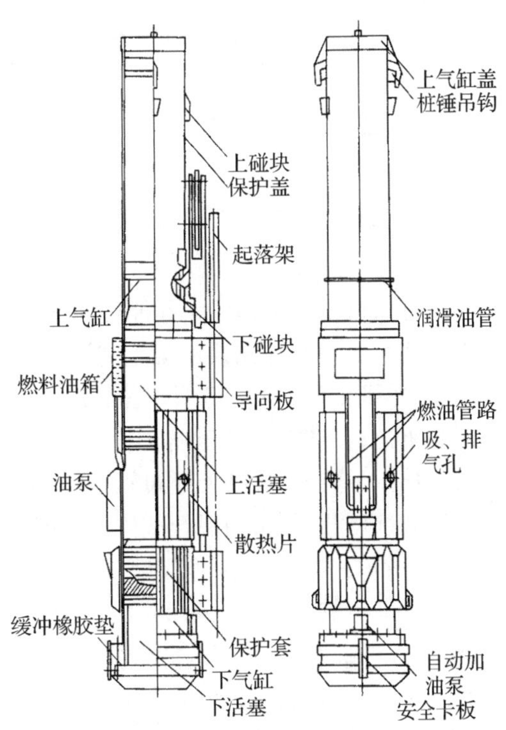

图5-12　筒式柴油打桩锤的构造

2. 筒式柴油打桩锤的结构

筒式柴油打桩锤的构造如图5-12所示。其主要由锤体、燃油供应系统、润滑油供应系统、冷却系统和起落架组成。

(1) 锤体。锤体主要由上气缸、下气缸、上活塞、下活塞、缓冲胶垫、导向装置等组成。上气缸为导向气缸,其功能是使冲击后的活塞在其中跳动。下气缸为工作气缸,是柴油锤爆炸冲击工作的场所。上下活塞都是工作活塞,承受较大的冲击力,打桩过程中,上活塞容易断裂。缓冲胶垫装于活塞和下气缸连接处,其作用是减少上活塞对气缸的冲击。上气缸和上活塞之间、下活塞和下气缸之间采用润滑油泵压油润滑。

(2) 燃油供给系统。其由燃油箱、滤清器、输油管、燃油泵组成。筒式柴油打桩锤的燃油泵有低压柱塞式和高压喷嘴式两种。燃油的供油量可以用调节杠杆来调节。

(3) 润滑油供应系统。润滑油供应系统由进油管、润滑油泵、高压油管、油阀和润滑油嘴组成。当上活塞被提起自由落下时,撞击压油杆,使润滑油泵工作,并同步打开出油阀,将一定压力的润滑油输送到润滑油嘴中,向柴油锤的上气缸内壁和上活塞外圆、下气缸内壁喷射润滑油,从而对柴油锤进行润滑,保证柴油锤正常作业。

(4) 冷却系统。筒式柴油打桩锤在工作时会放出大量的热,使气缸与活塞等部件温度升高,润滑油黏度降低,加剧零部件磨损,并且易发生提前点火现象,使桩锤不能正常工作,为此需要对柴油锤进行冷却。常用的冷却方式有水冷式和风冷式。水冷式是利用焊接于锤筒上的水箱(水箱外面有散热片)中的水吸收爆炸产生的热量,实现冷却的。风冷式是在柴油锤的气缸下部设置散热片,通过散热片周围空气的流动带走爆炸产生的热量,实现冷却的。由于水冷式柴油打桩锤水箱焊缝处会发生破裂而漏水,使其应用受到限制;而风冷式柴油打桩锤构造简单、使用方便,故目前应用广泛。但风冷式冷却效果不如水冷式冷却效果好。

(5) 起落架。筒式柴油打桩锤的起落架功能有二:一是用来提升上活塞进行起动,二是提升整个桩锤。

(三) 柴油打桩锤的工作原理

1. 导杆式柴油打桩锤的工作原理

导杆式柴油打桩锤的工作原理如图5-13所示,它是按二冲程柴油机原理进行工作的,卷扬机将缸锤吊起挂在顶横梁上,拉动脱钩臂上的绳子,挂钩脱钩,缸锤因自重沿导杆下落,当下落到如图5-13(a)所示位置时,包在活塞与气缸间的空气会受压而温度升高。缸锤继续下落,空气继续被压缩,当固定在缸锤外侧的撞击销推压油泵曲臂,驱动油泵芯子,将柴油压入油管时,柴油便通过喷油嘴呈雾状喷入缸内,如图5-13(b)所示。雾状柴油和高压高温气体相混合,当混合气体温度超过柴油的燃点时,柴油立刻自燃爆炸而做功,如图5-13(c)所示。燃气产生的功使气缸与活塞沿相反方向运动,即作用于活塞的力使桩下沉,作用于气缸上的力使缸锤向上运动,当缸锤跳离活塞时,燃烧的废气由气缸内排出。缸锤继续上升,气缸内形成部分真空,新鲜空气开始进入,气缸上升到顶点,借自重开始下落,新鲜空气继续充入气缸,直至活塞又一次封闭气缸,吸气结束,如图5-13(d)所示。当缸锤下落时,另一工作循环又开始,如此反复地工作,直至关闭了油门才停止工作。

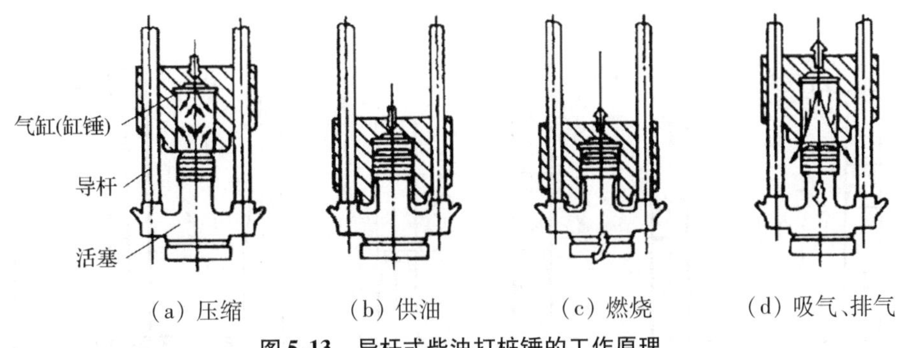

图 5-13　导杆式柴油打桩锤的工作原理

2. 筒式柴油打桩锤的工作原理

筒式柴油打桩锤的工作原理如图 5-14 所示,缸体是上活塞的导向装置,而上活塞是冲击体。下活塞除了用于封住气缸的下端外,还承受冲击体的冲击力。桩帽为一个缓冲垫,其作用是将冲击力较为均匀缓和地传给桩头,以保护桩头不被打裂。筒式柴油打桩锤的工作由以下几个阶段组成。

(1) 扫气、喷油阶段:如图 5-14(a)所示,上活塞在重力作用下降落,同时进行扫气,当活塞继续下落时,它就触及油泵的曲臂,将适量的轻质燃油喷入下活塞凹形球碗内。

(2) 压缩阶段:如图 5-14(b)所示,上活塞继续下降,把排气孔关闭,气缸内的空气被压缩,空气的压力、温度急骤升高,为燃爆做好准备。

(3) 冲击阶段,如图 5-14(c)所示,上活塞继续下降,与下活塞相碰撞,从而产生巨大的冲击力,使桩下沉。这个冲击力是沉桩的主要作用力。

(4) 爆发阶段,如图 5-14(d)所示,上活塞冲击下活塞的瞬间,下活塞凹形球碗内的燃油受到冲击飞溅雾化,同时雾化的油与高温高压气体混合,在冲击压力的作用下燃爆。爆发所产生的压力在推动上活塞跳起上行的同时,又给桩一个下沉力。

(5) 排气阶段:如图 5-14(e)所示,上活塞跳起,升到一定高度时,吸排气口打开,燃烧后的废气在膨胀压力的作用下,由吸排气口排出。当上活塞上升超过油泵曲臂后,曲臂在弹簧的作用下恢复原位,并吸入一定量的燃油,为下一次喷射做好准备。

(6) 吸气阶段:如图 5-14(f)所示,上活塞继续上升,这时气缸内产生负压,从而新鲜空气被吸入缸内。

(7) 降落阶段:如图 5-14(g)所示,上活塞的动能全部转化为势能以后,又再次下落,重复以上过程,周而复始,实现连续运动。

总之,柴油打桩锤是依靠上活塞上下往复运动产生的冲击力进行沉桩的,上活塞往复运动的能量来自不断定时喷入的轻质燃油燃爆产生的能量,燃油的喷射由上活塞在往复运动中由燃油泵定时定量供给,而上活塞的初始上行是由桩架卷扬机通过起落架起吊实现的。

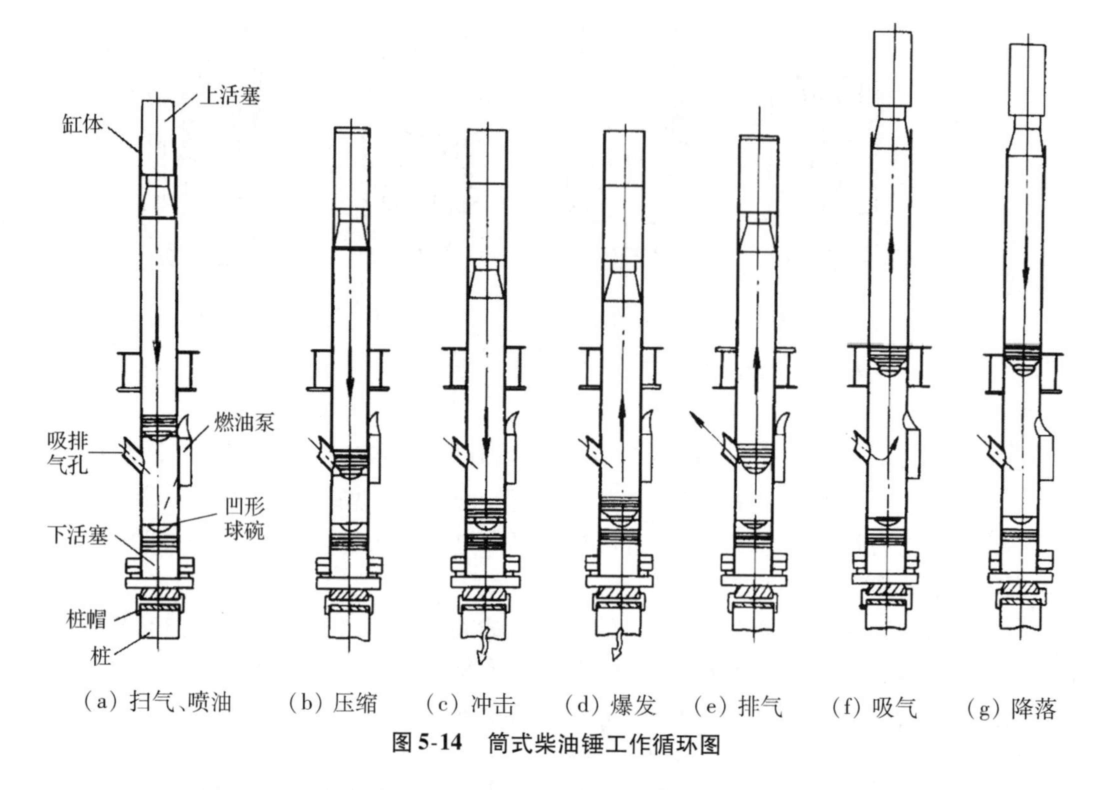

图 5-14　筒式柴油锤工作循环图

(四) 柴油打桩锤的安全操作

(1) 打桩机作业区内应无高压线路。作业区内应有明显的标志或围栏,非工作人员不得进入。桩锤在施打过程中,操作人员必须在距离桩锤中心 5 m 以外监视。

(2) 柴油打桩锤应使用规定配合比的燃油,作业前应将燃油箱注满,并将出油阀门打开。

(3) 作业前,应打开放气螺塞,排出油路中的空气,检查和试验燃油泵,从清扫孔中观察喷油情况,若发现不正常,应予以调整。

(4) 作业前,应使用起落架将上活塞提起稍高于上气缸,打开贮油室油塞,按规定加满润滑油。对自动润滑的桩锤,应采用专用油泵向润滑油管路加入润滑油,并应排除管路中的空气。

(5) 对新启用的桩锤,应预先沿上活塞一周浇入 0.5 L 润滑油,并用油枪对下活塞加注一定量的润滑油。

(6) 应检查所有紧固螺栓,并应重点检查导向板的固定螺栓,不得在松动及缺件情况下作业。

(7) 应检查并确认起落架各工作机构安全可靠,启动钩与上活塞接触线在 5 ~ 10 mm 之间。

(8) 提起桩锤脱出砧座后,其下滑长度不宜超过 200 mm,若超过,应调整桩帽绳扣。

(9) 应检查导向板磨损间隙,当间隙超过 7 mm 时,应予更换。

(10) 应检查缓冲胶垫,当砧座和橡胶垫的接触面小于原面积的 2/3 时,或下气缸法兰

与砧座间隙小于 7 mm 时，均应更换橡胶垫。

（11）对水冷式桩锤，应将水箱内的水加满。冷却水必须使用软水。冬季应加温水。

（12）桩锤起动前，应使桩锤、桩帽和桩在同一轴线上，不得偏心打桩。

（13）在桩贯入度较大的软土层起动桩锤时，应先关闭油门冷打，待每击贯入度小于 100 mm 时，再开启油门起动桩锤。

（14）插桩后，应及时校正桩的垂直度。当桩入土 3 m 以上时，严禁用打桩机行走来纠正桩的倾斜度。

（15）锤击中，上活塞最大起跳高度不得超过出厂说明书的规定。目视测定高度宜符合出厂说明书上的目测表或计算公式。当超过规定高度时，应减小油门，控制落距。

（16）当上活塞下落而柴油锤未燃爆时，上活塞可发生短时间的起伏，此时起落架不得落下，应防撞击碰块。

（17）打桩过程中，应有专人负责拉好曲臂上的控制绳；在意外情况下，可使用控制绳紧急停锤。

（18）当上活塞与起动钩脱离后，应将起落架继续提起，宜使它与上气缸达到或超过 2 m的距离。

（19）作业中，应重点观察上活塞的润滑油是否从油孔中泄出。当下气缸为自动加油泵润滑时，应经常打开油管头，检查有无油喷出；当无自动加油泵时，应每隔 15 min 向下活塞润滑点注入润滑油。当一根桩打进时间超过 15 min 时，则应在打完后立即加注润滑油。

（20）作业中，当桩锤冲击能量达到最大能量时，其最后 10 锤的贯入值不得小于 5 mm。

（21）桩帽中的填料不得偏斜，作业中应保证锤击桩帽中心。

（22）作业中，当水套中的水由于蒸发而低于下气缸吸排气口时，应及时补充，严禁无水作业。

（23）遇有雷雨、大雾和六级以上大风等恶劣气候时，应停止一切作业。当风力超过七级或有风暴警报时，应将打桩机顺风向停置，并应增加缆风绳。

（24）停机后，应将桩锤放到最低位置，盖上气缸盖和吸排气孔塞子，关闭燃料阀，将操作杆置于停机位置，起落架升至高于桩锤 1 m 处，锁住安全限位装置。

（25）长期停用的桩锤，应从桩机上卸下，放掉冷却水、燃油及润滑油，将燃烧室及上、下活塞打击面清洗干净，并做好防腐措施，盖上保护套，入库保存。

二、液压打桩锤

（一）液压打桩锤概述

1. 液压打桩锤的用途、特点及应用

液压打桩锤是以液压能为动力，将锤抬至一定高度，通过泄油或反向供油的方式，使锤加速下落，产生冲击力，将桩体夯入地基。与传统打桩锤比较，它具有以下特点：

（1）控制方便、准确。液压打桩锤采用智能控制系统，可实现对液压系统、电气系统的自动化控制。打桩过程中，可根据土质情况及桩材的强度，合理选择并随时调节控制桩锤的冲击力，并显示打桩过程中的数据，以保证冲击能量的充分发挥而不损害桩身。紧急情况下可自动报警、紧急停车，提高了产品的安全性能。

（2）适用于各类土层。液压打桩锤不存在软土起动困难的问题。对局部硬层的地基具有较强的穿透力。可对水上、水下、海洋平台基础施工，能适应各种气候条件下的施工作业。

（3）适用于各类桩型。可适用于垂直、倾斜、水平桩作业。施工时通过桩帽这一缓冲装置，直接将能量传给桩体，一般不需要特别的夹桩装置，因此，可不受限制地对各种形状的钢桩、混凝土预制桩、木桩等进行沉桩作业。

（4）能源利用率高。相较于传统的气动锤和柴油打桩锤，液压打桩锤打桩效率高，冲击能量大。

（5）环保清洁、公害小。液压打桩锤工作时不会有油渍等脏污出现，基本上无废气污染，产生的噪声较低，若配备消音器，噪声可低于 75 dB，因而能适应城市桩基础的施工作业。

（6）液压打桩锤构造复杂，造价高，使用、维修要求高。

液压打桩锤正被广泛地应用于民用建筑、工业建筑、港口拓展、水利堤坝、道路、桥梁及水中桩基施工，成为不可或缺的主要施工设备。目前已经被很多发达国家所采用，并形成系列化。

2. 液压打桩锤的分类

依据结构原理，液压打桩锤可分为单作用式和双作用式两类。

（1）单作用式。单作用式液压打桩锤借助液压油将打桩锤提升到一定的高度后迅速松开，使锤体以近似自由落体的方式冲击桩头，将桩沉入土中。其优点是简单易行、投资少，不足之处是若想获得较高的锤击速度，只能加大液压缸行程，因此增加了液压锤的体积，同时影响了锤击频率的提高。该方式采用的是重锤轻打理论，锤自身较重，击打时的贯入度较大，下落速度慢，锤击作用时间较长，对桩体的损害较小，尤其适合混凝土管桩。

（2）双作用式。双作用式液压打桩锤利用液压油将打桩锤提升到一定的高度，由液压系统控制，变换液压油方向，对锤形成冲击，使其以更快的速度夯击桩顶。该方式采用的是轻锤重打理论，锤自身相对较轻，此时作用于桩顶的除了锤自身重量外，还有液压系统提供的推动力，所以其冲击速度比自由落体要快，锤击作用时间较短，施加于桩顶的冲击力更大，最适合打钢桩。双作用式液压打桩锤的冲击能量比单作用式液压打桩锤的冲击能量大，工作效率高。

（二）液压打桩锤的构造

液压打桩锤的结构形式有多种，但基本结构大致相似，一般由液压打桩锤本体、液压动力源及液压系统、电气控制系统等部分组成。图 5-15 所示为广东力源公司所研发生产的 HHP16E 型液压打桩锤。

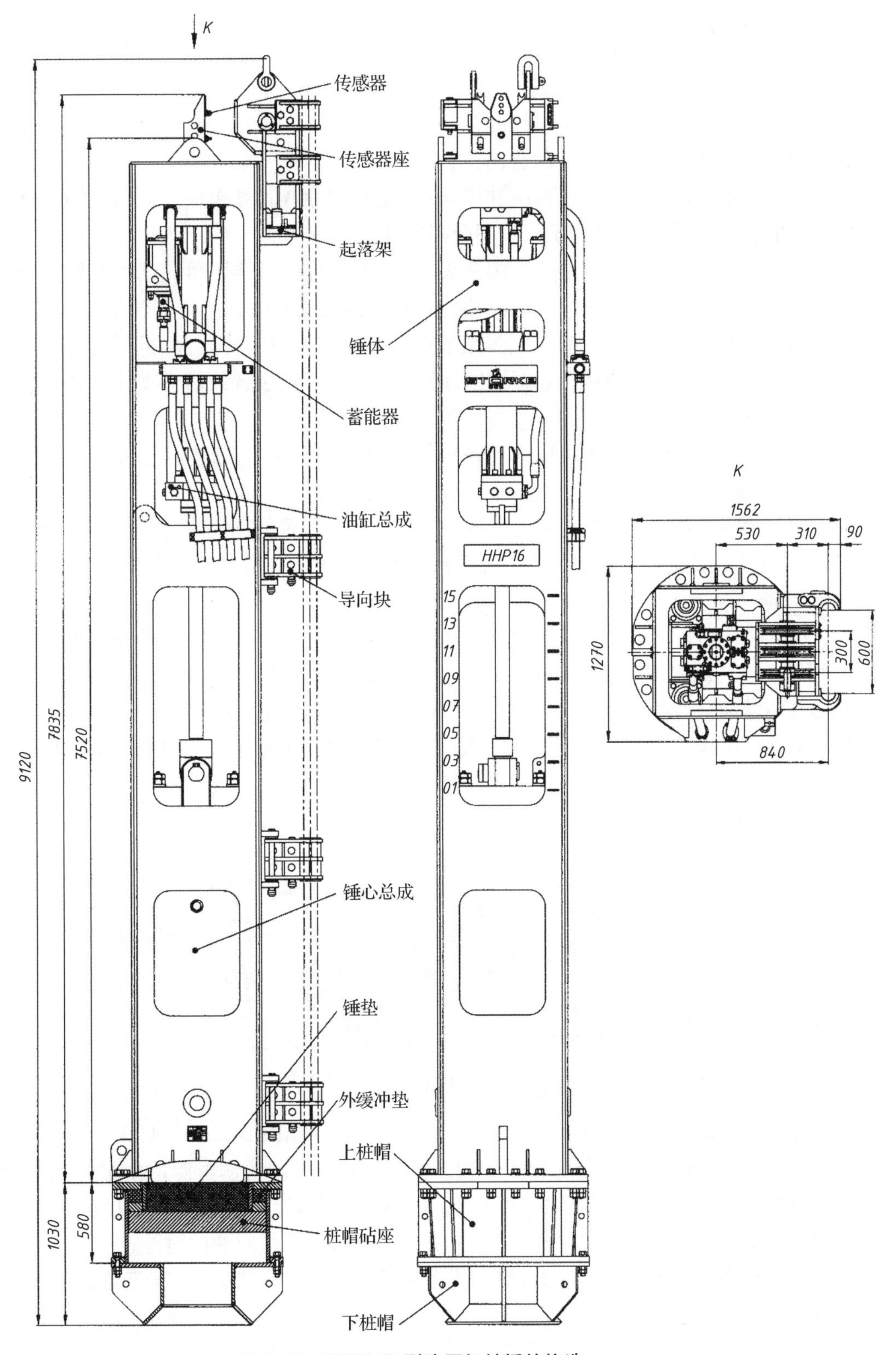

图 5-15 HHP16E 型液压打桩锤的构造

1. 液压打桩锤的本体

液压打桩锤的本体由驱动装置、打击力传递装置、锤头下落高度控制装置、隔音装置等部分组成。

(1) 驱动装置。包括液压油缸和锤头,液压油缸固定在壳体上,其活塞杆与桩锤直接相连,这种方式结构简单,容易制造,应用最广。

(2) 打击力传递装置。由锤缓冲垫、砧座、桩帽及桩缓冲垫组成,其主要功能是将锤头的打击能量传递到桩上,并保护桩头不受损伤,同时降低噪声。

(3) 锤头下落高度控制装置。由锤头下落高度给定装置与下落高度检测装置组成。

锤头下落高度给定装置分为时间给定和位置给定两种方式。时间给定方式是以时间来确定下落高度,采用时间继电器控制液压泵供给压力油的时间,锤的下落高度是无级调整的。位置给定方式是通过设置在桩锤外壳上的位置检测装置的信号来控制锤头位置的,锤头的下落高度是有级调整的。

锤头下落高度检测装置可以采用各种位置检测传感器,用以控制电液阀的动作,如无触点开关、光电开关等。

(4) 隔音装置。打桩噪声主要发生在打击力传递装置上,通常在桩锤与桩帽之间装锤垫,来防止金属的直接冲击,使噪声大大降低,并且保护桩头不受破坏。

2. 液压动力源及液压系统

(1) 液压动力源(动力站)。其主要由动力站主体框架、发动机、燃油箱等组成,如图5-16所示。动力站主体框架主要由方管及密封钢板焊接而成。在主体框架内的左半边装有发动机与燃油箱,发动机是整个动力站的动力源。为了保证发动机的正常运行,动力站配备了发动机中冷系统、燃油冷却系统及废气排放系统。框架上的百叶窗(带有吸音棉)在一定程度上能吸收发动机的噪声,避免污染环境。

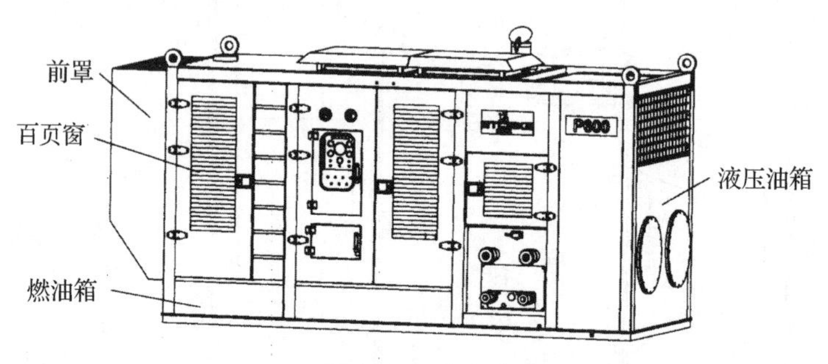

图5-16 动力站

(2) 液压系统。装于动力站主体框架内的右半边,它由泵组、主控制阀组、回油分流阀组、液压冷却回路、油箱、液压管路等组成。泵组是液压系统的动力源,为桩锤提供各种动作所需的压力油;主控制阀组主要控制液压泵在桩锤各动作阶段的液压力大小,以及系统卸荷状态下起动发动机;回油分流阀组主要用于控制主系统回油的过滤;液压冷却回路主要用于降低整个液压系统的油温,使液压系统处于最佳工作状态;液压管路主要用于将各个液压元件连接起来。

3. 电气控制系统

电气控制系统包括对动力站的控制和对液压打桩锤动作的控制。主要设备是遥控器和控制箱,遥控器和控制箱之间通过 CAN 总线电缆连接。一般采用 PLC 控制系统。电气系统部分由控制箱、仪表箱、传感器三部分组成。

液压打桩锤 PLC 控制系统主要包括系统的运动和动力控制、动态数据的测量和显示、系统报警和紧急制动功能。

(1) 系统的运动和动力控制。液压打桩锤的工作过程是运动和动力的传递过程,是通过液压缸将液压能转化成桩锤的冲击能。通过控制各种阀的动作,实现桩锤运动方式的切换及桩锤上升、下打与保压动作的切换,实现桩锤的工作行程调整、桩锤打击力的控制。

(2) 动态数据的测量和显示。动态特性数据包括液压泵的压力,高、低压蓄能器的压力,液压缸上、下腔的压力,打击过程中的下打速度、加速度,打击时的噪声,等等,根据以上测量到的参数,计算液压打桩锤的打击效率。除了对以上数据进行测量显示外,还要记录和显示打桩个数、桩的类型、总的打桩时间、总的贯入度、每分钟的打击次数、总的打击次数、每次锤击的平均能量、总的打击能量、液压油的油位高度和温度。

(3) 系统报警和紧急制动功能。施工的场地处于变化之中,在打桩过程中会出现桩锤的下降速度过快、打击能量过大、打击行程与设定行程不一致等现象。因此,需要安装检测器件对其进行检测,并自动地作出反应,及时报警,显示出错信息。

(三) 液压打桩锤的工作原理

1. 单作用式液压打桩锤的工作原理

单作用式液压打桩锤按驱动方式,可分为液压缸驱动式、液压缸和钢缆驱动式、单作用液压缸自由下落式及桩锤直接驱动式。

最常用的单作用式液压打桩锤的工作原理如图 5-17 所示,在桩锤上升过程中,二位三通阀处于上位,液压泵和高压蓄能器共同向液压缸下腔供油,液压缸上腔排油,低压蓄能器充油缓冲,桩锤快速上升;在桩锤下降过程中,二位三通阀处于下位,液压泵出口油路被二位三通阀封死,高压蓄能器吸收来自液压泵的全部压力油,低压蓄能器与液压缸下腔同时对液压缸上腔供油, 液压缸上腔为低压腔,桩锤主要靠重力作用以近似自由落体方式下落;当桩锤下落到桩头上时,桩锤压在桩上保持不动,处于保压状态。因此,液压打桩锤一个工作周期可以分为上升、下降和保压三个过程。

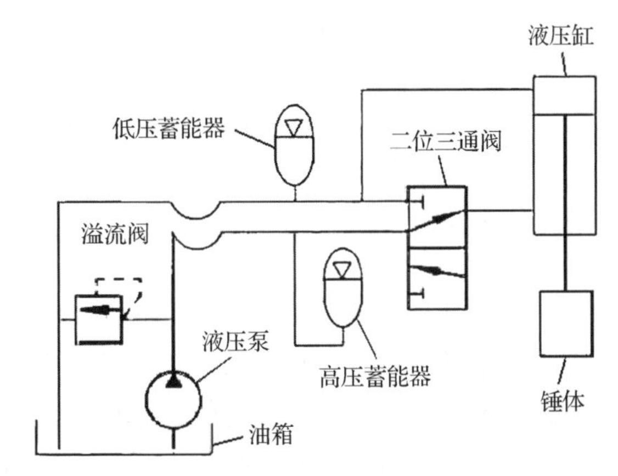

图 5-17　单作用式液压打桩锤的工作原理

单作用式液压打桩锤的工作方式除上述这种外,还有一种桩锤与活塞杆可快速分离的连接结构。液压源供给液压缸活塞杆腔高压油,推动活塞上升,桩锤被提升到指定高度后,立即使桩锤与活塞杆分离,桩锤则以自由落体的速度下降。目前市场上大多数液压打桩锤采用前一种工作方式。

2. 双作用式液压打桩锤的工作原理

双作用式液压打桩锤的工作原理如图5-18所示，桩锤上升时，使二位三通阀处于上位，液压泵连通液压缸下腔和高压蓄能器，液压缸活塞上升，同时高压蓄能器蓄能，液压缸上腔向回油路排油，低压蓄能器起缓冲，将桩锤提升到指定高度；桩锤下降时，使二位三通阀处于下位，液压缸上、下腔与高压油沟通，形成差动连接，由于活塞上腔有效工作面积大于活塞下腔有效工作面积，产生向下的液压推力，桩锤受到势能和液压能的双重作用，以大于重力加速度的加速度下落。由于活塞瞬时速度越来越大，所需瞬时流量也很大，仅仅依靠液压泵供油是不够的，需要借助于高压蓄能器短时间内向液压缸输入大流量高压油。双作用式液压打桩锤能够获得较大的打击能量和打击力。

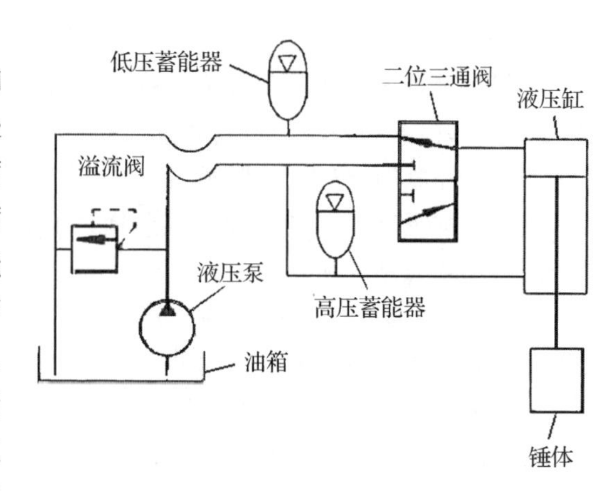

图5-18　双作用式液压打桩锤的工作原理

以上采用两个蓄能器的单作用式和双作用式液压打桩锤液压系统方案，是液压打桩锤最基本的方案，在此基础上做些变动，可以延伸出更多其他方案，这里不再赘述。

（四）液压打桩锤的安全操作

1. 操作前的注意事项

（1）在起动柴油机前要检查并确认柴油、机油、冷却水的液位均应在规定范围内，各吸油口、回油口的蝶阀处于开启状态。

（2）检查并确认各连接部位均应完好无损且连接牢固，各液压元件的接头及密封件无松动、无漏油。

（3）检查电源电压，一般在22～26 V之间；检查并确认各连线、插头牢固接好。

（4）检查并确认控制箱的各按钮、旋钮在安全位（停止位）。

（5）检查并确认各润滑点有足够的润滑油。

（6）桩锤上升时间由继电器设定，应将之调到较小值。

（7）确认工作区域内没人，锤体已套在桩上，连接锤心与锤体的运输限位销已卸下。

2. 打桩时的注意事项

（1）不能在速度旋钮旋至高速时起动柴油机，如果柴油机在30 s内不能起动，应停止起动，停车超过2 min后才能重新起动。

（2）操作时要经常观察压力表、柴油机仪表箱及油泵，若发现异常情况，应立即停止操作，查找原因，排除故障。

（3）新油泵在使用前一定要向泵体内灌油，并排出泵体内气体。

（4）液压锤开始工作时必须用小行程打桩，当桩进入硬土层时，才能增大行程；否则，会对锤体特别是锤垫造成损坏。

（5）新锤垫较脆，必须小行程（约200 mm）打5 min左右后才能慢慢起高锤打桩。以后每次使用前先小行程打 3 ~5 min,待锤垫发热变软后方可起高锤打桩。

（6）打桩时不能超过液压打桩锤的最大行程和最小行程。

（7）液压油油温一般应在 70 ℃以下,若油温过高,应停机检查,降温后再起动。

（8）当环境温度低于 10 ℃时,系统先无负荷运转 10 min 以上,待油温升至 30 ℃以上时再工作。

（9）当系统发生漏油、喷油时,要立即停机,进行检修。

（10）若发生漏气现象,应立即停机,检查高压蓄能器密封件,若破损,应立即更换。

（11）蓄能器只能充氮气,不能充氧气或其他易燃气体,以免引起爆炸。

（12）油液必须保持清洁,若油液被污染,则不能使用。

（13）在检修液压系统前,首先必须卸压。

（14）当柴油机停车时要把电池组开关断开,以免电池组向外放电。

（15）电瓶容量不小于 240 A·h。

3. 组装拆卸时的注意事项

（1）在垂直起吊液压打桩锤前,运输限位销不能拆除,以免造成锤心滑落,冲坏液压油缸（如果液压打桩锤在水平状态下已安装好桩帽及替打,则可以在起吊前拆除运输限位销）。

（2）安装后确保螺母拧紧,防止高压力时快速接头飞脱伤人。

（五）液压打桩锤的维护和保养

由于液压打桩锤工作环境一般较恶劣,易导致故障的发生,为了消除故障隐患,缩短维修周期,有必要定期对其维护和保养。

1. 日常维护和保养

（1）液压打桩锤要保持清洁,每班作业后要将锤体和动力站上的灰尘、油污、水迹、锈迹擦干净。

（2）要经常检查各紧固件,保证其联结牢固、可靠。

（3）各润滑点要按润滑要求进行润滑。

（4）油箱中的液压油应保持正常液面,油温应保持正常。要经常检查油液的清洁度,防止其污染。

（5）经常检查油箱内是否进水,若进水,造成油液乳化,应立即除水或更换液压油。

（6）应经常检查各仪表是否稳定、准确、正常,若出现异常,应维修或更换。

（7）检查油路系统是否有漏油,并及时处理。

（8）柴油箱、机油箱、冷却水水箱液面应正常,如果液位过低,请及时补充。

（9）高低压蓄能器的充气压力应保持在给定压力值。

2. 定期维护和保养

（1）每两个月应检查蓄能器压力是否足够,是否漏气。

（2）应定期清洗或更换空气滤清器、滤油器滤芯。

（3）要定期清洗动力站油箱,更换液压油（推荐用壳牌 68 号无灰高抗磨液压油）。磨合期连续工作 500 h,第一次更换液压油,并更换液压油箱内的滤芯;再次使用 500 h,更换液压油,并更换液压油箱内的滤芯;每隔 1 000 h,更换液压油并更换滤芯,之后根据使用情况及液压油的清洁度进行过滤或更换,同时检查滤芯(每次换油必须清洗干净油箱内的污垢)。

(4) 定期检查锤垫、缓冲垫、导向键耐磨带是否损坏,若损坏,应及时更换。

(5) 长期不使用时,活塞杆表面及阀块螺孔要涂抹黄油,以免锈蚀。

(6) 发动机运行 250 h 后(发动机保养指示灯亮),必须进行保养(更换机、柴油过滤器,空滤滤芯及发动机机油)。

三、蒸汽打桩锤

(一) 蒸汽打桩锤概述

1. 蒸汽打桩锤的特点

蒸汽打桩锤是利用饱和蒸汽作为动力的冲击式打桩机械。由于蒸汽打桩锤工作时必须有一台能够连续产生足够蒸汽的锅炉作为动力源与之配套,附属机构庞大,整套设备大而笨重,为使用和转移带来了诸多不便。蒸汽打桩锤有许多优点:它可以打斜桩、水平桩、向上的桩或拔桩;蒸汽打桩锤的冲击能量可在额定值的25% ~100% 范围内做无级调节,因而其打桩精度高,易于实现大锤打小桩和重锤轻打,可有效改善锤桩接触应力;蒸汽打桩锤不会发生过热现象,适于长时间的连续作业;蒸汽打桩锤打桩不受地基软硬疏密程度的影响,且本身不排放有害气体,并可实现水下打桩。

2. 蒸汽打桩锤的分类

按冲击体的不同,蒸汽打桩锤可分为气缸体冲击式与活塞冲击式。我国一般使用气缸体冲击式,国外两者都很普遍。

按使用方式的不同,蒸汽打桩锤可分为陆上型与水上型。

按动作方式的不同,蒸汽打桩锤可分为单作用式和双作用式。

(二) 蒸汽打桩锤的工作原理

1. 单作用式蒸汽打桩锤

对于单作用式蒸汽打桩锤来说,无论是气缸体冲击式还是活塞冲击式,都是在冲击体上升时耗用动力,下降时依靠冲击体自身重量,呈不完全自由落体冲击桩头,使桩沉入。

按操作方式的不同,单作用式蒸汽打桩锤可分为人工操纵和自动操纵两种形式。

(1) 人工操纵单作用式蒸汽打桩锤。

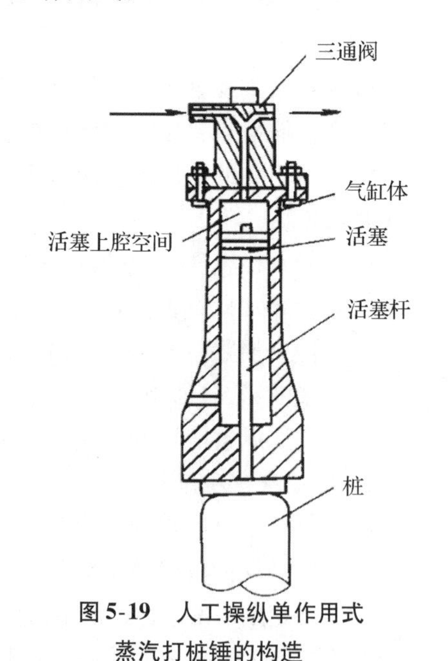

图 5-19 人工操纵单作用式蒸汽打桩锤的构造

人工操纵单作用式蒸汽打桩锤的构造如图 5-19 所示。活塞杆通过顶心支持在桩头上,气缸体上下运动冲击顶心。在气缸体顶部装有一个三通阀,通过三通阀,可以使气缸体的上腔接通气源或大气。该三通阀由操纵者用牵索控制。当拉动牵索三通阀接通气源时,蒸汽进入气缸体上腔,由于活塞杆顶在桩头不能下行,蒸汽压力将气缸体顶起;当气缸体升至一定高度后,操纵者松开牵索,切断气源,并使气缸体上腔接通大气，气缸体内压力骤减，气缸体呈自由落体冲击桩头，使桩沉入地基，同时排出气缸体内的废气。

在气缸体中部有一个小孔。当气缸体上升，小孔升至活塞上方时，蒸汽由小孔冲出并发出哨音，即告知操纵者立即松开牵索，进行冲击。如果来不及松开牵索，进入气缸体上腔的蒸汽可由此孔排出，以保证蒸汽打桩锤的安全运行。

人工操纵单作用式蒸汽打桩锤构造简单、工作可靠，但其冲击频率低，一般每分钟约冲击 25 次，供汽软管随气缸体上下运动，容易损坏，生产效率低，耗汽量较大。

（2）自动操纵单作用式蒸汽打桩锤。

自动操纵单作用式蒸汽打桩锤是在人工操纵单作用式蒸汽打桩锤的三通阀上设计一个楔形控制挺杆（图 5-20），三通阀的阀芯通过弹簧、推杆将滚轮压在楔形控制挺杆的斜面上。随着气缸体的上下运动，滚轮在楔形控制挺杆上做相对滚动，三通阀的阀芯就做往复水平移动，从而达到控制气缸上腔与汽源或大气的接通、进行正常打桩作业的目的。调整楔形控制挺杆的位置，可使蒸汽打桩锤冲击体的工作行程在 25% ~100% 范围做无级调节。

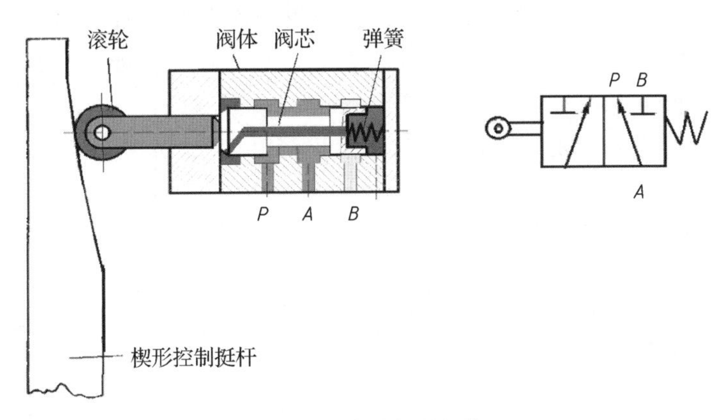

图 5-20　自动操纵机构

2. 双作用式蒸汽打桩锤

双作用式蒸汽打桩锤的工作原理如图 5-21 所示。活塞无论是上升还是下降均由蒸汽推动。与单作用式蒸汽打桩锤相比，汽锤在冲击体下降时除冲击体自重外，还受到蒸汽压力的强制推动，因此冲击力较大。双作用式蒸汽打桩锤的气缸体固定在桩头上，活塞作为冲击体在气缸体内做上下运动，冲击频率每分钟可达 100 ~200 次，工作效率高，并且适用于打斜桩、水平桩和拔桩，也易于实现水下打桩。

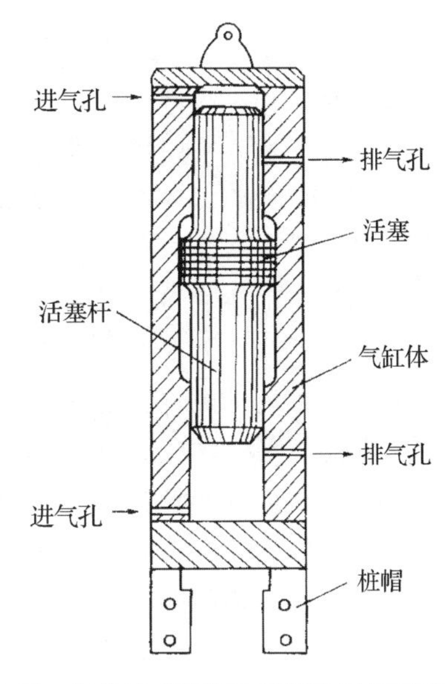

图 5-21　双作用式蒸汽打桩锤的工作原理

（三）蒸汽打桩锤的安全操作

（1）打桩机操作人员必须经培训考核，熟悉机械构造、性能、保养和安全操作知识，遵守安全操作规程和安全生产纪律，正确使用劳动保护用品。

（2）现场水源流量不得低于锅炉蒸发量的

120%，水质必须符合标准，作业期间必须保证供水。

(3) 作业前应全面检查杆件紧固情况，应确保胶管接头牢固可靠，无泄漏，气阀无漏气，仪表正常，汽锤导轨滑润良好，卷扬机制动可靠。

(4) 高空和地面必须有专人指挥，上下协调，互相配合，不得擅自离开岗位。

(5) 直式桩机在扳起或放倒前，尾部应按产品说明书的要求加 10 ~ 14 t 配重，在底盘正前方的大梁下垫千斤顶，并在左右两侧和正前方拴好缆风绳。

(6) 在扳起机架到 200 mm 时，应停机检查各制动部位，确认良好后，才能继续提升。当扳到 75°时，应缓慢进行，直立后应立即收紧缆风绳。

(7) 当各类蒸汽打桩机机架高度达 30 m 以上时，都应使用 3 倍率的缆风绳。

(8) 安装桩锤时，吊装钢丝绳不得扣在活塞杆上，安装后必须严格检查验收，未经验收合格的，不准进行打桩作业。

(9) 起动卷扬机前，应先排出管路及气缸体内的冷凝水，并缓慢地开启汽阀，使管路和气缸体预热 3 ~5 min。

(10) 柴油应有防晒防雨措施，并配备 3 ~5 个灭油类火灾的灭火器。

(11) 桩架和缆风绳与高压线之间必须保持 6 m 以上的安全距离，移动时严防碰触高低压电源电线，不准在高压线下方打桩施工。

(12) 桩机上电线、电器必须绝缘良好，无破损漏电现象，机架上的电动外壳必须接地可靠，不得使用闸刀开关。

(13) 操作卷扬机进行吊桩、吊锤时，中途停车应使用滚筒棘轮制动，汽锤吊到高处，必须将锤固定后，方可进行吊桩作业。

(14) 严禁任何人员在升起的机架和桩锤下停留或通过，操作人员必须在离施锤地点 5 m以外监护。处理桩头接桩时，必须将锤头放至机架下部。

(15) 起锤时，应注意卷筒上的钢丝绳必须排列整齐，卷筒上的钢丝绳不能全部放完，至少保留 3 圈。当卷扬机收绕钢丝绳时，禁止用手引或脚踩钢丝绳。

(16) 打桩时，要掌握好油门，油门不能过大，也不能突然加大油门，防止桩锤跳跃过高，击坏顶部横梁或桩帽。

(17) 当在软土层启动桩锤时，应先关油门冷打，待每次的击打贯入小于 100 mm 时，再启动油门和桩锤，不得在桩自沉或贯入度较大时给油起动。

(18) 上活塞最大起跳高度不得超过 2.5 m(可参照制造厂的降落距离表)，当达到规定高度时，应减小油门，控制落距在 800 ~1 000 mm。

(19) 严禁在无水或缺水情况下作业。

(20) 移动桩机时必须先将汽锤落下，左右缆风绳应有专人操作同步收放，禁止行人跨越滑车组。严禁将桩锤吊在顶部时移动桩机或检修桩架。

(21) 当桩机转向时，应在桩机底盘支方木，四支点中不得有任何一点悬空。步履式桩机横移油缸的行程不得超过 100 cm。

(22) 当直式桩机前后行走时，移动桩架的钢丝绳的空端不得拴在吊桩滑轮上。滑走管的倾斜度不得大于 1，桩机横移至走管终端距离不得小于 1 m，注意防止侧滑倾倒。

(23) 当塔式桩机行走时，其地锚必须牢固，缆风绳附近 10 m 内不得站人或通行，用卷

扬机副卷筒移动桩架时，一根钢丝绳不得同时绕在两个卷筒上。

（24）用蒸汽打桩机拉桩时，必须停止锤击，禁止锤击和拉桩同时作业。

（25）作业中，吊锤的制动环与钢丝绳的连接必须牢固，并要经常检查。

第三节　桩架的构造与运用

一、桩架概述

（一）桩架的用途

桩架是各种桩基作业专用的导向与起重设备，主要用于桩锤或其他工作部件的悬挂、升降、移位、吊桩就位、沉桩导向、变幅（打斜桩）等，实现不同桩基础工程的施工。它广泛应用于地铁、隧道、城市建筑、地下停车场、垃圾处理场等各类桩基础工程及深基坑支护工程、河流防洪工程中的防渗坝工程等，是桩基础施工中常用的设备。

（二）桩架的分类

桩架的形式多种多样，其分类主要有以下几种：按底盘，可分为履带式和步履式；按立柱导轨形式，可分为固定式和移动式；按动力源，可分为电动式、电液式和全液压式；按支腿形式，可分为伸缩式和摆动式；按施工地点，可分为陆上和水上；按导杆支点个数，可分为无导杆式（0 个支点）、悬挂式（1 个支点）和上下固定式（2 个支点）。

二、桩架的结构及应用范围

（一）履带式桩架

1. 履带式桩架的结构

履带式桩架是下部为履带底盘的桩架。全液压履带桩架可搭载套管式螺旋钻机、SMW 工法多轴钻机、中掘钻机、长螺旋钻机、重型桩锤等大型工作装置，适用于多种工法的地下桩基础施工，是多功能、高效率、节能环保的桩工机械产品。

按照支承方式，履带式桩架可分为悬挂式和三点式。

（1）悬挂式履带桩架。

悬挂式履带桩架是以履带起重机作为底盘，用吊臂悬吊桩架立柱，立柱下面与车体以支撑叉连接，如图 5-22 所示。由于桩架、桩锤的重量较大，重心高且前移，容易使起重机失稳，故通常在车体后部增加一些配重。立柱在吊臂端部的安装比较简单，立柱下端与车体的连接通常采用丝杠或液压式等伸缩机构，可以方便地调整立柱的垂直度。

悬挂式履带桩架很容易用履带式起重机改装而成，其主机不需要做任何改动，不打桩时仍可以作为起重机用，所以具有一机多用的功能。值得注意的是，当用起重机改装成打桩机架后，由于增加了配重，因此需要对吊臂、行走系统和有关部件进行强度校核。

悬挂式履带桩架的缺点是横向承载能力较差，垂直精度不易控制，且不能打斜桩，稳定性比步履式桩架略差。优点是设备简单，占地面积小，履带运行机构对路面要求比较低，一般对路面稍加平整或压实即可工作；有的履带式桩架甚至可以在低洼湿地上进行工作，因此，对于打散桩或无一定规律的特殊基础工程更加合适；此外，这种桩架机动性好，转移方便，拆下桩架即可用平板车拖走，安装也方便，自身有动力，不需其他起重机的帮助，所以深受施工企业的欢迎。

（2）三点式履带桩架。

三点式履带桩架也是以履带式起重机为底盘，但在使用时首先要拆除起重机吊臂，配以钢管式导杆和两根斜撑，构成稳定的三点支撑结构，如图5-23所示。采用液压传动，导杆能前后、左右调整桩的垂直度，履带中心距可调，导杆可单导向，也可双导向，还可自如转动，满足钻打结合的埋入桩施工的要求。三点式履带桩架的优点是，桩架不需外部动力源，拆卸方便，转移迅速，垂直精度调节灵活，整机稳定性好，可以施打后仰20°内的斜桩。同种类型主机可配备多种类型的导杆，悬挂各种类型的桩锤（导杆式柴油锤、筒式柴油锤、振动锤等）和钻机（长螺旋钻机、动力头、钻杆），能在各种条件下施打斜桩，打桩质量好、速度快，是桩工作业中最理想的桩架。

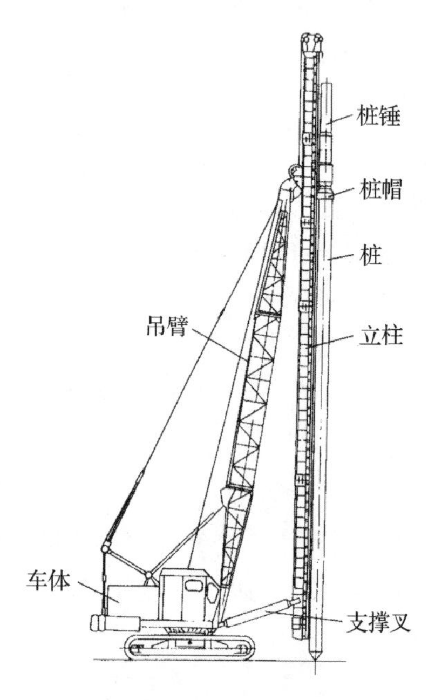

图5-22　悬挂式履带桩架

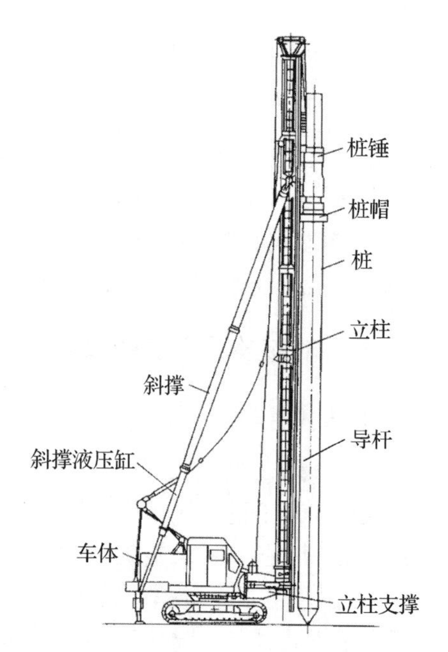

图5-23　三点式履带桩架

2. 履带式桩架的应用

履带式桩架与柴油打桩锤、液压打桩锤、振动锤、钻孔机、振冲器、深层搅拌机等工作装置配合，广泛使用在高层建筑、地下工程、桥梁、堤坝等大型工程中。

（二）步履式桩架

1. 步履式桩架的结构

步履式桩架采用液压传动步履式原理，在相当于轨道的履靴上行走，但履靴长度有限。桩架在履靴上行走到头后，若要继续行走，则需要用四个液压支腿将桩架顶离地面，而后将履靴向前移动一个行程，再收起液压支腿，使桩架重新支承在履靴上，开始第二个行程的移动。

步履式桩架能进行吊桩、吊锤、前后左右行走移位、回转等动作，能自行完成立柱倾斜

度的调整、起架和落架作业；与筒式柴油打桩锤配套，能打各种类型的桩，适用于大面积、多桩位的桩基施工；是一种接地比压小、通过性能好、结构紧凑、造价较低、性能较完善、操纵方便省力、技术适用性能可靠的打桩架。它的最大缺点是转移不便，占地面积大。

步履式桩架按照动力来源，可分为全液压式和电液混合式。

典型步履式桩架如图 5-24 所示，由顶部滑轮架、立柱、斜撑、底盘、行走机构、回转机构、卷扬机构、操纵室、液压系统及电气系统组成。各种工作装置以立柱上的导杆为轨道，经过顶部滑轮组来完成吊锤、吊桩和起动桩锤的工作。立柱主要形式有圆筒型、桁架式、箱形截面式。立柱的倾斜是通过改变斜撑油缸的长度来调节的。牛头架下端与机体相固结，上端和立柱上的铰点相连接，并且可以伸缩，以便桩架倾斜。斜撑一端与立柱上部铰接，另一端与后支腿相铰接，八个支腿两两成对安装在四个步履船上。根据工作的需要，在后支腿上设有支承油缸，打桩时将支腿支起。步履船内有一伸缩油缸，可前后或左右移动平台。立柱顶部有滑轮组，用来完成对动力头钢筋笼和注浆导管等的起降。动力头可沿滑道上下滑动，托运时可拆卸。

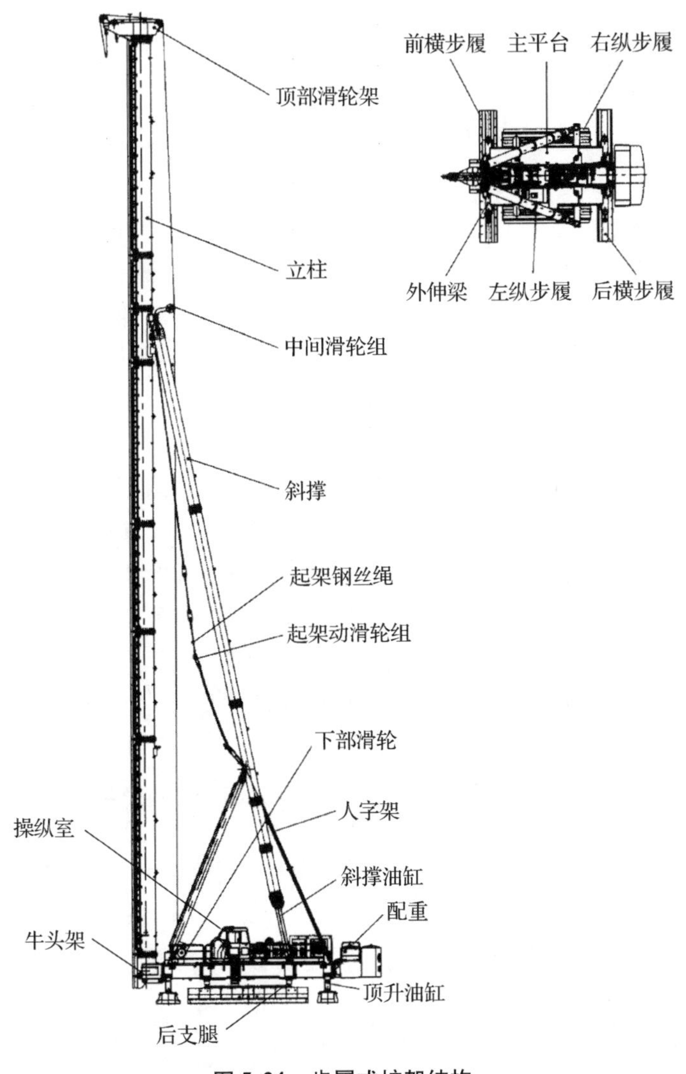

图 5-24　步履式桩架结构

2. 步履式桩架的应用

步履式桩架与柴油打桩锤、振动锤、钻孔机、振冲器、深层搅拌机等工作装置配合，广泛应用在高层建筑、地下工程、桥梁、堤坝等大型工程中。

◆ 复习题 ◆

一、单选题

1. 电动振动沉拔桩锤电动机起动电流为额定值的(　　)倍，起动转矩和最大转矩均为额定值的(　　)倍。

A. 7.5,3　　B. 7.5,5　　C. 5,3

2. (　　)轴数增多，箱的体积相应增大，使其构造较复杂。

A. 双轴激振器　　B. 多轴激振器　　C. 电动机式激振器

3. (　　)是在电动机两端的轴颈上安装偏心块。

A. 双轴激振器　　B. 多轴激振器　　C. 电动机式激振器

4. (　　)结构尺寸小，起动力矩小，构造较简单，但容易损坏电动机的轴承和擦伤电枢绕组。

A. 双轴激振器　　B. 多轴激振器　　C. 电动机式激振器

5. 振动沉拔桩锤作业场地至电源变压器或供电主干线的距离应在(　　)以内。

A. 100 m　　B. 200 m　　C. 300 m

6. 振动沉拔桩锤工作时，当电动机起动时，其电压降在额定电压的(　　)的范围内，可以在额定功率下连续运行，当超过时，则应控制负荷。

A. -5% ~5%　　B. -5% ~10%　　C. -10% ~10%

7. 沉桩前，应以桩的前端定位，调整导轨与桩的垂直度，不应使倾斜度超过(　　)。

A. 2%　　B. 3%　　C. 4%

8. 沉桩时，吊桩的钢丝绳应紧跟桩的下沉速度而放松，可利用桩机回转或导杆前后移动，校正桩的垂直度，当桩入土超过(　　)时，不得再进行校正。

A. 1 m　　B. 2 m　　C. 3 m

9. 直打型柴油打桩锤只限于打(　　)范围内的斜桩。

A. 1° ~ 10°　　B. 1° ~ 15°　　C. 1° ~ 20°

10. 斜打型柴油打桩锤可在(　　)范围内打任意角度的斜桩。

A. 0° ~ 20°　　B. 0° ~ 30°　　C. 0° ~ 45°

11. 柴油打桩锤工作时，操作人员必须在距离桩锤中心(　　)以外监视。

A. 3 m　　B. 4 m　　C. 5 m

12. 当柴油打桩锤的砧座和橡胶垫的接触面小于原面积的(　　)时，或下气缸法兰与砧座间隙小于(　　)时，均应更换橡胶垫。

A. 1/3，7 mm　　B. 2/3，5 mm　　C. 2/3，7 mm

13. 在液压锤的液压系统中,(　　)用于控制液压泵在桩锤各动作阶段的液压力大小。

A. 泵组　　B. 主控制阀组　　C. 回油分流阀组

14. (　　)是利用饱和蒸汽作为动力的冲击式打桩机械。

A. 柴油打桩锤　　B. 液压打桩锤　　C. 蒸汽打桩锤

15. (　　)的冲击能量可在25% ~100%范围内做无级调节,因而其打桩精度高,易于实现大锤打小桩和重锤轻打,可有效改善锤桩接触应力。

A. 柴油打桩锤　　B. 液压打桩锤　　C. 蒸汽打桩锤

16. (　　)的缺点是横向承载能力较差,垂直精度不易控制,且不能打斜桩。

A. 悬挂式履带桩架　　B. 三点式履带桩架　　C. 步履式桩架

17. (　　)的最大缺点是转移不便,占地面积大。

A. 悬挂式履带桩架　　B. 三点式履带桩架　　C. 步履式桩架

18. 蒸汽锤工作时,现场水源流量不得低于锅炉蒸发量的(　　),水质必须符合标准,作业期间必须保证供水。

A. 90%　　B. 120%　　C. 150%

19. 在扳起蒸汽打桩机机架到(　　)时,应停机检查各制动部位,确认良好后,才能继续提升。当扳到(　　)时,应缓慢进行,直立后应立即收紧缆风绳。

A. 100 mm,60°　　B. 150 mm,70°　　C. 200 mm,75°

20. 各类蒸汽打桩机机架高度达 30 m 以上时,都应使用(　　)率的缆风绳。

A. 2 倍　　B. 3 倍　　C. 4 倍

21. 对于液压打桩锤,当环境温度低于 10 ℃时,系统先无负荷运转 10 min 以上,待油温升至(　　)以上时再工作。

A. 20 ℃　　B. 30 ℃　　C. 40 ℃

22. 蒸汽锤起锤时,应注意卷筒上的钢丝绳必须排列整齐,卷筒上的钢丝绳不能全部放完,至少保留(　　)。

A. 1 圈　　B. 2 圈　　C. 3 圈

23. 桩架和缆风绳与高压线之间必须保持(　　)以上的安全距离,移动时严防碰触高低压电源电线,不准在高压线下方打桩施工。

A. 6 m　　B. 5 m　　C. 4 m

24. 在处理桩头接桩时,必须将锤头放至机架的(　　)。

A. 上部　　B. 中部　　C. 下部

25. 步履式桩机横移油缸的行程不得超过(　　)。

A. 100 cm　　B. 200 cm　　C. 300 cm

二、多选题

1. 振动沉拔桩锤与相应桩架配套后,可沉(　　)。

A. 混凝土灌注桩　　B. 混凝土扩底桩(大蒜头桩)

C. 石灰桩　　D. 砂桩

E. 碎石桩

2. 液压打桩锤的组成包括(　　)。

A. 驱动装置　　B. 打击力传递装置　　C. 锤头下落高度控制装置
D. 隔音装置　　E. 液压系统

3. 液压打桩锤 PLC 控制系统主要包括(　　)功能。

A. 系统的运动控制　　B. 动力控制　　C. 动态数据测量与显示
D. 报警　　E. 紧急制动

4. 桩架的作用是(　　)。

A. 桩锤和桩的导向　　B. 吊桩就位　　C. 固定桩的位置
D. 承受桩锤的重量　　E. 承受桩的重量

5. 履带式桩架可以与(　　)等工作装置配合,广泛使用在高层建筑、地下工程、桥梁、堤坝等大型工程中。

A. 柴油锤和液压锤　　B. 振动锤　　C. 钻孔机
D. 振冲器　　E. 深层搅拌机

三、判断题

1. 振动沉拔桩锤沉桩时,吊桩的钢丝绳应紧跟桩的下沉速度而放松。在桩入土 3 m 之前,可利用桩机回转或导杆前后移动,校正桩的垂直度;当桩入土超过 3 m 时,不得再进行校正。(　　)

2. DZ 型普通振动桩锤上的减振上弹簧、减振下弹簧可减小振动对减振横梁及吊环的振动影响。(　　)

3. 振动沉拔桩锤的起动时间较长,需要很大的起动电流,因此,其电动机均采用 Y 接线,采用 Y-△起动,以便减小起动电流。(　　)

4. 双轴振动器相对于多轴振动器的优点是,把偏心块分别散装在几根轴上,使每根轴和支承轴承的受力情况得到改善,延长了激振器的使用寿命。(　　)

5. 夹桩器的作用是将桩夹紧,使桩与振动锤成为一体,一起振动。(　　)

6. 振动沉拔桩锤的减振器在沉桩时受力较大,但在拔桩时受到的荷载较小。(　　)

7. 悬挂振动桩锤的起重机,吊钩上必须有防松脱的保护装置。(　　)

8. 振动桩锤悬挂钢架的耳环上应加装保险钢丝绳。(　　)

9. 筒式柴油打桩锤上、下气缸缸体固定,活塞为冲击体,即利用活塞在气缸体内部的上下往复运动进行冲击打桩。(　　)

10. 自冷式柴油打桩锤是目前应用最广泛的柴油打桩锤。(　　)

11. 柴油打桩锤作业中,当桩锤冲击能量达到最大能量时,其最后 10 锤的贯入值不得小于 10 mm。(　　)

12. 停机后,应将桩锤放到最低位置,盖上气缸盖和吸排气孔塞子,关闭燃料阀,将操作杆置于停机位置,起落架升至高于桩锤 1 m 处,锁住安全限位装置。(　　)

13. 长期停用的桩锤,应从桩机上卸下,放掉冷却水、燃油及润滑油,将燃烧室及上、下活塞打击面清洗干净,并应做好防腐措施,盖上保护套,入库保存。(　　)

14. 双作用式液压打桩锤是锤体以近似自由落体方式冲击桩头，击打时的贯入度较大，下落速度慢，锤击作用时间较长，对桩体的损害较小，尤其适合混凝土管桩。(　　)

15. 单作用式液压打桩锤采用的是轻锤重打，锤击作用时间较短，施加于桩顶的冲击力更大，最适合打钢桩。(　　)

16. 液压打桩锤的打击力传递装置主要功能是将锤头的打击能量传递到桩上，并保护桩头不受损伤，同时降低噪声。(　　)

17. 液压打桩锤开始工作时必须用大行程打桩，以便快速进入硬土层。(　　)

18. 桩机移动时必须先将汽锤落下，严禁将桩锤吊在顶部时移动桩机或检修桩架。(　　)

19. 严禁蒸汽打桩锤在无水或缺水情况下作业。(　　)

20. 用蒸汽打桩机拉桩时，不必停止锤击，锤击和拉桩可以同时作业。(　　)

四、填空题

1. 振动沉拔桩锤是通过__________转动产生振动，使桩体周围的土体“液化”，破坏桩和土壤间的__________，减少桩土阻力，迅速达到沉拔桩的目的。

2. 振动沉拔桩锤按振动频率可分为__________、__________、__________和超高频(约 6 000 r/min)，以适应不同的地基沉桩。

3. 振动沉拔桩锤按振动偏心块的结构，可分为__________偏心块和__________偏心块。

4. 柴油打桩锤按构造，可分为__________柴油打桩锤和__________柴油打桩锤。

5. 导杆式柴油打桩锤，是__________固定，__________为冲击体的柴油锤。

6. 筒式柴油打桩锤的__________为导向气缸，其功能是使冲击后的活塞在其中跳动，__________为工作缸，是柴油打桩锤爆炸冲击工作的场所。

7. 筒式柴油打桩锤缓冲胶垫装于__________和__________连接处，其作用是减少__________的冲击。

8. 筒式柴油打桩锤的起落架功能有二：一是用来提升__________，二是提升__________。

9. 对水冷式柴油打桩锤，冷却水必须使用__________，冬季应加__________。

10. 遇有雷雨、大雾和__________以上大风等恶劣气候时，应停止一切作业，当风力超过__________或有风暴警报时，应将打桩机顺风向停置，并应增加缆风绳。

11. 依据结构原理，液压打桩锤可分为__________式和__________式两类。

12. 液压打桩锤一般由__________、液压动力源及液压系统、__________等部分组成。

13. 液压打桩锤蓄能器只能充__________，不能充__________或其他易燃气体，以免引起爆炸。

14. 履带式桩架按照支承方式，可分为__________式和__________式。

15. 蒸汽打桩锤按冲击体的不同，可分为__________冲击式与__________冲击式。

五、问答题

1. 简述振动沉拔桩锤的工作原理。

2. 电动振动沉拔桩锤对电动机的结构和性能有什么要求?
3. 导杆式柴油打桩锤和筒式柴油打桩锤的结构各由哪几部分组成?
4. 简述导杆式柴油打桩锤的工作原理。
5. 简述筒式柴油打桩锤的工作原理。
6. 简述液压打桩锤的特点及应用。
7. 简述单、双作用式液压打桩锤的工作原理。
8. 步履式桩架由哪几部分组成?

第六章 预应力施工机械的构造与运用

- 了解钢筋混凝土构件的工艺流程。
- 掌握预应力施工机械的用途、主要结构，理解其工作原理。
- 掌握预应力施工机械的使用方法。

- 张拉千斤顶及油泵车的用途，预应力张拉设备的分类、适用范围、构造、工作原理及安全操作技术。
- 卷管机的用途、主要结构、工作原理及使用技术。
- 穿索机的用途、分类、主要结构、工件原理及穿索机的使用方法。
- 压浆机的用途、主要结构、工作原理及压浆机的安全操作技术。

能正确使用预应力施工机械。

随着我国公路、桥梁、建筑的迅速发展，预应力混凝土施工技术的应用日趋广泛，预应力施工成套设备也在施工中被普遍采用。常用的设备有张拉千斤顶、油泵车、预应力钢筋镦头机、预应力锚具、卷管机、穿索机等，它们被广泛地用于公路、铁路、桥梁、建筑、市政、水电、隧道、管道、顶推等工程的施工中。

第一节　钢筋预应力张拉机械的构造与运用

一、预应力张拉工艺简介

在施工中，按预应力张拉工艺的不同，可分为先张法、后张法和电热法三种。

（一）先张法

为了提高钢筋混凝土构件的抗裂性能，及避免钢筋混凝土构件过早出现裂缝，在混凝土构件预制过程中，先张拉预应力钢筋，后浇筑混凝土，以提高构件性能的方法称为先张法，它在工程建设中起着重要作用。先张法制作预应力钢筋混凝土构件的基本工艺流程如图 6-1 所示。

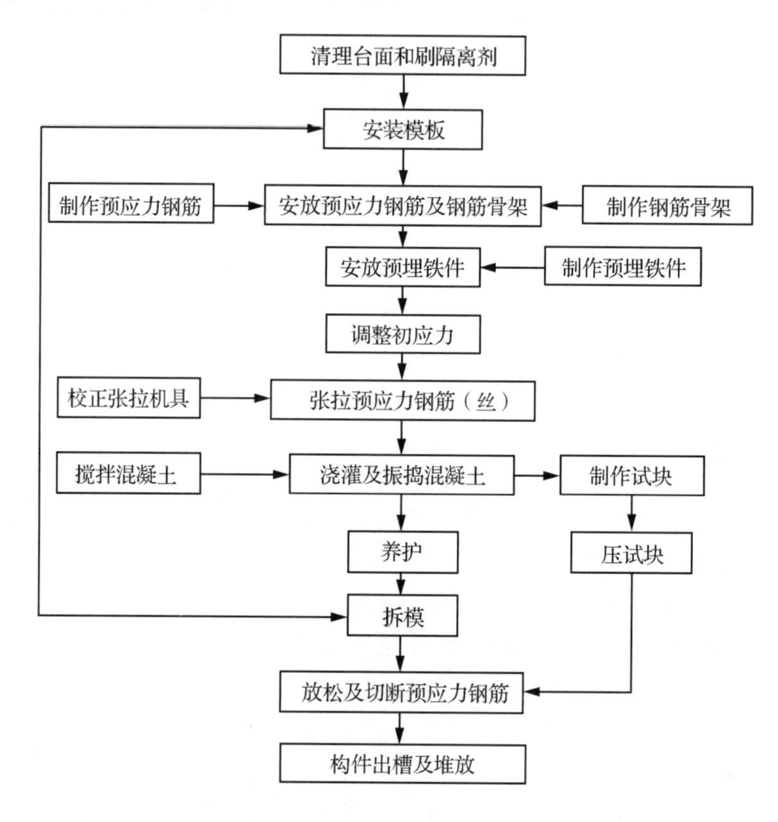

图 6-1　先张法制作预应力钢筋混凝土构件的工艺流程

（二）后张法

后张法是指先浇筑水泥混凝土，待混凝土的强度达到设计强度的 75% 以上后再张拉预应力钢筋，以形成预应力混凝土构件的施工方法。后张法制作预应力钢筋混凝土构件的基本工艺流程如图 6-2 所示。

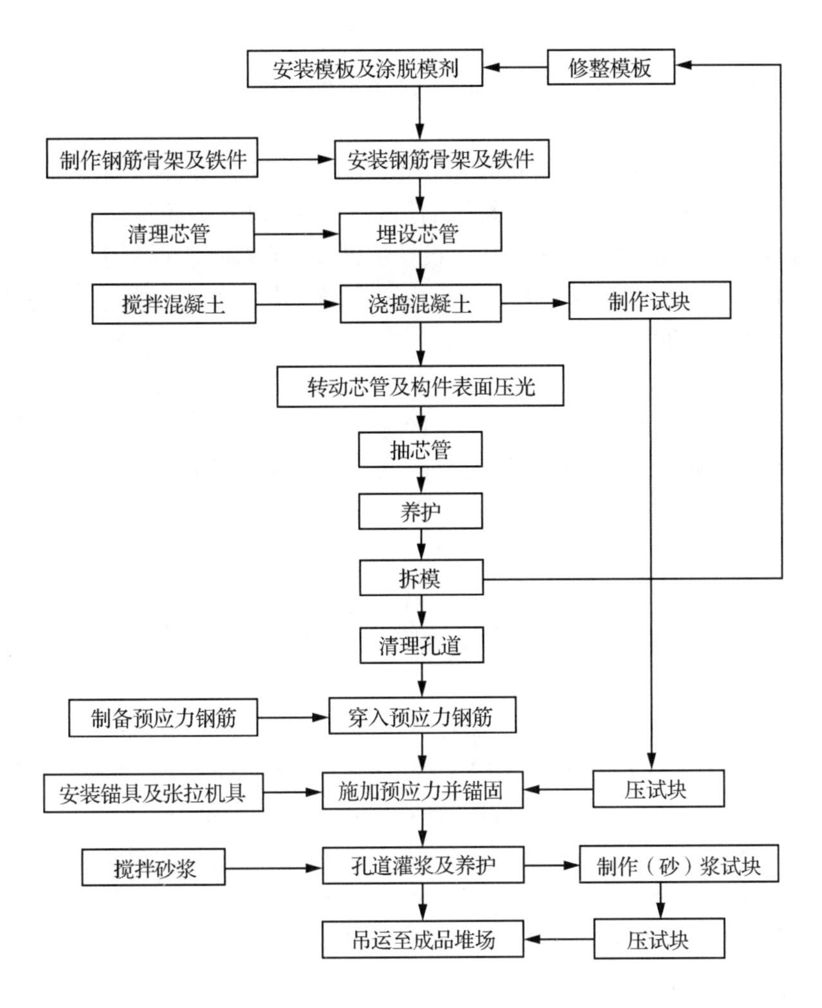

图 6-2 后张法制作预应力钢筋混凝土构件的工艺流程

（三）先张法和后张法的区别

1. 张拉程序不同

（1）先张法主要张拉程序。

先张法是在浇筑混凝土前，按设计要求将钢筋张拉到控制应力，并将张拉的预应力钢筋临时锚固在台座或钢模上，然后浇筑混凝土，待混凝土的强度达到不低于混凝土设计强度值的 75%，保证预应力筋与混凝土有足够的黏结时，放松预应力筋。

（2）后张法主要张拉程序。

① 有黏结预应力混凝土。

先浇注混凝土，待混凝土达到设计强度的 75% 以上，再张拉钢筋（钢筋束）。

其主要张拉程序为：埋管制孔→浇混凝土构件→抽管→养护、穿筋、张拉→锚固→灌浆（防止钢筋生锈）。

其预应力传递的途径是依靠预应力筋两端的锚具阻止钢筋的弹性回弹，使截面混凝土获得预压应力，这种做法使钢筋与混凝土结为整体，称为有黏结预应力混凝土。

② 无黏结预应力混凝土。

其主要张拉程序为:预应力钢筋沿全长外表涂刷沥青等润滑防腐材料→包上塑料纸或套管(预应力钢筋与混凝土不建立黏结力)→浇筑混凝土构件和养护→张拉钢筋,建立预应力→锚固。

直接在构件上张拉预应力筋,构件在张拉预应力筋过程中,能够完成混凝土的弹性压缩。因此,混凝土的弹性压缩不能够直接影响预应力筋有效预应力值的建立。

施工时跟普通混凝土一样,将钢筋放入设计位置可以直接浇注混凝土,不必预留孔洞、穿筋、灌浆,简化了施工程序。由于无黏结预应力混凝土有效预压应力增大,降低了造价。它适用于跨度大的曲线配筋的梁体。

2. 设备要求不同

先张法生产构件可采用长线台座法,一般台座长度为50~150 m,或在钢模中采用机组流水法生产构件。先张法生产构件,涉及台座、张拉机具和夹具及先张法张拉工艺。构件配筋简单,不需要锚具,省去预留孔道、焊接、拼装、灌浆等工序。

后张法需要锚具,不需要预应力张拉台座。锚具可作为预应力筋的组成部分,永远留在构件上,不能重复使用。需要多耗用钢材,锚具加工的要求高,费用较昂贵,加上后张法工艺本身要穿筋、预留孔道、灌浆等工序,故施工工艺比较复杂,成本也比较高。

3. 应用范围不同

先张法施工简单,靠黏结力自锚,不必耗费特制锚具,临时锚具可以重复使用(一般称工具式锚具或夹具),一次可制成多个构件,大批量生产时经济,生产效率高,质量稳定。可实行机械化,便于流水作业,可制成各种形状的中小型构件,适用于构件工厂化生产。

后张法适宜于在施工现场制作大型构件(如桥梁、屋架等),可以避免大型构件长途运输的麻烦。后张法在桥梁、大跨度建筑中得到广泛运用,用于一般工业与民用建筑现场预应力混凝土后张预应力液压张拉施工(不包括构件和块体制作)。

后张法除了作为一种预加应力的工艺方法外,还可作为一种预制构件的拼装手段。大型构件,可以预制成小型块体,运至施工现场后,则可通过预加应力的手段拼装成整体;或各种构件在安装就位后,通过预加应力手段,拼装成整体预应力结构。

(四)电热法

电热法是利用钢筋热胀冷缩原理,在钢筋上通过低电压、强电流使钢筋热胀伸长,待钢筋伸长值达到额定长度时,立即锚固,并切断电流,钢筋冷缩,进而达到建立预应力的目的。通过电热张拉钢筋,可以使混凝土结构裂缝得到消除及控制。

电热法具有张拉速度快、操作方便、设备简单等优点,但耗电量大,易受外界气候及电压不稳的影响而较难准确控制张拉应力。故其适用于以冷拉钢筋的先张法、后张法和模外张拉的一般构件的生产工艺,不宜用于钢筋加热段长、散热快、耗电量大的长线台座等生产工艺。电热法制作预应力钢筋混凝土构件的基本工艺流程如图6-3所示。

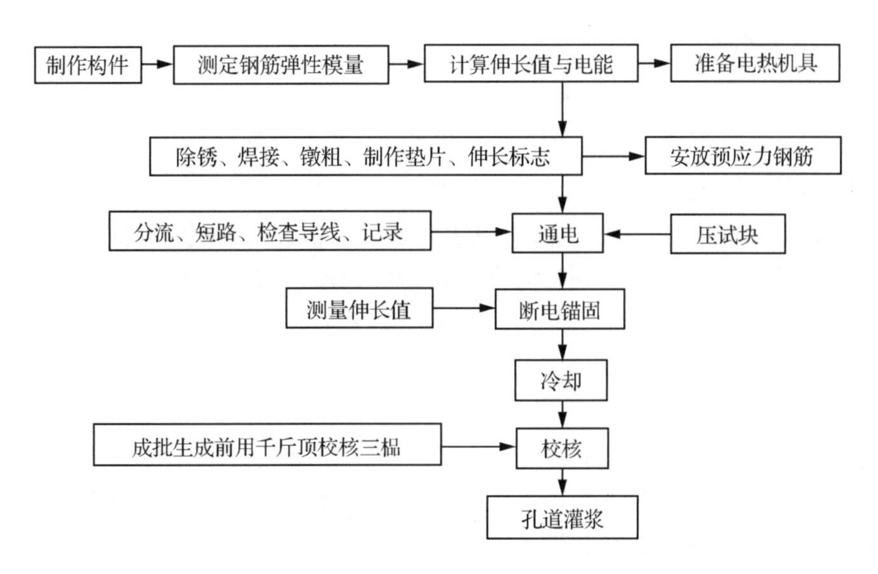

图6-3 电热法制作预应力钢筋混凝土构件的工艺流程

二、预应力筋张拉方式

施加预应力的方式很多,根据预应力混凝土的结构特点、预应力筋形状与长度及施工方法的不同,预应力筋张拉方式可分为如下几种:

(一)一端张拉

一端张拉是指张拉设备放置在预应力筋一端的张拉方式。适用于长度小于30 m的直线预应力筋与锚固损失影响长度 $L_f \geqslant 0.5L$(L 为预应力筋长度)的曲线预应力筋。如设计人员根据计算资料或实际条件认为可以放宽以上限制的话,可采用张拉端张拉,但张拉端宜分别置于构件的两端。

(二)两端张拉

两端张拉是指张拉设备放置在预应力筋两端的张拉方式。适用于长度大于30 m的直线预应力筋与锚固损失影响长度 $L_f < 0.5L$ 的曲线预应力筋。当张拉设备不足或由于张拉顺序安排关系,也可先在一端张拉完成后,再移至另端张拉,补足张拉力后锚固。

(三)分批张拉

分批张拉是指对配有多束预应力筋的构件或结构分批进行张拉预应力筋的方式。由于后批预应力筋张拉所产生的混凝土弹性压缩对先批张拉的预应力筋造成预应力损失,所以先批张拉的预应力筋应加上该弹性压缩损失值,使分批张拉的每根预应力筋的张拉力基本相等。

(四)分段张拉

分段张拉是指在多跨连续梁板分段施工时,通长的预应力筋要逐段进行张拉的方式。在第一段混凝土浇筑并张拉锚固后,第二段预应力筋可利用锚头联结器接长,以形成通长的预应力筋。

（五）分阶段张拉

分阶段张拉是指在后张传力梁等结构中，为了平衡各阶段的荷载，采取分阶段逐步施加预应力的方式。这种张拉方式具有应力、挠度与反拱容易控制及节省材料等优点。

（六）补偿张拉

补偿张拉是指在早期的预应力损失基本完成之后再进行张拉的方式。采用这种补偿张拉可克服弹性压缩损失，减少钢材应力松弛损失、混凝土收缩与徐变损失等，以此达到预期的预应力效果。此法在水利工程与岩土锚杆中应用较多。

三、预应力张拉设备的分类

（一）按预应力筋种不同分类

预应力张拉设备品种繁多，按混凝土构造所用的预应力筋种类，可分为粗钢筋预应力张拉设备、高强钢丝束预应力张拉设备和钢绞线预应力张拉设备。

1. 粗钢筋预应力张拉设备

采用穿心式千斤顶，张拉单根精轧高强螺纹钢筋。其优点是操作简单、施工方便、锚固可靠；缺点是受钢筋长度限制，适用于长度较小的混凝土构件。

2. 高强钢丝束预应力张拉设备

采用锥锚式千斤顶，张拉高强钢丝束4～24根，高强钢丝直径为5 mm或6 mm。其优点是易于操作、成本较低、施工质量较好，适用于中小长度的混凝土构件；缺点是张拉钢丝根数受限，不能做群锚，对混凝土构件的截面尺寸有影响。

3. 钢绞线预应力张拉设备

采用群锚千斤顶，可张拉1～60根甚至更多根钢绞线，目前已形成系列产品，广泛应用于大、中型桥梁等混凝土构件的施工中。其优点是可按需要选用钢绞线根数，采用群锚技术合理控制桥梁等混凝土构件的截面尺寸，减轻构件总重量，降低施工成本，张拉吨位大；缺点是由于张拉吨位大，要求液压系统压力高，密封件易损坏。

（二）按张拉千斤顶工作原理分类

1. 单作用千斤顶

只能完成张拉预应力筋一个动作，一般用于张拉端部带螺丝端杆锚具的预应力筋。

2. 双作用千斤顶

能完成张拉和顶压两个动作，一般用于张拉锚具是由锚环和锚塞组成的预应力筋。

3. 三作用千斤顶

三作用千斤顶能完成张拉、顶压和自动退楔三个动作，其构造原理、适用范围和双作用千斤顶相同。

张拉设备的选用取决于构件参数、预应力筋的种类和锚具类型。构件参数、预应力筋的规格、种类不同，采用的锚具不同，则选用的张拉设备也不同。

四、钢筋预应力张拉机

钢筋预应力张拉机是一种对混凝土结构中的预应力钢筋施加张拉力的专用设备，是预

应力混凝土施工不可缺少的设备。它分为机械式、液压式和电热式，最常用的是液压式。本节主要介绍液压式钢筋预应力张拉机。

液压式钢筋预应力张拉机采用高压或超高压的液压传动进行工作，具有作用力大、体积小、自重轻和操作简便等特点，被广泛应用于公路桥梁、铁路桥梁、水电坝体、高层建筑等预应力施工工程中。

（一）液压式钢筋预应力张拉机的构成与工作原理

液压式钢筋预应力张拉机由千斤顶、油泵车系统等组成。油泵有手动和电动两种形式，目前常用的是电动高压油泵车，它是由油泵、油箱、供油分配系统（各种阀）、压力表、管路、支架等组成。其工作原理如图6-4所示，电动机驱动高压油泵，为张拉千斤顶提供高压油，对预应力筋进行张拉，张拉力的大小由溢流阀进行控制。

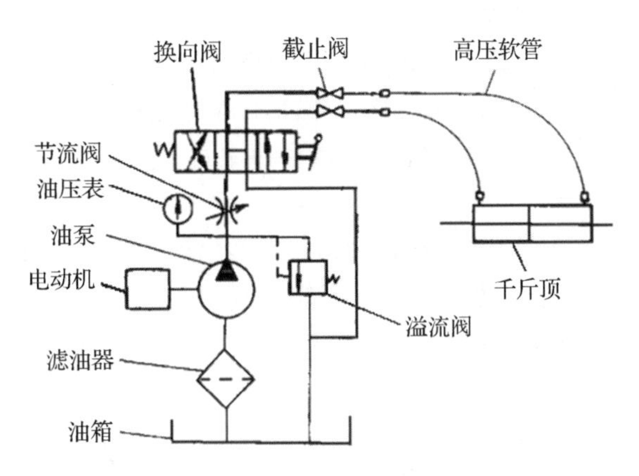

图6-4　液压式钢筋预应力张拉机的工作原理

（二）预应力张拉千斤顶

张拉千斤顶是预应力张拉机的工作装置，也是一种专用的液压工作油缸，用于张拉配有专门锚具的高强钢筋束、高强钢绞线束及配有螺丝端杆锚具的应力筋（如钢丝束、粗钢筋等）。按结构特点，可分为拉杆式（YL式）、穿心式（YC式）、锥锚式（YZ式）和台座式（YT式）4种。

1. 拉杆式千斤顶

拉杆式千斤顶用于螺母锚具、锥形螺杆锚具、钢丝镦头锚具等。它由主油缸、主缸活塞、回油缸、回油活塞、连接器、传力架、活塞拉杆等组成。图6-5所示是用拉杆式千斤顶张拉时的工作原理。

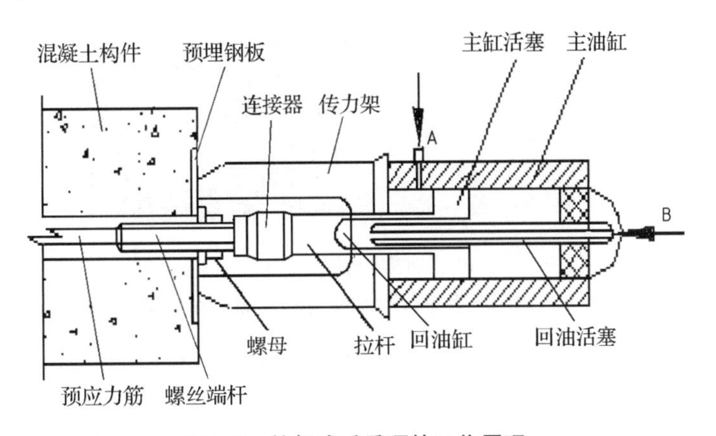

图6-5　拉杆式千斤顶的工作原理

张拉前，先将连接器旋在预应力筋的螺丝端杆上，相互连接牢固。千斤顶由传力架支承在构件端部的钢板上。张拉时，高压油由A孔进入主油缸，推动主缸活塞及拉杆，通过连接器和螺丝端杆,预应力筋被拉伸。千斤顶拉力的大小可由油泵压力表的读数直接显示。当张拉力达到规定值时,拧紧螺丝端杆上的螺母,此时张拉完成的预应力筋被锚固在构件的端部。锚固后压力油从 B 孔进入回油缸,推动回油活塞工作,千斤顶脱离构件,主缸活塞、拉杆和连接器回到原始位置。最后将连接器从螺丝端杆上卸掉,卸下千斤顶,张拉结束。

拉杆式千斤顶构造简单,操作方便,张拉力强,回程快,应用较广。

2. 穿心式千斤顶

穿心式千斤顶是利用双液压缸张拉预应力筋和顶压锚具的双作用千斤顶。穿心式千斤顶适用于张拉带 JM 型锚具、XM 型锚具的钢筋,配上撑脚与拉杆后,也可作为拉杆式千斤顶张拉带螺母锚具和镦头锚具的预应力筋。系列产品有 YC20D、YC60 与 YC120 型千斤顶。

YC-60 型千斤顶的构造与实物图如图 6-6 所示,它主要由张拉油缸、顶压油缸、顶压活塞、穿心套、保护套、端盖堵头、连接套、撑套、弹簧,以及动、静密封圈等组成。该千斤顶具有张拉与顶锚两个作用。

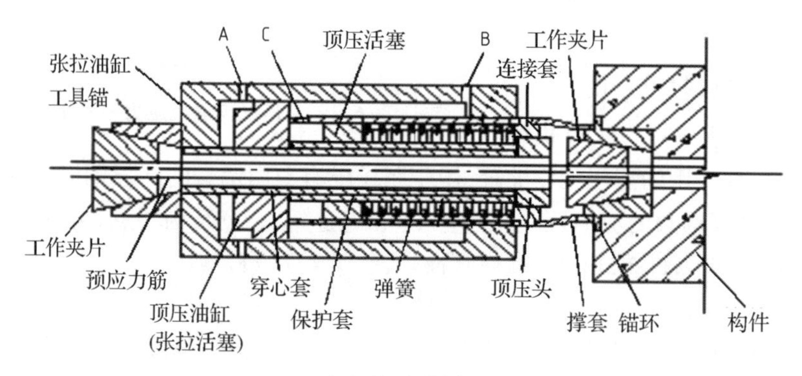

(a) 构造简图

(b) 加撑脚后的实物图

图 6-6 YC-60 型千斤顶的构造和加撑脚后的实物图

其工作原理是:张拉预应力筋时,张拉油缸的 A 口进油、B 口回油,顶压油缸、连接套和撑套连成一体右移、顶住锚环;张拉油缸、端盖螺母及堵头、穿心套连成一体带动工具锚左移,左端工作夹片将预应力筋夹紧并进行张拉;顶压锚固时,在保持张拉力稳定的条件下,B 口进油,通过 C 口进入顶压油缸,在液压力作用下,顶压活塞、保护套和顶压头连成一体右移,将右端工作夹片强力顶入锚环内,此时张拉缸 A 口回油,B 口进油,张拉油缸液压回程。

最后，张拉油缸A、B口同时回油，顶压活塞在弹簧力作用下回程复位。

大跨度结构、长钢丝束等引伸量大者，用穿心式千斤顶为宜。

3. 锥锚式千斤顶

锥锚式千斤顶是具有张拉、顶锚和退楔功能的千斤顶，用于张拉带有钢质锥形锚具的钢丝束和钢绞线束。系列产品有YZ38、YZ60和YZ85型千斤顶。

锥锚式千斤顶由张拉油缸、顶压油缸、退楔装置、楔形卡环、退楔翼板等组成，如图6-7所示。其工作原理是：当张拉预应力筋时，先把钢丝用楔块锚固在锥形卡环上，然后压力油通过张拉油缸的油口A进入张拉油缸，张拉油缸向左移动的同时，带动固定在其上的楔形卡环也向左移动，钢丝即被张拉。张拉完成后，关闭张拉油缸进油阀，打开顶压油缸的进油阀，使压力油通过油口B、顶压油缸上的径向孔C进入顶压油缸。由于张拉油缸没有回油，仍保持一定的油压，则顶锚活塞及压头向右移动顶压锚塞，将钢丝锚固在锚环上。预应力钢丝锚固后，张拉油缸、顶压油缸同时回油，通过顶压油缸压力弹簧的伸长，将张拉油缸和顶压油缸恢复到张拉前的位置，放松楔块，即可拆除千斤顶，进行下一次张拉。

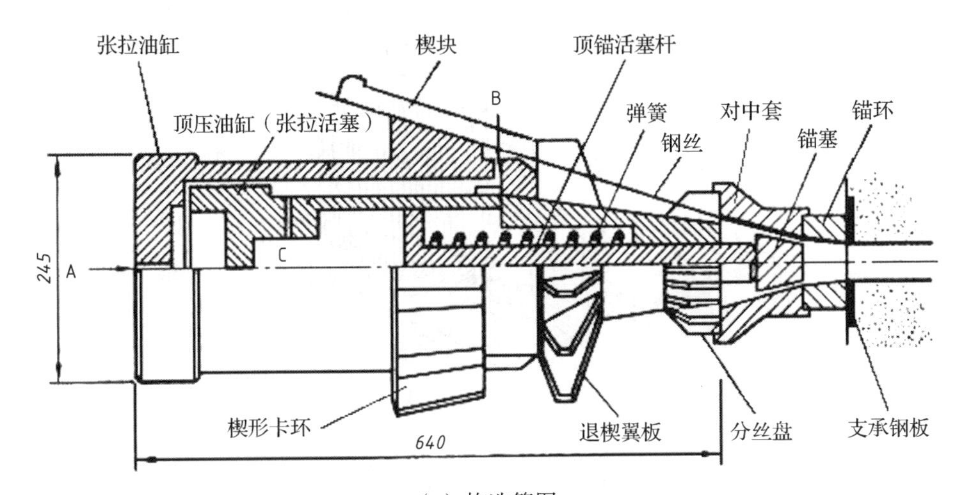

(a) 构造简图

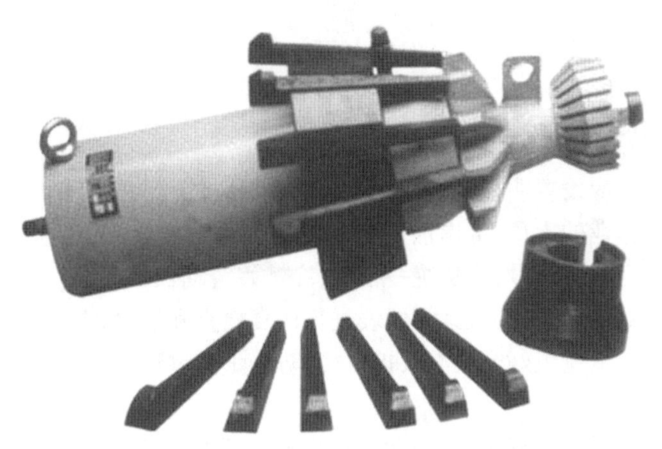

(b) 实物图

图6-7 锥锚式千斤顶的构造和实物图

4. 台座式千斤顶

台座式千斤顶为普通油压千斤顶，在制作先张法预应力混凝土构件时与台座、横梁等配合，可张拉粗钢筋、成组钢丝或钢绞线；在制作后张法构件时，台座式千斤顶与张拉架配合，可张拉粗钢筋。

台座式千斤顶是铺设地下电缆、上下水管道而需完成穿越顶管工程的设备，也可用于预应力钢筋混凝土结构施工中。

（三）油泵车

油泵车是预应力张拉设备的重要组成部分，是预应力张拉施工的动力源。它与张拉千斤顶配合工作，构成完整的液压系统回路。通过操作油泵车供给千斤顶高压油并控制千斤顶动作，使千斤顶工作，来实现张拉预应力筋的目的。

国内生产的油泵车品种较多，其工作原理与结构大致类同。油泵车上的油泵采用轴向柱塞泵或径向柱塞泵。油泵车的外形如图 6-8 所示。

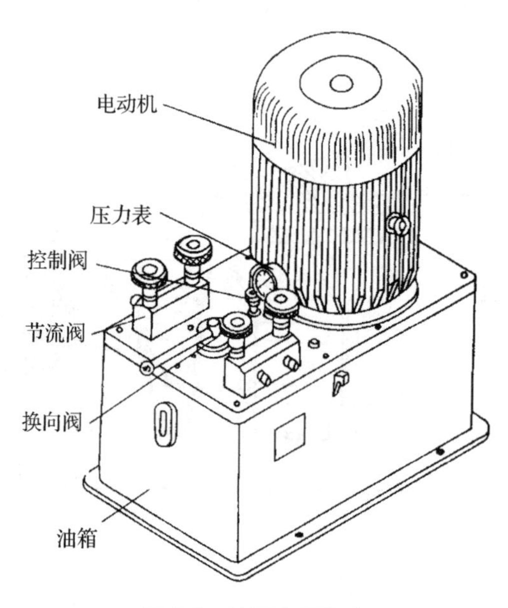

图 6-8　油泵车的外形

五、预应力张拉的安全操作

（1）张拉作业区应设置明显的警戒标志，禁止非作业人员进入张拉区域。

（2）参加张拉作业的人员，上岗前必须进行培训和技术交底，且在张拉作业中要分工明确，固定岗位，确定联络信号，服从统一指挥，穿戴好劳动保护用品。

（3）张拉前应对锚具、张拉机具和仪表进行认真检查和校验，合格后方可使用。

（4）油泵操作人员应戴好安全帽及护目镜，防止张拉过程中油管破裂及接头喷油伤及身体。

（5）张拉千斤顶后面严禁站人，作业人员应站在千斤顶两侧，以防预应力钢筋断丝弹出伤人。

(6) 高压油泵与千斤顶之间的连接点要牢固,各接口必须完好无损;油压表安装必须紧密满扣,液压系统在最大工作油压下保持5 min以上不漏油。

(7) 油泵开动时,进、回油速度与压力表指针升降应平稳、均匀一致,要保持安全和灵敏可靠。

(8) 张拉时,各参数应调至规定的安全值后方可开始张拉作业。

(9) 当张拉件两端相距较远时,宜使用对讲机相互联系,要求两端油压表尽量同步、稳步施加应力。

(10) 在已拼装或现浇的箱梁上进行张拉作业,其张拉作业平台、张拉机支架要搭设牢固,平台四周加设护栏。

(11) 张拉时发现油泵、油压千斤顶、锚具等有异常情况时,应立即停机检查。待查明情况、排除故障后方可张拉。

(12) 张拉作业完成后应用防护罩盖上(防雨防砸)。预应力台座两端须设置防护墙,以防超张拉断线后拉杆脱离。

(13) 张拉完毕后,退销时应采取安全防护措施,人工拆卸销子时,不得强击。

(14) 张拉完毕后,对张拉施锚两端应妥善保护,不得压重物,管道灌浆前,梁端应设围护和挡板,严禁撞击锚具、钢丝束及钢筋。

(15) 先张法张拉前应对台座、横梁进行检查,张拉中及未浇混凝土之前,周围不得站人或进行其他作业。浇筑混凝土时,振捣器不得撞击钢丝束。

第二节 波纹管卷管机的构造与运用

波纹管卷管机是生产预应力混凝土预留孔道波纹管的机械。后张法预应力混凝土构件,必须留有穿过钢丝束或钢绞线的预留孔道,便于钢丝束或钢绞线穿过并进行张拉。卷管机卷制的波纹管具有接缝质量好、耐压、抗渗、生产效率高等优点。

一、卷管机的分类

根据波纹管的成型方式,可将波纹管卷管机分为两大类:一类为心轴式,另一类是环圈式。心轴式:用螺旋导向,将波纹带环绕在心轴上并随主轴转动,经接缝工具压花、压紧而使波纹管成型。环圈式:波纹带经环圈内圈与接缝工具接缝成型,接缝不经压花而只是压紧。目前心轴式卷管机较多,在其压波纹装置中改变滚轮的形状,可以卷制单波、双波和多波形式的波纹管。单波、双波圆形管应用广泛,扁形管用于薄壁预应力工程中。

二、卷管机的构造与工作原理

图6-9为某一卷管机的实物图,其主要由钢带盘支架、导向润滑装置、压波纹装置、成管机构、切割装置、传动系统、冷却系统、电气控制系统、机体和辅助装置(波纹管支架、点焊机)等部件组成,如图6-10所示。

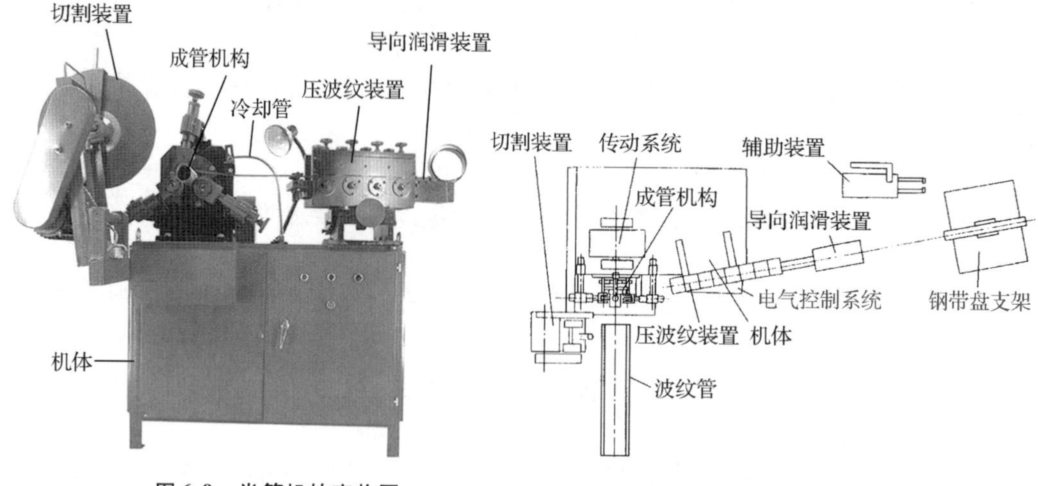

图 6-9　卷管机的实物图　　图 6-10　卷管机的构成

卷管机的工作流程：把钢带盘装在支架上，钢带通过导向润滑装置，导入压波纹装置碾压成波纹钢带；将成型的波纹钢带环绕于成管机构中的心轴上，调整好压合（扣合）、滚花及压紧轮，起动电动机，带动心轴和滚花、压紧轮转动，环绕在心轴模上的钢带边转动边成管，卷制成的波纹管连续不断地在支承槽内向前移动，当长度达到所需长度时，停机切割波纹管。

（一）钢带盘支架

钢带盘支架的实物图如图 6-11 所示，其由转轴、支架组成。支架为型钢焊成的框架结构，起支承钢带盘的作用。轧制符合要求的钢带经热处理后卷成盘，装在支架的转轴上，钢带盘随卷管机主轴转动。

（二）导向润滑装置

导向润滑装置主要由润滑槽和钢带侧边导向装置组成，如图 6-12 所示。润滑槽用薄钢板焊接成长方形盒，在其上装有 3 个滚动轴。钢带从右边滚动轴上进入润滑槽后，其表面附有一层较薄的油膜，使得压波纹装置中的滚轮在碾压钢带过程中保证有充分的润滑，以延长其使用寿命。钢带侧边导向装置由定位块和滚柱构成，用以控制钢带准确地进入压波纹装置，可用螺钉调整钢带通过的间隙。

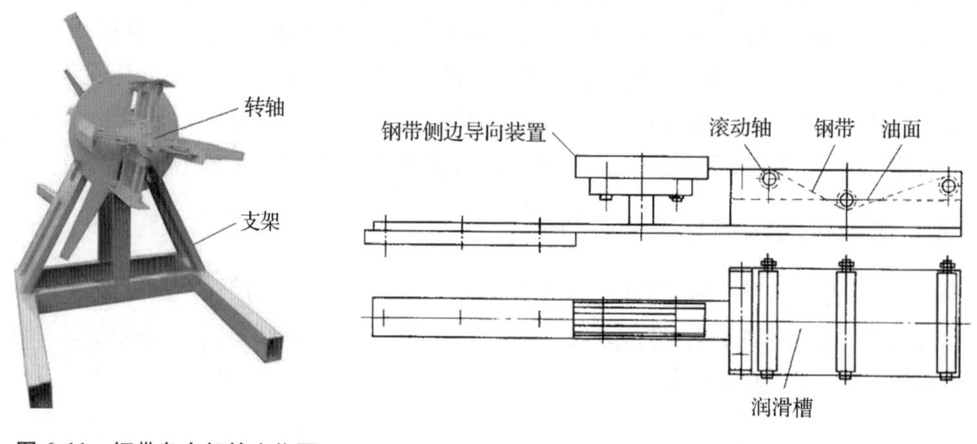

图 6-11　钢带盘支架的实物图　　图 6-12　导向润滑装置

（三）压波纹装置

压波纹装置如图 6-13 所示，主要由滚轮组、上支承块、下支承块、调整螺钉、送进手轮组成。滚轮组可配置三对、五对、七对，配置较多的滚轮组可以使钢带碾压变形平缓，阻力较小，容易碾压成理想的形状和尺寸。每对滚轮之间的间隙为 0.3～0.5 mm。由于采用螺栓、螺母、弹簧垫圈连接，钢带搭接部分能顺利通过。钢带经导向润滑装置后，依次用送进手轮穿过每对滚轮，环绕在成管机构的心轴上咬合接缝。在主轴和滚花轮、压紧轮的带动下，使钢带向前移动，滚轮转动碾压钢带。

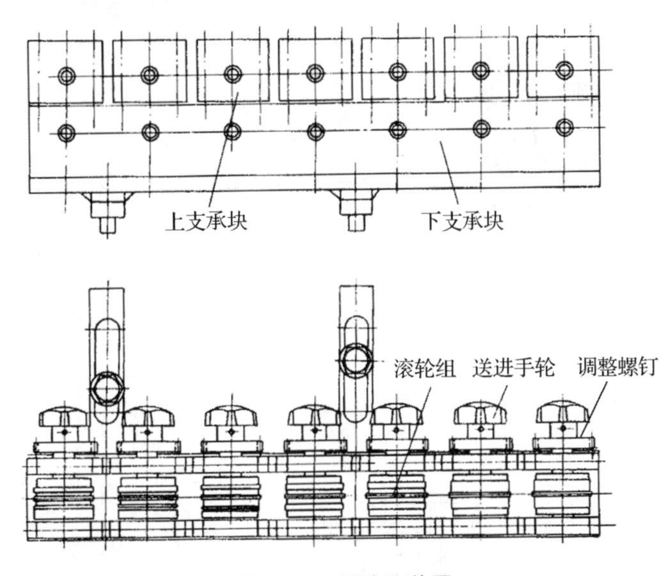

图 6-13　压波纹装置

（四）成管机构

成管机构的实物图如图 6-14 所示，它主要由压合装置、顶针装置、滚花装置、压紧装置和成管中心部分（心模、主轴、星盘、螺旋导向）等组成，如图 6-15 至图 6-18 所示。

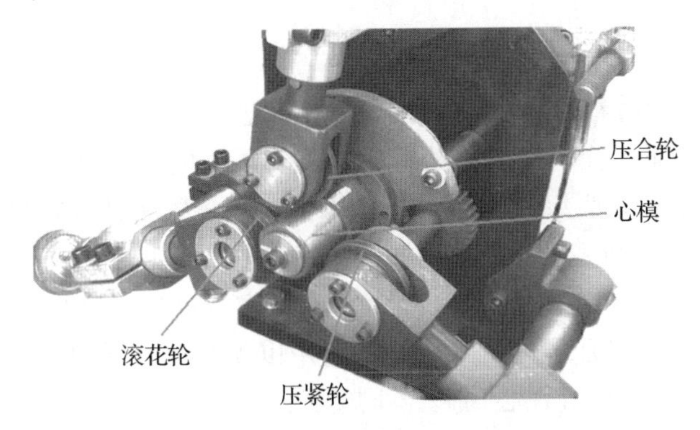

图 6-14　成管机构的实物图

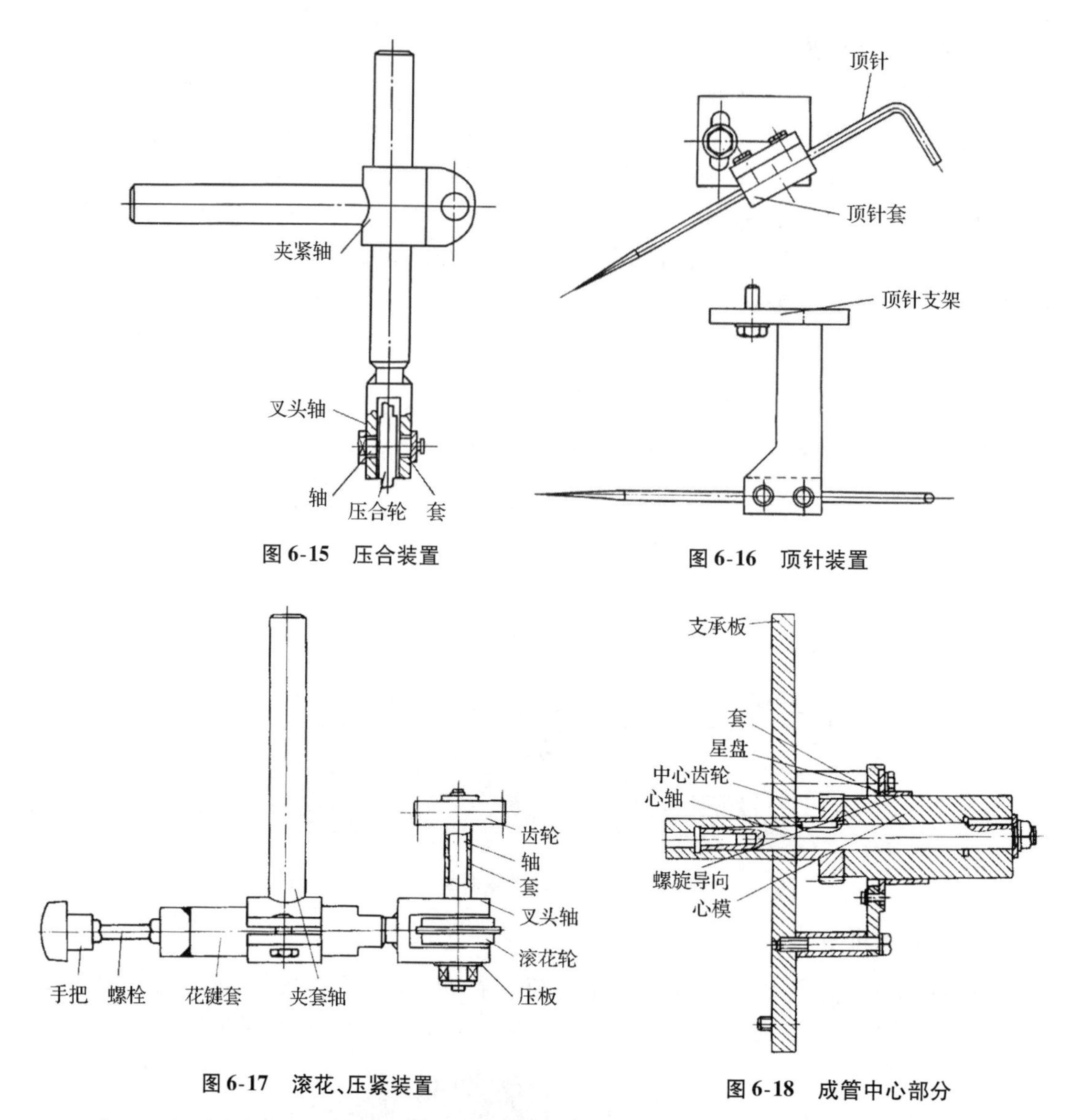

图 6-15　压合装置

图 6-16　顶针装置

图 6-17　滚花、压紧装置

图 6-18　成管中心部分

成型后的波纹钢带沿着螺旋环绕过心模后，依次进行压合、滚花、压紧等接缝工序。压合和顶针装置用来保证波纹钢带接缝处的倾斜度。压顶的松紧度可上下调节，用螺钉固定。滚花装置用来对波纹管接缝处进行滚花，以提高接缝紧密性和连接强度，同时利用滚花齿轮与接缝的咬合力，与主轴一道带动波纹管旋转送出。压紧装置用来对接缝处进一步压实，保证接缝强度。滚花装置和压紧装置可上、下、左、右移动并绕自身轴转动，以调整波纹管的螺距、螺旋角及对它压紧力的大小。星盘用以支承螺旋导向，星盘的空间大小决定了波纹管的最大直径。心模套在心轴上，不同管径配以相应的心模、螺旋导向和中心齿轮。较小的心模与心轴做成一体。

（五）切割装置

切割装置由砂轮、电动机、轴、轴承、传动带组成，如图 6-19 所示。砂轮也可以用圆钢

锯片代替。切割速度要快,波纹管切口不能有飞边,以免在波纹管连接时因飞边而刮伤预应力钢绞线或钢丝束。当波纹管转动送出需要的长度时,停机进行切割。

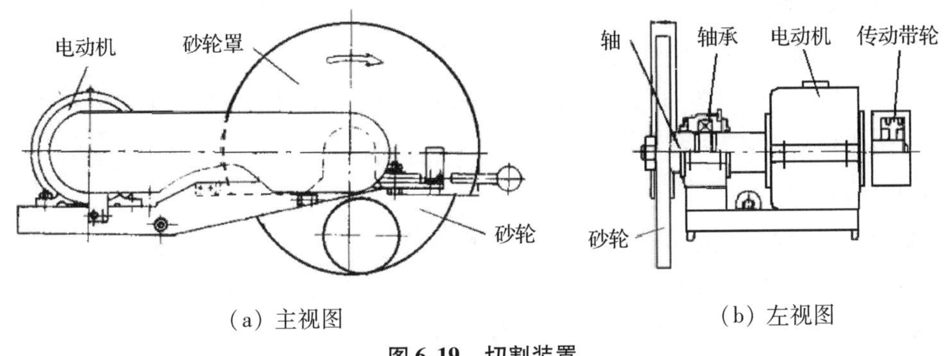

图 6-19　切割装置

(六) 传动系统

传动系统如图 6-20 所示,包括电动机、V 带、减速器、主轴、齿轮等。其传动路线为电动机通过带传动驱动减速器输入轴转动,减速器输出轴再通过带传动驱动主轴转动。若要提高卷管速度,也可由电动机通过带传动直接驱动主轴转动,再由主轴上中心齿轮分别驱动滚花装置和压紧装置。主轴上齿轮与滚花、压紧装置中的齿轮啮合,属于既不平行又不相交的螺旋齿轮传动,要求既能正常啮合,又要与主轴转速同步。中心齿轮随管径不同而更换。电动机、减速器置于机体内部,减速器也可安装在机体上部。调整电动机、减速器的相对位置,可张紧 V 带。

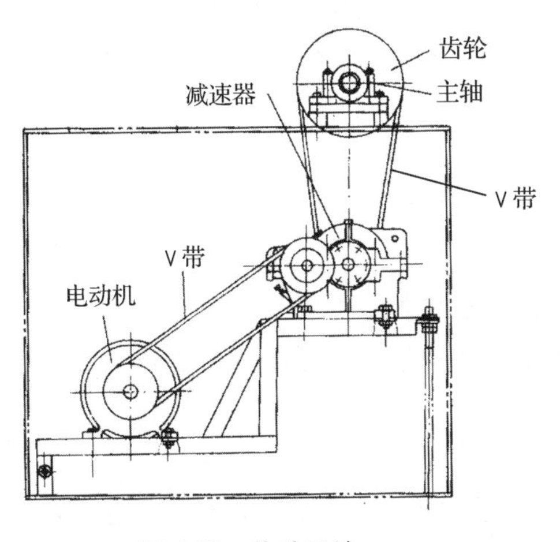

图 6-20　传动系统

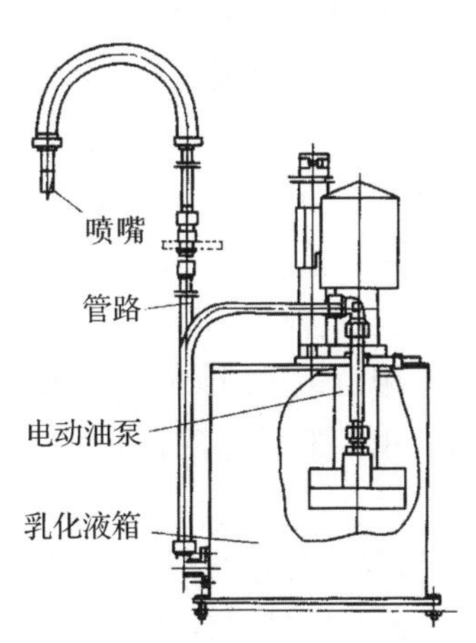

图 6-21　冷却系统

(七) 冷却系统

冷却系统主要用于成管机构中的部件与管接触处的冷却和润滑。在波纹卷制过程中,成管机构中的部件会磨损、发热,为了提高这些部件的使用寿命,需要及时对其进行冷却和润滑;同时,冷却液也可以冲洗波纹管表面的油膜,提高波纹管与混凝土的黏结性能。卷管机的冷却系统如图 6-21 所示,其主要由乳化液箱、电动油泵、管路、调节阀、喷嘴等组成,乳化液箱和电动油泵置于机体内部。在机体外面,设置有集液槽,用于将溅落的乳化液经过滤后流回乳化液箱。

(八) 电气控制系统

电气控制系统由主回路和控制回路组成。电源一般为三相 50 Hz 380 V,控制回路为单相 220 V。主电动机和切割电动机采用互锁保护,两电动机均采用过载保护,主回路和控制回路采用短路保护,操作方式较简单。

(九) 机体

机体由钢板、型钢焊接而成,用以支承导向润滑装置、压波纹装置、成管机构、传动系统、冷却系统和电气控制系统。在机体两侧焊有吊装块,便于卷管机工地转移时吊运,机身高度一般为 800 ~ 1 000 mm,以便于人员操作。

(十) 辅助装置

辅助装置包括波纹管支架和点焊机。波纹管支架用槽钢和角钢焊成,其长度视波纹管所需长度而定。波纹管向前移动,用支架支承可以减少波纹管过长引起的附加阻力。点焊机用来焊接钢带,使波纹管道连续成型。

三、卷管机的使用操作

(一) 卷管机的调整

1. 钢带的送进

在钢带送进之前,首先对钢带盘进行检查,如钢带表面有锈,应放入润滑油中浸泡,直到脱锈为止。将清理干净后的钢带盘放在钢带盘支架上,使其能够自由转动。

钢带送进按以下步骤进行:

(1) 用手推钢带,使之穿过润滑油槽和侧边导向装置。

(2) 用送进手轮拉钢带,使之穿过整个压波纹装置。

(3) 控制波纹的形状。

(4) 用侧边导向上的螺钉调节以得到正确的间隙。

(5) 用调整螺钉调节每对滚轮之间的距离,并使每对滚轮的 4 个调整螺钉的紧固力相同。

2. 钢带方向的调整

由于每种管径波纹管的螺旋角不同,因而卷管之前,都应对钢带方向进行调整。具体做法是:先查出相应的管螺旋角后,对压波纹装置做前后移动和转动,只要钢带方向与波纹钢带导向一致即可。

3. 接缝工具的调整

压合装置在钢带绕卷心模后进行调整,为得到正确的位置,压合轮须用榔头慢慢敲入,直到压合轮与钢带接触成 40°角为止。在钢带绕卷后对顶针装置进行调整,顶针压合角应在 1° ~4°范围内,防止顶针和钢带的波纹接触,以免波纹管表面划伤。滚花装置与压合装置的调整角度和调整要求类似。齿轮之间要有自由啮合间隙,滚花轮与心模之间有接触间

隙，以保证齿轮能自由啮合，相互之间有冲击力，防止小轴弯曲和可能发生的折断，同时使得波纹管接缝处有足够深的花纹，确保接缝的可靠性。

4. 螺距的调整

每次调整后，启动卷管机，波纹管卷到400 mm左右长度后，停机进行测量，若螺距达不到要求，应进行调整。若螺距过大，将滚花装置朝着立板方向往里拉；若螺距过小，则往离开立板方向往外推。

（二）卷管机的操作

操作前须对整机的装配、成管中心部分的选配、电路的连接、润滑油液面、冷却润滑液液面及齿轮减速器的润滑油进行检查。检查主心轴的旋转方向，正确的方向是朝着立板看时主心轴按逆时针转动，电机按顺时针转动。操作步骤如下：

（1）安装所需要的成管中心部分器件。

（2）将钢带送入压波纹装置。

（3）调整钢带方向，确定压波纹装置的位置。

（4）调整顶针装置。

（5）调整压合装置。

（6）调整滚花装置和压紧装置，用调整手把拧紧滚花轮和压紧轮，使滚花轮靠着心模推压接缝，并有花纹，用压紧轮压紧，然后拧紧滚花轮和压紧轮手把螺杆上的锁紧螺母。

（7）按下电动油泵开关。

（8）起动卷管机，波纹管卷到400 mm长度后停机。

（9）起动切割机，切下这段管子。

（10）测量螺距并按（3）、（6）步调整。

（11）起动卷管机，分别取1 000 mm、5 000 mm的管子后停机、切割、调整。

（12）管子符合要求后，继续起动卷管机，卷到所需长度的管，再停机、切割。

（13）当钢带用完时，应及时停机，将新换上来的钢带与原钢带点焊连接，起动卷管机继续工作。

（三）卷管机的检查

按照有关标准对波纹管进行各项检查。一般应符合以下条件：

（1）目视检查：仅在接缝上有滚花纹，没有顶针的划伤，与套管能旋接。

（2）接缝检查：当两人各持管的一端往外拉时，听不见杂音，接缝处的材料不应发生折断（接缝必须拉开）。

（四）卷管机的维护和维修

本设备常在野外施工现场工作，条件恶劣，因此，应特别加强清洁维护工作。对压波纹装置中的滚轮、齿轮及成管中心部分的齿轮，应适时去除污垢，防止锈蚀。对于运动件，如齿轮轴承等，应及时加注润滑油、润滑脂；保持减速箱、冷却润滑油箱和钢带润滑油槽中的冷却润滑液不冻结，在冬季加防冻剂；对于易损件，如滚花轮、滚轮，一旦磨损，应及时更换；定期对油路和电路进行检查，若出现故障，应及时排除；各紧固件若有松动，应及时紧固；对于外购件，如主电机、切割电机、电动油泵、减速箱，维护和维修见有关产品说明书。

第三节 穿索机的构造与运用

穿索机是广泛应用于桥梁、箱梁、大型建筑物中的理想穿索工具。在建造桥梁和大型建筑物时采用后张法浇筑预应力混凝土构件,待混凝土达到设计强度的75%以上,再张拉钢绞线,因此,在施工中会对混凝土构件预留孔道。穿索机就是将预应力钢绞线穿入混凝土构件预留孔道,再按设计要求将钢绞线截断成适当长度的设备。根据受力不同,预应力构件需要有不同的结构形式。预留孔道的大小和长短也多种多样,常有平弯和竖弯。孔道的成孔可能是金属波纹管,也可能是橡胶抽拔管。施工现场的环境和条件一般都比较恶劣。因此,人工穿索会遇到诸多困难和麻烦,有时甚至无法完成。采用穿索机穿引钢绞线,操作方便、效率高、施工进度快、施工质量好、性能可靠,并可减轻工作人员的劳动强度。

一、穿索机的分类

(一) 按驱动方式分类

按驱动方式,可分为液压式和机械式两类。机械式穿索机是用电动机通过减速器驱动工作装置工作的。这类穿索机造价较低、传动效率较高。液压式穿索机是由液压泵给液压马达提供压力油,液压马达再驱动穿索装置工作。这类穿索机技术先进,易于实现速度和推力的调节和控制,应用广泛。

(二) 按动力传动与工作装置分类

根据动力传动部分与工作装置部分的不同,可分为整体式和分体式。整体式穿索机动力传动部分和工作装置都装在同一个机架上,适于在地形地质条件较好或较少移动和改变工作位置的地方施工。分体式穿索机的动力传动部分与工作装置是各自独立的机构,液压穿索机即为此种类型,穿索机工作装置与油泵车相对独立,中间由液压软管相连接。这种穿索机的工作装置即穿索部分的质量(可以小于200 kg)和体积都很小,因此,其轻便、灵活、移位方便,适应各种施工现场的工作。

(三) 按钢绞线传递方式分类

按钢绞线传递方式,可分为双滚轮直接挤压推进式和双滚轮链条传送式。

1. 双滚轮直接挤压推进式

将钢绞线置于上、下滚轮的弧槽之间,下滚轮为主动轮,既做钢绞线传递,又做钢绞线和上滚轮的支承,上滚轮只对钢绞线施加一定的压紧力。这种类型的机器,传动机构较复杂,因此挤压轮的组数不宜太多(一般采用两组),这样也就限制了穿索机速度的变化和推力的增加。

2. 双滚轮链条传送式

链条由托链轮托住,链条上固定有弧形槽板,钢绞线放置在弧形槽板上,由带弧槽的上滚轮压紧。当链条被链轮驱动时,依靠链条实现钢绞线的水平运动。这类穿索机传动部分为链轮和链条,结构简单,能设置较多的滚压轮(可达四组)。因此,这类穿索机能够获得

较大的推力和较宽的调速范围。

二、穿索机的主要结构与工件原理

（一）液压式穿索机

液压式穿索机的构造如图6-22所示，液压泵驱动液压马达，带动主动链轮转动，使链条随链轮运动。链条上的每个链节都装有弧槽钢板，钢绞线由机器端头的后导管穿入，进入托链轮上面链条的弧形槽板内，在链条及压紧轮的作用下钢绞线向前移动，由前导管穿出进入导向管和连接架，或不需导向管直接进入连接架，再穿入预应力构件的预留孔道中，完成穿索工作。托链轮不仅起支承链条的作用，而且起平衡压紧轮压力的作用。

穿索机液压系统的工作原理如图6-23所示。液压换向阀控制液压马达的正转、反转或停止，实现钢绞线的前进、倒退或停止。调速阀控制马达的回转速度，从而可以改变钢绞线的推移速度和实现速度的无级调节。

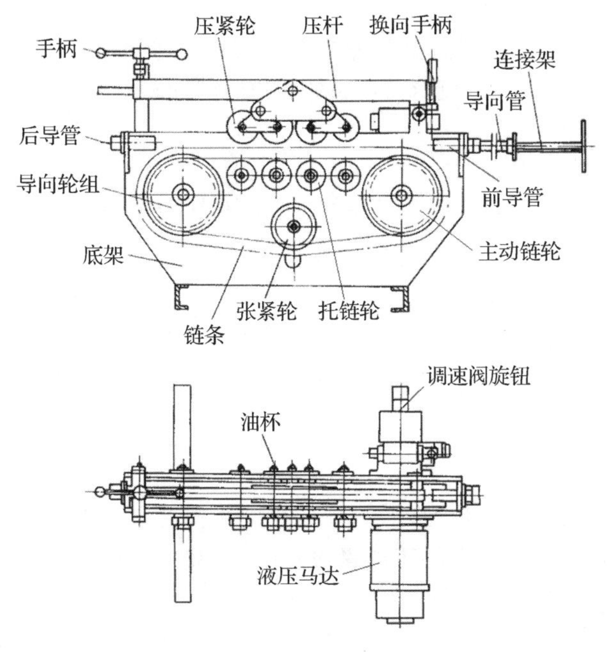

图6-22　液压式穿索机的构造

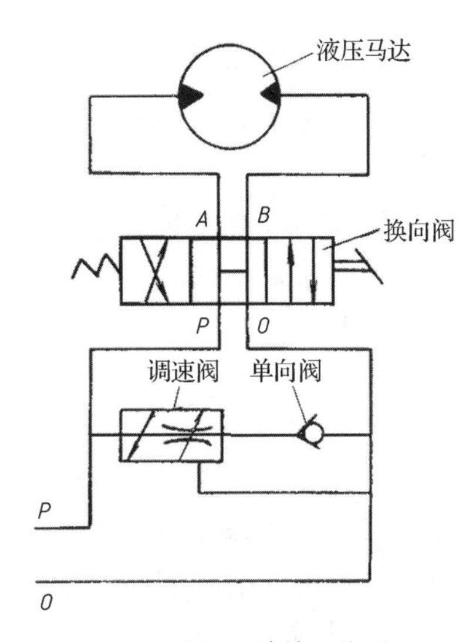

图6-23　液压系统的工作原理

四只压紧轮以每两只为一组，用销轴装在一个三角架上，再把两个相同的三角架以同样的方法与一个大三角架铰接，大三角架又铰接在压杆上。利用杠杆原理使四个压紧轮处于浮动状态，当向压杆施加压紧力时，四只压紧轮同时向下均匀地压在钢绞线上。

（二）机械式穿索机

机械式穿索机传动系统如图6-24所示，电动机通过联轴器、减速器驱动主动齿轮和主动滚轮轴，主动齿轮又通过中间齿轮带动从动齿轮和从动滚轮轴，从而使从动齿轮和从动滚轮与主动齿轮和主动滚轮同步转动。

与滚轮的安装部位相对应的上方安装有两只压紧轮，两只压紧轮的安装方式与液压穿索机相类似,整台机器两组滚轮同时工作,如图 6-25 所示。

上下滚轮圆周面上均有弧形槽,钢绞线从槽中通过。钢绞线在机器上的进出部位及两组滚轮之间的部位都有导向管为钢绞线导向。钢绞线的前进、倒退、点动、连续传送和停止都由电动机直接控制。

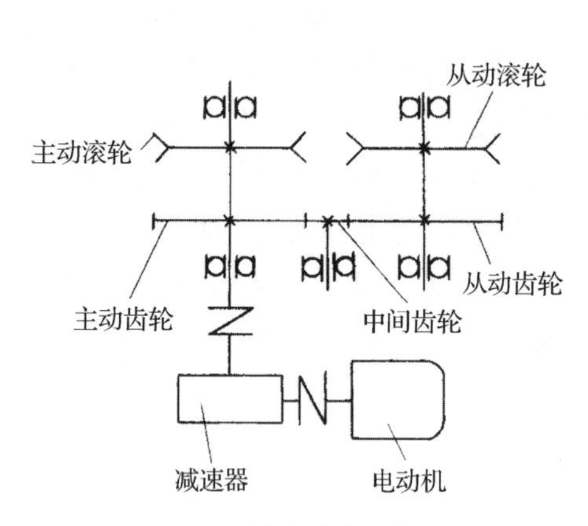

图 6-24　机械式穿索机传动系统

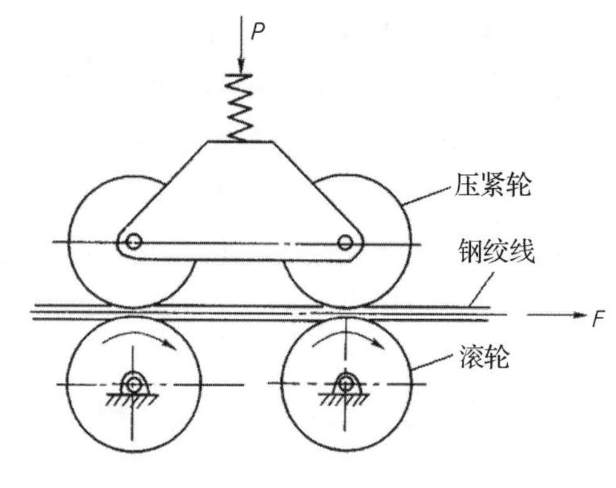

图 6-25　滚轮与压紧轮安装示意图

（三）附加部件

钢绞线盘支架、导向管、连接架、手提式砂轮切割机等是穿索机工作时所应配备的主要附件。

1. 钢绞线盘支架

钢绞线盘支架是支承成盘钢绞线的专用支架,钢绞线盘直接放在盘架上,盘架可以在支架座上灵活回转。穿索时,可以从线盘中连续不断地拉出钢绞线,不需要预先把整盘钢绞线按所需长度切断。

2. 导向管

导向管为金属软管,软管一端与穿索机的端部相连,另一端与连接架相连。穿索机工作时,若穿索机端部与所需穿钢绞线的混凝土构件端部不能直接对中或相距一段距离时,用导向管将两者连接起来,对钢绞线起导向作用。

3. 连接架

连接架是一个轻型钢构件。穿钢绞线时,无论是否需要导向管,都可以将连接架直接捆扎在孔道口四周的构造钢筋上,将所穿的钢绞线从连接架中的导向管导入孔道中。因此,连接架实际上也是一个导向装置。

4. 手提式砂轮切割机

施工中手提式砂轮切割机用于切断钢绞线。

三、穿索机的使用操作

（一）穿索机的使用和管理

穿索机应有专门的操作人员使用、维护和管理。使用机器前,应先将其固定在预应力

梁端部相应位置；有导向软管时，可将机器放在预应力梁附近的位置固定，导向软管的长度一般不大于6 m。将连接架固定在孔道四周的构造钢筋上。对于液压穿索机，应将液压泵的高压软管快速接头连接到穿索机的接头座上。

1. 开机前的准备工作

（1）检查电器线路是否完好，按照说明书的要求在机器的各润滑点加注润滑脂。上滚轮的加脂量应适当，以免油脂过多时漏出。

（2）若为液压穿索机，检查油箱油量是否满足要求，液压系统有无渗漏现象。

（3）接通电源，调试确定好正反转方向。

（4）将导向软管与主机牢固连接。

2. 正常工作

（1）启动电动机，若为液压穿索机，液压泵和液压马达无负荷运转2～3 min。

（2）松开压紧轮的顶紧螺杆，将压紧轮组抬高，将钢绞线穿入穿索机的进线口，从链轮上（或滚轮上）凹槽及穿索机上的出线口穿出，压紧手轮，但不要太紧，以免影响压紧轮的寿命。

（3）在钢绞线端头套一个塑料（或钢制）的子弹头状导帽，以免穿索时的钢绞线端部散乱。通知另一端操作人员按动进线按钮开关，使钢绞线沿导线筒进入预留孔道至另一端穿出，达到预留张拉尺寸，当需要微量调节钢绞线的外露长度时，可用手指敲击控制开关上的前进或后退按钮。

（4）调节好长度后即可通知进线端操作人员用切割机将钢绞线切断，进线端操作人员必须先将急停开关按下，才可用手持砂轮机切断钢绞线，完成一根钢绞线的穿索工作。松开急停开关，重复(2)(3)(4)步操作。液压式穿索机的工作过程如图6-26所示。

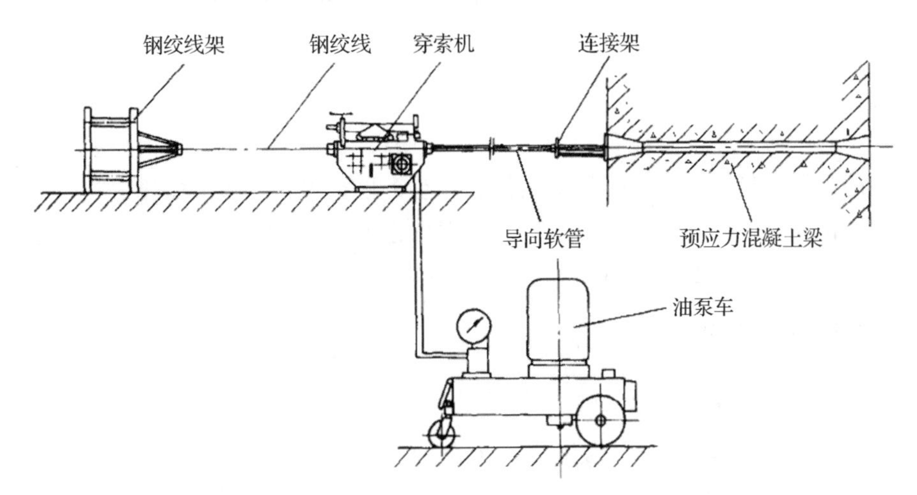

图6-26 液压式穿索机的工作过程

（5）当达不到输送距离，可调整机上压紧轮的手轮螺丝，直至其达到工作要求为止，但不能调节太紧，以免运转时加剧压轮的磨损，降低使用寿命。

（6）工作时，注意其运转是否正常，当发现任何故障时，应立即停机，查明原因，排除故障后再起动。

（二）穿索机的维护和保养

（1）穿索机在露天下作业，每班应检查清除滚轮、压紧轮、链板上的油垢或污物，防止其工作时污染钢绞线。

（2）定期检查钢绞线穿索机机内润滑油及压轮的磨损程度，当压紧轮调整达不到使用程度时，应及时更换。

（3）每次使用完毕后，应将钢绞线穿索机放在干燥无雨雪的环境中。

（三）穿索机使用注意事项

（1）两端操作人员应密切配合，特别是当进线端操作人员在切割钢绞线或套导向帽时，出线端操作人员不要将手放在控制按钮上，以防误操作伤人。

（2）进线端操作人员必须先将急停开关按下，才可用手持砂轮机切断钢绞线。

（3）工作时两端应禁止人员穿越，以防钢绞线弹出伤人。

（4）当工作时出现压紧轮打滑、钢绞线不前进时，应立即停机，避免过度磨损钢绞线，待查明原因并解决后方可继续工作。

（5）在穿索长度较大时，应配备两部无线电步话机，便于在较长的预应力梁两端的工作人员联系使用。

（6）由于预应力梁的孔道成孔形状复杂，往往还存在平弯和竖弯，使穿索阻力增加。因此，对于较长的孔道（长度超过 70 m），孔道横截面与钢束（所穿钢绞线的总根数）横截面之比不应小于 2.5。

第四节　压浆机的构造与运用

压浆机是用于制备水泥灰浆，或将其他粉料与液体物料搅拌混合，制成有一定流动性混合物的专用设备，可用于后张预应力压浆，使钢筋束（钢绞线）在孔道中与混凝土结为一体，防止钢筋束受到气蚀；也可用于沥青路面就地冷再生制浆、隧道边坡防护制浆喷浆等，适用于公路、桥梁、铁路和隧道等工程施工，是现场施工的理想设备。压浆机具有水灰比级配准确、拌和均匀、泵送速度快等优点。

一、压浆机的分类

（一）按泵的结构形式分类

按泵的结构形式，压浆机可分为柱塞泵和螺杆泵两种。

（二）按泵送工作压力分类

按泵送工作压力，压浆机可分为小型（工作压力为 0.6 ~ 1.5 MPa）、中型（工作压力为 1.5 ~ 2 MPa）、大型（工作压力为 2 ~ 6 MPa）三种。

（三）按搅拌器叶片形式分类

按搅拌器叶片形式，压浆机可分为涡轮式、推进式、桨叶式和锚框式等。

(四) 按水泥浆搅拌桶布置及桶底形式分类

按水泥浆搅拌桶与储浆桶的布局,压浆机可分为水平式(搅拌桶与储浆桶布置在同一水平面)和立式(搅拌桶与储浆桶上下垂直布置)两种;按搅拌桶桶底的形式,压浆机可分为锥形和蝶形两种。

二、压浆机的主要结构与工作原理

目前应用较广的是智能压浆机,智能压浆机是一种自动化程度较高的制浆设备,混凝土结构或构件在完成张拉后,对孔道进行压注水泥浆,不仅可起到对预应力筋的防护作用,保证结构物的耐久性,而且使预应力筋通过灰浆与周围混凝土结成整体,增加锚固的可靠性,提高结构的抗裂性和承载能力。

(一) 智能压浆机的结构组成

智能压浆机属于移动式灰浆搅拌储料输送设备,一般由供料配料装置、搅拌制浆装置、储浆装置、压浆装置、相应的管道和阀门等组件及相应的控制系统组成。有的还设置有超压自动报警控制装置,以保证施工中的安全。图 6-27 所示为某一智能压浆机的结构组成。

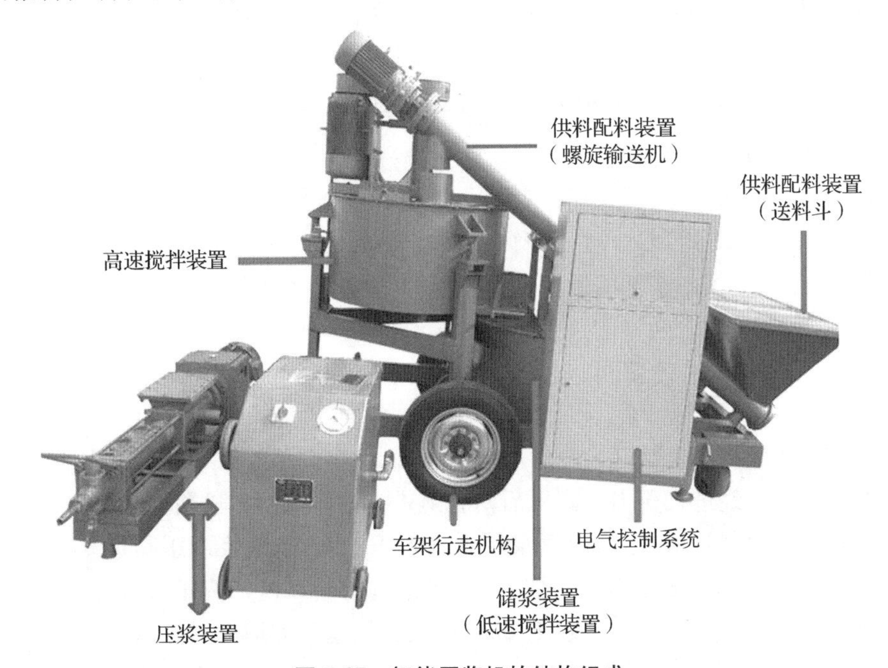

图 6-27　智能压浆机的结构组成

(二) 智能压浆机的工作原理与工作过程

图 6-28 所示为某一智能压浆机的工作原理。其供水装置主要由水箱、水泵、流量计及管道等组成。水泵将水箱中的水经流量计计量后送入搅拌制浆装置中。搅拌制浆装置主要由搅拌桶及搅拌转子组成。搅拌成的灰浆经出浆阀流入储浆装置中存储。储浆装置内有低速搅拌装置,使灰浆保持一定的稳定性和流动度。压浆泵将储浆装置内的灰浆加压,并输送到预应力管道中。压力测量控制装置主要由进浆压力表、返浆压力表、压力调节阀

等组成，进浆压力表、返浆压力表等压力测量控制装置可以时刻显示和记录压浆过程中的压力，为监控灰浆质量提供保证。

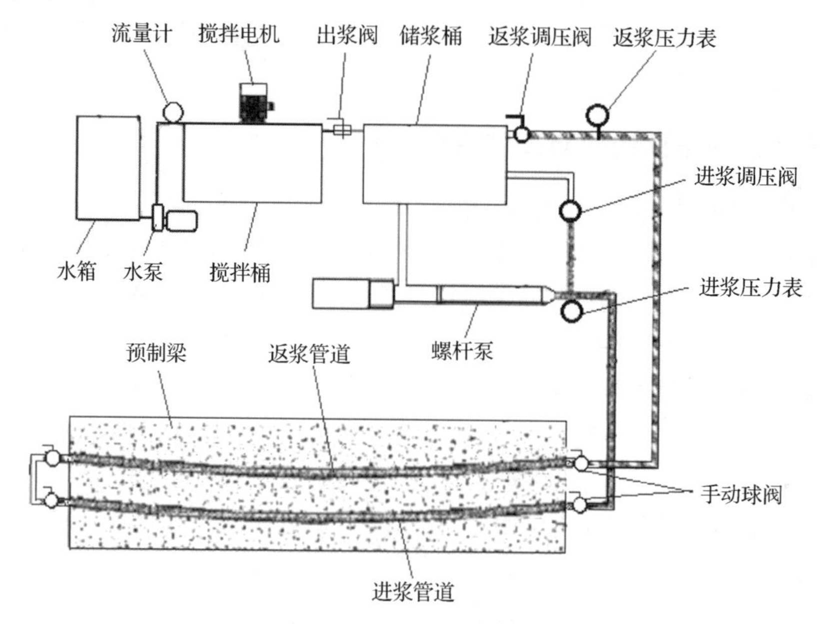

图 6-28　智能压浆机的工作原理

该压浆机工作过程分为制浆、储浆和压浆三个过程。

1. 制浆

输入灰浆的配比，开启搅拌电机，开启水计量程序，水箱中的水经水泵、流量计进入搅拌桶；将已计量的水泥等制浆剂缓慢投入搅拌桶中，边投料边搅拌。

2. 储浆

灰浆搅拌完毕后，打开出浆阀，灰浆从搅拌桶流入储浆桶。

3. 压浆

管道按图 6-28 所示连接好后，开启进浆调压阀、返浆调压阀及梁体两端的四个手动球阀；启动螺杆泵，灰浆经进浆压力表测压后沿管道进入梁体下端的进浆管道，经过梁体另一侧的连接管道进入返浆管道，然后由返浆压力表测压，最后经返浆调压阀进入储浆桶。根据进浆压力表和返浆压力表的数值，适当调节进浆调压阀和返浆调压阀，以返浆口压力满足规范要求的最低压力值来设置灌浆压力，可以保证沿途压力损失后管道内仍满足规范要求的最低压力值。在流量均匀的情况下，使返浆压力表数值不小于规范要求的压力。

压浆时，对于竖向孔道和曲线孔道，应该从最低点的压浆孔压入，在最高点的排气孔排气和泌水，适当控制压浆速度，应缓慢、均匀，不要中断，依次打开和关闭所有最高点的排气孔，使孔道内的气体彻底排除。当进、出浆口压力差保持稳定后，可判定管道充盈。

当返回端浆液达到规定的稠度，饱满出浆后，关闭出浆调节阀，保持孔道内压力不小于 0.5 MPa，稳压时间不小于 3 min，稳压期间持续补充浆液进入孔道，保证密实。稳压一定时间后，关闭梁体两侧的手动球阀，拆卸输送管道，压浆过程结束。

(三) 压浆机的主要部件

1. 搅拌桶与储浆桶

搅拌桶有进料口、出料口和进水口。搅拌桶和储浆桶的构造对水泥浆的搅拌质量起很大作用。搅拌桶通常都是圆筒形,其桶底有的是锥形,有的是蝶形。有些搅拌桶根据搅拌器的不同,在桶底壁上加设挡板以改变水泥浆在桶内的流动状态。为了泄浆方便,搅拌桶与储浆桶的布置多为上下垂直布置,或上下错落布置。

2. 搅拌器

搅拌器是压浆机的关键部件,主要由搅拌轴、搅拌叶片座、搅拌桨叶、轴承及驱动传动系统等组成。当水与水泥分别加入搅拌桶,在搅拌叶片的作用下,水泥灰浆产生轴线方向的上下循环流动,快速形成搅拌均匀的水泥浆。常见的搅拌器有下述五种形式,其中最常用的是涡轮式搅拌器、推进式搅拌器、桨叶式搅拌器三种结构形式,如图6-29所示(图中B、D、R、θ为搅拌桨叶的结构尺寸参数和形状参数)。

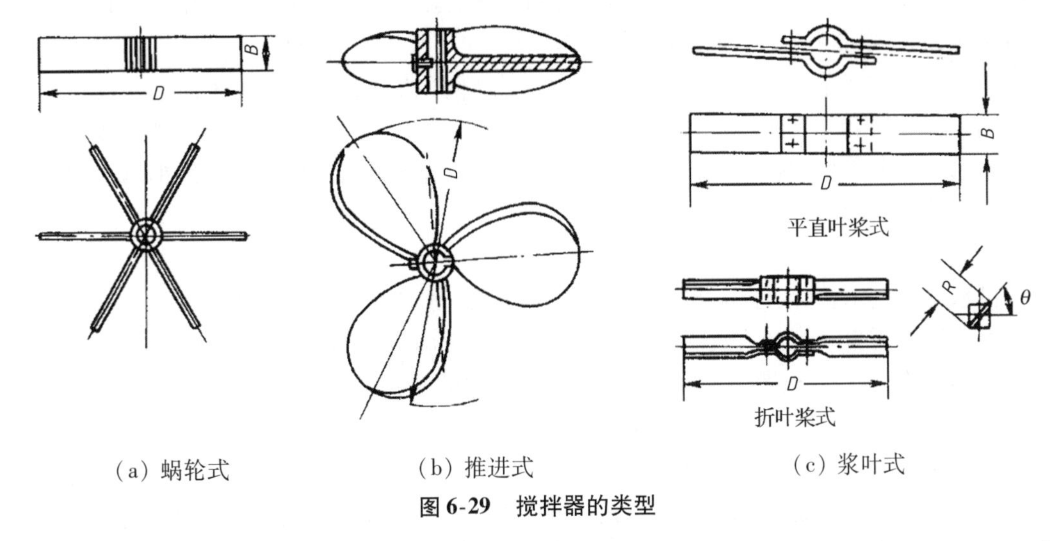

图6-29 搅拌器的类型

(1) 涡轮式搅拌器。涡轮式搅拌器的运转速度为10~600 r/min,搅拌叶片多设计为3~6个。搅拌时,水泥浆的流动状态为径向涡流,在搅拌桶中有很深的旋涡产生。当搅拌桶壁内缘设有挡板时,旋涡消失,水泥浆可以搅拌桨叶片为界形成上下两个循环流。

(2) 推进式搅拌器。推进式搅拌器的运转速度为100~3 000 r/min,搅拌桨叶设计为3个。搅拌时,水泥浆的流动状态为轴向,推动水泥浆循环,循环速率高,剪切作用小。在湍流区内无挡板时,水泥浆生成旋涡,当搅拌桶内缘设有挡板或搅拌器叶片外设导流筒时,则消除了旋涡,水泥浆在搅拌桶内上下翻腾,使轴向循环更好。

(3) 桨叶式搅拌器。桨叶式搅拌器的运转速度不大于100 r/min。多用于高黏度低速搅拌介质。其搅拌时灰浆的流动状态为低速时以水平环向流为主,高速时为径流型,有挡板时为上下循环流。

(4) 锚框式搅拌器。锚框式搅拌器的运转速度为10~80 r/min。搅拌时,水泥浆的流动状态为水平环向流,即水平层流状态。

(5) 螺带式搅拌器。螺带式搅拌器的运转速度为10~50 r/min。搅拌时,水泥浆的流动状态为轴流型，即水泥浆沿桶壁螺旋上升再沿搅拌器轴而落下，呈纵向层流状态。

上述五种搅拌器的搅拌轴通常均由方形和圆形钢材制成（以圆形为多）。搅拌叶片座用销子与搅拌轴连接，矩形和箭头形等形状的桨叶片用螺栓固定在搅拌桨座上。

搅拌器的传动系统结构形式多样，有如下几种：

① 电动机→搅拌轴。

② 电动机→减速器→搅拌轴。

③ 发动机（电动机）→液压泵→液压马达→搅拌轴。

④ 发动机（电动机）→摆线齿轮减速器→搅拌轴。

⑤ 发动机（电动机）→蜗轮蜗杆机构→搅拌轴。

3. 灰浆泵

常用的水泥灰浆泵有柱塞式和螺杆式两种。

（1）柱塞式灰浆泵。电动机通过V带、齿轮传动将回转运动传递至曲轴，通过连杆、十字接头使活塞产生往复运动，使吸入阀和排出阀轮流启闭，以达到吸浆和压浆的作用。其特点是压力较大、排量较大，但结构复杂、体积大，在压浆机中使用较少。

（2）螺杆式灰浆泵。螺杆式灰浆泵是由一根螺杆和一个具有螺旋表面的橡胶衬套组成。当螺杆和衬套啮合时，就由密封线组成密封腔。当螺杆一边“公转”一边“自转”时，密封腔充满水泥灰浆后被推向压出端，从而实现泵送。这种泵结构紧凑、体积小、重量轻，在压浆机中使用广泛。

4. 供水系统

供水系统由水箱、液位信号器、电磁阀、管路等组成。供水量的控制调节有自动和手动两种形式。采用自动控制方式时，上水和放水均由液位信号器与电磁阀自动控制，动作灵敏，操作方便。液位信号器主要由导向管、带磁性体的浮球磁控开关、固定板、导线等组成。

工作时，由于液体浮力的作用，浮球随液面变化沿着导向管上升或下降。磁性体以磁力驱动着导向管内部不同位置的磁控开关的瞬时打开与关闭，从而实现各种水灰比的自动控制。常见的手动控制方式有两种形式：一种是在水箱中设置手动调节的水量计量器，水量计量器由限位管、计量管、漏斗及调节杆等组成。当定量的水已注足时，多余的水从计量管上的漏斗处排出。另一种是没有水箱，直接采用数字式水表计量（与加油站的加油显示器相似），这种控制方式操作简便、结构简单，很多设备都采用这种方式加水。

三、压浆机的安全操作

（1）压浆机由专人负责保管、使用，操作人员经过培训考试合格后方能上岗。

（2）操作人员要熟读使用说明书，掌握设备结构、性能和日常保养要求，严格执行操作规程。

（3）操作人员要掌握设备状况，做好设备运行、检修记录。

（4）机器要安装平稳，输送管道布置尽量短、直、少拐弯，以减少阻力损失；管接头不得漏气，管路不准人、物踩压。

（5）工作前检查电机、控制箱、机器各连接件螺栓有无松动，料斗、管路内有无硬块，管路有无破损，减速器润滑油是否足够，确认正常后接通电源。

(6) 开始施工作业前,必须将适量水泥稀浆通过吸浆管泵入输送管路后,方可进行正常工作。

(7) 机器在运行过程中,操作人员不许离岗,注意观察机器运转情况及压力表指针波动情况,如波动幅度升高(大于 3 MPa)时,应立即停机检查,处理管路堵塞。

(8) 如果用储浆桶供浆,要不断搅动料浆,以免水泥砂浆沉淀。

(9) 喷涂作业时要先送气后送浆,工作结束时,先停止送浆而后停止送气,以防喷嘴堵塞。

(10) 在进行日常保养、定期保养、检修时,必须断电停机,锁闭控制箱,钥匙由保养、检修人员保管,并挂上"有人检修,禁止合闸"的标志。

(11) 下班及停机超过半小时时,为防止浆料在管内凝结,要对泵机管路进行清洗(方法按使用说明书),下班后要将工作场地清理、打扫干净。

复习题

一、单选题

1. 先张拉预应力钢筋,后浇筑混凝土构件的方法称为(　　)。

A. 先张法　　B. 后张法　　C. 电热法

2. (　　)是先浇筑水泥混凝土,待混凝土达到设计强度的 75% 以上后再张拉预应力钢筋,以形成预应力混凝土构件的施工方法。

A. 先张法　　B. 后张法　　C. 电热法

3. (　　)是利用钢筋热胀冷缩原理,在钢筋上通过低电压、强电流使钢筋热胀伸长,待钢筋伸长值达到额定长度时,立即锚固,并切断电流,钢筋冷缩,进而达到建立预应力的目的。

A. 先张法　　B. 后张法　　C. 电热法

4. 采用(　　)千斤顶张拉单根精轧高强螺纹钢筋。

A. 穿心式　　B. 锥锚式　　C. 群锚式

5. 采用(　　)千斤顶张拉直径为 5 mm 或 6 mm 的高强钢丝束 4 ~24 根。

A. 穿心式　　B. 锥锚式　　C. 群锚式

6. 采用(　　)千斤顶可张拉 1 ~60 根甚至更多根钢绞线。

A. 穿心式　　B. 锥锚式　　C. 群锚式

7. (　　)千斤顶只能完成张拉预应力筋一个动作,一般用于张拉端部带螺丝端杆锚具的预应力筋。

A. 单作用　　B. 双作用　　C. 三作用

8. (　　)千斤顶能完成张拉、顶压和自动退楔三个动作。

A. 单作用　　B. 双作用　　C. 三作用

9. (　　)千斤顶是具有张拉、顶锚和退楔功能的千斤顶,用于张拉带有钢质锥形锚具的钢丝束和钢绞线束。

A. 拉杆式　　B. 穿心式　　C. 锥锚式

10. (　　)用来对波纹管接缝处进行滚花,以提高接缝紧密性和连接强度。

A. 压合装置　　B. 滚花装置　　C. 压紧装置

11. (　　)用来对接缝处进一步压实,保证接缝强度。

A. 压合装置　　B. 滚花装置　　C. 压紧装置

12. 穿索机导向软管一端与穿索机的端部相连,另一端与连接架相连,其长度一般不大于(　　)。

A. 6 m　　B. 7 m　　C. 8 m

13. (　　)是制备水泥灰浆、孔道灌浆的专业设备。

A. 拌和机　　B. 搅拌机　　C. 压浆机

14. 大型压浆机的工作压力为(　　)。

A. 0.6~1.5 MPa　　B. 1.5~2 MPa　　C. 2~6 MPa

15. (　　)将储浆装置内的灰浆加压并输送到预应力管道中。

A. 供水装置　　B. 搅拌装置　　C. 压浆泵

二、多选题

1. 属于波纹管卷管机组成部分的有(　　)。

A. 导向润滑装置　　B. 压波纹装置　　C. 成管机构

D. 切割装置　　E. 传动及电气控制系统

2. 穿索机穿引钢绞线具有的优点是(　　)。

A. 操作方便　　B. 施工进度快、效率高　　C. 性能可靠

D. 施工质量好　　E. 减轻劳动强度

3. 穿索机工作时所应配备的主要附件有(　　)。

A. 成管机构　　B. 钢绞线盘支架　　C. 导向管

D. 连接架　　E. 手提式砂轮切割机

4. 压浆机用于(　　)。

A. 制备水泥灰浆

B. 粉料与液体物料搅拌混合

C. 沥青路面就地冷再生制浆

D. 隧道边坡防护制浆喷浆

5. 压浆机的主要部件有(　　)。

A. 搅拌桶　　B. 储浆桶　　C. 搅拌器

D. 灰浆泵　　E. 供水系统

6. 压浆机搅拌器有五种形式,最常用的是(　　)。

A. 涡轮式搅拌器　　B. 推进式搅拌器　　C. 桨叶式搅拌器

D. 锚框式搅拌器　　E. 螺带式搅拌器

7. 压浆机在进行日常保养、定期保养、检修时,(　　)。

A. 必须断电停机

B. 必须锁闭控制箱

C. 钥匙必须由保养、检修人员保管

D. 必须挂上“有人检修、禁止合闸”的标志

E. 必须白天进行

三、判断题

1. 后张法传力途径是依靠钢筋与混凝土的黏结力阻止钢筋的弹性回弹，使截面混凝土获得预压应力。(　　)

2. 先张法构件配筋简单，不需要锚具，省去预留孔道、焊接、拼装、灌浆等工序。(　　)

3. 后张法需要锚具，不需要预应力张拉台座。(　　)

4. 后张法适用于浇筑各种形状的中小型构件，宜于构件工厂化生产。(　　)

5. 后张法适宜于在施工现场制作大型构件。(　　)

6. 两端张拉适用于长度小于 30 m 的直线预应力筋与锚固损失影响长度 $L_f \geqslant 0.5L$(L 为预应力筋长度)的曲线预应力筋。(　　)

7. 双作用千斤顶能完成张拉和顶压两个动作，一般用于张拉锚具是由锚环和锚塞组成的预应力筋。(　　)

8. 穿心式千斤顶具有张拉与顶锚两个作用。(　　)

9. 大跨度结构、长钢丝束等引伸量大者，用锥锚式千斤顶为宜。(　　)

10. 油泵操作人员应戴好安全帽及护目镜，防止张拉过程中油管破裂及接头喷油伤及身体。(　　)

11. 张拉时，作业人员应站在千斤顶后面，以防预应力钢筋断丝弹出伤人。(　　)

12. 张拉完毕后，退销时应采取安全防护措施，人工拆卸销子时，不得强击。(　　)

13. 卷管机操作前，检查主心轴的旋转方向，正确的方向是朝着立板看时主心轴按逆时针转动，电机按顺时针转动。(　　)

14. 双滚轮直接挤压推进式穿索机，传动部分为链轮和链条，它能设置较多的滚压轮，因此，这类穿索机能够获得较大的推力和较宽的调速范围。(　　)

15. 柱塞式灰浆泵结构紧凑、体积小、重量轻，在压浆机中使用广泛。(　　)

四、填空题

1. 在施工中，按预应力张拉工艺的不同，可分为__________、__________和__________三种。

2. 液压张拉机由__________、__________系统等组成。

3. 预应力张拉千斤顶按结构特点，可分为__________、__________、__________和台座式 4 种。

4. 油泵车是预应力张拉施工的__________源，油泵车上的油泵采用__________泵或__________泵。

5. 卷管前要对卷管机进行调整，主要包括钢带的送进、__________的调整、

__________的调整、__________的调整。

6. 穿索机是将预应力__________穿入混凝土构件预留孔道，再按设计要求将钢绞线截断成适当长度的设备。

五、问答题

1. 简述后张法中有黏结预应力混凝土张拉程序。
2. 简述穿心式千斤顶和锥锚式千斤顶的工作原理。
3. 简述波纹管卷管机的工作流程。
4. 简述液压穿索机的工作原理。
5. 简述穿索机正常工作的操作过程。
6. 简述智能压浆机的结构组成。
7. 简述压浆机的工作过程。

第七章
提梁机与运梁车的构造与运用

学习目标

- 掌握提梁机、运梁车的功用、分类及构造。
- 熟知提梁机、运梁车的施工工艺及安全操作。

知识要点

- 提梁机的功用、分类、结构组成、施工工艺及安全操作技术。
- 运梁车的功用、分类、结构组成、施工工艺及安全操作技术。

能力目标

能正确使用提梁机及运梁车。

在桥梁的预制装配式施工中，要用到各种架桥机械，如提梁机、运梁车和架桥机等。下面主要介绍提梁机和运梁车。

第一节　提梁机的构造与运用

提梁机是一种为桥梁建设而专门设计的门式起重机。主要用于将预制梁从制梁台提吊至存梁台位，预制梁养护完成后将其从存梁台位吊运到运梁车上，作为起重设备，完成架桥机的组装和拆卸；还可用于架设墩身不高的旱桥。它适用于经常流动的道路桥梁建设单位。

根据提梁机走行方式，可以分为轮轨式提梁机和轮胎式提梁机。

一、轮轨式提梁机

轮轨式提梁机需铺设专用行走轨道，采用铸钢轮系，常用于跨线提梁作业，既可两台提梁机配合抬吊预制梁，也可以单台提梁机配双吊具起吊预制梁。其优点是跨度大，起吊高度大，便于跨线提梁，设备成本低，控制简单，易于维护。缺点是需要铺设专用轨道，梁场规划建设成本高，提梁行走不够灵活。

轮轨式提梁机与普通门式起重机相比具有如下特点：

（1）提升机构和运行机构运行速度低，便于提升机构与预制梁精确对位，并减少对提梁机结构的冲击。

（2）提梁机内部空间较大，可满足吊运预制梁和架桥机的拼装。

（3）考虑拆装运输，其主体钢结构在满足强度、刚度、稳定性的前提下，构件间采用销轴及高强螺栓连接，易于拆装、运输。

（4）用两台提梁机吊运预制梁时，两台机子同步运行度高。

图7-1为某900 t双门轮轨式提梁机，主要由主金属结构、大车走行机构、提升系统、支撑及转向机构、控制系统、液压系统及司机室等组成。

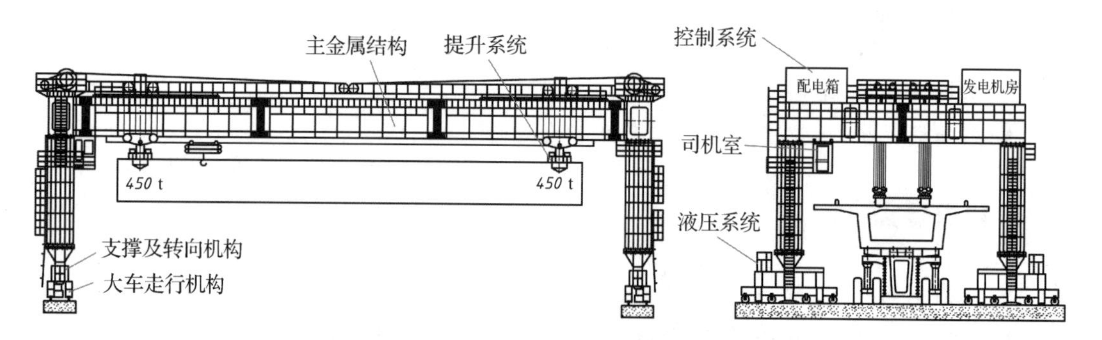

图7-1　900 t双门轮轨式提梁机

（一）主金属结构

主金属结构由双主梁、双支腿横梁、支腿立柱三部分组成，是提梁机的主要受力结构。主金属结构的所有部件均采用Q345D低合金结构钢焊接而成，使提梁机能适应在低温环境下工作。

该提梁机主金属结构的最大特点是支腿横梁与支腿立柱在纵、横向形成双龙门形结构，允许运梁车在纵、横两个方向进入提梁机下部装车运梁，克服了大多数提梁机只能从一个方向吊梁装车的不足，不但节约了场地，而且大大提高了提、运梁的工作效率。

（二）提升系统

提升系统由卷扬机、吊梁小车、钢丝绳卷绕系统、专用吊具等组成。

1. 卷扬机

4台卷扬机安装在支腿横梁上部两端。每台卷扬机由机座、电动机、减速器、卷筒、制动器等组成。电动机通过弹性联轴器、齿轮减速器直接带动卷筒转动。

2. 吊梁小车

提梁机共有2台吊梁小车。吊梁小车由定滑轮组、动滑轮组、提吊钢丝绳和吊具组成。吊梁小车底部安装有非金属滑板，主梁上焊接有金属滑移轨道，非金属滑板支撑于滑移轨道上，通过纵移油缸的作用可完成32 m、24 m及20 m箱梁的变跨吊装。

3. 吊杆与吊具

吊具与动滑轮组铰接，保证纵向转动可调。每个吊具上安装有2根吊杆，吊杆上、下端螺母与吊具、垫板之间设置球铰垫片，不仅改善了吊杆的受力状况，而且方便安装。

（三）控制系统

1. 电气控制系统

提梁机利用PLC作为电气控制系统的核心，所有机构的动作都在司机室内的联动操作台上操作。提梁机通过转换开关选择机构，然后在所选机构下再选择相应功能，从而实现机构间的互锁，避免误操作带来的隐患。

2. 电力系统

发电机组为瑞典沃尔沃遍达公司TAD1232GE型300 kW发电机。其中照明电源作为夜间工作照明灯具、空调及司机室内部等用电设备的电源，独立于动力电源，确保提梁机动力部分检修时照明正常。

3. 卷扬机同步

提梁机主起升机构采用PLC系统控制，4台45 kW变频器分别驱动4台卷扬机的变频电机，各台卷扬机的变频电机采用带编码器反馈的闭环控制，以提高电机速度和转矩的控制精度、响应速度。通过联动台上的选择开关可实现4台卷扬机的单动调平、2台卷扬机的吊钩调整和4台卷扬机的同步。

（四）司机室

司机室安装在支腿立柱与支腿横梁相交处的跨内侧，高出大车走行轨面，视野开阔。司机室有各种操作手柄及控制按钮、载荷限制器显示仪表、风速风向仪等显示器、故障报警系统、工业摄像机监视系统、语音系统等。

（五）支撑及转向机构

每个大车走行处设置有1根支撑油缸、1根转向油缸和1台液压泵站，如图7-2所示。支腿立柱下设锥形连接座通过平面铰与大车相连，大车均衡梁内设支撑油缸，与锥形连接座相连，通过转向油缸作用完成大车走行均衡梁和走行轮箱整体的90°转向，从而实现整机在纵、横向轨道之间行走方向的转换。

图7-2　支撑及转向机构

（六）大车行走机构

每个支腿立柱底部都安装有由8个完全相同的驱动台车组成的提梁机大车行走机构。驱动台车主要由箱体、变频电机、车轮、夹轨器、传动轴及缓冲器等部件构成。

台车内侧设有夹轨器，在提梁机不工作时，可将其与轨道刚性连接并卡固，以防提梁机在轨道上自由移动。台车外侧装有两组缓冲器，与大车行走轨道端头的止轮挡块形成安全防撞装置。

（七）液压系统

提梁机液压系统包括4台转向支承液压泵站、4根支承油缸、4根转向油缸、2台吊梁小

车纵移泵站、4 根纵移油缸,以及控制阀组、管路和辅件等。支承液压泵站操作方式为电控就近控制,每台吊梁小车纵移泵站配 2 套电控系统,1 套安装在司机室,1 套就近安装,以方便现场调整。

二、轮胎式提梁机

轮胎式提梁机采用液压驱动轮胎走行,无须铺设专用行走轨道,跨度和高度固定,可在梁场灵活移动。根据结构不同,轮胎式提梁机可分为单梁单门架轮胎式提梁机[图 7-3(a)]、单梁双门架轮胎式提梁机[图 7-3(b)]和双梁双门架轮胎式提梁机[图 7-3(c)]等。轮胎式提梁机的优点是设备控制精确,安全性高,移动灵活,梁场场地建设投入少;缺点是设备成本高,维修养护成本高。

(a) 单梁单门架

(b) 单梁双门架

(c) 双梁双门架

图 7-3 轮胎式提梁机的类型

下面以 MDEL300 型轮胎式提梁机为例介绍提梁机的结构组成。

MDEL300 型提梁机是单梁双门架轮胎式提梁机,用于城际轨道 30 m、25 m 预制混凝土箱梁及客货共线铁路 32 m、24 m、20 m、16 m 预制混凝土 T 型梁在预制场内的起吊、转移、向运梁车喂梁,以及预制场箱梁预扎钢筋和内模的整体吊装等工作。由于混凝土梁存梁采用双层叠放,MDEL300 型轮胎式提梁机具备提一过二功能,即提一片混凝土梁从重叠的两片混凝土梁上方通过。

MDEL300 型轮胎式提梁机如图 7-4 所示,主要由吊梁小车、金属结构(包括主梁、门架支腿)、车架及支撑机构、走行轮组、司机室、动力系统、电气系统、液压系统等组成。

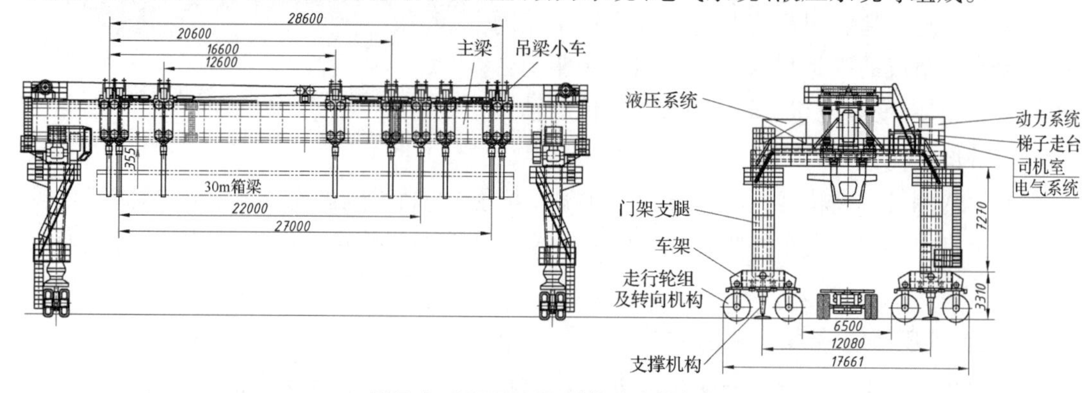

图 7-4 MDEL300 型轮胎式提梁机

（一）吊梁小车

吊梁小车由提升卷扬系统、固定绳具、钢丝绳、走行槽、中间滑轮总成、横移小车、大车总成、动滑轮组、吊具总成、卷扬平台等组成，如图 7-5 所示。

吊梁小车具有纵移和横移功能，能满足穿吊带或落梁到存梁台座时精确对位的需要。纵移和横移均采用油缸推拉方式实现，在每个大车架与主梁之间有 2 个纵移油缸；满载时吊梁小车能够纵向移位 ±500 mm，满足精确对位要求；同时在空载、需要长距离调整大车架的纵向位置时，采用步履式顶推方式实现大车架的变幅移位，移动距离 1 m/次，每次移动通过改变油缸与主梁连接销的位置来实现，满足吊装 30 m、25 m 城际轨道整孔预制混凝土箱梁及 32 m、24 m、20 m、16 m 客货共线整孔预制混凝土 T 梁的要求。大车架与横移小车之间还设有 1 个横移油缸，满载时横移小车能够横向移位 ±250 mm，满足精确对位的需要。

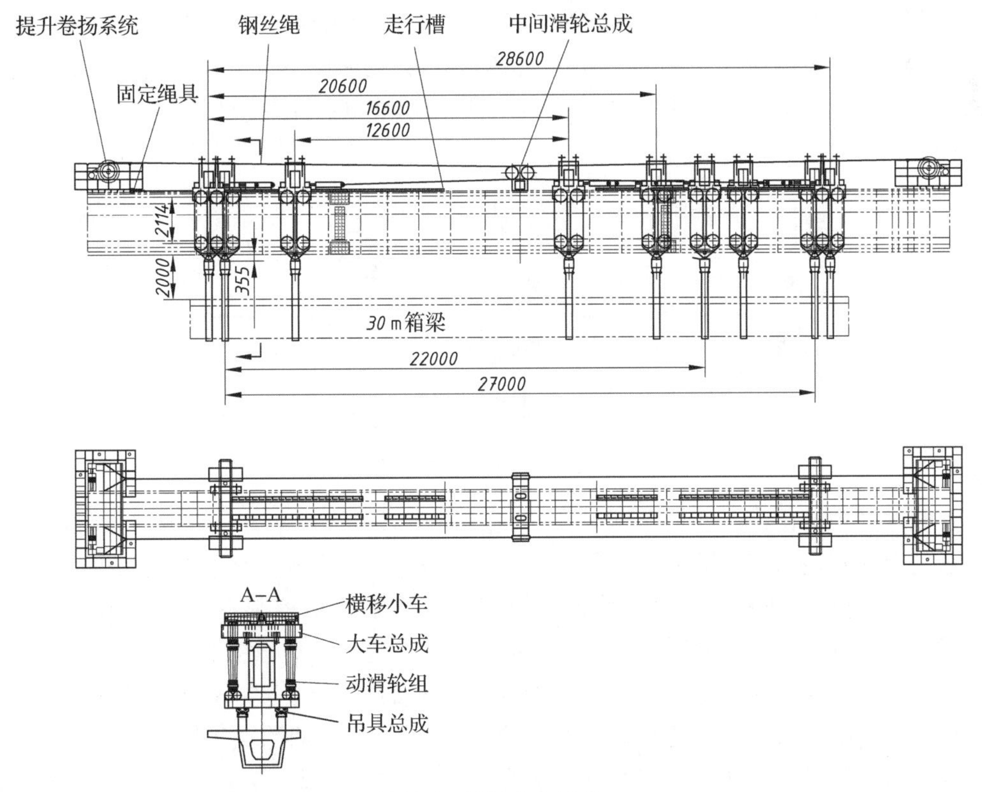

图 7-5　吊梁小车结构

（二）金属结构

MDEL300 型轮胎式提梁机的金属结构由主梁和门架支腿组成，主体框架采用双门式结构。主梁下的 2 条横梁与下部的 4 个对称的左右支腿通过高强螺栓连接，形成门式结构，可以供运梁车从 2 组支腿之间行进到提梁机主梁及横梁的下方装运箱梁。

主梁又与左右横梁及其下支腿形成门式结构，从而可以跨过箱梁并起吊，也可以跨过运梁车并将梁放于上面。该提梁机采用双门式结构，在增加整机稳定性的同时降低了提梁

机对场地承载能力的要求,也降低了设备的操作难度。

(三)车架及支撑机构

MDEL300 型轮胎式提梁机共有 4 个走行车架(图 7-4),每个走行车架上安装有 2 个轮组和 1 个支撑机构。当走行轮组进行 90°旋转时,支撑机构撑于地面,支撑走行车架静止状态下的重载,减少轮胎的载荷和摩擦。支撑机构为液压缸式结构,其活塞杆端通过球面接头与撑脚的球窝相连,使撑脚可以在 -5° ~5°范围内摆动,以适应路面变化。整机共有 4 个支撑液压缸,单个液压缸的支撑力为 750 kN。车架与门架支腿采用铰接,可根据路面不平度自动进行调节,使各个轮胎受力均衡。

(四)走行轮组及转向机构

1. 走行轮组

走行轮组构成轮胎式提梁机的走行部分。MDEL300 型轮胎式提梁机共有 8 个走行轮组,如图 7-6 所示。其中每个走行轮组上布置有 1 个主动轮和 1 个从动轮。走行驱动采用动力分散布置的半桥驱动形式,无论是纵移还是横移,均能保证每一轴线上有一驱动轮,大大改善了提梁机的通过性能和整机受力情况,同时可实现提梁机满载时纵向、横向及斜向爬坡行走。

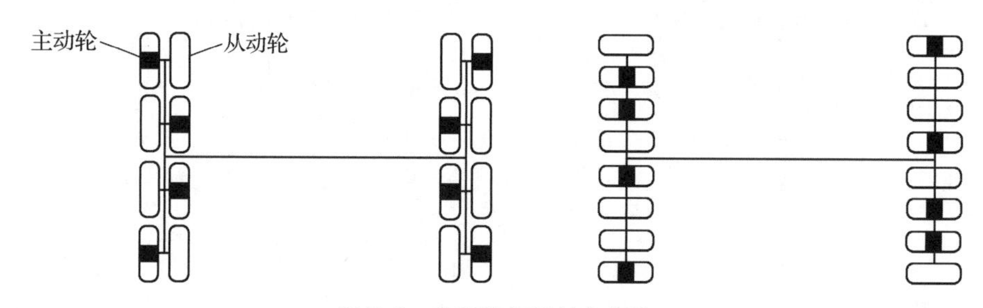

图 7-6 走行轮组及转向机构

整机走行驱动由高压变量泵、变量马达组成的闭式液压系统完成,每组驱动轮由 1 个变量液压马达经轮边减速器驱动,所有液压马达并联连接,当液压马达排量相等时,输出转矩也相等,各轮牵引力相等。通过传感器、电磁比例阀和微电控制系统,可实现无级变速,使提梁机行驶冲击小、平稳性好,并能保证提梁机平稳起步和平稳制动。

行车制动采用液压回路静压制动。当正在行驶的提梁机需要停止时,使操作杆回中位,液压泵停止供油,所有走行马达转换为液压泵,通过静压回路实现制动,提梁机逐渐停止行走。停车制动由减速器自带的盘式制动器实现(弹簧压紧,液压松开),满足提梁机满载时斜坡停车,并可以承受风载而保证整机不溜移,且能保证发动机熄火时自动制动。

2. 转向机构

MDEL300 型轮胎式提梁机设置电控独立转向机构,可实现原地 90°转向、纵向走行和横向走行过程中的 -10° ~10°转向——斜行。转向机构由转臂、回转支承、传感器组件、转向液压缸、油缸座等组成。转向液压缸通过销轴与油缸座铰接,活塞杆端与转臂铰接,通过转向液压缸的活塞杆伸缩来实现轮组的转向。每个轮组上都安装有转向液压缸,通过电子控制及电子反馈系统使每个轮组按设定的角度进行转动,不但能够保证每个轮组转向角度完全一致,而且能够在行进中进行微调。

(五)电气系统

MDEL300 型轮胎式提梁机的电气控制对象主要包括前走行轮组、后走行轮组及吊梁小车三大部分。电气系统可分为主配电系统、前控制系统、后控制系统、司机室综合显示控制系统、照明供电部分及工业图像监视部分。除传感器与摄像头外,其余电气元件分装在电气柜里。电气系统的控制指令操作元器件全部安装在司机室的联动台上,以方便驾驶员进行操作控制。电气系统的弱电控制部分主要由 EPEC 控制器、总线控制模块等组成基于 CAN 总线的分布式控制系统。为了提高操作的可靠性,防止误操作,司机室安装有大型彩色液晶显示器。主屏幕为用户提供了友好的人机界面,实时同步显示系统关键点数据及电气系统本身各部分的工作状态,操作者可直观地监视各项安全保护参数的动态变化。同时,系统提供多媒体声像报警。

三、提梁机的施工工艺

下面以 TT900 型轮胎式提梁机为例,介绍提梁机的施工工艺。

TT900 型轮胎式提梁机适用于时速 350 km/h、250 km/h 铁路客运专线 20 m、24 m、32 m 双线整孔箱梁混凝土轨道梁(含曲线梁)从预制场台座内的起吊、场内短距离运输(横向、纵向),能在预制场装车区将混凝土箱梁吊装到运梁车上等,具有施工速度快,机动灵活,可以在任意台座处取梁、移梁、落梁,不需要辅助机械和过多人工等优点。

(一)提梁机行驶

1. 提梁机直线行走

提梁机直线行走,如图 7-7 所示,其轮胎内侧与预制梁间距不小于 1 600 mm。

2. 转向操作

提梁机转向操作如图 7-8 所示。重载工况下,在运梁通道需要转向时,应先将支腿油缸伸长着地,使轮胎脱离地面,然后方可进行转向操作,以减小轮胎的荷载及与地面的摩擦力。

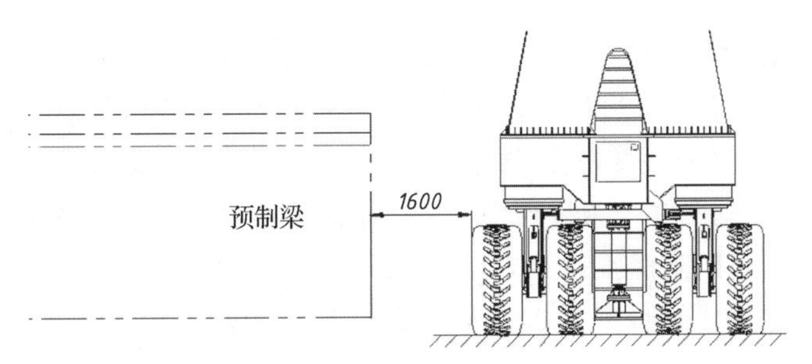

图 7-7　提梁机轮胎内侧与预制梁间距

(二)出模

1. 检验吊装孔

出模前应根据梁场提供的梁体吊点布置详图对吊装孔进行检验,若吊装孔各参数符合要求,可进行出模操作;若吊装孔中心距或孔径等参数不符合要求,则吊装孔需要返修,返修后方可进行出模操作。

图 7-8　转向操作

2. 安装吊具体

提梁机行走到制梁台座，使吊具体双头螺柱与预制梁吊装孔对齐（图 7-9、图 7-10），对齐过程中可通过天车纵移、横移进行微调。

图 7-9　提梁机行走到制梁台座

图 7-10　双头螺柱与预制梁吊装孔对齐

将存有支撑体和钢套的托盘用叉车运送到梁洞内。先将双头螺柱插入预制梁吊装孔内（此过程每个双头螺柱各需 1 人），然后将支撑体、钢套分别安装在双头螺柱上，先装支撑体，由于支撑体过于沉重，须先用自制 U 形铁片或长条木块等工具将支撑体固定（图 7-11），再装钢套，钢套在拧紧过程中使钢套下端面与双头螺柱下端面对齐或再拧进两圈即可，尽量调正吊具体，避免在提梁过程中双头螺柱与预制梁孔壁接触，导致孔壁损坏。吊具体的双头螺柱在调正过程中可通过天车纵移、横移微调。

3. 提梁

提梁过程如图 7-12 所示。通过单个卷扬机收缩钢丝绳使后吊具两个吊点先调平，再将前吊具两个吊点调平。然后升高吊具，将四个吊点全部调平，最后提梁。刚开始提梁时需慢些，待预制梁完全脱离模具后可以正常速度提梁。

4. 运梁

运梁过程中需要提一过二时，需将梁体提起约 9 m，如图 7-13 所示。

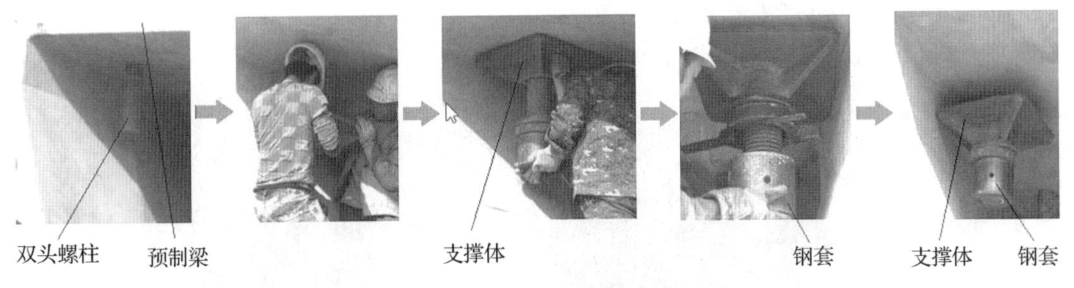

图 7-11　吊具体与预制梁连接过程

图 7-12　预制梁脱离模具

图 7-13　TT900 型轮胎式提梁机运梁(提一过二)

5. 落梁

提梁机行走到落梁地点后便开始落梁，在接近存梁台座约 1 m 时需慢速落到台座上，如图 7-14 所示。在接近存梁台座时，若有细小偏差，则可以通过天车纵移、横移油缸微调；若偏差较大，则需大车行走调整。

图 7-14　TT900 型轮胎式提梁机落梁

6. 拆卸吊具体

吊具体与预制梁分离过程如图 7-15 所示。依次拆卸钢套、支撑体，拆卸钢套时需先用 U 形铁片或长条木块或其他工具将支撑体固定住，拆卸钢套后拆卸支撑体，最后使吊具体与预制梁分离。其过程与安装吊具体的过程相反。

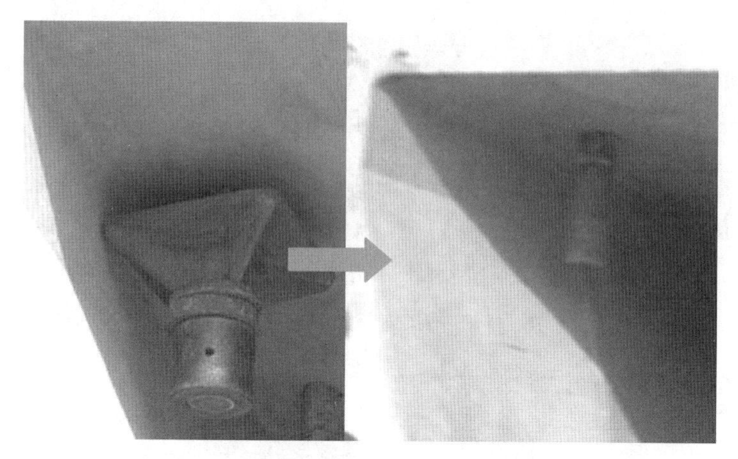

图 7-15 吊具体与预制梁分离过程

(三) 移梁

提梁机由停放位置行走到存梁台座,使吊具体双头螺柱与预制梁吊装孔对齐,对齐过程中可通过天车纵移、横移进行微调。

安装吊具体、提梁、运梁、落梁、拆卸吊具体方法与出模相同。

当大车行走过程中出现不同步或者主梁倾斜一定的小角度时,选择操作台上的旋钮开关“前车”/“后车”,当选择前车时,通过电位计给定一个小角度,使得当前大车行驶的前半部分轮组有一个小的角度,然后手柄前推或者后拉,就可达到调整的目的。

(四) 装梁

提梁机由停放位置行走到存梁台座,使吊具体双头螺柱与预制梁吊装孔对齐,对齐过程中可通过天车纵移、横移进行微调。

安装吊具体、提梁、运梁、落梁方法与出模相同。

为了方便提梁机与运梁车配合,在装梁通道上需要事先画一条直线或以地面的一条水泥缝为线。在预制梁两个端面画中心线,提梁机走到装梁通道后需要将预制梁的两条中心线与装梁通道上所画的直线对齐,偏差应控制在 20 mm 以内。预制梁落到距地面约 1.6 m,安装支座。支座安装完毕,将砂浆、水、螺栓等放到梁体上,再将预制梁提到距地面约 3.8 m,等待运梁车进入提梁机内部,行驶到预制梁下面。

运梁车缓慢地从提梁机横梁下方穿过,进入梁体下面预定位置,通过调整运梁车和提梁机位置,使预制梁精确落放到驮梁小车上(图 7-16),解除吊具并将梁体锚固在运梁车上,运梁车载梁缓慢地驶出提梁机下方,提梁机空载开始搬运下一片箱梁。

(五) 变跨提梁

提升系统中的纵移油缸支座固定在带有销轴孔的槽钢上(图 7-17),通过纵移油缸的伸长实现天车的纵向移动。当待纵移油缸伸长达到极限时,拆除油缸支座与槽钢之间的销轴,由于天车与轨道间的静摩擦极大,天车不动,通过缩短油缸的长度使油缸支座向前移动,如此天车纵移油缸与油缸支座交替移动,便可实现变跨提梁。

图 7-16　TT900 型轮胎式提梁机与运梁车配合

图 7-17　TT900 型轮胎式提梁机油缸带动油缸支座移动

1. 两天车同时向中心移动变跨

由 32 m 变跨到 24 m：如图 7-18 所示，两侧天车纵向油缸支座同时向中间移动 14 个销轴孔，然后通过天车纵移油缸微调可实现 32 m 到 24 m 的变跨。

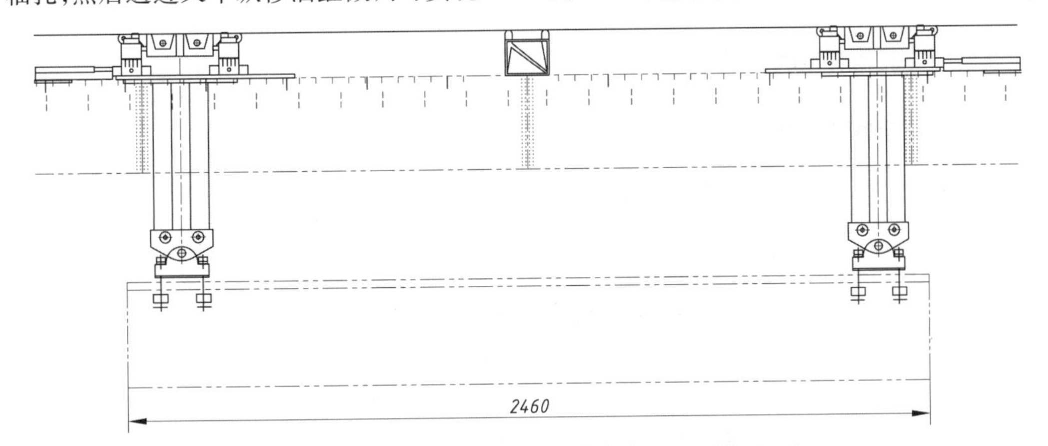

图 7-18　两天车同时向中心移动变跨（32 m 到 24 m）

由 32 m 变跨到 20 m:两侧天车纵向油缸支座同时向中间移动 21 个销轴孔,然后通过天车纵移油缸微调可实现 32 m 到 20 m 的变跨。

由 24 m 变跨到 20 m:两侧天车纵向油缸支座同时向中间移动 7 个销轴孔,然后通过天车纵移油缸微调可实现 24 m 到 20 m 的变跨。

由 24 m 到 32 m、20 m 到 32 m、20 m 到 24 m 的变跨过程均与上述变跨过程相反。

2. 一天车不动,另一天车向中心移动变跨

一天车不动,另一天车向中心移动变跨为特殊工况,在进行此变跨前,需先对液压和结构件进行整改,整改后再变跨。变跨过程与两天车同时向中心移动变跨类似。

由 32 m 变跨到 24 m:如图 7-19 所示,左侧天车不动,右侧天车向中间移动 28 个销轴孔,然后通过天车纵移油缸微调可实现 32 m 到 24 m 的变跨。

图 7-19　一天车不动,另一天车向中心移动变跨(32 m 到 24 m)

由 32 m 变跨到 20 m:一天车不动,另一天车向中间移动 42 个销轴孔,然后通过天车纵移油缸微调可实现 32 m 到 20 m 的变跨。

由 24 m 变跨到 20 m:一天车不动,另一天车向中间移动 14 个销轴孔,然后通过天车纵移油缸微调可实现 24 m 到 20 m 的变跨。

由 24 m 变跨到 32 m、20 m 变跨到 32 m、20 m 变跨到 24 m 的变跨过程均与上述变跨过程相反。

四、提梁机的安全操作

(一) 安全操作要求

(1) 提梁机操作工体检必须合格,并经过严格的技术培训,熟悉提梁机的结构、原理、性能、操作、保养及维修要求。

(2) 机组人员必须考试合格后持证上岗,严禁无证操作。

(3) 机组人员在作业前、作业中、作业后必须严格执行所有安全措施及安全警示。

(4) 机组人员在作业中必须集中精力,严禁在作业中聊天、阅读、饮食、嬉闹及从事与工作无关的事情。

(5) 驾驶员禁止串岗、擅离职守,班前严禁饮酒。

(6) 机组人员必须佩戴安全帽,高空作业系安全带,穿防滑鞋,冬季施工应采取保暖防

冻措施。

（7）机组人员必须有专人指挥，指挥信号统一，多岗位人员分工必须明确，保持协调一致。

（8）机组人员应保持相对稳定。

（9）禁止与工作无关的人员进入起吊梁现场，禁止在提梁机主梁上方往下随意抛物品。

（10）禁止对起吊程序进行修改，禁止随意改变或调整安全设备。

（11）禁止不遵照说明书任意维修设备，禁止对部件功能进行修改。

（12）禁止在超过规定的气候下使用，禁止在道路滑溜时运行提梁机。

（13）禁止照明条件不具备或能见度低的情况下进行提梁作业。

（14）禁止用不正确的方式操作、关机和使用安全装置。

（15）遵守现场设备和司机室上的所有安全警示。

（16）遵守所有装配、使用、保养手册中的指令，以便能安全有效地控制零部件和设备功能。

（17）不允许使限位开关长时间处于自动关闭状态。

（18）只有设备各功能正常时，才可使用提梁机。

（19）对吊具、钢丝绳、制动装置、限位开关等重要安全设备，应有专人进行监控，定期填写报告表。

（二）作业前注意事项

（1）作业前必须严格认真交接班。

（2）接班人员应共同对主要提梁机安全装置进行检查。

（3）操作者必须确定本人在安全状态，设备也在良好状态。

（4）操作者必须确定没有闲杂人员逗留现场，其他人员没有处于危险状态中。

（5）操作者必须确定工作区无障碍物，确保起吊操作和行进具有足够的空间。

（6）操作者必须检查制动器、限位开关、紧急制动开关。

（7）检查并确认驾驶室内油缸压力表读数处于控制范围内。

（8）检查并确认钢丝绳处于张紧状态，卷筒槽、滑轮内钢丝绳缠绕正常。

（9）检查并确认电器装置和所有机件处于完好状态后，将控制柄处于零位，鸣铃后方可开机。

（三）作业中注意事项

（1）禁止在吊运区内有人的情况下起吊荷载，禁止操作人员在载荷悬吊的情况下离开。

（2）禁止触摸正在旋转的滑轮、移动的钢丝绳及起吊状态下的吊具。

（3）禁止起吊荷载在空中长时间停留，禁止在悬吊的荷载下穿行、停留。

（4）禁止起吊超过额定能力的载荷，禁止在荷载不平衡时起吊。

（5）禁止用提梁机拖拉牵引翻转重物。

（6）禁止用提梁机起吊与地面连接的荷载。

(7) 禁止用钢丝绳直接吊装荷载。
(8) 禁止将吊具放在地上或被起吊的重物上。
(9) 禁止多步操作时快速变化步骤。
(10) 作业过程中对重要部分应监视运行。
(11) 架设过程中必须保证主梁的水平度、垂直度。
(12) 工作人员一旦发现其他人有危险,必须紧急制动。
(13) 若发现提梁机异常或部件损坏,必须停机。
(14) 起吊时不允许滑轮撞击提梁机。
(15) 起吊时不允许超过额定速度起吊。
(16) 起吊时检查起吊装置是否位于垂直平面位置,应使起吊装置保持平衡状态。
(17) 提梁机运行时避免和其他物体碰撞。
(18) 行驶过程中,在接近桥梁或接近终止位置时应减速。
(19) 运行期间,应有专人监护。

(四) 作业后注意事项

(1) 提梁机停止工作后,必须将停机制动器处于工作状态。
(2) 升起吊钩,使所有控制手柄处于零位。
(3) 按规定进行保养。
(4) 派专人看护。

(五) 司机必须认真做到提梁机"十不吊"

(1) 超过额定负荷不吊。
(2) 指挥信号不明、重量不明、光线暗淡不吊。
(3) 吊绳和附件捆缚不牢、不符合安全规则不吊。
(4) 六级以上强风等恶劣天气下不吊。
(5) 歪拉斜挂不吊。
(6) 工件上站人或工件上浮放着有活动物不吊。
(7) 氧气瓶、乙炔发生器等具有爆炸性物品不吊。
(8) 带棱角缺口未垫好不吊。
(9) 埋在地下的物件不吊。
(10) 液态或流体盛装过满不吊。

第二节 运梁车的构造与运用

运梁车是架桥机的配套设备,主要用于将预制梁从梁场运送到架桥现场,并配合架桥机进行架桥作业,也可用于架桥机的托运。

运梁车按走行方式分为轮轨式和轮胎式两种。轮轨式运梁车一般用于"先铺后架"施工工法中,除宽度有限的T梁外,也可运送箱梁。轮胎式运梁车有门架式和台车式两种,门架式运梁车多用于断面较小的 T 梁，走行速度低，用于短距离梁的运输；台车式运梁车更适用于大型断面、大吨位、长距离整孔箱梁的运输。

一、轮轨式运梁车

（一）轮轨式运梁车简介

图 7-20 为轮轨式运梁车，它主要由动力系统、支撑平台、车架总成、转向架总成、电气系统、制动系统、随机工具及附件等组成。

图 7-20　轮轨式运梁车

TY180G 型轮轨式运梁车用于在中国铁路标准轨距 1 435 mm 的工程线上行驶，运输通桥（2005）2201 型、通桥（2005）2101 型铁路混凝土梁。其主要与架桥机配合完成架梁作业，采用跨装式运输，拖拉喂梁方式，适用于边铺边架施工方案。

TY180G 型轮轨式运梁车采用变频电机驱动，采用变频器调频技术对设备进行速度控制，前运梁车和后运梁车可分动、联动。配备电控操作系统，重载采用集中操作，空载可单独操作。使用安全可靠，同步性能好。设备采用 JZ-7 型单独制动系统，可满足前后小车同步可靠制动要求、应急保护；可实现与不同类型架桥机配合；设备运输梁片时采用跨装式运输方式；体积小、重量轻，解体运输方便，使用成本低。

（二）轮轨式运梁车运输梁片

运梁车装运梁施工时应满足以下技术条件：运梁车的支撑杆外翻，并且前小车和后小车连接好后驶入起吊梁片的提梁机的门架中，当前小车行驶至接梁位置时，停车制动（手制动）并放置铁鞋，防止前小车溜放。摘开连接装置，后小车单独驶至接梁位置，停车制动并放置铁鞋。提梁机放下梁片至运梁车上，梁片重心应落在台车纵向中心线上，偏差不得超过 20 mm，在曲线上装梁时，可使梁片中心与台车纵向中心线略成斜交，注意在运梁车的支撑平台上放置一块橡胶垫或一些木枕，以保护梁片和防止滑动。梁片落在前小车上时，梁前端应超出运梁转向架 2 ~ 3 m，如施工条件限制，可按照规范调整其最大悬出位置。调节支撑平台上两侧支撑杆上的销轴和千斤顶，顶紧梁片。确认前小车和后小车上的支撑顶紧后，放开铁鞋，松开制动，启动前小车和后小车开始行驶。运梁车运送梁片时，应在两台车上分别安排专人监护，预防梁片支撑松动。

（三）轮轨式运梁车与架桥机配合喂梁

运梁车运梁至架桥机尾部，行驶至架桥机主机 2 号柱时，前小车停车并制动（图 7-21），由架桥机的前吊梁小车吊起梁的前吊点处，前吊梁小车与后小车配合送梁前行至后吊梁小车与梁的后吊点可起吊处停止前移，后小车停车并制动（图 7-22），后吊梁小车起吊梁片保持梁片水平。前后吊梁小车前行至落梁位置（图 7-23），运梁车退出架桥机。

注意：架上坡桥时，后运梁车必须相应垫高，否则会造成 2 号柱走行梁与梁片底面干涉，影响喂梁。

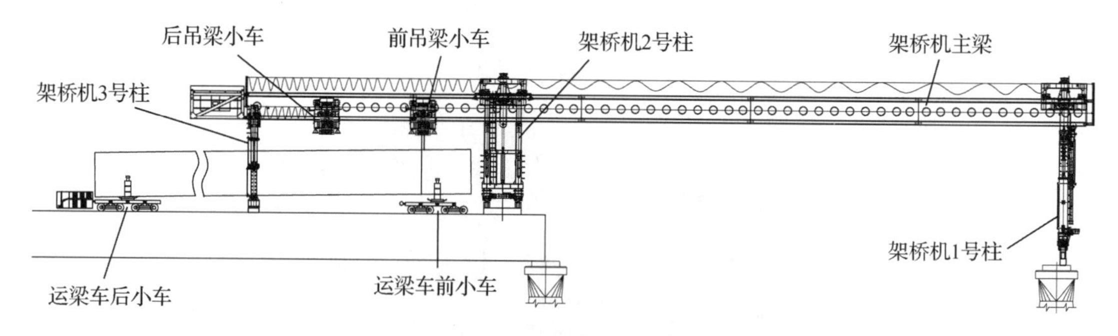

图 7-21　前吊梁小车吊梁

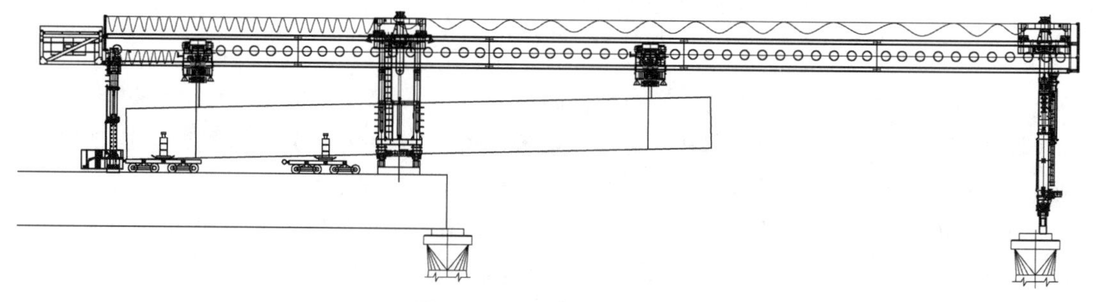

图 7-22　后吊梁小车吊梁

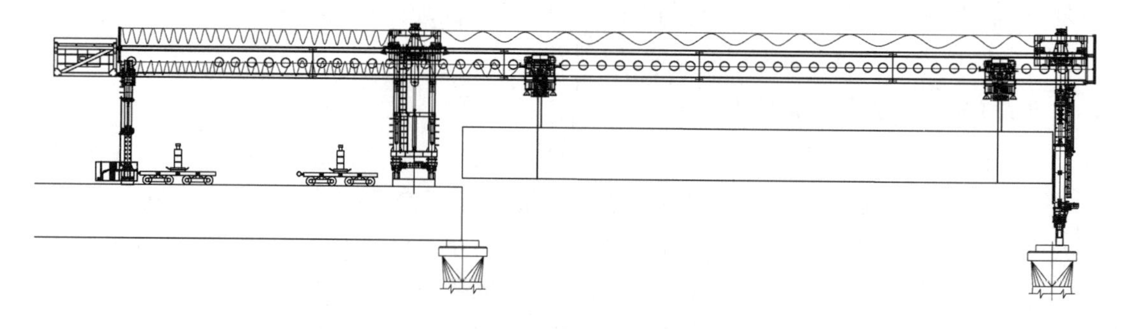

图 7-23　前后吊梁小车载重前进

二、轮胎式运梁车

在预制梁架设施工中，轮胎式运梁车具有轮轨式运梁车不可比拟的灵活性和通过性，因此，在高铁施工领域主要为轮胎式运梁车。下面就以徐工集团生产的 TY900 型运梁车为例，介绍轮胎式运梁车的结构及施工工艺。

（一）TY900 型运梁车的技术特点

TY900 型运梁车如图 7-24 所示，其最大运输质量为 900 t，主要用来运输大吨位混凝土预制箱梁，并可对架桥机进行喂梁。同时，该运梁车可以驮运架桥机，满足架桥转场作业要求。

图 7-24 徐工集团的 TY900 型运梁车

TY900 型运梁车是“机-电-液-气”相结合的高技术产品。采用静液压闭环驱动、全液压悬挂系统、全液压独立转向及整车液压升降自动调平。采用工业级微机来控制驱动、转向、升降和调平，同时能够实现直行、斜行、八字转向、半八字转向等多种运行模式。整机运行非常灵活，可实现无滑移或少滑移行驶，可以在较小的场地完成工作任务。

整车采用定点喂梁，双移动式枕梁支承和喂运箱梁至架桥机之上，由伺服变频电机驱动，可无级变速，确保车辆和架桥机的安全。

前后全视野驾驶室，可旋转 90°，双操纵互锁。

在设计时选用优质的通用标准件，其主要配套件均选用国内外知名品牌，整机综合性能及技术指标达到国际先进水平。按照模块化设计思想，同时充分考虑到运输及现场装配条件，解体后满足普通公路、铁路、水路运输要求。

（二）TY900 型运梁车的结构

TY900 型运梁车主要由动力系统、主梁、横梁、悬挂（包括桥系）、移梁小车、驾驶室、液压系统、电气控制系统和制动系统等部分组成。

1. 机械部分

整车以主梁为纵向对称线，16 对横梁、悬挂、桥系分两侧对称布置；主梁纵轴线的一端安装动力系统、驾驶室，另一端安装摆动驾驶室；主梁两侧装有气、液、电三路总线及管路；主梁两端装有支腿油缸；主梁上平面配有轮轨式移梁小车。

主梁为箱式结构，是整车主要的承载装置，有足够的强度和刚度，可保证运载混凝土箱梁的正常支撑，保证全车轮胎受力均匀。

16 对横梁和主梁间用高强度螺栓连接，横梁是主梁的桥梁，横梁和悬挂由 16 对回转支承连接，模块化均布于主梁两侧，以实现运梁车的独立转向功能。

驱动轴集中布置在主梁重载时前进方向的前段，有利于重载时发挥车辆的牵引特性；

气制动轴在主梁的中间部位，主要用于坡道的辅助停车制动；从动轴位于动力舱前段。

2. 动力系统

TY900 型运梁车采用两台 400 kW 道依茨柴油机，集中并联布置在运梁车后端，每台柴油机通过分动箱驱动液压油泵，为驱动系统、转向系统、悬挂系统、散热系统等提供动力源。

两台发动机既可单独工作，也可同时工作，当一套系统出现故障时，另一套系统也能使车辆顺利行驶到安全地点。双动力配置大大提高了系统的可靠性。

3. 液压系统

液压系统分为液压驱动、液压转向、液压调平、液压悬挂四个系统。液压驱动系统是由变量泵-变量马达组成的闭式系统；而其他三个系统是由液压泵、液压阀、液压油缸组成的开式系统，是 TY900 型运梁车的工作系统。

（1）液压驱动系统。由双泵同时驱动液压马达，液压马达全部采用并联方式。每一个驱动轮都由单独的变量马达通过减速器来驱动车轮。液压马达均带有电控变量装置和速度传感器，减速器带有制动器，防止超速失控。液压马达并联，不仅使整车主动车轮能同步动作和自动跟进，而且可保证驱动轮牵引力的平衡，防止打滑。

（2）液压转向系统。采用全轮独立转向，每组悬挂上有一个油缸、一个编码器、一组控制阀来实现独立转向；全车 32 套悬挂，可根据驾驶员选定的“转向模式”进行工作，不仅能满足八字转向、半八字转向，还能满足运梁车斜行和首尾轴固定转向。各悬挂轮轴均可按设定的转向轨迹进行转动，实现无滑移行驶，不仅可延长轮胎使用寿命，而且整机运行机动、灵活。最大负荷时可以实现静止转向。

（3）液压调平、液压悬挂系统。悬挂液压缸采用分组串联的方式，实现分组升降和整体升降。为确保箱梁运输过程中的正常支承状态和箱梁结构安全，32 个悬挂液压缸通过分组串联的方式，实现三点分组或者四点分组。运输箱梁时三点分组，保证了梁体四点受力，三点平衡，且为同一平面；四点分组用来调试整车的水平高差。

液压调平、液压悬挂系统设置管道防爆保护。当油管爆裂时，防爆安全阀可以瞬间关闭系统爆裂支路和悬挂系统，悬挂油缸可以继续起支撑作业，从而避免危险的发生。在整机多处设置手动截止阀，当系统发生故障时可以关闭局部系统，不至于整机瘫痪。

4. 电气控制系统

TY900 型运梁车的电气控制系统基于两种技术，即 CAN 总线技术与 SCADA 系统控制管理模式设计技术。TY900 型运梁车的驱动、转向和升降的控制，自动校偏、实时监控、故障诊断和报警的实现，以及遥控操作、无人驾驶功能，均由一套基于现场总线（CAN—BUS）的 PLC 控制系统来实现，通过 SCADA 系统进行管理。

5. 制动系统

TY900 型运梁车采用“气 + 液 + 机”形式实行行车制动、驻车制动和紧急制动。

（1）行车制动。主要通过控制驱动液压系统来实现。当操作者释放车速脚踏板时，驱动变量泵排量逐步降低，车速也随之降低；当脚踏板完全松开，变量泵排量为零，在液压阻尼的作用下实行行车制动，直至停车。

（2）驻车制动。常闭式盘式制动器安装在驱动轮系的行星齿轮减速机内，行驶时依靠液压力打开制动器。运梁车停车时，驱动泵排量降至零，液压阻尼使得系统减速直至停止，

同时驱动系统压力降为零,制动器卸载,在弹簧力的作用下,与制动盘结合实现驻车制动。

(3) 紧急制动。行车状态下,出现紧急情况时,操作者首先抬脚释放行车控制脚踏板,驱动系统停止供油,液压阻尼使得系统减速,然后踩下刹车脚踏板,使压缩空气从储气罐通过控制阀直接供给隔膜式制动气室,系统快速减速并实现紧急制动。

(三) TY900 型运梁车的施工工艺

高铁建设中,预制箱梁的运输任务由运梁车完成。运梁车的主要用途是装梁、运梁、喂梁和驮运架桥机。下面介绍运梁车装梁、运梁、喂梁的施工工艺,以及运梁车应对不同跨位、通过连续梁和驮梁过隧道等特殊工况下的施工工艺。

1. 运梁车装梁

预制箱梁首先由提梁机提梁至运梁车驮梁小车上,由运梁车驮运箱梁至施工工地。具体施工步骤如下:

(1) 整车调平。将运梁车停在一块地面相对平坦的区域,用卷尺测量悬挂油缸的高度,指挥人员通过对讲机指挥驾驶员控制悬挂油缸的伸缩,直至整车水平(一般悬挂油缸处于中位)。

(2) 驶入提梁机准备驮梁。提梁机将箱梁提起后,运梁车驶入提梁机,运梁车中线对准规定中线,到位后提梁机开始落梁,当箱梁底部距离运梁车驮梁小车箱梁支撑点 10 cm 的位置时停止落梁。根据箱梁四个面和驮梁小车上的橡胶缓冲器的相对位置,调整提梁机前后及左右位置。如果箱梁与运梁车前后的位置相差较大,这时需要调整运梁车,确保箱梁置于运梁车的中心位置。

注意:调整时指挥人员和驾驶员的注意力一定要高度集中,避免运梁车与提梁机发生碰撞。

(3) 驮运箱梁至施工工地。箱梁放于运梁车上之后,开始拆解吊具,将钢套、支撑体分别从双头螺柱上取下,提梁机提起双头螺柱离开箱梁,运梁车直行完全退出提梁机后(图 7-25),根据现场实际情况运行半八字或全八字进行转向,通过便道驶入主线干道,驮运箱梁至架桥机。

图 7-25 驮运箱梁驶出提梁机

2. 运梁车运梁

（1）运梁车装好梁后，两名观察人员和一名引道员处于运梁车运行方向前方，密切注意运梁车及前方道路情况，及时清理运梁车行驶线路上的障碍物，确保运梁车安全运行。司机控制好运梁车的速度与方向，和前方引道员密切配合，另一名观察员在运梁车的后方时刻注意运梁车上有无油液泄漏，物件、构件遗漏，如图 7-26 所示。司机应控制运梁车运行速度：空载 0 ~ 10 km/h，重载 0 ~ 5 km/h，曲线、坡道地段应严格控制在 2.7 km/h 以内。运梁车负载时在路基上的运行速度不得超过 4 km/h。

图 7-26　运梁车负载在路上行驶

（2）为确保已架箱梁均匀受力，运梁车在线路上要求沿标定中线行进，轮胎外侧距级配碎石填筑外侧不小于 1.5 m，距运梁便道外侧不小于 2 m。

（3）运梁车前端面距架桥机后支腿 50 m 处时停车，转换成一挡，低速前进驶入距架桥机后支腿中心 6 m 处停车，将前驾驶室旋转 90°至运梁车左侧（图 7-27），接着以蠕动速度前进，向架桥机后支腿靠近，安装过渡轨桥，完成对接。对接后停车并使运梁车处于驻车制动状态，安装运梁车与已架设预制梁之间的锚固机构，前端和后端车轮需要用楔形硬杂木卡住，移去驮梁小车外侧车轮的楔形挡块。支撑好运梁车前后支腿，必要时用楔形硬杂木或铁板找平，连接好运梁车的驮梁小车与架桥机的电缆，驮梁小车交由架桥机统一控制。

图 7-27　运梁车与架桥机对位

3. 喂梁结束后返回梁场

运梁车喂梁结束后，驮梁小车返回规定的位置，插上固定销轴，将八个楔形挡块卡在驮梁小车外侧车轮与导轨连接处，解除驮梁小车的动力电源，拆除过渡轨桥，收空支撑油缸并调整运梁车状态。此时监护人员应及时检查柴油、机油、液压油消耗情况，运梁车所有机械机构和电气元件是否完好，所有检查无误后方可回程。返回途中监护人员也应该时刻观察运梁车运行方向界限内有无杂物，若有，及时清理，确保运梁车轮胎安全。运梁车空载运行速度应控制在 0 ~ 10 km/h 以内，机长应时刻监督驾驶人员，以防止其违规操作，确保运梁车安全返回。

4. 特殊工况施工

（1）运梁车变跨施工。

运梁车主梁上设有驮梁小车，可以沿主梁上纵向轨道移位，满足变跨需要。其具有架设 32 m、24 m 和 20 m 不同跨度箱梁的能力。下面以 32 m、24 m 箱梁的架设为例，介绍运梁车变跨施工工艺。

① 由架设 32 m 跨变为 24 m 跨。

等跨架设 32 m 梁，架桥机就位，运梁车运 32 m 梁到位并与架桥机对接，安装运梁车与架桥机之间的过渡轨桥。驮梁小车驮运预制梁至导梁机上对位，提梁机吊梁天车将梁吊起，驮梁小车返回到运梁车上架设 24 m 梁的位置，插上固定销轴，解除驮梁小车的动力电源，拆除过渡轨桥，收空支撑油缸并调整运梁车状态，运梁车开始返回预制场准备驮运 24 m 的箱梁。

② 由架设 24 m 跨变为 32 m 跨。

同上面相反，等跨架设 24 m 梁，架桥机就位，运梁车运 24 m 梁到位并与架桥机对接，安装运梁车与架桥机之间的过渡轨桥。驮梁小车驮运预制梁至导梁机上对位，架梁机吊梁天车将梁吊起，驮梁小车返回到运梁车上架设 32 m 梁的位置，插上固定销轴，解除驮梁小车的动力电源，拆除过渡轨桥，收空支撑油缸并调整运梁车状态，运梁车开始返回预制场准备驮运 32 m 的箱梁。

（2）运梁车运梁过连续梁。

运梁车运梁过连续梁时应按以下要求进行施工：

① 运架设备跨越现浇混凝土连续梁前，必须检查连续梁的强度报告。再次验算连续

梁是否达到运架设备通过的载荷要求，只有达到载荷要求，才能通过。

② 运梁车重载第一次跨越现浇混凝土连续梁，在行走过程中进行数据采集，如果沉降观测点超出设计预定的范围，运梁车必须退回已架桥面上，以保证人、车、梁安全。

（3）运梁车过隧道运梁。

TY900 型运梁车驮运箱梁过隧道时，将悬挂伸出 100 mm（此时驮梁小车支撑平面距地面 3 426 mm）低速前进，行进过程中位于运梁车四角的观察员要注意观察箱梁边缘与隧道距离，及时反馈给驾驶员微调运梁车，防止箱梁与隧道衬砌发生刮蹭（图 7-28、图 7-29）。

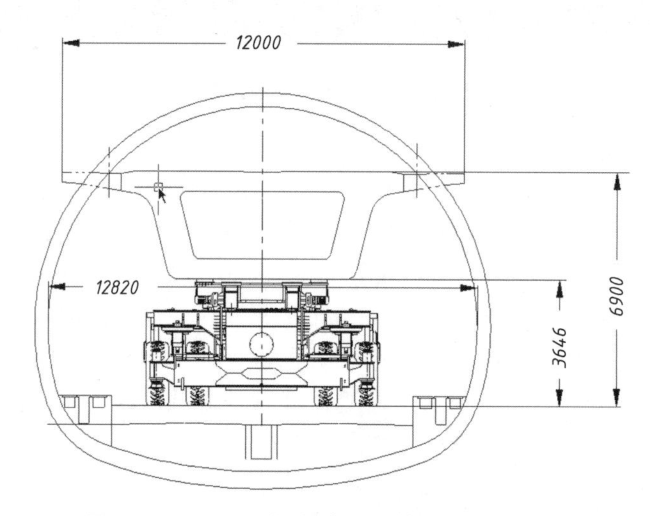

图 7-28　TY900 型运梁车驮运箱梁过 250 m 隧道

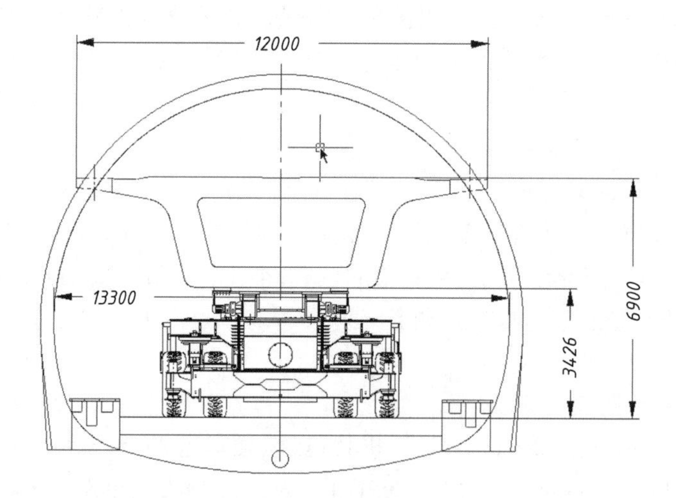

图 7-29　TY900 型运梁车驮运箱梁过 350 m 隧道

三、运梁车的安全操作

（一）安全使用一般规定

（1）机组人员必须经过专门培训，熟悉本机的构造、原理、性能及安全技术要求，做到

会使用、会保养、会检查、会排除故障。经考核合格，并取得操作合格证后方可持证上岗作业。

（2）在岗人员必须严格履行安全操作职责。患有心脏病、高血压、贫血及其他不适应高空作业人员，不得安排上岗。

（3）严格遵守劳动纪律，服从指挥，不得酒后上岗或连续疲劳作业。

（4）操作人员必须严格遵守运梁车的有关保养规定，认真及时地做好各项保养，保持运梁车处于完好状态。正确操作，合理使用，严禁违章作业。

（5）操作人员在运梁车运转作业过程中应注意观察，加强巡视，监护运梁车运转状况。严禁设备带病运转作业。严禁在运转中进行维修保养、润滑、紧固等作业。当运转中发现设备有异常时，应先停机后检查。

（二）作业前及作业中注意事项

（1）开始作业前要核对运梁车的规格型号，做好运梁车的各项常规检查（油、水、电、紧固、润滑、方向、制动等）、通信信号和轮胎气压（轮胎式运梁车）等的检查，各项检查均要符合要求。

（2）对运梁车运行经过的道路必须先行检查，若有路障，应及时清除。要掌握路面所能承受的压强，对压强低于运梁车轮胎压强的路面应及时补强。对凹凸不平的路段必须填平，保持路面的平整度。

（3）装梁前，技术人员应仔细核对待装成品梁的合格证、外观、梁长、编号等，核对无误后方可吊装。

（4）运梁车装梁时，预制梁重心应落在运梁车纵向中心线，纵、横向偏差要符合要求，如位置偏差超标，必须重新对位。在曲线路段上装梁时，可按要求使梁片中心与运梁车纵向中心线略成斜角。装好梁后，必须用撑杆和手拉葫芦捆绑好，以防梁的倾覆。预制梁落在运梁车上时，预制梁与运梁车支撑间应垫放硬木板或纤维层胶皮，以保护梁片混凝土。

（5）启动运梁车前，应全面检查一遍梁的支垫及支承情况，检查运梁车的方向及制动等，确认无误后方可运行。

（6）运梁车在作业中必须严格按说明书进行启动、运行和保养操作。

（7）起动运梁车时，松开制动器（刹车装置），从1挡起步。

（8）运梁车在行驶过程中，承载时挡位必须处于1挡位置，尽可能保持行驶速度的稳定。

（9）运梁过程中，操作人员应高度集中精力，密切注意运梁车的运行状况和前方道路情况，若发现异常，及时采取相应措施。非紧急情况，严禁高挡位急起急停。

（10）运梁过程中，要有专人随车观察和监听，密切注意梁体装运状态，若发现异常，及时发出信号，通知操作人员采取相应的措施。注意机油压力和冷却水的温度，经常倾听机械运转时有无异常响声，若发现异常情况或异常声音，应立即通知驾驶员停车，排除故障后才能继续运行。

（11）避免运梁车在下坡行驶时产生较大的惯性力矩，导致事故的发生。杜绝使用空挡滑行来达到提高速度和节省油耗的目的。

（12）运梁车所运的预制梁上不能放置杂物、工具等。

（13）停车时，利用行车制动降低速度，在怠速后停车，取出开关钥匙。停车后挡位必须处在有挡位置，同时手动处在制动的位置。

（14）运梁车与架桥机对位时，应有专人指挥，运梁车中心线应尽量与架桥机中心线一致。运梁车必须慢慢开进架桥机尾部，低速对位。驾驶员必须集中精神，听从信号工的指挥，严禁冲撞碰刮架桥机的任何部位。对位好后，在车轮前后放三角木将运梁车制动。

（15）喂梁时，运梁车的车速必须与架桥机上的起重车保持一致。

（16）当架桥机把梁全吊起且前移离开尾部后，经检查确认运梁车周围没有障碍物后才能退出架桥机尾部回程。

（17）在雨雪天气及六级以上大风等恶劣条件下，不得进行运梁作业。若遇路面湿滑及冰冻等，要采取相应的保护措施，并降低运行速度。

（18）应定期对运梁车进行保养，经常检查柴油机的润滑油的油位、变速箱润滑油的油位，以及齿轮的润滑油、转向轴的润滑油、燃油、冷却水的状况，以确保其处于最佳使用状态。

（三）作业后注意事项

（1）运梁车停止作业后，必须使停车制动器处于工作状态。

（2）所有控制手柄处于零位，四角支撑油缸处于工作状态，并在前后轮安放三角木止垫。

（3）当停机时负责人和安全员应最后检查其他工作人员是否执行了所有的例行安全措施。

◆ 复习题 ◆

一、单选题

1. （　　）主要用于将预制梁从制梁台提吊至存梁台位，预制梁养护完成后将其从存梁台位吊运到运梁车上。

A. 提梁机　　B. 运梁车　　C. 架桥机

2. MDEL300 型轮胎式提梁机，满载时吊梁小车能够纵向移位（　　），以满足精确对位要求。

A. ±500 mm　　B. ±400 mm　　C. ±250 mm

3. MDEL300 型轮胎式提梁机，满载时横移小车能够横向移位（　　），以满足精确对位需要。

A. ±500 mm　　B. ±400 mm　　C. ±250 mm

4. MDEL300 型轮胎式提梁机，支撑机构撑于地面，走行轮组可进行（　　）旋转。

A. 60°　　B. 90°　　C. 120°

5. （　　）主要用于将预制梁从梁场运送到架桥现场，并配合架桥机进行架桥作业，也可用于架桥机的托运。

A. 提梁机　　B. 运梁车　　C. 架桥机

6. TY900 型运梁车的(　　)系统是由变量泵-变量马达组成的闭式系统。

A. 液压驱动　　B. 液压转向　　C. 液压调平

7. 对于 TY900 型运梁车,当脚踏板完全松开,变量泵排量为零,在液压阻尼的作用下实行(　　),直至停车。

A. 行车制动　　B. 驻车制动　　C. 紧急制动

8. TY900 型运梁车,负载时在路基上的运行速度不得超过(　　)。

A. 4 km/h　　B. 5 km/h　　C. 10 km/h

9. TY900 型运梁车在便道上运梁时,要求轮胎外侧距运梁便道外侧距离不小于(　　)。

A. 2.5 m　　B. 2 m　　C. 1.5 m

10. TY900 型运梁车前端面距架桥机后支腿(　　)处时停车转换成 1 挡,低速前进驶入距架桥机后支腿中心 6 m 处停车。

A. 30 m　　B. 40 m　　C. 50 m

11. TY900 型运梁车前端面距架桥机后支腿中心(　　)处停车,将前驾驶室旋转 90°至运梁车左侧,接着以蠕动速度前进,向架桥机后支腿靠近。

A. 5 m　　B. 6 m　　C. 7 m

12. 运梁车行驶过程中,承载时挡位必须处于(　　)位置,尽可能保持行驶速度的稳定。

A. 1 挡　　B. 2 挡　　C. 3 挡

二、多选题

1. 下列对提梁机的描述正确的是(　　)。

A. 提梁机是一种门式起重机

B. 提梁机用于将预制梁从制梁台提吊至存梁台位

C. 预制梁养护完成后提梁机可将其从存梁台位吊运到运梁车上

D. 提梁机能完成架桥机的组装和拆卸

E. 提梁机可用于架设墩身不高的旱桥

2. 轮胎式提梁机的特点是(　　)。

A. 设备控制精确、安全性高、移动灵活

B. 梁场场地建设投入少

C. 需要在梁场铺设专用行走轨道

D. 设备成本高

E. 维修养护成本高

3. MDEL300 型提梁机(　　)。

A. 可用于 30 m、25 m 预制混凝土箱梁在预制场内的起吊、转移及向运梁车喂梁

B. 可用于 32 m、24 m、20 m、16 m 预制混凝土 T 型梁在预制场内的起吊、转移及向运梁车喂梁

C. 可用于预制场箱梁预扎钢筋

D. 可用于内模的整体吊装

E. 具备提一过二功能

4. 提梁机操作工必须符合(　　)条件,才能上岗。

A. 体检合格

B. 经过严格的技术培训

C. 熟悉提梁机的结构、原理、性能、操作、保养及维修要求

D. 提梁机操作考试合格

E. 有专科毕业证

5. 下列对TY900型运梁车的描述正确的是(　　)。

A. 是"机-电-液-气"相结合的高技术产品

B. 采用静液压闭环驱动、全液压悬挂系统、全液压独立转向

C. 能整车液压升降自动调平

D. 能够实现直行、斜行、八字转向、半八字转向等多种运行模式

E. 前后全视野驾驶室,可旋转90°,双操纵互锁

6. TY900型运梁车的(　　)系统是由液压泵、液压阀、液压油缸组成的开式系统,是TY900型运梁车的工作系统。

A. 液压驱动　　B. 液压转向　　C. 液压调平

D. 液压悬挂　　E. 紧急制动

三、判断题

1. MDEL300型轮胎式提梁机支腿采用门式结构,方便运梁车从2组支腿之间行进到提梁机主梁下方装运箱梁。(　　)

2. MDEL300型轮胎式提梁机支撑机构为液压缸式结构,其活塞杆端通过球面接头与撑脚的球窝相连,使撑脚可以在-10°~10°范围内摆动,以适应路面变化。(　　)

3. MDEL300型轮胎式提梁机共有8个走行轮组,8组16轮全部为驱动轮。(　　)

4. MDEL300型轮胎式提梁机行车制动采用液压回路静压制动,可使提梁机逐渐停止行走。(　　)

5. MDEL300型轮胎式提梁机停车制动采用盘式制动器实现,满足提梁机满载时斜坡停车,并可以承受风载而保证整机不溜移。(　　)

6. MDEL300型轮胎式提梁机设置电控独立转向机构,可实现纵向行走和横向行走过程中方向在-10°~10°范围内的转向斜行。(　　)

7. 出模前应根据梁场提供的梁体吊点布置详图对吊装孔进行检验,若吊装孔各参数符合要求,可进行出模操作。(　　)

8. 提梁机行走到存梁台座落梁时,无论偏差大小,均可以通过天车纵横移油缸进行调整。(　　)

9. 提梁机向运梁车上装梁时,应将预制梁重心落在运梁车纵向中心线上。(　　)

10. 提梁机机组人员必须佩戴安全帽,高空作业系安全带,穿防滑鞋,冬季施工应采取

保暖防冻措施。( )

11. 门架式运梁车更适用于大型断面、大吨位、长距离整孔箱梁的运输。( )

12. TY180G 型轮轨式运梁车,前后运梁车可分动,也可联动,重载采用集中操作,空载可单独操作。( )

13. TY900 型运梁车采用两台发动机,这两台发动机既可单独工作,也可同时工作,当其中一套系统出现故障时,另一套系统也能使车辆顺利行驶到安全地点。( )

14. TY900 型运梁车的驻车制动采用常闭式盘式制动器制动,在液压力作用下松闸,在弹簧力的作用下,与制动盘结合,实现驻车制动。( )

15. TY900 型运梁车在曲线、坡道地段行驶时,其速度应严格控制在 4 km/h 以内。( )

16. 运梁车在下坡行驶时,可使用空挡滑行来达到提高速度和节省油耗的目的。( )

17. 运梁车停止作业后,必须将停车制动器处于非工作状态。( )

18. 运梁车停止作业后,所有控制手柄处于零位,四角支撑油缸处于工作状态,并在前后轮安放三角木止垫。( )

四、填空题

1. 根据走行方式,提梁机可以分为__________提梁机和__________提梁机。

2. MDEL300 型轮胎式提梁机的吊梁小车具有__________功能,能满足穿吊带或落梁到存梁台座时的需要。

3. MDEL300 型轮胎式提梁机的电气控制对象主要包括__________轮组、__________轮组及吊梁小车三大部分。

4. 提梁机转向操作:重载工况下,在运梁通道需要转向时,应先将__________伸长,使轮胎脱离地面,然后方可进行__________操作,以减小轮胎的荷载及与地面的摩擦力。

5. 安装吊具体:提梁机行走到制梁台座,使吊具体双头螺柱与预制梁__________对齐,对齐过程中可通过天车__________进行微调。

6. TY900 型运梁车的主梁为__________结构,是整车的主要的__________装置,有足够的强度和刚度。

五、问答题

1. 简述 MDEL300 型轮胎式提梁机的结构组成。

2. 简述提梁机“十不吊”内容。

3. 简述轮轨式运梁车的结构组成。

4. 简述 TY900 型运梁车的结构组成。

第八章 架桥机的构造与运用

学习目标

- 掌握架桥机的用途及分类。
- 掌握典型单梁式架桥机及双梁式架桥机的构造及主要组成部分的作用。
- 熟知单梁式架桥机及双梁式架桥机的施工程序。
- 熟知架桥机常见故障及处理方法。

知识要点

- 架桥机的用途、分类,典型架桥机的构造及主要部分的作用。
- 单梁式架桥机及双梁式架桥机的施工程序。
- 架桥机的检查与维护,架桥机常见故障及处理。

能力目标

- 能说出单梁式架桥机及双梁式架桥机的施工程序。
- 具有对架桥机检查、维护及常见故障处理的能力。

架桥机是一种支承在桥墩或桥面上,可沿纵向(横向)自行变换支承位置,用于将预制梁梁体(包括整孔梁片、整跨梁片、节段梁体、非整跨梁片)安装在桥墩支点位置的一种专用起重机。

随着世界桥梁技术的迅速发展,桥梁的结构呈现多样化,因此架桥机的种类也繁多。目前,国内正在使用的架桥机的分类情况如下:

根据用途,可分为普速铁路架桥机、公路架桥机、城际铁路架桥机、高铁客专架桥机。

根据过孔方式,可分为导梁式架桥机、步履式架桥机、轨行式架桥机、运架一体式架桥机。

根据运梁与架梁是否分离,可分为架梁运梁一体式架桥机和架梁运梁分离式架桥机。

根据结构形式,可分为单梁式架桥机、双梁式架桥机、双悬臂式架桥机等。

第一节　单梁式架桥机的构造与运用

单梁式架桥机的吊臂为一箱形梁，向前悬伸，在其前端有一能折叠的立柱（由左右两脚杆组成）。单梁式架桥机可在空载状态下自行驶入桥位，再将前立柱伸直，支撑在前方桥墩上。当所架梁片（或整梁）沿吊臂移动时，吊臂接近简支梁状态。

架桥机架桥时，运梁车和架桥机后端对位，用行驶在架桥机吊臂上的两台吊梁小车将梁片吊起，沿吊臂前行，到达桥位落梁。为适应曲线架桥，单梁式架桥机的吊臂能在水平面内做少量摆动。单梁式架桥机的优点是：取消平衡重，不再需要机车顶推，喂梁不需桥头岔线，机械化程度提高，安全性能有所改善。下面以徐工集团生产的 TJ180 型铁路架桥机为例，介绍单梁式架桥机的性能和结构。

徐工集团生产的 TJ180 型铁路架桥机的实物图如图 8-1 所示，用于架设跨度在 32 m 以下预应力钢筋混凝土 T 梁，额定起吊质量为 180 t。该机属于单臂简支型，主梁能上下升降、前后伸缩、左右摆动，整机可横向移动梁片，达到全幅梁片一次落梁到位。该机结构简单，重量轻，安全可靠，自动化程度高，运输和使用维护方便，整机作业安全可靠性好。

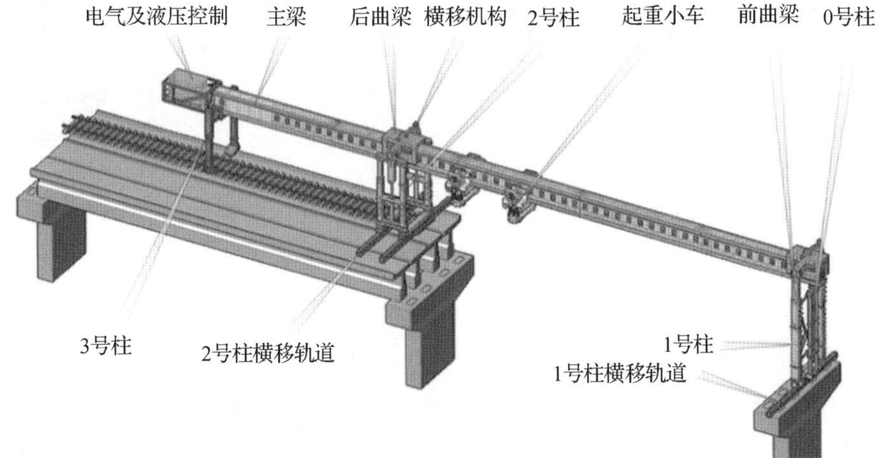

图 8-1　TJ180 型铁路架桥机的实物图

一、TJ180 型铁路架桥机的主要性能参数

TJ180 型铁路架桥机的主要性能参数如表 8-1 所示。

表 8-1　TJ180 型铁路架桥机的主要性能参数

参数名称	技术参数	参数名称	技术参数
额定起吊质量/t	180	整机过孔速度/(m/min)	5
架桥机总质量/t	130	吊梁小车纵移速度/(m/min)	5～6
适宜跨度/m	≤32	吊梁起落速度/(m/min)	0.6

续表

参数名称	技术参数	参数名称	技术参数
整机功率/kW	53	吊梁整机横移速度/(m/min)	1.6
架设梁片适应坡度	≤5%	机臂纵移速度/(m/min)	5
架设桥梁型	直线桥 $R \geq 200$ m 斜桥 0～45°	液压系统最大工作压力/MPa	25
整机外形尺寸(长×宽×高)	58.2 m×4.24 m×8.4 m	主机功率配备/kW	100
2 号柱内净空(宽×高)	3.48 m×3.57 m	整机工作级别	A3
可铺设轨排/m	25(Ⅲ型枕)	架梁速度/(片/h)	1

二、TJ180 型铁路架桥机的结构

TJ180 型铁路架桥机由主梁、曲梁及横移机构、0 号柱、1 号柱、2 号柱、3 号柱、起重小车、横移轨道、液压系统和电气系统等组成，如图 8-2 所示。

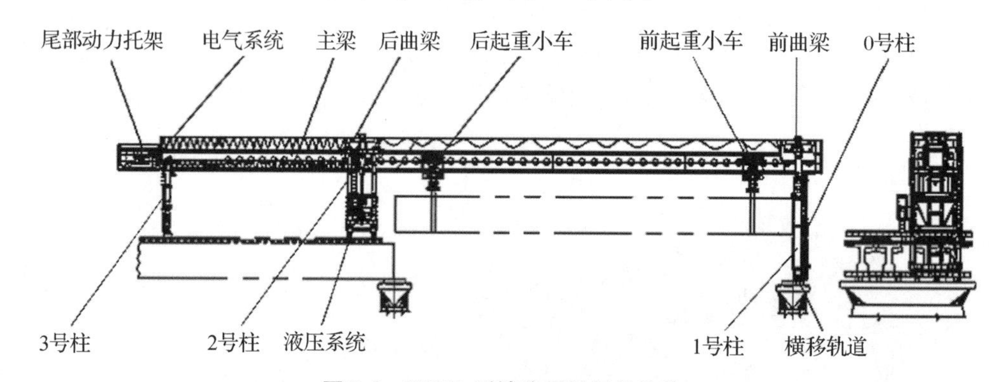

图 8-2　TJ180 型铁路架桥机的构造

（一）主梁

主梁是架桥机的主要承载部件，为箱形结构，如图 8-3 所示，其截面两边设有上下耳梁。下部设有双排齿条，整体由 5 节单元梁通过八销轴连接机构销接而成。起重小车与曲梁锁定时，起重小车通过齿条可驱动主梁前移、后退；曲梁与主梁锁定时，起重小车通过齿条可在主梁上前后移动。主梁上设有水平检测装置，在施工作业中，可有效检测主梁挠度，提高架桥机的安全性能。

（二）曲梁及横移机构

曲梁的构造如图 8-4 所示，它是支承主梁的主要承载构件，安装在 1 号柱和 2 号柱上端的横梁上，通过行走滑轮与主梁连接。横移机构（油缸）一端通过螺栓连接在曲梁上部，另一端与柱体上横梁栓接[（图 8-5）、图 8-9（b）]。横移机构横移量为左右各 750 mm。

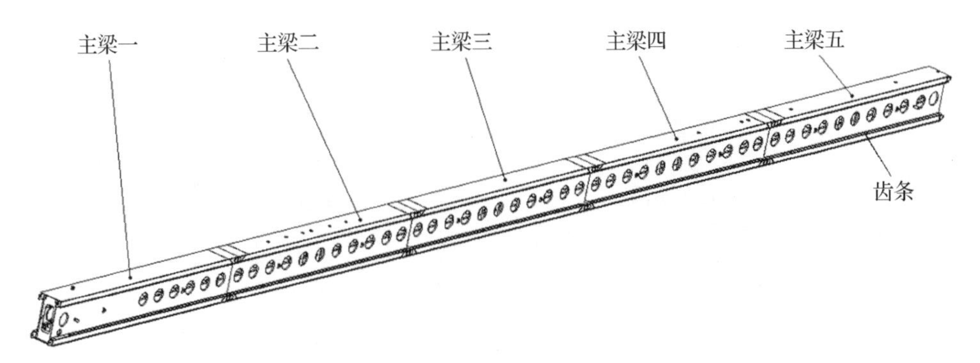

图 8-3　主梁的构造

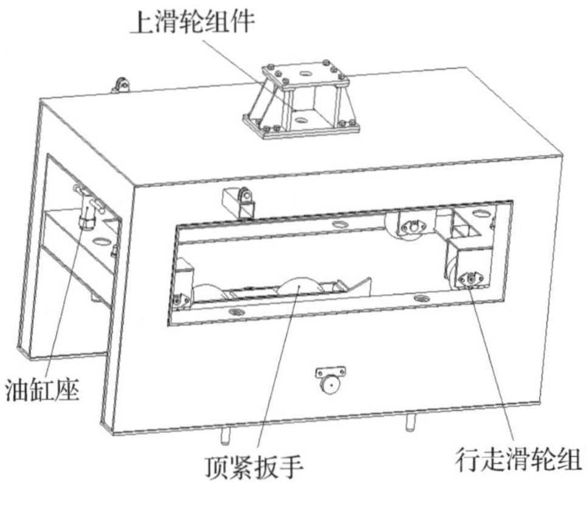

图 8-4　曲梁的构造

(三) 0 号柱

0 号柱安装在主梁前端下方,为两级伸缩、窄式门框架结构,如图 8-5、图 8-6 所示。转运时可将 0 号柱翻转至水平。在特殊工况时,可将 0 号柱向主梁内侧收起,用绳索固定在主梁上。

图 8-5　0 号柱与主梁的连接

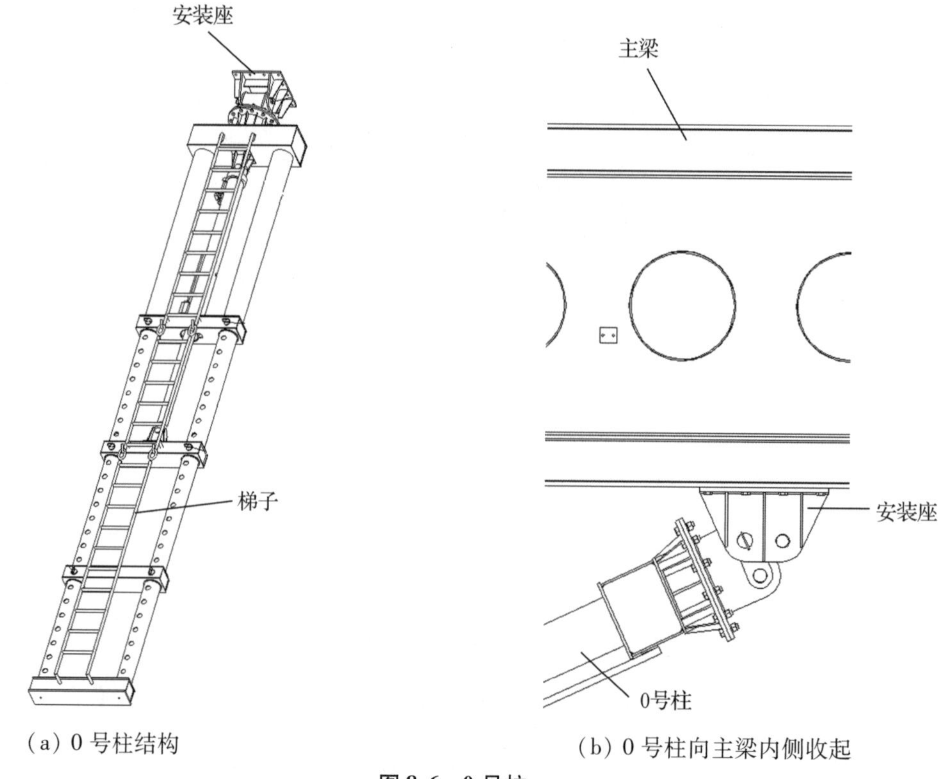

(a) 0 号柱结构

(b) 0 号柱向主梁内侧收起

图 8-6　0 号柱

(四) 1 号柱

1 号柱通过上横梁与前曲梁连接(图 8-5)。柱身为两根可两级伸缩立柱(图 8-7),调整高度为 3 000 mm。并配备两种调整节,一种为 3 400 mm,用于平桥时使用;一种为 1 100 mm,用于架设坡度较大的下坡桥时使用。

1 号柱配有固定机构,用于加强架桥机过孔工况下的安全性能。进行有轨作业时,调整刚性拉杆长度,用夹具与轨道固定;无轨道时,调整拉杆的基本节与伸缩节连接位置,并将锚具固定在已铺设好的梁上。

在 1 号柱下部横梁上安装有一台电动机(图 8-7 和图 8-8),电动机通过链传动可以使 1 号柱下的轨轮带动 1 号柱沿轨道横向移动。

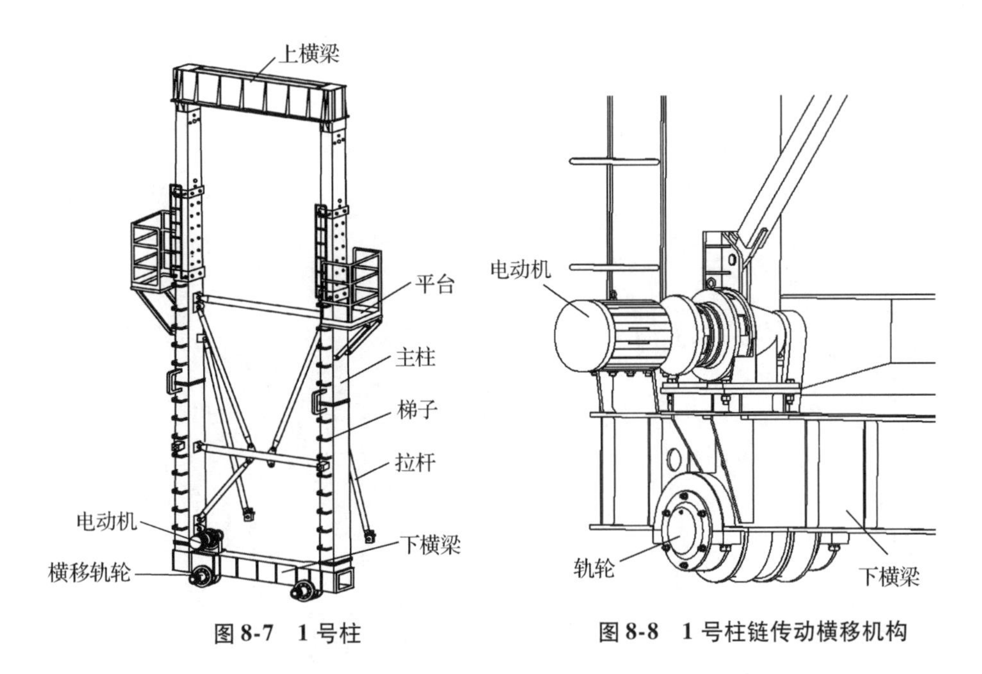

图 8-7 1 号柱　　图 8-8 1 号柱链传动横移机构

（五）2 号柱

2 号柱通过上横梁与后曲梁连接，如图 8-9 所示，柱身为四根可两级伸缩立柱，调整高度为 3 000 mm。

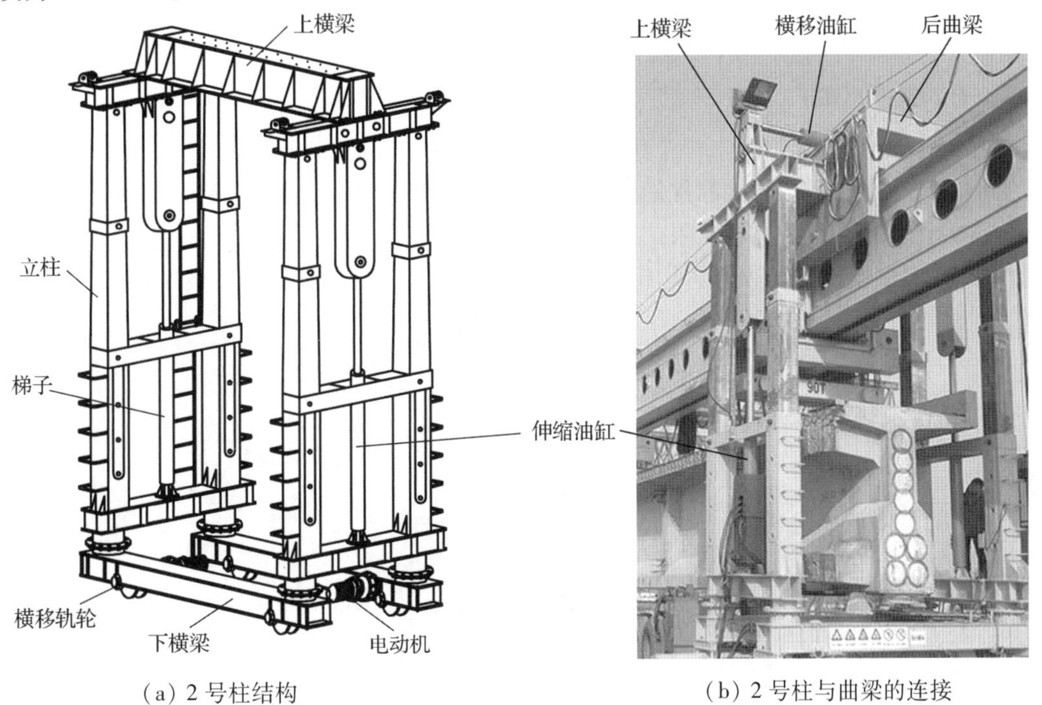

(a) 2 号柱结构　　(b) 2 号柱与曲梁的连接

图 8-9 2 号柱

（六）3 号柱

3 号柱安装在主梁后端下方，通过框形连接支架与主梁连接，如图 8-10 所示。3 号柱柱身为两根可两级伸缩立柱,调整高度为 3 150 mm。架设曲线桥时 3 号柱可横向移动左右各 600 mm。3 号柱配有转换节,当运梁时,为方便运梁车通过,在 3 号柱柱脚上方加入转换节,改变柱脚外伸端方向,即 3 号柱可由窄支撑变为宽支撑。

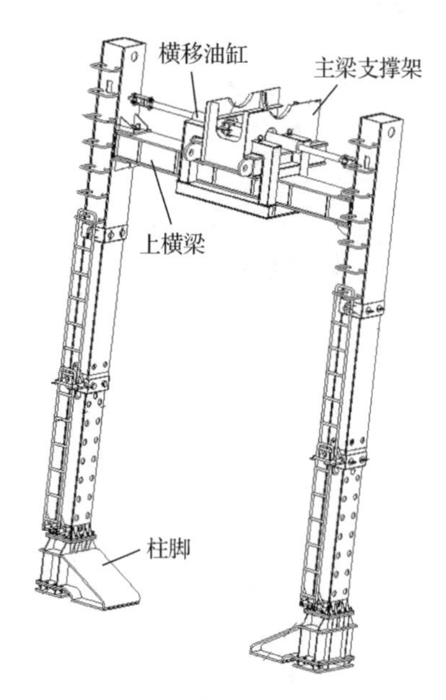

(a) 3 号柱结构

(b) 3 号柱与主梁的连接

图 8-10　3 号柱

(七) 起重小车

起重小车分为前后起重小车,其构造如图 8-11 所示,起重小车通过轮组挂在主梁下方耳梁上。起重小车是架桥机的常用重要部件,其上设有多重安全防护装置,以保证起重小车正常工作。卷扬机配有高度限位器,小车车架装有限位行程开关,限制小车沿主梁方向的位置;吊具装有限位行程开关和机械防撞块(图 8-12),双重限制吊具的高度,以保护电机。吊具组件装有防脱装置,可有效防止绳索脱落。

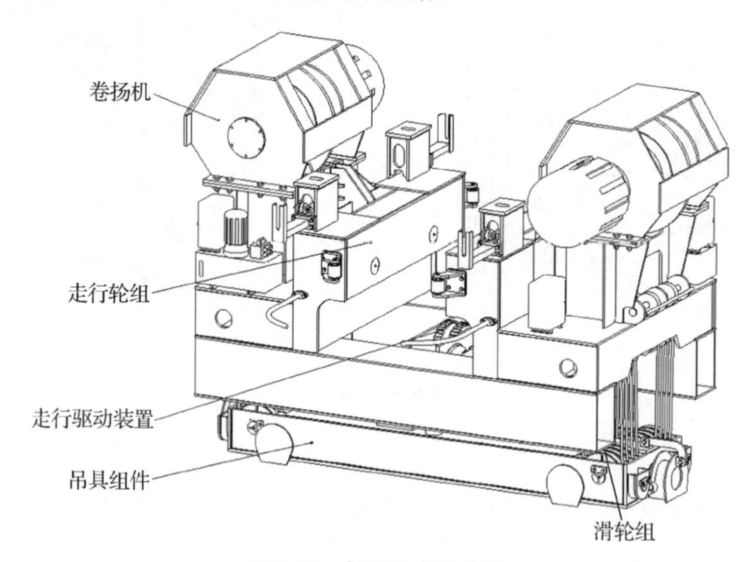

图 8-11　起重小车的构造

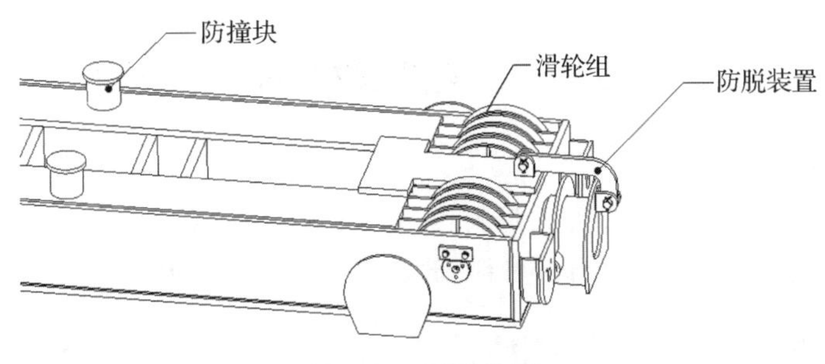

图 8-12　防护装置

（八）横移轨道

横移轨道包括 1 号柱横移轨道 1 根、2 号柱横移轨道 2 根。架设单线桥时，用长度为 4.5 m 的横移轨道；架设双线桥时，在原 4.5 m 轨道一端接长为 5.9 m 的轨道。其中 2 号柱 4.5 m 横移轨道中有配重，用以增加过孔时整机的纵向稳定性。

（九）液压系统

液压系统共有三套：0 号柱、3 号柱顶升及横移一套，2 号柱顶升及横移一套，1 号柱顶升及横移一套。液压系统均由动力元件液压泵、执行元件油缸或液压马达及各控制元件等组成。液压泵为轴向柱塞泵，公称压力为 25 MPa。

0 号柱、3 号柱顶升及横移一套，由一台 4 kW 电动机驱动。0 号柱顶升油缸由一个电磁换向阀控制，3 号柱顶升油缸由两个电磁换向阀控制。3 号柱横移由另一个电磁换向阀控制。

2 号柱顶升及横移一套，由一台 4 kW 电动机驱动，两个顶升油缸和一个横移油缸由 3 个电磁换向阀控制。

1 号柱顶升及横移一套，由一台 4 kW 电动机驱动，两个顶升油缸和一个横移油缸由 3 个电磁换向阀控制。

1 号柱和 2 号柱横移油缸采用双出杆横移油缸，工作时受力均匀，运行平稳。

油泵为齿轮泵，公称压力为 31.5 MPa。

（十）电气系统

架桥机共有 12 台电机，装机容量为 52.4 kW，采用一台 100 kW 发动机组供电。

电源采用三相四线制供电方式，架桥机上移动单元的动力线与控制线用橡套电缆线在钢丝绳上滑移，钢丝绳分上下两层布置，确保互不干扰。

本系统以 PLC 为主控制器，走行机构电机驱动采用交流变频调速技术，使得起重小车走行及横移电机在各种工况下软启动、软停止。

第二节 单梁式架桥机施工流程

单梁式架桥机的施工包括架桥机组装、过孔、架梁及特殊工况施工等。下面以徐工集团生产的 TJ180 型铁路架桥机为例,介绍单梁式架桥机的施工流程。

一、TJ180 型铁路架桥机的组装

(一) 组装前的准备工作

1. 场地准备

场地选择长 80 m、宽 15 m 的平坦、坚实场地。野外施工,可在桥头空地或桥面连续梁处。

2. 工装准备

垫木、焊机、钢尺、大锤等(要详细列出);汽车吊或行车,一台 50 t,一台 25 t。

3. 零部件准备

按装箱单清点部件、备料,确保零件清洁,无杂污,无遗漏。

(1) 检查清点各构件、连接件、机电设备总成部分、电气元件及电缆数量是否符合。

(2) 结构和机电元件是否完好无损,电缆是否安全、可靠,确保无断路和绝缘损坏现象。

(3)清理各部件,特别是运动机构不能有附着杂物,要整洁。

(二) 整机组装流程

拼装架桥机时如需临时电源,可用架桥机自带发电机组发电并接临时线,或者外接临时电源。

1. 组装二、三、四节主梁及曲梁

首先检查各主梁部件是否完好,各梁连接板是否平整、光洁。准备好主梁连接用的销轴和螺栓,准备好主梁连接时所垫的枕木(用以保护主梁底部齿条)。然后由第二节主梁,按图 8-13 所示连接顺序依次装配固定各节主梁及曲梁。在导轨及齿条表面涂 2 号锂基润滑脂。检查并确保第五节主梁干净、无油污及其他污物,为后续安装第五节主梁做好准备。

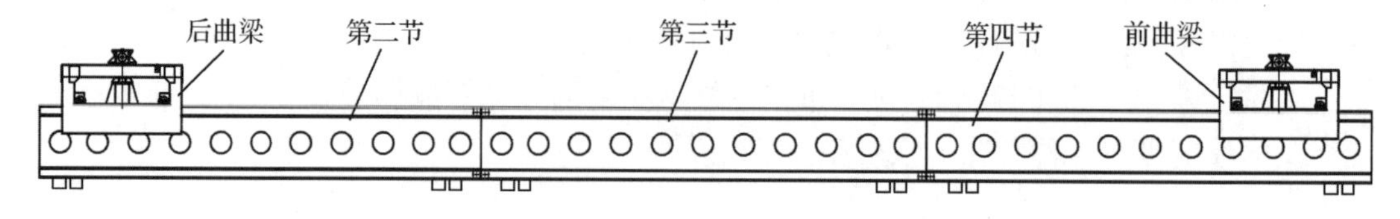

图 8-13 组装二、三、四节主梁及曲梁

2. 组装 1 号柱、2 号柱

组装 1 号柱、2 号柱,如图 8-14 所示,将导柱缩至导套内,保持高度最低的状态。将两支腿竖立,中心距 26 m,按产品设计正确摆放位置,并用手拉葫芦或钢丝绳锚固。

图 8-14　组装 1 号柱、2 号柱

3. 吊装主梁

如图 8-15 所示，将组装好的主梁和曲梁，用钢丝绳经吊耳捆绑好，用吊车吊到竖立好的 1 号柱、2 号柱上，将前后曲梁上的横梁和支腿上对应螺栓孔对正，并用高强螺栓固定。

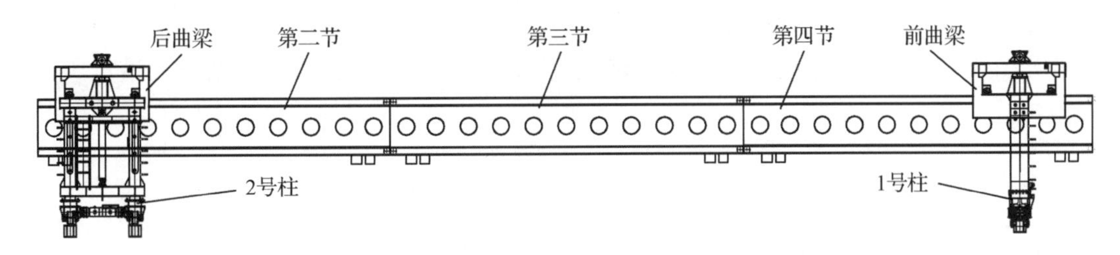

图 8-15　吊装主梁

4. 安装第五节主梁和 0 号柱

如图 8-16 所示，将第五节主梁吊起与拼好的主梁部分装配固定，然后将 0 号柱及其安装座安装至第五节主梁上。由于高度不够，0 号柱缩至最短，并倾斜垂至地面。

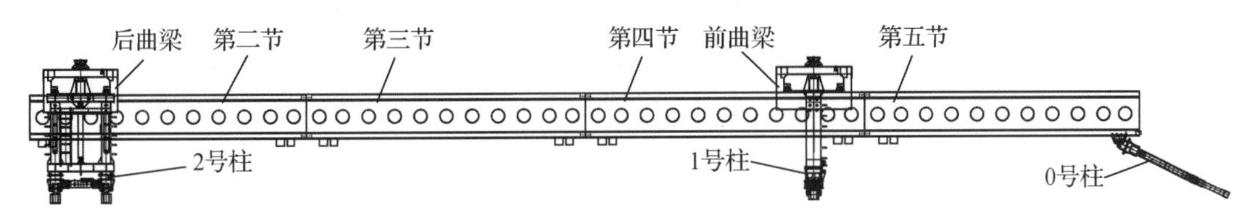

图 8-16　安装第五节主梁和 0 号柱

5. 安装第一节主梁、前后起重小车

如图 8-17 所示，将第一节主梁吊起，装配固定在组装好的主梁上。将前起重小车吊至主梁末端（第一节位置处），从主梁后部滑入轨道，接临时电源，走行至主梁中部，后起重小车重复该步骤。

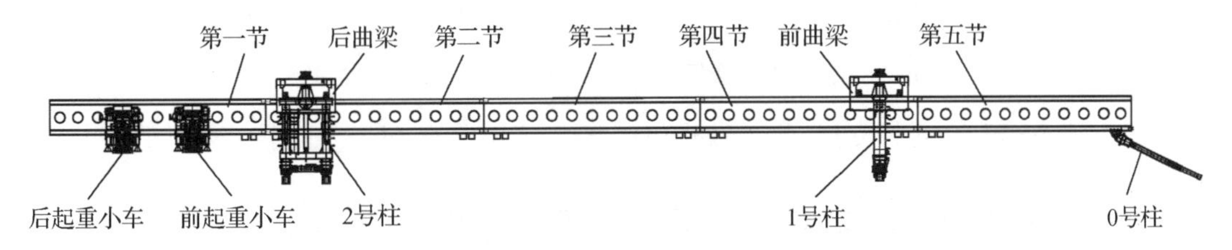

图 8-17　安装第一节主梁及前后起重小车

6. 安装 3 号柱、电缆挂架、动力舱

如图 8-18 所示，安装 3 号柱横梁，将 3 号柱左右腿分别安装至主梁两侧。将前后电缆挂架固定到主梁上，最后将动力舱吊起，装配固定在主梁最后端。

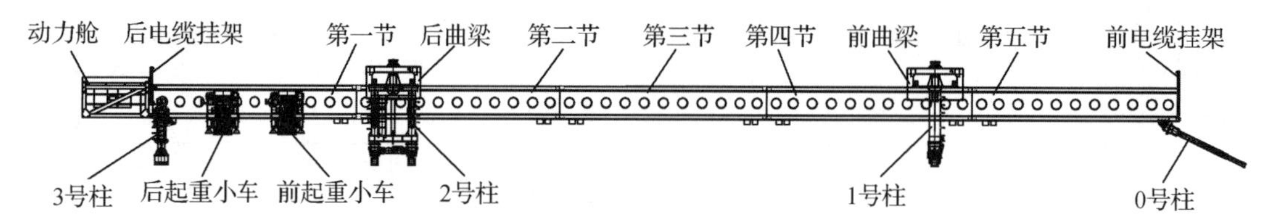

图 8-18　安装 3 号柱、电缆挂架、动力舱

7. 换 1 号柱、2 号柱、3 号柱油缸固定销孔

将 1 号柱、2 号柱、3 号柱油缸固定销由上孔换至下孔，架桥机高度增至架梁状态。

8. 安装护栏、电气及液压附件

如图 8-19 所示，将各护栏安装至正确位置，安装限位开关，连接电气线路及液压管路等附件。

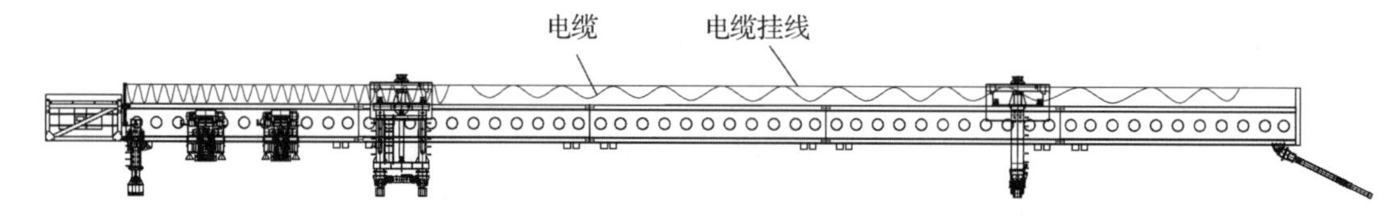

图 8-19　安装护栏、限位开关，连接电气及液压附件

二、TJ180 型铁路架桥机过孔流程

（1）为保证架桥机过孔的安全性，架桥机过孔前应首先将整机重心降低，支腿下降 1 ~ 2 个销孔位置，如图 8-20 所示。前起重小车前行至 1 号柱前曲梁处，穿销轴连接。后起重小车前行至 2 号柱后曲梁处穿销轴连接。用连接板连接 1 号柱、2 号柱走行梁与轨道。取掉 1 号柱前曲梁与主梁、2 号柱后曲梁与主梁的定位销轴，将 1 号柱与已架梁体用拉杆及两个 10 t 链条葫芦和钢丝绳固定。

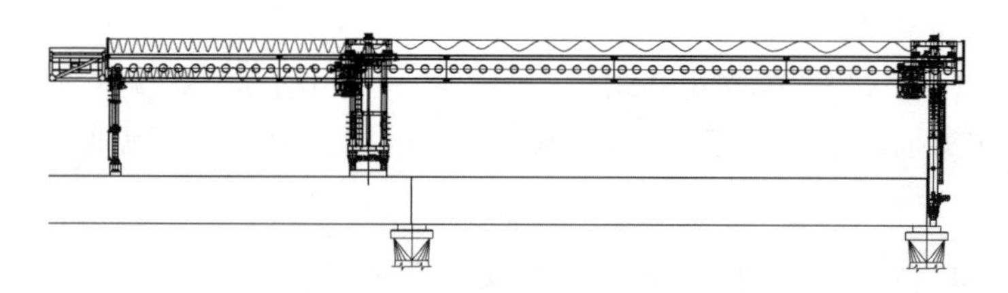

图 8-20　整机重心降低，曲梁与起重小车连接、与主梁解锁

（2）由 1 号和 2 号柱支撑，收 3 号柱和 0 号柱，主梁前移 14 m，如图 8-21 所示。

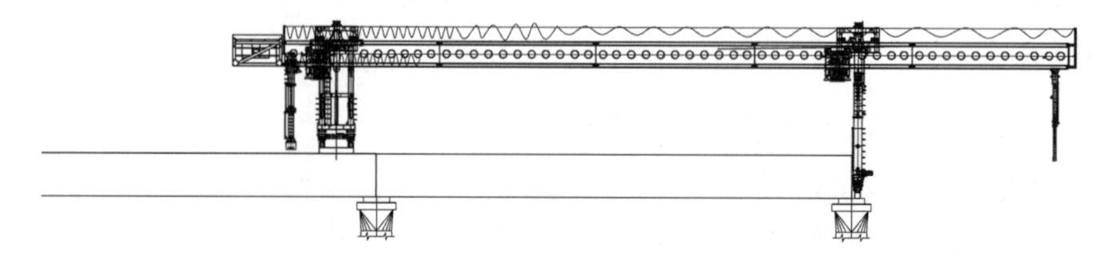

图 8-21　支撑 1、2 号柱，收起 3、0 号柱，主梁前移

(3) 支撑 3 号柱,收 2 号柱离地,后起重小车带 2 号柱前行 19 m(1 号柱与 2 号柱之间距离约 14.5 m),支撑 2 号柱,垫平、支稳、顶升柱体、穿柱体销轴,如图 8-22 所示。

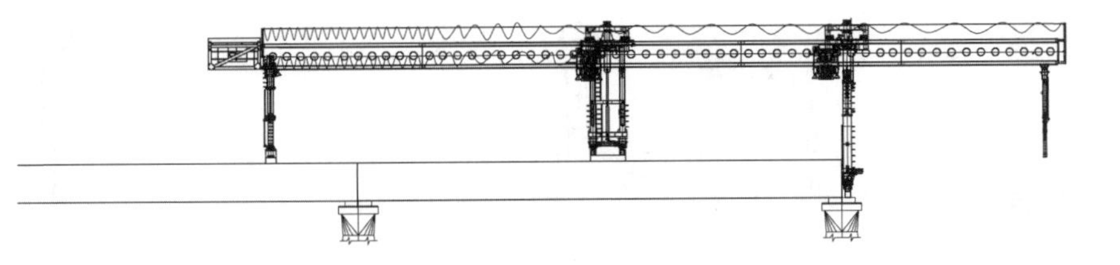

图 8-22　支撑 3 号柱,收起并移动 2 号柱,支撑 2 号柱

(4) 收 3 号柱,用前后起重小车驱动主梁前行至前桥台,支撑 0 号柱,如图 8-23 所示。支撑时既要保证垫平垫实,还要保证 0 号柱与 1 号柱之间主梁的水平度,其误差为 -50 ~ +150 mm。

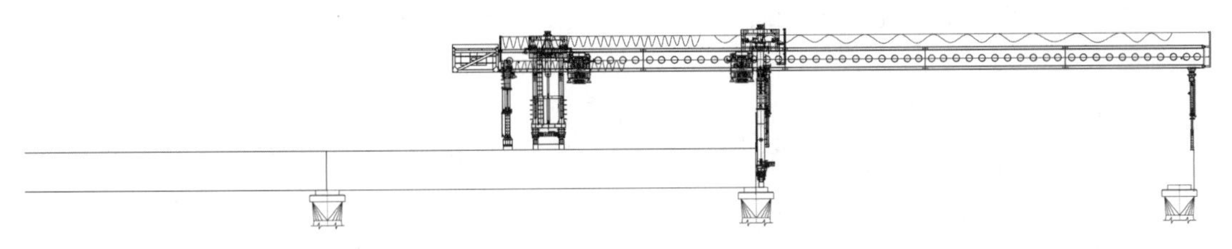

图 8-23　收起 3 号柱,驱动主梁前行至前桥台,支撑 0 号柱

(5) 支撑 3 号柱,支撑时除确保 3 号柱垫平垫实外,还要保证 3 号柱与 1 号柱之间主梁的水平度,其误差为 -50 ~ +150 mm。按要求支撑 3 号柱后穿柱体销轴,收 2 号柱,后起重小车带 2 号柱前行 13.7 m,将 2 号柱垫平、支稳、顶升、穿柱体销轴,如图 8-24 所示。

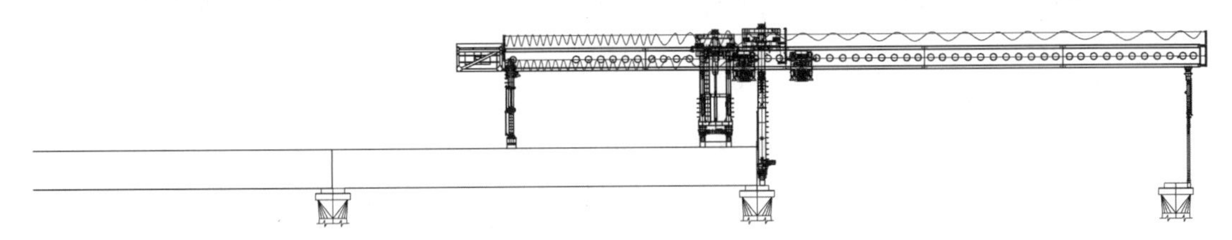

图 8-24　支撑 3 号柱,收起 2 号柱,2 号柱前行并支撑

(6) 收 1 号柱,前起重小车带 1 号柱前行至前桥台,垫平、支稳、顶升柱体、穿柱体销轴。收 0 号柱并确保 0 号柱底面超过 1 号柱横移电机,调整好 1 号柱、2 号柱横移轨道,如图 8-25 所示。

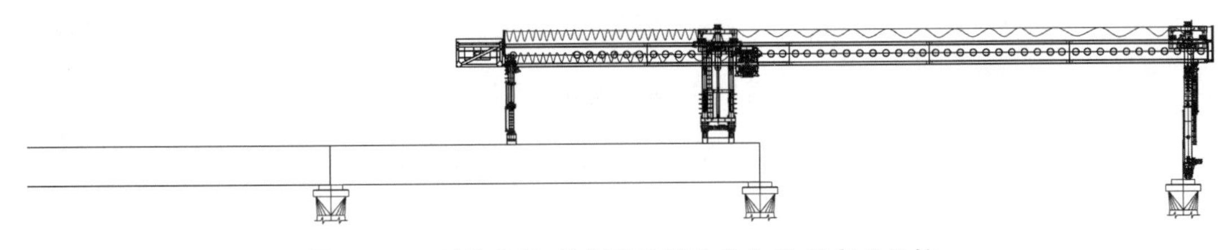

图 8-25　1 号柱收起、前行至前桥台并支撑,收起 0 号柱

(7) 穿前曲梁、后曲梁与主梁的定位销轴,用曲梁锁紧装置锁紧主梁与曲梁。取下曲梁与起重小车连接销轴，取下各走行梁与轨道连接板，将前后起重小车后退至架桥机尾部，准备架梁，如图 8-26 所示。

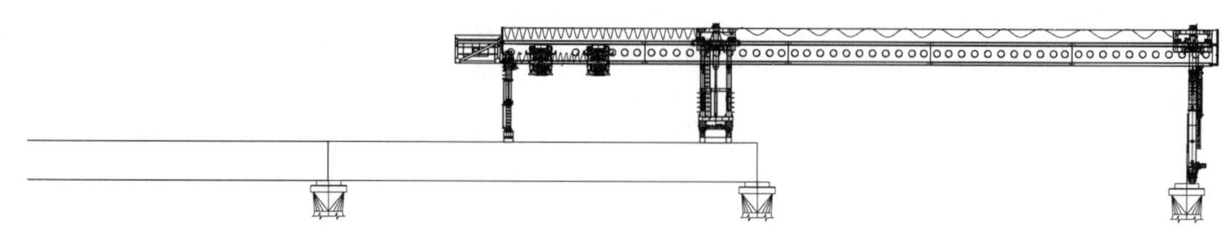

图 8-26　锁紧主梁与曲梁，解锁曲梁与起重小车，后移起重小车，准备架梁

三、TJ180 型铁路架桥机的架梁流程

运梁车运梁至架桥机尾部，用前起重小车吊起梁前吊点，前起重小车与运梁车后小车配合送梁前行至后起重小车与梁后吊点可起吊处，后起重小车起吊梁，前后起重小车前行至落梁位置。

架桥机横向调整梁片的方式有两种，一种是通过 1 号柱和 2 号柱走行机构横移，另一种是通过前后曲梁横移机构的油缸推动主梁横移。当横移距离较长并且落梁位置位于轨道中部时，宜采用走行横移的方式，一般梁片吊至将要架设梁跨的上方时，前后起重小车落绳至梁片离桥台 100～200 mm，整机走行横移。走行机构最外侧走行轮中心位于走行轨道下方最外侧垫墩外缘处，一般认为是走行横移的极限位置。当整机走行横移至极限位置，或者横向微调 T 梁时，一般采用油缸推动主梁横移。

边梁架设时，先走行横移，1 号柱、2 号柱走行至横移轨道最外侧垫墩处（距离梁片最外缘约 300 mm），再利用曲梁上横移油缸推动曲梁、机臂（主梁），直至梁片正对落梁位置时停止。

具体步骤及示意图如下：

（1）运梁车驮运梁片至架桥机的尾部，用前起重小车吊起梁的前吊点处，如图 8-27 所示。

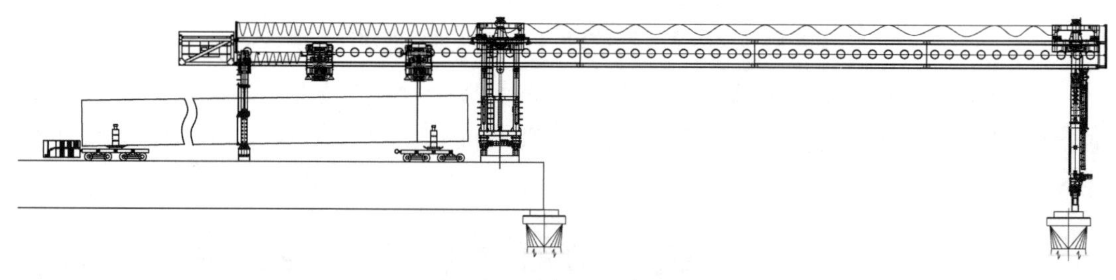

图 8-27　前起重小车吊梁

（2）前起重小车与运梁车后小车配合送梁前行至后起重小车与梁的后吊点可起吊处停止前移，后起重小车起吊梁片保持梁片水平，如图 8-28 所示。

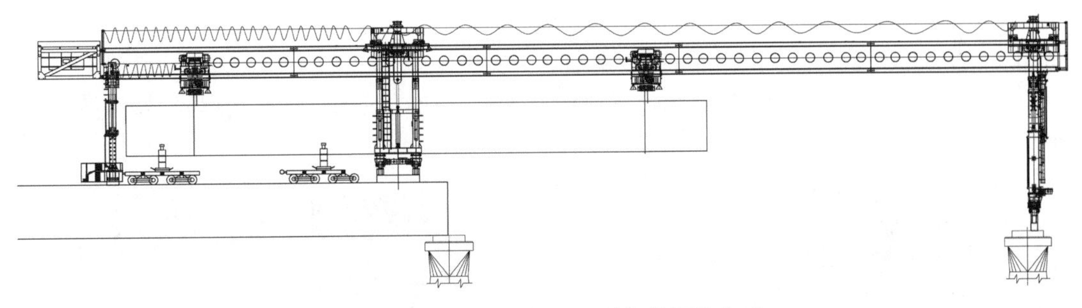

图 8-28　后起重小车吊梁,并保持梁片水平

(3) 运梁车退出架桥机,返回梁场。前后起重小车驱动前行至落梁位置进行落梁,如图 8-29 所示。落梁至离墩台面 100 ~ 200 mm 时整机停止落梁,安放好支座,梁体落下。架设边梁时,利用曲梁上的横移油缸推动曲梁、主梁,精确对位调整落梁。

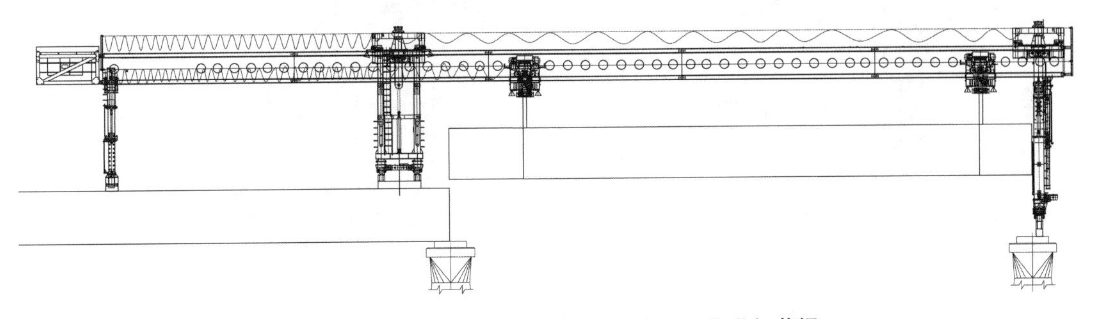

图 8-29　前后起重小车驱动前行至落梁位置进行落梁

(4) 调整主梁的横向位置,待位置调正后,将梁片缓缓落至桥墩,如图 8-30 所示。架桥机恢复架梁状态(重复架设第二片梁)。电焊横联板,铺设桥面轨,重复进行铺轨、过孔、架梁作业。

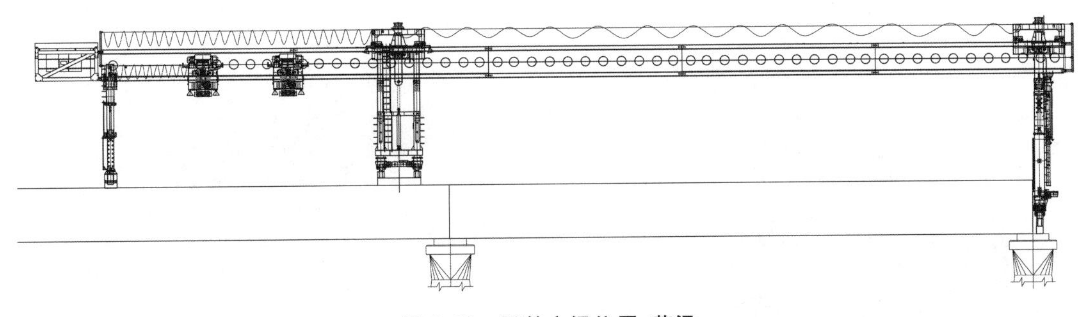

图 8-30　调整主梁位置、落梁

四、TJ180 型铁路架桥机特殊工况施工

(一) 首跨、末跨 T 梁架设

架桥机组装或转场后,开始首跨架梁施工,需要将走行状态的 1 号柱加装调整节转换成架梁状态。首先将 0 号柱支撑到墩台上,用薄木板垫实,0 号柱支撑处距离墩台支撑垫石约 200 mm,如图 8-31 所示。将 1 号柱导套与走行机构的连接螺栓拆开,用前起重小车将

1 号柱走行机构吊至墩台支撑垫石上，1 号柱轨道与支撑垫石前沿平齐，用枕木抄垫，保证轨道水平；将调整节从导套的翻转机构上放下（或将调整节使用吊车吊起，装配至 1 号柱上，如图 8-32 所示），紧固调整节和走行机构及调整节和导套之间的连接螺栓，然后按正常架梁施工工序过孔架梁。

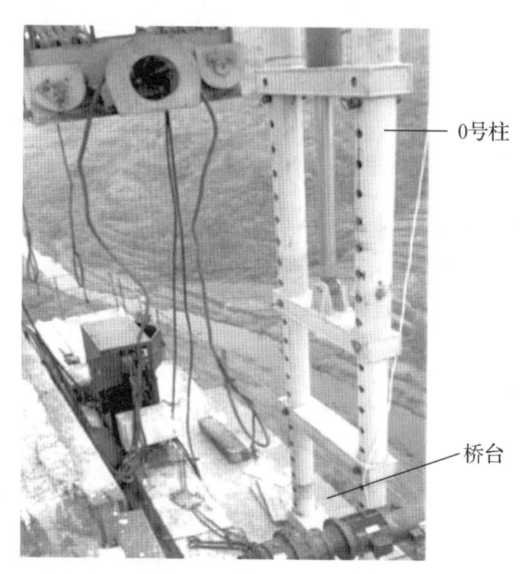

图 8-31　用 0 号柱支撑桥台安装 1 号柱走行轨道

图 8-32　1 号柱装配调整节

末跨架设与首跨架设相反，需要将 1 号柱的调整节去掉，使其支撑到桥台上。首先，过孔时，0 号柱不撑墩台，直接支撑桥头，这时需要调整 0 号柱长度并抄垫好，如图 8-33 所示。前起重小车带 1 号柱前行，支撑到墩台上，用吊车或起重小车吊住调整节，将其拆掉，如图 8-34 所示；将 1 号柱走行机构吊至桥头（图 8-35），将其轨道抄垫水平，连接走行机构和导柱的螺栓，穿主梁和前曲梁的固定销轴，然后按正常架梁作业进行。

图 8-33　0 号柱支撑在桥头，1 号柱前移至末跨桥台

图 8-34　拆 1 号柱调整节

图 8-35　将 1 号柱走行机构吊至桥头

首跨、末跨架梁施工，桥头的挡砟墙可能已经施工完成，一般打掉一部分挡砟墙，来放置 1 号柱走行轨道；桥头的两翼边缘处一般较薄、强度较差，需要打斜撑再架梁施工（图 8-36）。首末跨操作较复杂，需要严格执行相应的安全规程，统一指挥。

图 8-36　末跨边梁落梁到位

（二）架桥机转场

1. 架桥机走行转场

对于短距离的架桥机转场，可采用架桥机自行爬行的方式，即架桥机走行转场，如图 8-37 所示，具体方法参考架桥机过孔过程。走行转场时，用销轴将前后起重小车分别与前后曲梁连接，拔掉曲梁和主梁间的销轴，整个走行过程保持该状态。

图 8-37 架桥机走行转场

2. 架桥机驮运转场

对长距离转场,在整机运输条件允许的情况下,可采用运梁车进行转场。具体方法如下:

(1) 将运梁车前小车及转运托架用起重小车吊至 1 号柱、2 号柱中间,运梁车后小车及转运托架运行至 2 号柱后面。

(2) 销接前起重小车与 1 号柱、后起重小车与 2 号柱,拔去曲梁与主梁连接销,如图 8-38所示。

(3) 调整 1 号柱、2 号柱及前后运梁车位置,1 号柱中心距离主梁前端 13.4 m,2 号柱中心距离 1 号柱中心 22.3 m,并将 0 号柱向后折起。

图 8-38 轮胎式运梁车驮架桥机转场准备

(4) 收 1 号柱、2 号柱、3 号柱,将主梁落在转运托架上,并使柱体离地,如图 8-39 所示。

(5) 运梁车驮运架桥机至下一工地。转场后按相反顺序调整架桥机为架梁状态。

图 8-39　轮胎式运梁车驮架桥机转场

（三）驮运架桥机过隧道

驮运架桥机过隧道时，有以下注意事项：

（1）将运梁车前小车及转运托架用行车吊至 1 号柱、2 号柱中间，运梁车后小车及转运托架运行至 2 号柱后面。

（2）销接前起重小车与 1 号柱、后起重小车与 2 号柱，拔去曲梁与机臂连接销。

（3）调整 1 号柱、2 号柱及前后运梁车位置，将 0 号柱向前折起悬吊。

（4）收 1 号柱、2 号柱、3 号柱，将机臂落在转运托架上，并使柱体离地。

（5）必要时拆除挂线架和电缆，拆除大臂横移油缸，将驾驶室转向内侧，尽量压缩架桥机几何尺寸。

（6）隧道内应有足够的照明、通风、通信设施，走行时速不得超过 5 km/h。机前应有人带道，并配备人员监视架桥机情况，如图 8-40、图 8-41 所示。

图 8-40　轮胎式运梁车驮架桥机过隧道

图 8-41　轮轨式运梁车驮架桥机过隧道

(7) 运梁车驮运架桥机至隧道出口,按相反顺序吊出运梁车及托架,调整架桥机,将大臂(主梁)升至高位,成为架梁状态。

(四) 架桥机曲线桥的架梁

遇到曲线桥,首先根据曲率计算 2 号柱摆放位置,使 2 号柱横移轨道与 1 号柱横移轨道平行。架梁时,2 号柱走行横移至距离梁片边缘 300 mm 处,1 号柱可继续横移 200 mm;然后通过调整前后曲梁的油缸横移机构,来实现曲线桥的架设。

(五) 架桥机坡度桥的架梁

当架设纵坡 ±2% 以下的上、下坡桥时,0 号柱、1 号柱、2 号柱、3 号柱与架平桥的方法相同,可根据不同的坡度调整各支腿高度,确保水平或者架桥机前端略高,高度差小于 100 mm。

当架设纵坡大于 ±2.5% 时,视为纵坡较大架梁,有以下注意事项:

(1) 在架桥机过孔时,应分阶段调整 3 号柱高度,以使主梁尽可能调整水平。

(2) 在过孔就位后,应及时调平机臂,避免出现架梁安全事故。

(3) 在吊梁纵向运行中应及时调整梁体水平。

(4) 在下坡架梁时,如梁高度及其他参数超出额定参数时,应采取其他措施。

第三节　双梁式架桥机的构造与运用

双梁式架桥机纵向由两片主梁组成,两梁之间由连杆或横联钢架连接,主梁有三角桁架式和板拼箱梁式。主梁上面有起重小车,下面有支腿,可以移动。可用于架设公路混凝土梁和铁路混凝土梁,也可公铁两用。

随着我国高速公路及高铁的大规模建设，大型混凝土预制梁架设越来越多，相应的架桥机施工技术也日新月异，对架桥机的需求日益增加。架桥机市场出现了百家争鸣的局面，就铁路架桥机而言，就有秦皇岛天业通联重工科技有限公司生产的 TLJ900 型架桥机和与之配套的 TLC900 型轮胎式运梁车、TLMEL900 型轮胎式提梁机，郑州新大方重工科技有限公司生产的 DF900 型架桥机和与之配套的 DLT900 型轮胎式提梁机、DCY900 型运梁车，徐工集团生产的 TJ900 型架桥机和与之配套的 TT900 型提梁机、TY900 型运梁车，还有北京万桥兴业机械有限公司的运架一体机，中铁工程机械研究设计院有限公司研制的 JQ900 型架桥机，等等。下面以 JQ900A 型架桥机为例，介绍双梁式架桥机。

一、JQ900A 型架桥机的用途及性能参数

JQ900A 型架桥机用于客运专线铁路双线整孔箱梁的架设，架梁作业为跨一孔简支式架梁，由 YL900 型运梁车运梁至架桥机尾部喂梁，起重小车吊梁拖拉取梁，空中微调箱梁位置就位，架桥机采用液压驱动轮胎走行、步履纵移过孔作业方式。可以架设 32 m、24 m、20 m 双线整孔箱梁，能架设最小曲线半径为 R5500 m、最大纵坡为 20‰的桥梁，其额定起重量为 900 t。

JQ900A 型架桥机的主要性能参数如表 8-2 所示。

表 8-2　JQ900A 型架桥机的主要性能参数

参数名称	技术参数	参数名称		技术参数
额定起重量/t	900	起重小车	重载起升速度/(m/min)	0.1～0.487
架设箱梁跨度/m	32/24/20		空载起升速度/(m/min)	0.1～0.974
架梁最小曲线半径/m	5 500		重载走行速度/(m/min)	0.1～2.21
架梁最大纵坡	20‰		空载走行速度/(m/min)	0.1～5.0
纵移过孔速度/(m/min)	0.3～3		横移速度/(m/min)	0.2
架桥机工作级别	A3		最大横移量/mm	±250
机构工作级别	M4	液压系统工作压力/MPa		21/25
最大外形尺寸（长×宽×高）	67.13 m×17.6 m×12.638 m	整机功率/kW		280
		工作电源		380V/50 Hz
架桥机自重/t	515.1	理论架设一孔梁平均用时/(片/h)		4

二、JQ900A 型架桥机的主要组成

JQ900A 型架桥机如图 8-42 所示，为龙门式双主梁三支腿式结构，主要由机臂（主梁）、一号起重小车、二号起重小车、1 号柱、2 号柱、3 号柱、液压系统、电气系统、柴油发电机组及安全保护监控系统等部分组成。

图 8-42 JQ900A 型架桥机

（一）机臂

机臂是架桥机的承载主梁，为双箱梁结构，机臂两端通过横联连接在一起，构成长方形框架结构，如图 8-43 所示。机臂全长 66.0 m，由六个节段组成，两根机臂(主梁)中心距为 9 m，机臂箱梁高 3.0 m。根据机臂的受力工况和有限元分析计算，每根箱梁在整个长度上的高度不同，设计成箱形变截面形式，各节段机臂间采用高强螺栓连接。节段解体后可由公路或铁路运输。

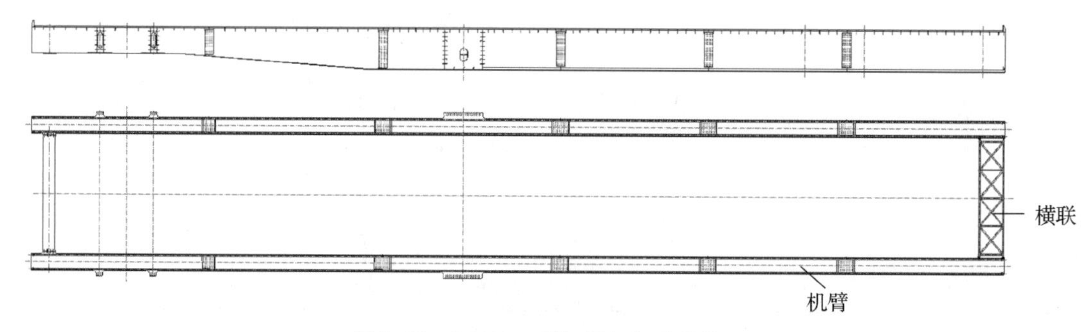

图 8-43 JQ900A 型架桥机机臂结构图

机臂断面如图 8-44 所示，其上盖板上铺设有起重小车走行轨道，上盖板内侧设有起重小车导向轨道。

机臂与 2、3 号柱通过高强螺栓固定连接，机臂主截面在 2、3 号柱部位采用马鞍形横联连接(图 8-42)，可以进一步提高机臂间的横向连接刚度。马鞍形结构既可以保证起重小车的通行，又能提高整机的横向整体性。

机臂在 1、2 号柱之间的下翼缘板上和下盖板底部设有供 1 号柱托挂轮走行的轨道。架梁时 1 号柱通过托挂轮组、定位装置与机臂连接，如图 8-45 所示。2 号柱前部机臂的下

盖板上设有1号柱走行耳梁,架桥机纵移时,1号柱可沿机臂下耳梁前后走行,如图8-46所示。

机臂前部下盖板设有变跨节点,提供1号柱不同的安装位置,架梁时1号柱通过节点定位装置与机臂固定铰接,满足架设32 m、24 m、20 m箱梁作业施工的需要。

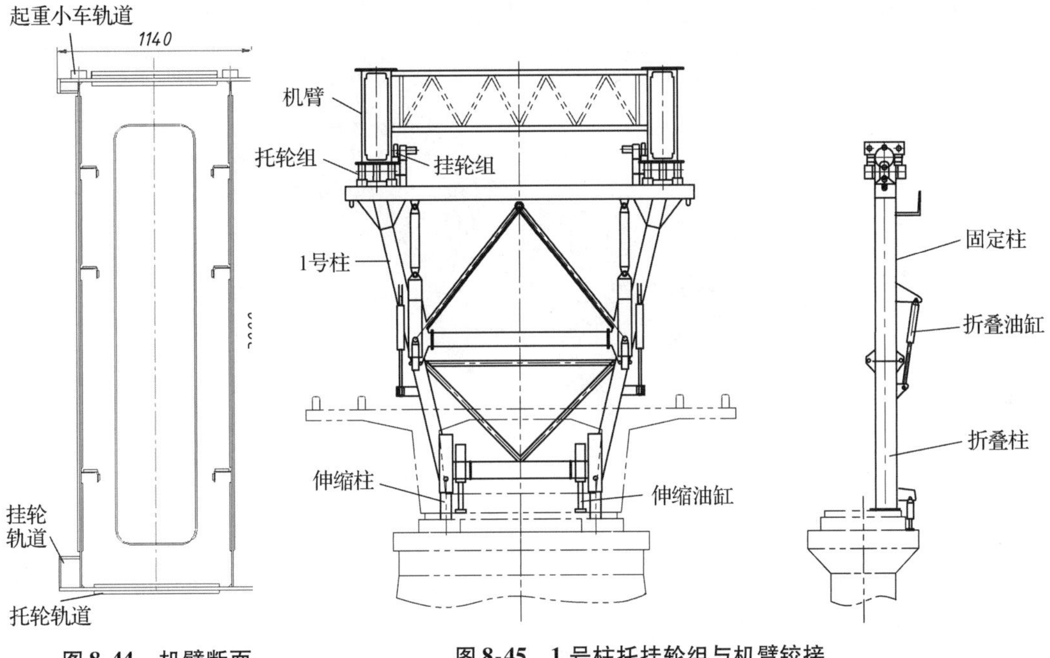

图8-44　机臂断面　　图8-45　1号柱托挂轮组与机臂铰接

图8-46　1号柱沿机臂下耳梁纵移

(二)起重小车

JQ900A型架桥机配有两台起重小车,有各自独立的起升机构、走行机构和横移机构。每台起重小车装有两套独立的起升机构,后小车的两套起升机构通过均衡机构使左右吊点受力均衡,从而将架桥机吊梁作业时的四吊点转换成三吊点,使箱梁均衡受载,平稳起落。

起重小车采用凹式结构架(图 8-47),小车具有三维运动和微动功能,能保证箱梁的准确对位安装。起升采用传统的电机→减速机→内藏式卷扬机,控制箱梁在铅垂方向的位置;走行通过液压马达驱动链条使起重小车两侧的轨轮在机臂上盖板的走行轨道上纵移;油缸横移机构推动起重小车横移。起升机构采用变频器无级调速,平稳可靠;走行驱动采用变量泵-变量马达系统,行走速度无级可调,调速范围较大,可以进一步提高作业效率。

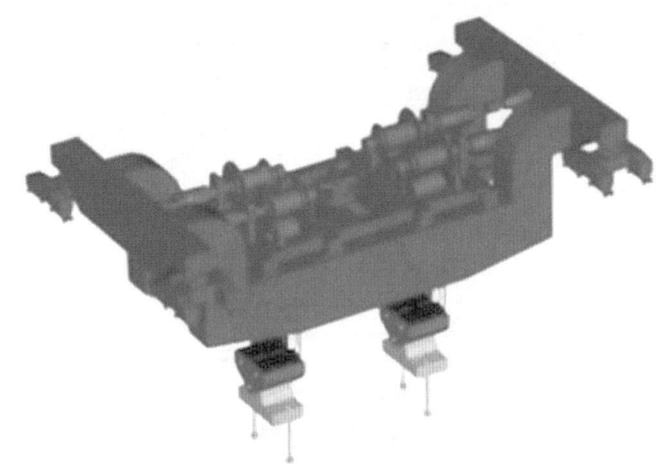

图 8-47 起重小车

起升机构的高速轴和起升卷筒上均设有制动装置,如图 8-48 所示。高速轴采用液压推杆制动器作为常规运行制动,电机与减速机之间通过带制动轮的齿轮联轴器连接;低速级采用液压盘式制动器作为紧急制动,确保吊梁作业安全可靠。

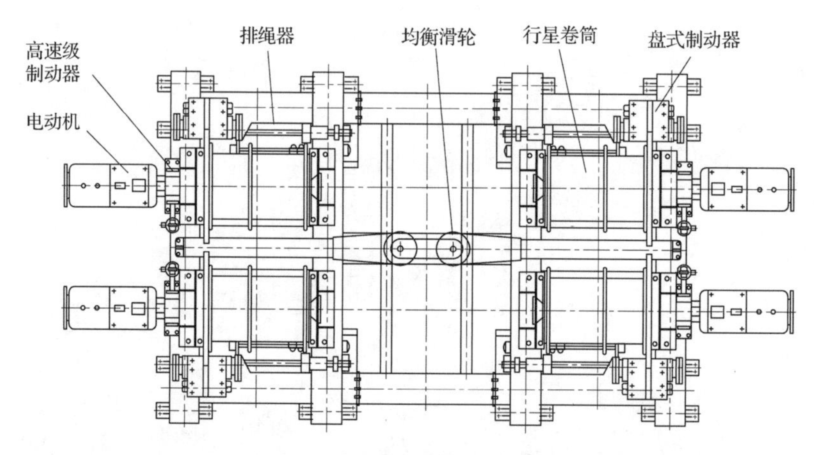

图 8-48 横移小车平面布置图

起升机构包括起升卷扬机、动滑轮组、定滑轮组和均衡滑轮等,滑轮组倍率为 2×16,其中均衡滑轮架上安装有荷重传感器,可以实时反映起升载荷。

起重小车卷扬机构采用主动排绳器排绳,排绳器由变频电机、链轮、链条、丝杆、螺母、导向杆、支座和导向滚轮等组成传动机构。它是一个随动系统,与卷扬机形成闭环控制。卷扬机转一圈,排绳器的导向滚轮横向移动一个钢丝绳直径距离。导向滚轮走到一端,钢丝绳在卷筒上缠绕完一层,通过接近开关使导向滚轮反向运动,开始第二层钢丝绳的缠绕。

（三）1 号柱

1 号柱是架桥机的前支腿，支撑在前方墩台前半部支撑垫石上，如图 8-45、图 8-49 所示。它主要由托挂轮机构、折叠柱、伸缩柱等组成。架梁作业时与机臂纵向固定成铰接结构，成为柔性支腿，与机臂、2 号柱组成龙门架结构，满足架梁作业支撑要求。纵移作业时 1 号柱与机臂之间可相对运动，实现架桥机步履纵移。

图 8-49　1 号柱在桥墩上支撑

1 号柱设有折叠机构，可以满足正常架梁和最后一孔箱梁架设时 1 号柱上桥台支撑的需要。1 号柱与机臂有三个固定位置，可以满足三种不同跨度箱梁的架设。

托挂轮机构由托轮组、挂轮组、托挂轮架、导向装置及纵向定位销等组成。1 号柱共有四个托轮组，左右各两组，为从动式，在机臂前端下盖板腹板下方支撑机臂（图 8-45）。托轮架上装有挂轮组，左右各两组，分别悬挂在机臂下耳梁上。整个 1 号柱可以在挂轮组带动下沿机臂下耳梁前后走行。架桥机在 3 号柱走行驱动机构和 1 号柱托挂轮组配合作用下完成纵移作业。为了减少架桥机纵移时的摩擦阻力，使整个结构更紧凑，托挂轮设计成无轮缘式，因此需要设置导向装置，每套托挂轮机构在机臂下耳梁两侧各设有两个导向装置，在架桥机纵移及 1 号柱沿机臂纵向运动时起导向作用。托轮架与柱体为铰销连接，托挂轮架上装有纵移定位销，当 1 号柱纵移到位时，在机臂与 1 号柱间采用销轴定位，从而实现 1 号柱与机臂的固定铰接。

（四）2 号柱

2 号柱位于机臂中部，与机臂固结，如图 8-50 所示，它是“龙门架”结构中的刚性支腿。为封闭的“O”形门架结构，根据其受力特点，将龙门架平面设计成上宽下窄形式，以提高与主梁的连接刚性。

图 8-50　2 号柱与机臂的连接

2 号柱的构造如图 8-51 所示,下横梁下设有两个支腿,通过液压油缸实现支撑枕木的支垫和拆除,满足纵移时换步和架梁作业时的稳定支撑要求。

两支腿下部设有横移机构,通过横移油缸推动 2 号柱带动机臂摆头,从而横向调整架桥机位置,适应曲线架梁的需要。由于运梁车驮运架桥机工况的需要,下横梁设计成可拆卸式。

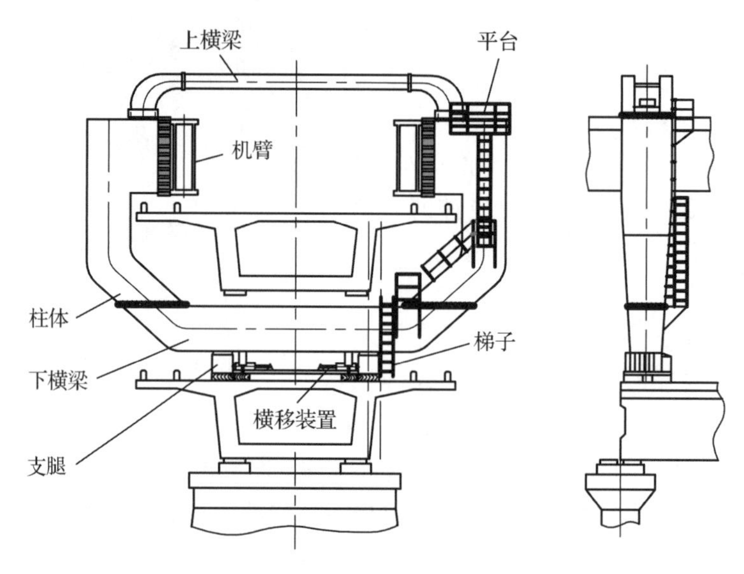

图 8-51　2 号柱的构造

(五) 3 号柱

3 号柱是架桥机纵移驱动支柱,为满足运梁车喂梁通过及架桥机纵移驱动要求,设计成门架结构。其由升降柱、折叠机构、走行机构、液压悬挂均衡装置、转向机构等组成,如图 8-52所示。

图 8-52　3 号柱的实物图

升降柱、折叠机构使 3 号柱有两种支撑工位,即宽式支撑和窄式支撑。运梁车喂梁作业时,架桥机 3 号柱提升支腿并外摆走行轮组形成宽式支撑,运梁车可以载梁从 3 号柱内部通过,完成喂梁作业,并在箱梁被完全吊离运梁车顶面后自由退出,架梁与运梁作业并行,提高作业效率。由于起重小车取梁位置紧靠 2 号柱,所以取梁时 3 号柱支撑反力很小。此外,由于 3 号柱采用轮胎式支撑,接地面积较大,从而解决架设变跨梁时 3 号柱施工荷载对已架箱梁的影响。架桥机纵移作业时,3 号柱向内摆动走行轮组,并支撑在箱梁腹板上方,形成窄式支撑,3 号柱的走行驱动机构驱动架桥机向前纵移。

升降柱的升降通过油缸推动实现，架梁作业和走行作业时由销轴锁定。升降柱的内外柱之间有几个孔位，通过调整1、3号柱插销孔位，可以调整机臂的纵向水平度，使其不大于7‰。

3号柱为轮胎式液压驱动走行，8轴、16对轮轴、32个轮胎，其中16个轮胎为驱动轮。走行驱动由高速马达通过行星齿轮减速机驱动轮辋带动轮胎实现行走，采用变量泵-定量马达液压回路，每个驱动轮组都具有制动功能。

走行轮组通过不同路况时，液压悬挂油缸能对走行轮轴作竖向补偿，并使各走行轮受载均衡，如图8-53所示。同时走行轮轴可以横向适量摆动，以适应线路横坡情况，如图8-54所示。

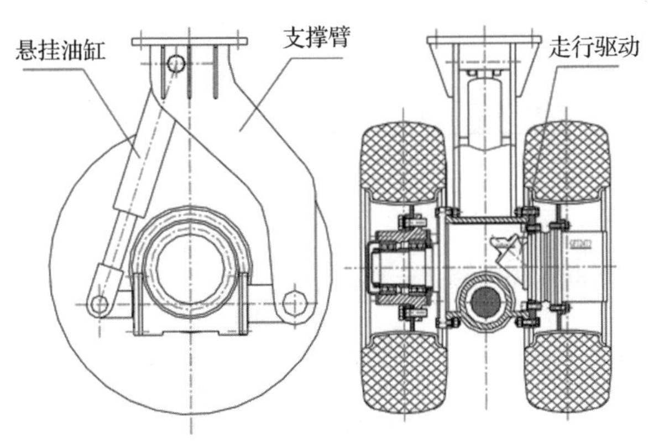

图8-53　3号柱走行轮组

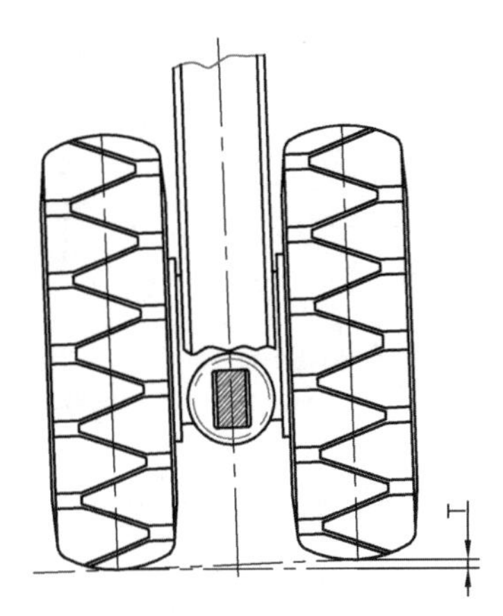

图8-54　轮组适应横坡情况

JQ900A型架桥机采用轮胎自力走行过孔方式作业，考虑架桥机走行曲线半径很大，转向作业不频繁，根据走行轮组结构布置形式，采用偏转走行轮组式的转向型式（轮胎式起重机较多采用）。在3号柱走行轮组上设置转向机构，推动架桥机机臂沿1号柱托轮组前移（图8-55）。3号柱的16个走行轮组分成四组，每组间的四个走行轮组通过连杆相连，由一个转向油缸推动实现转向，有相同的转向角度。架桥机过孔走行速度控制在3 m/min以内，且设置预减速措施，保证过孔作业安全。走行时轮组横向偏移量控制在±30 mm内。

3号柱的走行驱动装置由液压马达、轮边减速机、轮胎组成，3号柱驱动装置布置如图8-56所示。

3号柱每个走行轮组均装有液压悬挂均衡装置，能够保证走行时各轮组受力均衡。

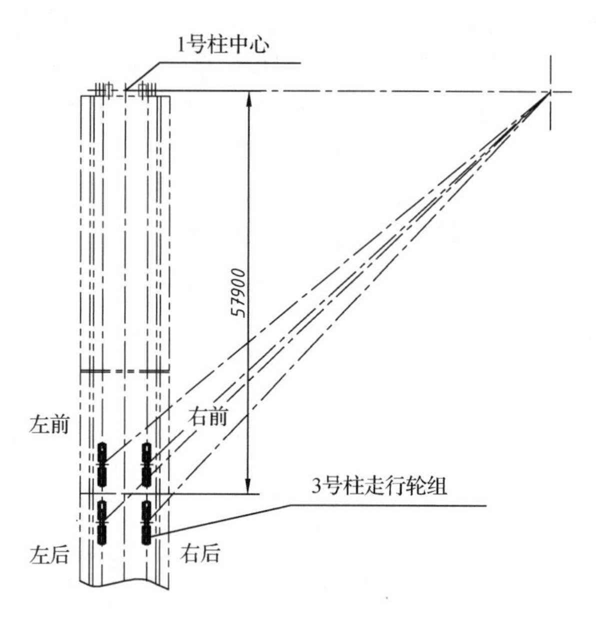

图 8-55　JQ900A 型架桥机转向模式示意图

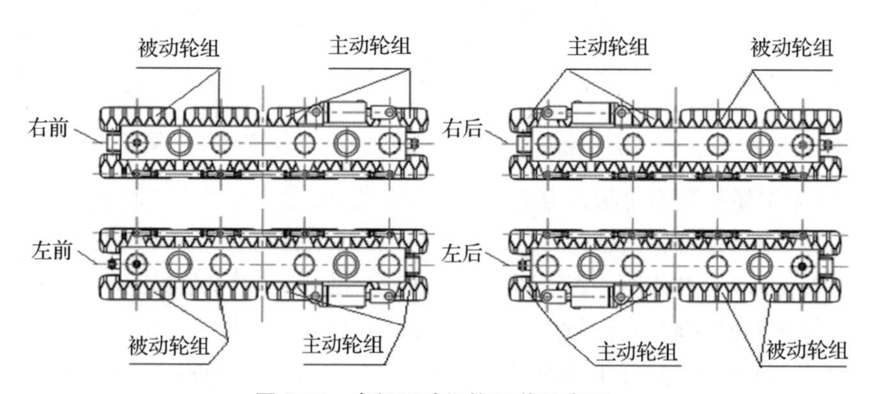

图 8-56　走行驱动机构组装示意图

（六）液压系统

架桥机液压系统根据其结构及使用特点，采用分散式布局，分成 1 号柱、2 号柱、3 号柱及两台起重小车五个分系统。各系统分别安装在各自部件上，由液压泵站、控制元件、执行元件等组成。除两台起重小车有联动动作外，其余各系统均为单独动作，完成各部件所需要的动作操作。

1. 1 号柱液压系统

1 号柱采用开式液压系统，泵站采用排量为 23 mL/r 的柱塞泵，系统压力通过电磁溢流阀调定，其值为 20 MPa，执行元件有 8 个，分别为左右插销油缸、左右上升降油缸、左右下升降油缸、左右折叠油缸。除执行油缸外，其他元件在液压泵站集成。

每个油缸各由一个中位 O 型机能的三位四通电磁换向阀进行控制，使同类油缸可同时动作或分别动作，当同类油缸出现不同步时，可分别进行调整，但不同类油缸不能同时动作。

各油缸装有平衡阀,可使油缸平稳下降,并能使油缸在任意位置锁定,如图 8-57 所示。在插销油缸换向阀上叠加了双向节流阀,可调整插销油缸的运动速度。电磁溢流阀压力和插销油缸速度已调好,使用时不得随意调整。

1 号柱泵站装有温度传感器和电加热器,在吸油管路、高压管路及回油管路上都装有滤清器,以保持工作油液清洁。

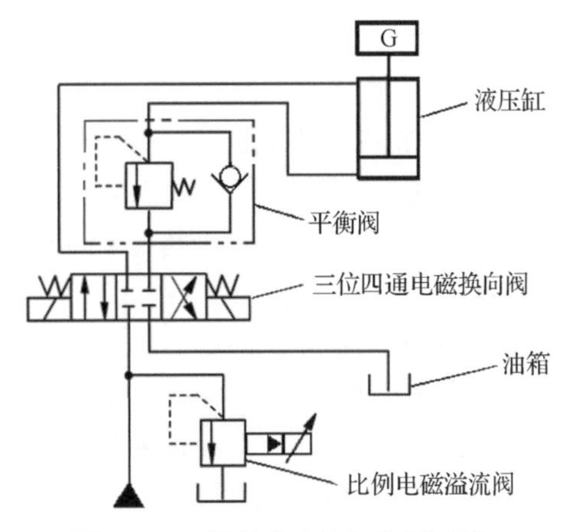

图 8-57 1 号柱单个油缸液压回路

2. 2 号柱液压系统

2 号柱液压系统也采用开式系统,油泵为轴向柱塞泵,排量为 10 mL/r,电磁溢流阀调定压力为 22 MPa。执行元件有 4 个支腿油缸,分别是左前支腿油缸、左后支腿油缸、右前支腿油缸和右后支腿油缸。泵站上的 4 个电磁换向阀分别控制 4 个支腿油缸动作,支腿油缸均装有双向平衡阀。

2 号柱泵站装有温度传感器和电加热器,在吸油管路、高压管路及回油管路上都装有滤清器。

3. 3 号柱液压系统

3 号柱液压系统包括闭式走行回路和开式油缸工作回路。3 号柱液压泵站为 30 kW 电机带动排量为 40 mL/r 的变量泵、一个排量为(19 +4)mL/r 的双联齿轮泵。变量泵为并联的 8 个排量为 45 mL/r 的定量走行马达提供动力,齿轮泵除了为开式油缸工作机构提供动力外,还为系统提供控制压力。

(1) 闭式走行回路。

闭式变量泵选用带压力截断的电控变量泵,自带排量为 8.6 mL/r 的补油泵,补油压力设定为 2.3 MPa,在变量泵的两个出口设置一个冲洗阀,流量为 6 L/min,冲洗阀液压油经滤清器回油箱。

闭式走行回路有两套制动装置,即动制动和静制动。动制动(称行车制动)利用液压制动,即用变量泵内的溢流阀进行制动;静制动(称停车制动)利用轮边减速机内的液压盘式制动器制动,供给控制油时液压盘式制动器打开,泄油时制动器制动。

3 号柱走行驱动机构动作前应打开均衡油缸和静制动,齿轮泵经换向阀向均衡油缸和液压盘式制动器提供压力油。静制动调定压力为 9 MPa,在控制压力回路上装有压力表和压力开关,其信号送给电气控制部分,如控制压力小于 8 MPa 时,则系统保护,不能走行。

每日工作前必须观察补油压力(点动启动泵站,观察补油压力),若补油压力小于 2 MPa,严禁起动 3 号柱泵站。须检查原因,待补油压力正常后方可起动泵站。补油压力回路装有压力开关,其信号送给电气控制部分,若检测到补油压力不足,系统将会进行保护。

(2) 开式油缸工作回路。

开式油缸工作回路的执行元件有左前升降油缸、左后升降油缸、右前升降油缸和右后升降油缸,左前折叠油缸、左后折叠油缸、右前折叠油缸和右后折叠油缸,左前转向油缸、左后转向油缸、右前转向油缸和右后转向油缸,走行轮组悬挂油缸。

开式工作系统由 19 mL/r 的齿轮泵为各执行油缸提供压力油,4 个转向油缸串联同步转向,由比例换向阀进行控制。其他油缸采用 O 型机能的电磁换向阀进行控制。转向油缸、摆动油缸和升降油缸装有双向平衡阀。另有一个电磁换向阀为均衡油缸充油。

将开式系统压力调整为 23 MPa,使用时不得随意调整。

3 号柱泵站安装有温度传感器、电加热器,在吸油管路、高压管路及回油管路中安装有滤清器。

4. 起重小车液压系统

起重小车液压系统由液压泵站、控制元件和执行元件等组成。液压系统包括闭式走行回路和控制横移油缸、卷筒低速级制动器的开式回路。

液压泵站的动力源为 30 kW 电动机,该电动机驱动 1 个变量柱塞泵和串联的 2 个齿轮泵。排量为 71 mL/r 的电控变量柱塞泵驱动 2 个二级电控变量马达($q_{max}=28$ mL/r,$q_{min}=14$ mL/r),它们共同组成闭式走行回路,可以满足起重小车走行速度调整和与运梁车拖拉机构同步的要求。并联的两个排量为 5.5 mL/r 的齿轮泵,一个为走行制动提供控制压力,走行时打开走行减速机的静态制动器;另一个为带位置传感的横移油缸和卷筒上的盘式制动器提供控制压力,它们共同组成开式工作回路(制动器开启压力为 17.5 MPa)。

(1) 闭式走行回路。

闭式变量泵选用带压力截断的电控变量柱塞泵,变量泵自带排量为 19.6 mL/r 的补油泵,补油压力设定为 2.3 MPa,补油泵的压力经自带的发光指示滤清器向闭式回路补油,在补油油路上装有压力开关,当电气系统检测到补油压力小于 2.3 MPa 时,则系统报警不能运行。液压马达上自带冲洗阀,冲洗油与油泵的泄油并联经冷却器冷却后流回油箱。马达大排量时低速运行,为重载走行工况;小排量时高速运行,为空载走行工况。

闭式走行回路有两套制动,即动制动和静制动。动制动(行车制动)为液压制动,即用变量泵内的溢流阀进行制动。静制动(停车制动)采用轮边减速机内的液压盘式制动器进行制动,供给控制油时制动器打开,泄油时制动器制动。

每日工作前必须观察补油压力(点动启动泵站,观察补油压力),若补油压力小于 2 MPa,严禁起动起重小车泵站。须检查原因,待补油压力正常后方可起动泵站。补油压力回路装有压力开关,其信号送给电气控制部分,若检测到补油压力不足,系统将会自动保护。

(2) 开式工作回路。

开式工作回路以两个并联的 5.5 mL/r 齿轮泵作为动力,一个泵通过电磁比例换向阀后去驱动横移油缸,另一个泵为 4 个卷筒上的 8 个制动器提供开启压力。

为提高横移油缸伸缩位置的控制精度,横移油缸采用带位置传感器的横移伺服油缸,由比例阀控制,实现落梁的精确对位。

控制两个二位四通电磁换向阀可以打开或关闭卷筒低速级制动器。换向阀得电,制动器缓解;换向阀失电,制动器失压制动。卷筒低速级制动器的开启压力为 17.5 MPa,为确保卷筒工作时制动器打开,在制动油路上分别装有压力开关,当开启压力小于 18 MPa 时,电气系统会认为制动器未打开,则不能进行起升操作。

小车泵站有温度传感器、电加热器,在吸油回路、高压回路及回油回路中都安装有滤

清器。

5. 架桥机液压系统使用注意事项

(1) 架桥机每接一次电源,必须对每个泵站电机正反转进行检查,确保各泵站电机转向正确。

(2) 架桥机架完10孔梁后,应对架桥机5个液压泵站的油箱进行全面清洗。吊起油泵电机组,对吸油管路、回油滤清器等进行清洗或更换(清洗液可选用柴油)。清洗后加油时需用10 μm精度的滤油机对液压油进行过滤。以后每架100孔梁后对液压系统进行全面清洗。架桥机使用液压油为L-HM46号抗磨液压油。

(3) 在使用中每隔5天观察各滤清器是否堵塞,观察方法为:对于高压管路滤清器,滤清器上的指示活塞弹出,说明已堵塞;对于回油滤清器,滤清器上的油堵指示表指示到红区,则表示已堵塞;对于吸油滤清器,泵站起动后噪声、振动明显变大而液位足够,则吸油滤清器有可能堵塞。对于堵塞的滤清器,应立即清洗或更换。

(4) 正常使用时一般不允许对各泵站上的溢流阀进行调节。每日工作前应检查3号柱泵站和小车泵站的补油压力,补油压力不应小于2.3 MPa,当补油压力小于2 MPa时,严禁起动这部分泵站。

(5) 当环境温度低于10 ℃时,使用前应对油液进行电加热,使其油温达到15 ℃后方可工作。当环境温度较高时,随时观察各系统油温,油温一般不应超过65 ℃,特殊情况下可为80 ℃,当油温超过80 ℃时应停机散热。

(6) 使用时应经常观察各泵站的油位,油位应在油位表可示范围内,如油位过低,油泵可能吸空,油泵吸空时振动、噪声会明显变大。油位过低时应向油箱补油。

(七) 电气系统

JQ900A型电气系统由1号柱、2号柱、3号柱、1号起重小车、2号起重小车五个PAC子系统组成。各子系统任务相对独立,通过工业总线组网控制,如图8-58所示。司机室操作台设立管理级计算机系统。所有操作通过屏幕及遥控器统一进行,主屏幕将实时同步显示系统关键点数据及电气系统本身各部分的工作状态,并将用户程序的运行状态与实时监控数据有机地融合为一体,为用户提供了友好的人机界面,直观地监视各项安全保护参数的动态变化,同时提供多媒体声像报警。无线遥控装置为用户提供了便捷的操作环境。该系统还具备实时数据库与远程测试接口功能。运梁车可以离开网络自成系统独立运行。

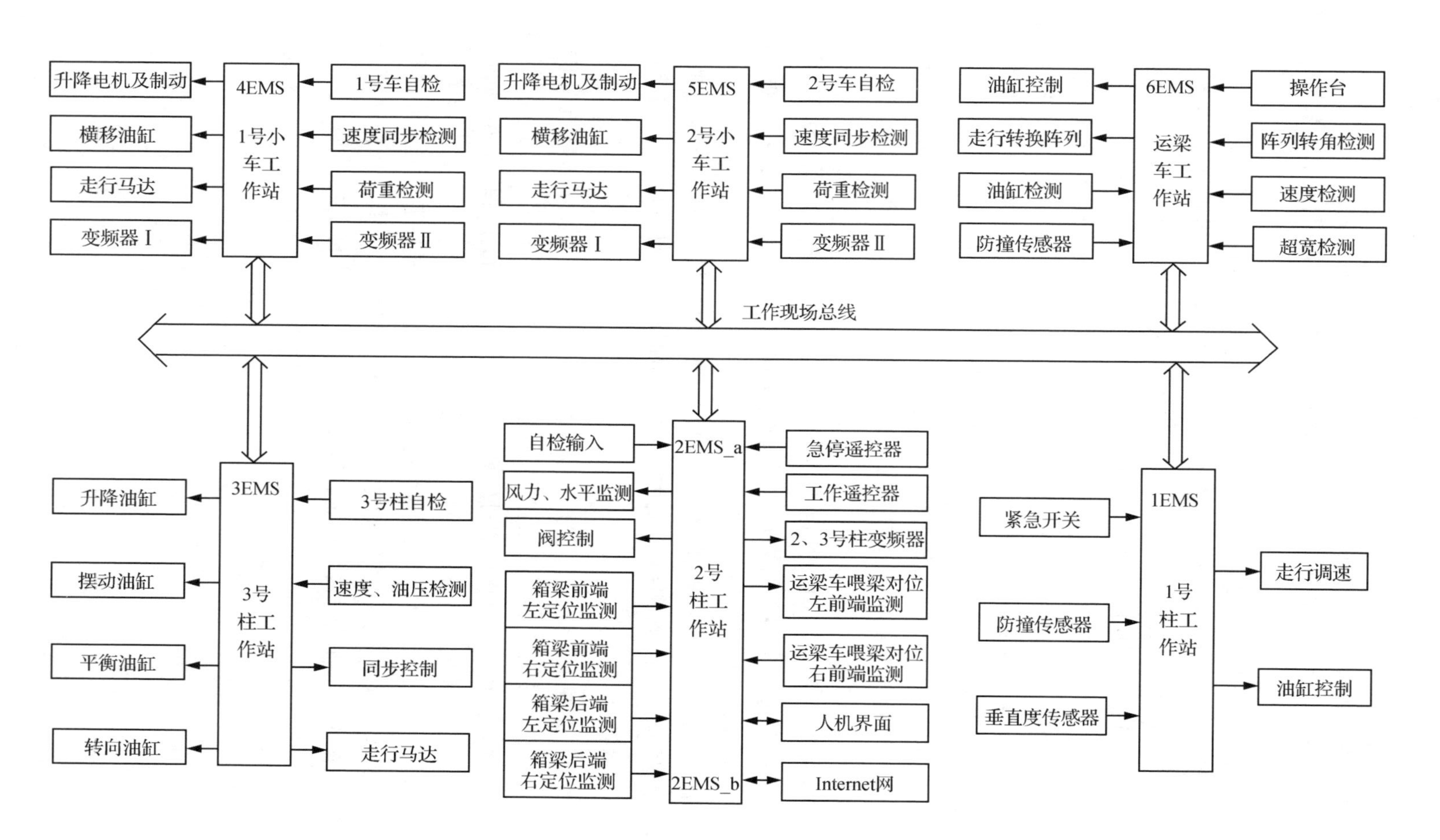

图8-58　JQ900A 型架桥机电气框

1. 电气系统的基础保护

电气系统的基础保护包括如下内容：

(1) 各子系统之间在硬件上完全独立，在软件上完全自主，使危险分散，互为冗余。

(2) 对机械和电气设备均设置过载保护（如梁片过载、电机过流等）。

(3) 所有平移运动均设置端点限位（如整机和小车的走行等）。

(4) 垂直运动设置高度预警及限位。

(5) 电气柜设置散热装置，使设备能及时冷却。

(6) 柜外电器设置防雨设施。

(7) 对重负载软启软停，使吊梁、整机走行平稳，大电机启动避免对电网冲击。

2. 电气系统的安全性保护

电气系统的安全性保护包括以下几项内容：

(1) 监测与控制吊点重量、油缸及支座压力、架桥机的水平姿态、走行速度、风速等重要物理量。

(2) 设置平移、垂直运动的限位预警。重载走行速度限制在 1 m/min 以内。

(3) 运行状态及故障记录（具备黑匣子功能）。依靠嵌入式工作站（EMS）的强大功能，可以将架桥机的运行状态及故障记录存盘，并可离线打印存档。

(4) 设置运梁车计算机系统的供电电源欠压保护。

(5) 设置专用的急停遥控器，由现场指挥者掌握，用于紧急情况下的停机处理。

(6) 设置 1 号柱手拉急停开关，即梁片对位落梁时的手动急停开关。

(7) 总电源空气开关加装漏电保护模块。

(8) 设置备用工作模式（K1）：当某些元器件出现故障或者需要某种调整时，操作者可以在这种模式下通过人机界面（单选或多选）屏蔽某些功能来进行应急处理。

(9) 设置油路堵塞报警控制。

(10) 设置运梁车对位时的防撞保护。

3. 电气系统操作简介

JQ900A 型架桥机操作界面采用了屏幕化菜单操作方式，由操作面板和菜单操作组成。触摸屏界面上的工况选择完成以后，实际上的启停操作主要由工作遥控器完成，但司机室操作人员可根据显示界面提供的信息随时无缝插入，在不停机的情况下按步骤过控制权，改由司机室操作。

(1) 操作流程。

JQ900A 型架桥机操作流程如图 8-59 所示。

(2) 电气系统操作准备。

① 开机前例行检测。

a. 机械、液压部分是否正常。

b. 电气线缆是否有破损。

c. 电气部分是否进水。

d. 户外电气元件是否受到机械损伤。

确认无上述明显异常现象后，可继续下面的操作。

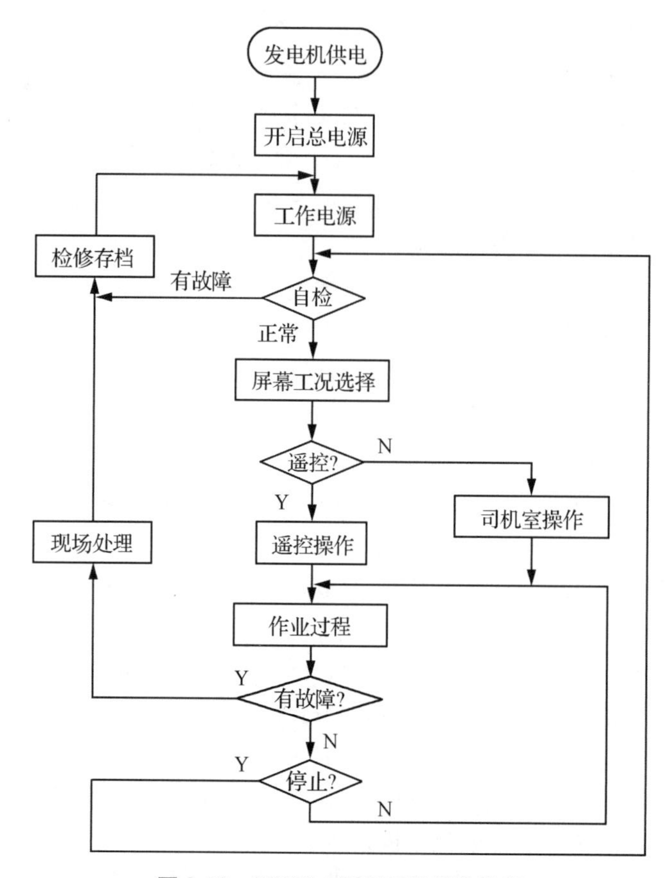

图 8-59　JQ900A 型架桥机操作流程

② 启动发电机。按发电机操作规程正常进行。

③ 打开总电源。待发电机输出电压稳定之后,打开电气柜门上的电动空气开关启动按钮(停电情况下可打开柜门,直接操作电动空气开关手柄)。

④ 开启控制电源。可按下列顺序进行:

a. 开启 UPS。

b. 开启计算机电源启动按钮。正常情况下,TFT 真彩触摸屏开始工作,电气系统开始进行故障自检;若显示正常,可以进行下一步操作。

c. 打开工作启动按钮。至此,启动准备阶段完成,架桥机处于工作就绪状态。

(3) 各种工况操作步骤。JQ900A 型架桥机的工况选择完全是在触摸屏操作界面上进行的。

① 开机后系统自动进入欢迎界面。

② 系统将自动进入开机检测程序。

系统首先对架桥机电源系统自测,检测结果以报表和电子仪表形式显示在屏幕上。主要检测内容包括相电压、线电压、电流、相位和送变器状态。

当发现电源故障后,界面右下角出现“故障处理”和“下步检测”两个选择按钮,供操作者处理。

③ 如电源检测正常或强制进入下一步检测,系统进入网络检测程序。将当前各工控机站点之间的通信联络状态,以动画和文本提示的方式显示出来,并提供故障处理选择。

④ 网络正常或强制进入下一步检测,系统进入传感器检测程序,对各重要设备部件的传感器状态进行工作前检查。若检查正常,则可以进入工况运行,开始进行架梁作业操作。

第四节　双梁式架桥机施工流程

双梁式架桥机的施工包括架桥机组装与驮运、解体及长途运输、架梁作业等。下面以JQ900A型架桥机为例,介绍双梁式架桥机的施工流程。

一、JQ900A型架桥机的组装与驮运

(一) JQ900A型架桥机组装作业

JQ900A型架桥机组装一般在梁场进行,组装场地有效长度不小于100 m。利用运梁车和梁场的龙门吊组装架桥机。

1. 机臂的组装

(1) 运梁车行驶至架桥机组装场地,将驮运支架安装到运梁车上,驮运支架的升降架处于低位。

(2) 在运梁车两侧地面上分别将JQ900A型架桥机的左右机臂拼装好。机臂节段最大质量为16.263 t,单根机臂质量为78.36 t,外形尺寸为66 m×1.14 m×3 m。机臂盖板连接采用钢结构用M30×110-10.9 S级高强螺栓(数量1 120)和M30×85-10.9 S级高强螺栓(数量224),腹板连接用钢结构用M24×75-10.9 S级高强螺栓(数量2 712)。

(3) 将拼装好的机臂吊放至驮运支架的升降架上,吊装机臂前端梁(质量3.114 t)、后端梁(质量4.635 t)。前端梁与机臂采用销轴连接(销轴规格为ϕ80 mm×156 mm),后端梁与机臂采用螺栓连接,螺栓规格为M24×80-8.8级(数量120)。

(4) 安装机臂上的走台、栏杆、控制室,安装起重小车和1号柱供电滑触线。

2. 起重小车的组装

(1) 组装起重小车的大车总成,即将主梁(质量8.28 t)、驱动总成(质量1.92 t)、中梁(质量0.42 t)连接装配。主梁和驱动总成用钢结构用M24×100-10.8级高强螺栓和M24×80-8.8级高强螺栓连接,中梁和主梁用M20×70-8.8级高强螺栓连接。

(2) 装配走行台车(质量1.084 t),连接销轴规格为ϕ110 mm×352 mm。

(3) 将装配好走行台车的起重大车总成(质量28.87 t)吊装至机臂上,1号起重小车放置在前驮架前,2号起重小车放置在后驮架后,安装起重小车的拖拉链条(链条规格为40A-2)。

(4) 将横移小车(质量21.487 t)吊装至起重小车的大车总成上,安装好横移机构。

(5) 完成起重小车的电气、液压安装。

(6) 缠绕起升钢丝绳(规格:DIEPA PA 371-ϕ24),起重小车钢丝绳缠绕如图8-60所示。

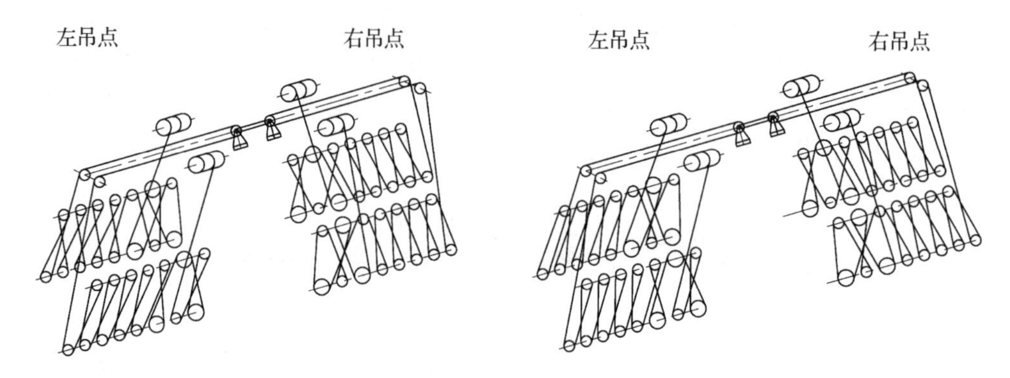

(a) 前小车钢丝绳缠绕图　　(b) 后小车钢丝绳缠绕图

图 8-60　起重小车钢丝绳缠绕示意图

3. 1、2、3 号柱的安装

(1) 起升驮运支架,将机臂升至作业高度,并在 1、2、3 号柱处搭放装配作业平台。

(2) 将 2 号柱柱体(质量 17.592 t)装配至机臂上,吊装 2 号柱曲梁(质量 1.481 t)、上横联(质量 3.721 t)。柱体与机臂的盖板、腹板用钢结构用 M24 ×100-10.9S 级高强螺栓连接(螺栓数量 1536)。

(3) 将 3 号柱柱体(质量 6.515 t)与立柱(质量 4.45 t)装配,并吊装至机臂上。立柱与机臂的盖板、腹板用钢结构用 M24 ×85-10.9 S 级高强螺栓连接(数量 1056),立柱连接梁连接螺栓规格为 M24 ×110-8.8 级(数量 2 ×32)。

(4) 吊装 3 号柱弯梁(质量 0.564 t)、横梁(质量 4.075 t),连接用螺栓规格为 M24 ×75-8.8 级。

(5) 将 3 号柱走行机构(质量 7.897 t)、折叠臂(质量 0.67 t)装配至走行连接梁(质量 3.098 t)上,再与 3 号柱柱体连接,连接梁与柱体用 M24 ×75-8.8 级螺栓连接。

(6) 吊装 3 号柱液压系统。

(7) 将装配好的 1 号柱(质量 28.12 t)吊挂到机臂前端下耳梁上,装配机臂下耳梁机械止挡。

(8) 对 1 号柱和 3 号柱液压、电气系统进行安装调试,正常后支撑 1 号柱和 3 号柱,降下驮运支架的升降架,运梁车退出架桥机。

(9) 组装 2 号柱下横梁(质量 19.95 t)、支腿(质量 1.9 t)和支腿油缸。下横梁连接螺栓规格为钢结构用 M30 ×95-10.9S 高强螺栓(数量 54),支腿与下横梁用连接螺栓规格为 M24 ×125-10.9S(数量 8)、M24 ×90-10.9S(数量 40)、M24 ×65-10.9S(数量 48)、M24 ×50-10.9S(数量 8)。

(10) 将下横梁与柱体连接,柱体与下横梁用钢结构用 M24 ×90-10.9S 级高强螺栓连接(螺栓数量 144)。吊装 2 号柱液压系统。

(11) 对 2 号柱液压系统进行安装调试,正常后支撑 2 号柱支撑枕木。架桥机组装完毕。

(12) 对架桥机整机的液压、电气系统进行总体调试,并进行试运转。第一次使用架桥机架梁前应按照相关规范的规定对架桥机进行型式试验,试验合格后方可进行架梁作业。

4. 组装施工技术要求

（1）组装前应检查各连接处有无损伤变形情况，各连接部件用的螺栓、销轴等有无丢失、损坏等情况，须润滑处是否已加润滑油（脂）。

（2）组装时应特别注意，机臂、2 号柱、3 号柱之间连接螺栓必须按图纸规定要求紧固牢靠。

（3）组装机臂、起重小车和大车架时，应注意机臂直线度、平面度，机臂上起重小车走行轨道的平直度和机臂左右主梁中心距应符合图纸规定要求，起重小车大车总成上横移小车走行轨道的平直度也应符合图纸要求。

（4）组装完毕，必须对架桥机进行一次全面彻底的检查，了解各部件的工作状态和可靠程度，确定无误后进行试运转。

（5）试运转项目。

起重小车走行、升降、横移试验；1 号柱走行、伸缩柱升降、折叠试验，插销油缸试验；2 号柱支腿油缸试验；3 号柱柱体升降、折叠试验，走行轮组试验；架桥机纵移试验；机械、液压、电气和柴油发电机组等设备及元器件的检验。

5. JQ900A 型架桥机安全操作规程

（1）架桥机组装系高空作业，所有作业人员应戴好安全帽，佩带安全带，要注意防滑，防止事故发生。冬季、雨天作业时更应注意。

（2）装配 2 号柱、3 号柱及吊装 1 号柱时应搭好脚手架，经检查稳固后方可进行作业。

（3）起重小车装配完毕，应及时安装拖拉链条，防止起重小车在机臂升高过程中滑动。

（4）1 号柱吊挂到机臂下耳梁上后应插好定位插销。

（二）JQ900A 型架桥机驮运作业

1. 架桥机由运梁车驮运至架梁工地

（1）架桥机驮运装车作业。

架桥机在梁场组装完毕，由运梁车驮运至架梁工地前必须进行试运转，第一次架梁前必须根据国家相关规定，由国家指定机构对架桥机进行型式试验。试验合格后方可进行架梁作业。

JQ900A 型架桥机短距离转移通过运梁车驮运进行。首先进行装车作业，其装车作业流程如下：

① 架桥机由 1 号柱、3 号柱支撑，运梁车进入架桥机尾部（图 8-61）。

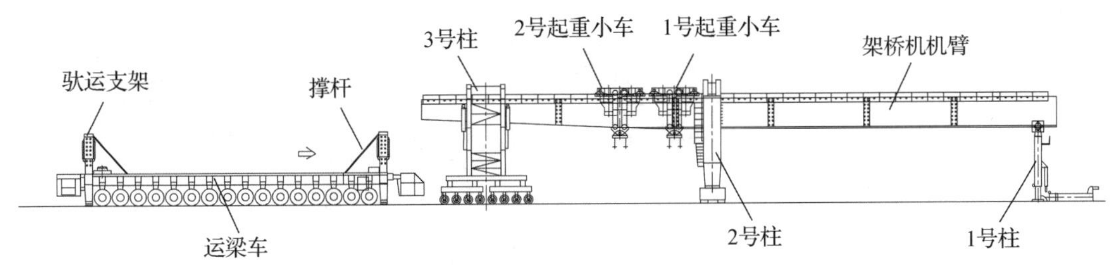

图 8-61　运梁车进入架桥机尾部

② 拆除架桥机2号柱的下横梁,1号起重小车吊运2号柱下横梁至驮运位置(图8-62),运梁车前行。

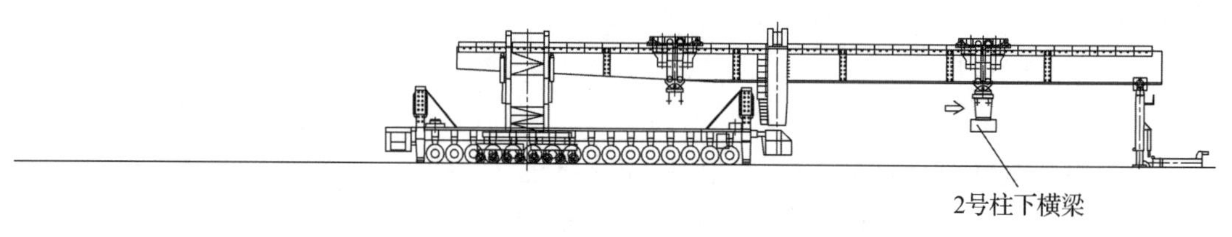

图8-62　1号起重小车吊运2号柱下横梁至驮运位置

③ 在运梁车上安装好驮运支架(驮运支架与运梁车前后端梁采用螺栓固定连接),运梁车行驶至架桥机驮运位置(图8-63)。

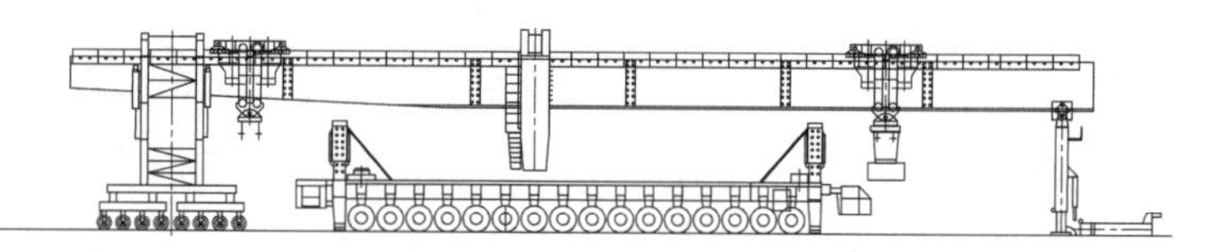

图8-63　运梁车行驶至驮运位置

④ 顶升驮运支架托住架桥机机臂(图8-64)。

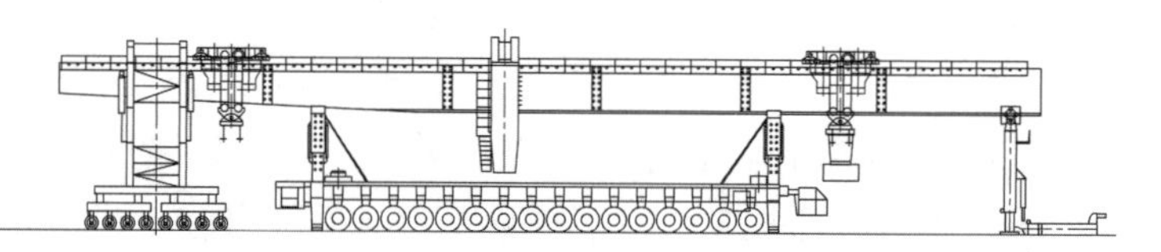

图8-64　顶升驮运支架托住架桥机机臂

⑤ 起重小车运行到驮运位置(图8-65)。

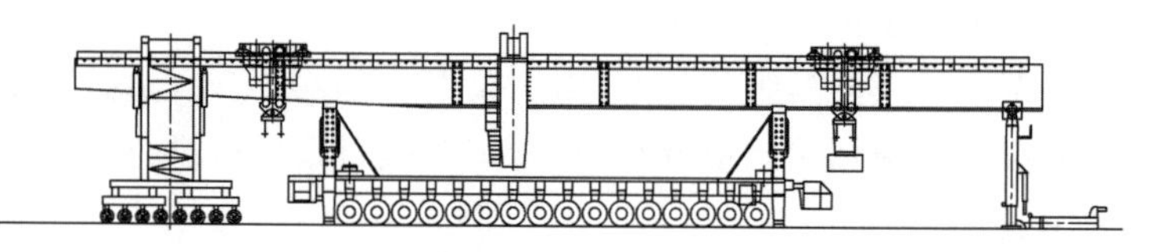

图8-65　起重小车运行到驮运位置

⑥ 提升3号柱,折叠走行轮组成窄式支撑状态。1号柱回缩并折叠,拔出定位销轴,并后退8 m,对1号柱、2号柱下横梁进行捆绑固定(图8-66)。

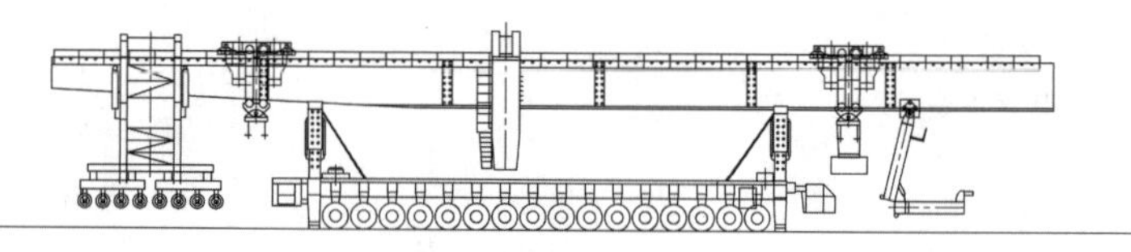

图8-66　提升3号柱、走行轮组成窄式支撑状态,对1号柱和2号柱下横梁捆绑固定

⑦ 将驮运支架下降至驮运高度,插好升降支架的插销,撑斜撑杆。将发电机组连挂到运梁车尾部,架桥机完成装车作业(图8-67)。

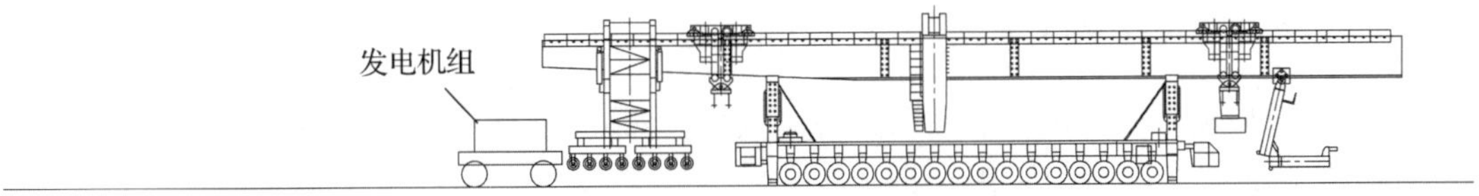

图 8-67　JQ900A 型架桥机驮运图

（2）架桥机驮运注意事项。

① 运梁车进入驮运位置后应支撑好前后支腿。

② 1 号柱后退 8 m 至架设 24 m 梁位置后，与机臂间应用销轴锁定。此外，应对 1 号柱、2 号柱下横梁进行适当的捆绑固定，防止驮运时晃动影响行驶。

③ 3 号柱提升后应用销轴固定。

④ 驮运托架与机臂间应用挡块限位，机臂内侧与驮运托架间应加木楔限位，防止行驶时架桥机滑动。

2. 架桥机桥头对位

JQ900A 型架桥机由运梁车驮运行驶至桥头，应使架桥机轴心线与线路中线重合，1 号柱中心位于桥台中心线前方 600 mm 处，架桥机卸车作业及桥头就位作业按程序进行。平道架梁作业，1 号柱下应铺垫 20 mm 厚的防滑橡胶垫。

（1）施工技术要求。

① 运梁车驮运架桥机抵达桥头时应低速行驶，保证架桥机中心线与线路中线重合。

② 架桥机对位时，应在桥头路基上作出停车标记，以便架桥机准确就位。运梁车应低速行驶，停车后支撑运梁车前后支腿。

③ 降下驮运支架前应确认 1 号柱、3 号柱支撑可靠。

④ 组装 2 号柱下横梁时应确保下横梁与柱体间连接螺栓上齐拧紧。

⑤ 架桥机桥头组装完毕，纵移前应对架桥机的液压、电气系统进行一次全面检查，确定无误后方可进行纵移作业。

⑥ 架桥机纵移时，应确认 1 号柱支撑可靠，与机臂间定位销拔出，防护斜缆拉好，确认基本柱与折叠柱间连接螺栓上齐拧紧。确认 2 号起重小车位于机臂尾部，1 号起重小车位于 1 号柱后方。

⑦ 架桥机纵移时应在线路上画出 3 号柱走行路线，使 3 号柱走行轮组沿线走行。

⑧ 1 号柱纵移时应确认 2 号柱支撑枕木支好垫实。

⑨ 3 号柱变换支撑方式时应确认 1、2 号起重小车位于 2 号柱前方。

（2）安全操作规程。

① 架桥机桥头卸车、组装作业人员应戴好安全帽，佩带安全带。卸车、组装作业应按照起重装卸作业规范进行，防止安全事故发生。

② 2 号柱下横梁组装需搭临时作业平台。

③ 平道架梁作业，2 号柱支撑枕木高度为 400 mm。

④ 架桥机纵移前应确认 3 号柱走行轮组走行悬挂压力开启。

二、JQ900A 型架桥机解体及长途运输

JQ900A 型架桥机长途运输采取大解体,通过公路或铁路运输车辆运输。JQ900A 型架桥机解体作业与其组装程序相反,即:

(1)架桥机架梁施工完毕,由运梁车驮运退回梁场,利用梁场提梁机或龙门吊拆除架桥机。

(2)卸下 1 号起重小车上的 2 号柱下横梁。

(3)拆除 1 号柱与机臂间连接电缆,将 1 号柱由机臂前端吊下并解体装车。

(4)拆除 3 号柱连接线和液压管路,封口;拆除 3 号柱上横梁、弯梁、走行轮组和柱体,装车。

(5)拆除 2 号柱上横梁、曲梁和柱体并装车。

(6)拆除运梁车驮运支架的斜撑杆,驮运支架下降。

(7)拆除起重小车间及起重小车与机臂间的电气连接,用梁场龙门吊卸下起重小车并解体、装车待运。

(8)拆除机臂前后横联装车,卸下左右机臂。

(9)拆除运梁车驮运支架,运梁车退出场地。

(10)机臂解体,装车。

长途运输注意事项:应派专人监运,观察机臂等物的捆绑加固情况,不得有松动现象,避免发生意外事故。

三、JQ900A 型架桥机架梁作业

(一)架桥机架梁作业准备及要求

JQ900A 型架桥机架梁作业程序如图 8-68 所示。

1. 使用前的检查和准备

架桥机每班架梁作业前,应对下列各项进行检查,并填写日保养计划表,合格后方可进行架梁作业。

(1)检查各部紧固情况,特别是起升机构、制动机构、各柱连接螺栓等。

(2)检查轮胎磨损情况、轮胎轮辋螺栓紧固情况;检查起升钢丝绳、拖拉链条的磨损情况,拖拉链条链片是否有裂纹,销轴是否有弯曲,磨损是否严重。

(3)检查各传动机构工作是否正常。

(4)检查液压系统油面高度是否符合要求。

(5)检查走行回路主泵补油压力是否在 2.2 ~2.6 MPa 范围内。

(6)检查运行制动是否可靠,液压系统各连接部分是否牢固。

(7)检查发动机工作是否正常,机油油位是否正常,各连接部位是否松动,冷却系统、空气滤清器是否正常,各仪表指示是否正确。

(8)检查柴油机燃油系统是否有泄漏、松动,燃油量是否足够。

(9)检查发电机蓄电池液面高度和密度是否符合规定。

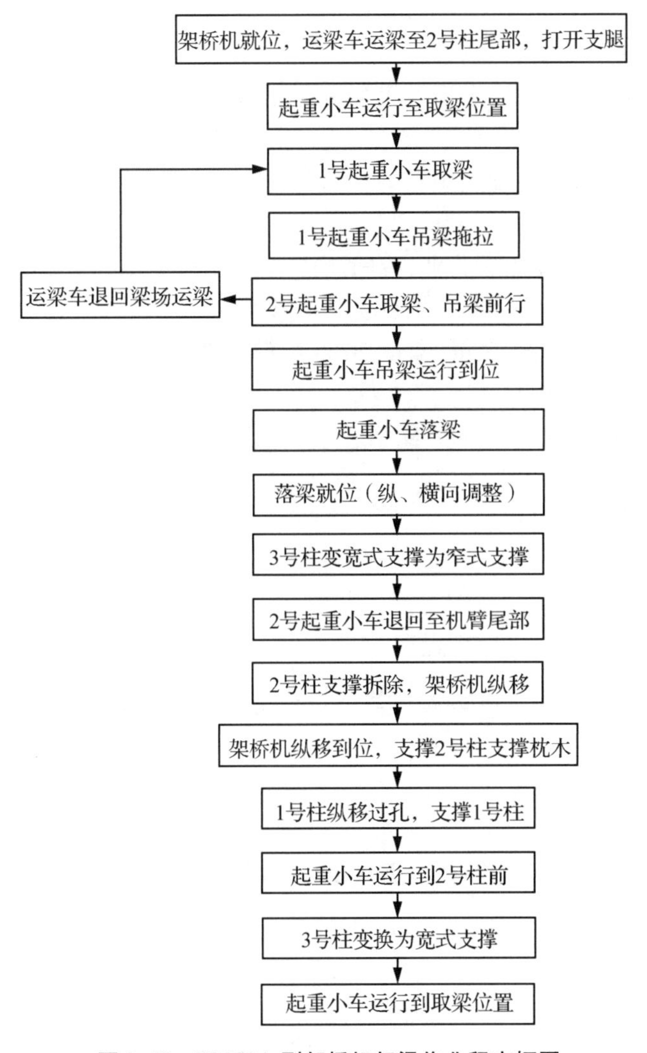

图 8-68 JQ900A 型架桥机架梁作业程序框图

（10）发电机、电压调节器、起动机等各接头和连接线路是否良好。

（11）照明、警示系统工作是否正常。

（12）随机工具及附件是否齐全。

（13）整机进行一次全面润滑检查。

2. 架桥机架梁作业要求

由于架桥机是安全要求较高的设备，在每次施工作业时，除进行上述技术检查外，每个班组还应做到：

（1）每个岗位人员配备齐全。

（2）检查急停遥控器、急停开关、操作遥控器动作是否可靠，电池的电量是否充足。

（3）每次操作时，应有一名值班队长指挥，司机的每一次操作只服从队长的口令，但每一个岗位的人员都有权叫司机停车。

（4）架梁作业开始时，所有在岗人员必须关闭手机。

（5）对讲机用于现场指挥交流通信，说话应简明扼要，禁止将对讲机用于聊天等与操作及安全无关的用途，以免占用频道。

（6）采用对讲机指挥时，每个指令应有回应，在得到确认后方可执行，确保动作准确无误（停车要求除外）。

（7）指挥及操作时，应高度集中精力，严禁其他人指挥及与操作员谈论与正在执行的动作无关的事情。

（8）超过六级风时严禁架梁作业，夜间严禁架梁，雨雪天最好不要架梁。

3. 架梁作业时架桥机1号柱、2号柱支撑要求

JQ900A型架桥机在架设32 m、24 m、20 m等跨箱梁及其变跨箱梁时，2号柱位于已架箱梁上，2号柱中心线距桥墩中心线1 000 mm，2号柱分配梁两支撑点横向中心距为6 000 mm，支腿总成的横移底架下支垫两层枕木，如图8-69所示。

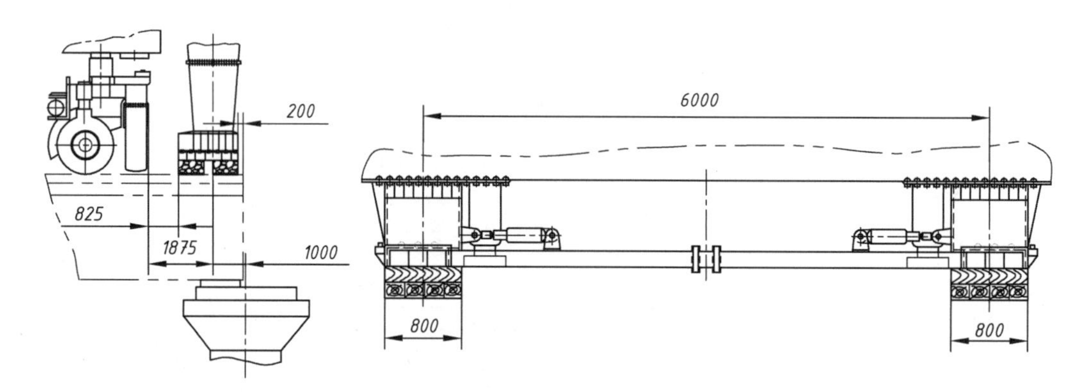

图8-69　2号柱支撑枕木支垫示意图

1号柱中心距机臂前端面1 700 mm，距桥墩中心线600 mm，1号柱的下伸缩柱支撑垫板下支垫20 mm厚防滑橡胶垫，辅助支腿下支垫枕木，旋紧辅助支腿螺旋撑杆（图8-70）。

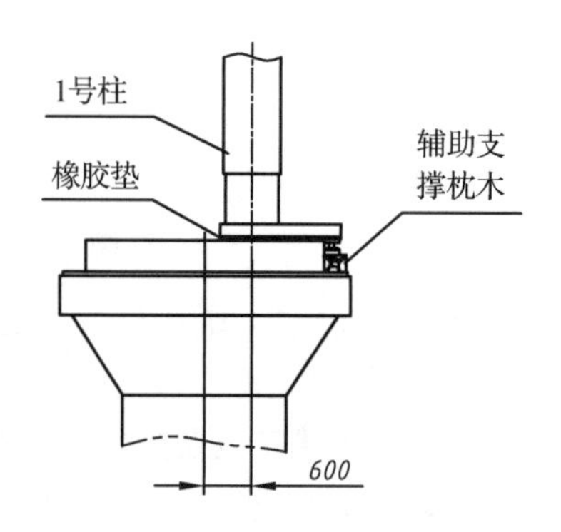

图8-70　1号柱支撑位置示意图

（二）各种工况下架桥机架梁、纵移作业

1. 架梁作业

架桥机架梁作业工序如下：

（1）运梁车运梁就位，支撑运梁车前后支腿（图8-71）。

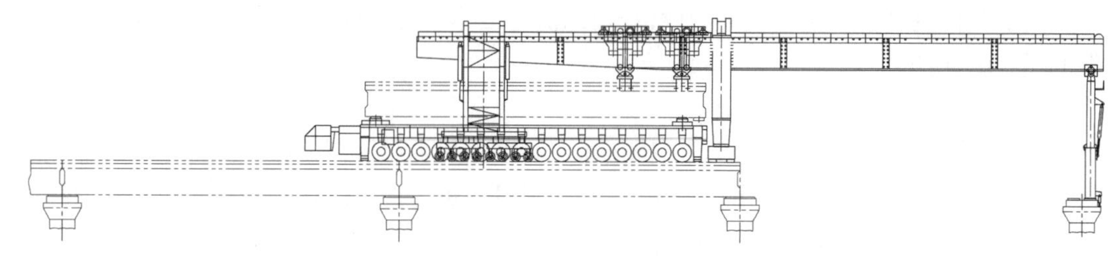

图8-71　运梁车运梁就位、撑腿

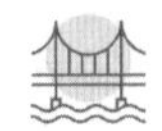

（2）1 号起重小车取梁（图 8-72）。

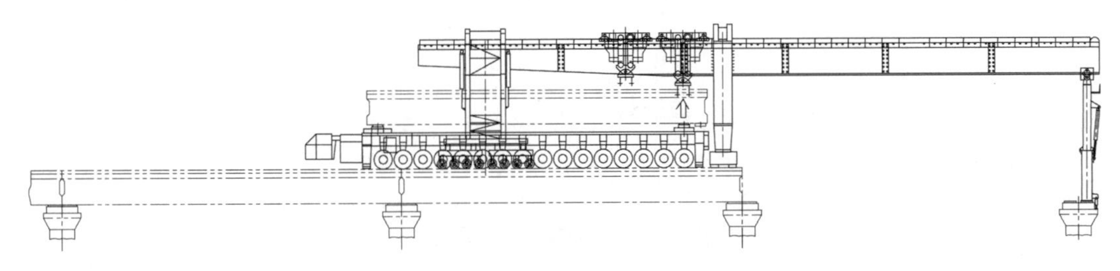

图 8-72　1 号起重小车取梁

（3）1 号起重小车吊梁拖拉前行，梁后端到达 2 号起重小车取梁位置，2 号起重小车取梁（图 8-73）。

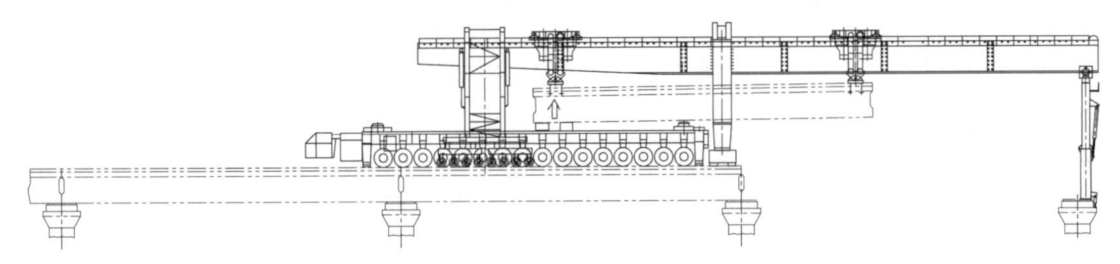

图 8-73　1 号起重小车吊梁拖拉前行，2 号起重小车取梁

（4）1、2 号起重小车吊梁前行（图 8-74）。

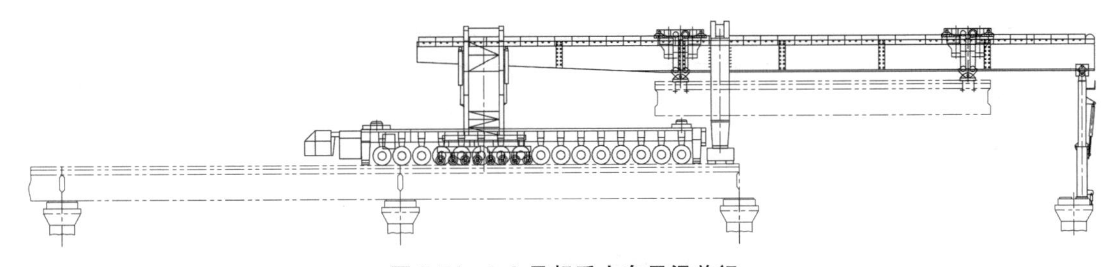

图 8-74　1、2 号起重小车吊梁前行

（5）运梁车退出，1、2 号起重小车吊梁到落梁位置（图 8-75）。

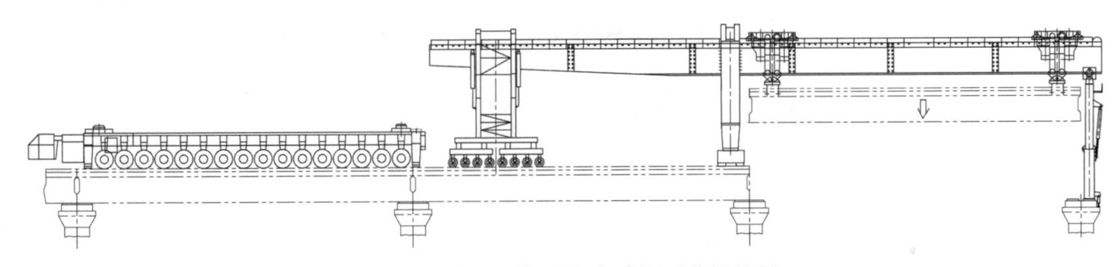

图 8-75　1、2 号起重小车吊梁到落梁位置

（6）调整梁位，落梁就位（图 8-76）。

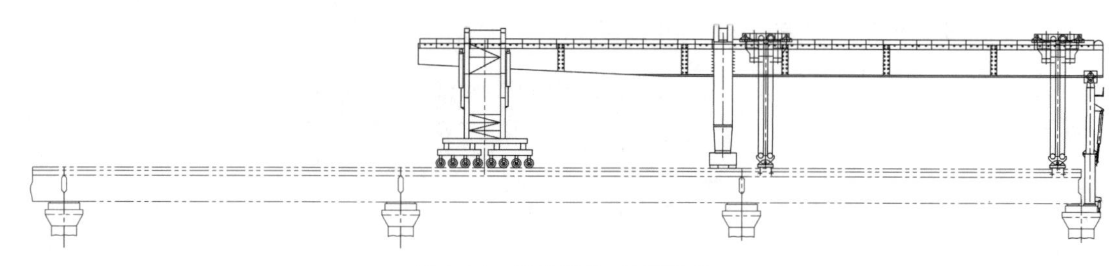

图 8-76　调整梁位，落梁就位

2. 架设 32 m 等跨箱梁架桥机纵移作业

（1）前一跨箱梁吊装完毕，解除并升起吊具，提升 3 号柱，3 号柱走行轮组内摆至走行位置并支撑（图 8-77）。

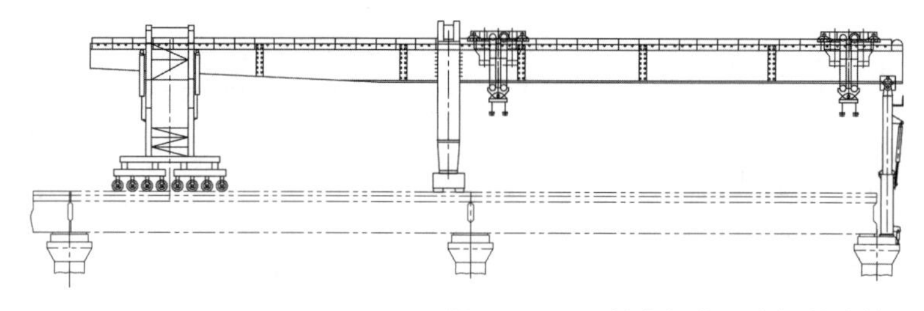

图 8-77　3 号柱走行轮组内摆并支撑

（2）2 号起重小车退到机臂尾部，拆除 2 号柱支撑枕木。纵移架桥机（图 8-78）。

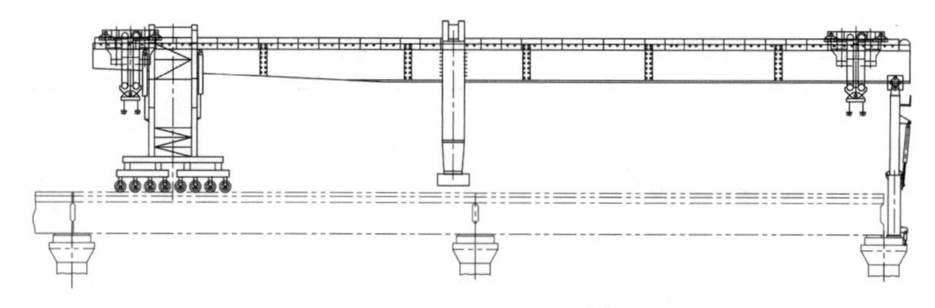

图 8-78　2 号起重小车后退，拆除 2 号柱枕木

（3）1 号起重小车退后，架桥机纵移到位，支撑 2 号柱（图 8-79）。

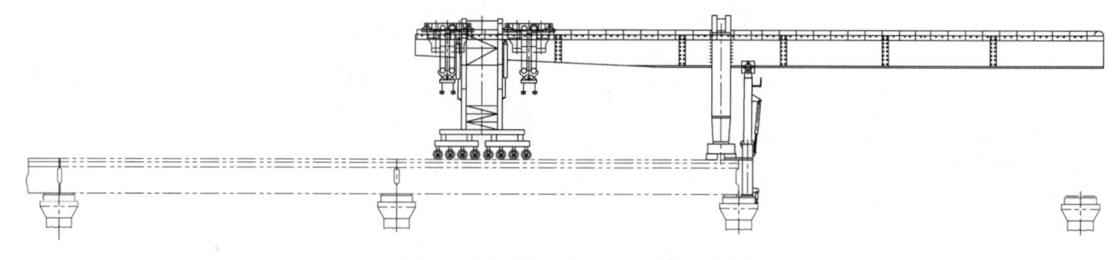

图 8-79　架桥机纵移到位、支撑 2 号柱

（4）起重小车后退到架桥机主梁尾部，提升 1 号柱（收缩 1 号柱伸缩柱），纵移 1 号柱（图 8-80）。

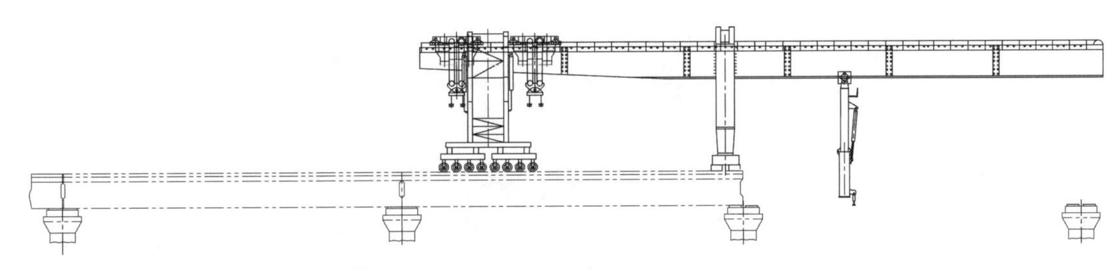

图 8-80 起重小车后退、提升并纵移 1 号柱

(5) 1 号柱纵移到前方墩台并支撑(图 8-81)。

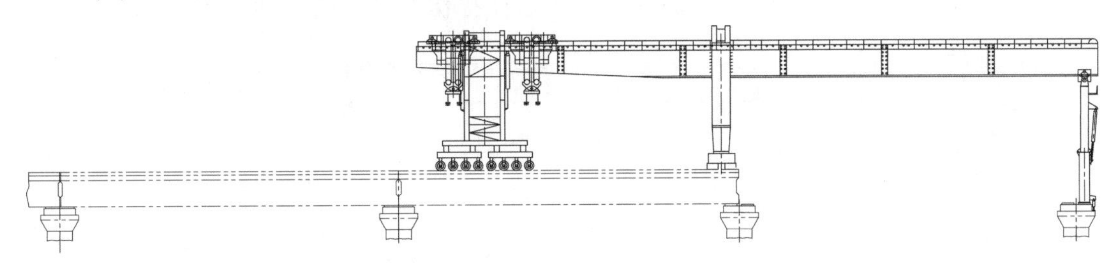

图 8-81 1 号柱纵移到前方墩台并支撑

(6) 起重小车走行到 1、2 号柱之间，提升并外摆 3 号柱走行轮组成宽式支撑(图 8-82)。

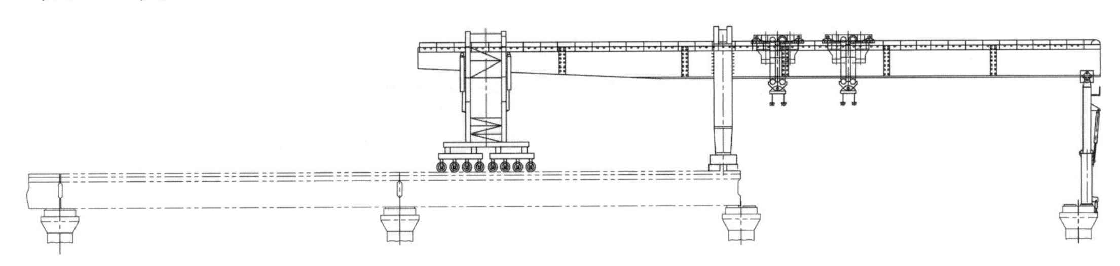

图 8-82 起重小车前移，3 号柱走行轮组成宽式支撑

(7) 起重小车运行到取梁位置，等待吊梁(图 8-83)。

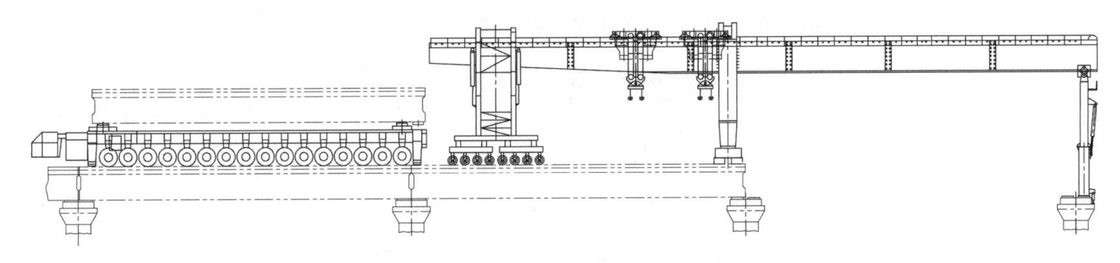

图 8-83 起重小车运行到取梁位置，等待吊梁

3. 32 m 变 24 m 跨箱梁架设纵移作业

(1) 32 m 箱梁吊装完毕，解除并升起吊具，提升 3 号柱，走行轮组内摆至走行位置并支撑(图 8-84)。

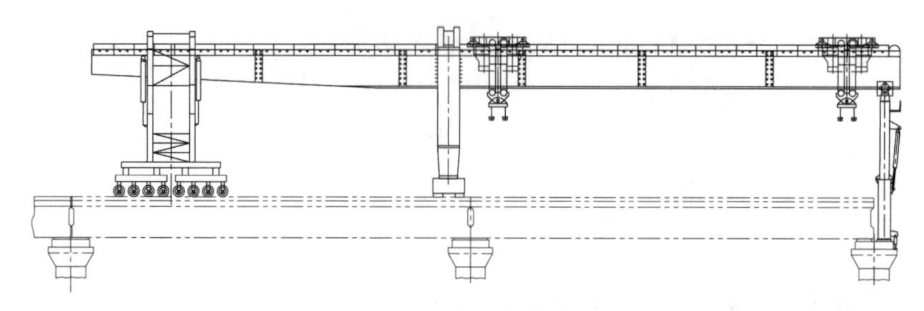

图 8-84　3 号柱走行轮组内摆并支撑

（2）2 号起重小车退到机臂尾部，拆除 2 号柱支撑枕木，纵移架桥机（图 8-85）。

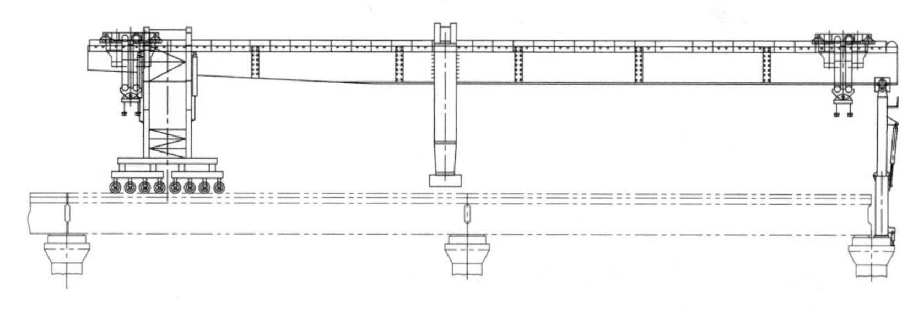

图 8-85　2 号起重小车后退，拆除 2 号柱枕木

（3）1 号起重小车退后，架桥机向前纵移 32.7 m 后，支撑 2 号柱，提升并纵移 1 号柱（图 8-86）。

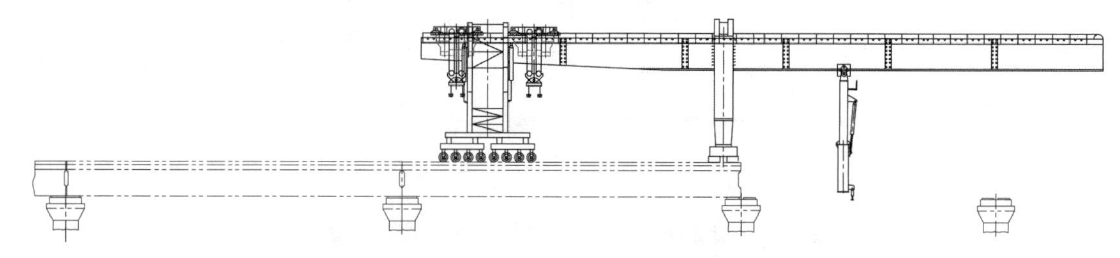

图 8-86　架桥机纵移到位，支撑 2 号柱，提升并纵移 1 号柱

（4）1 号柱纵移 24.7 m 至前方墩台并支撑（图 8-87）。

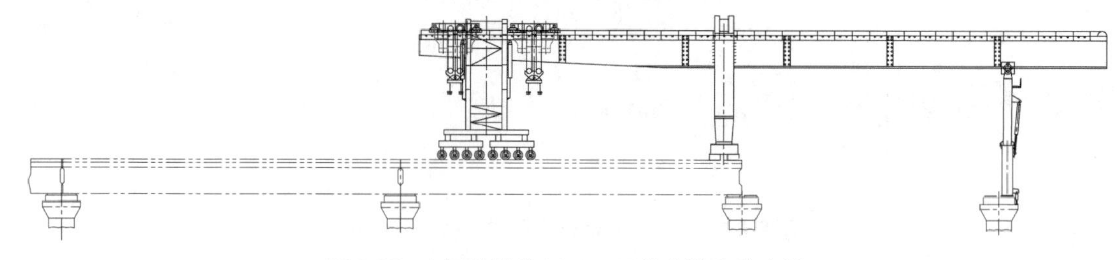

图 8-87　1 号柱纵移 24.7m 至前方墩台并支撑

（5）起重小车走行到 1、2 号柱之间，提升并外摆 3 号柱走行轮组成宽式支撑（图 8-88）。

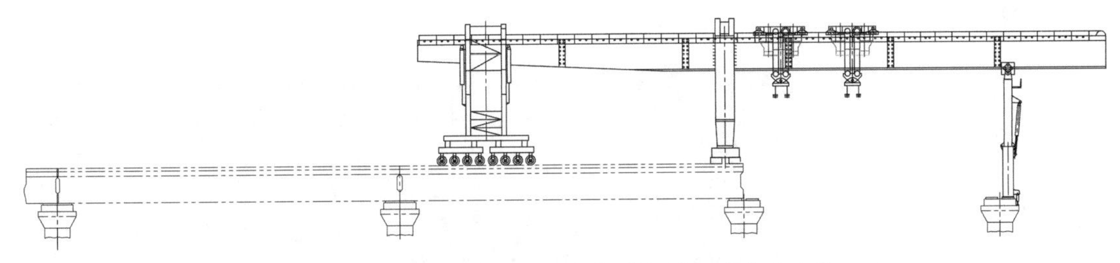

图 8-88　起重小车前移，3 号柱走行轮组成宽式支撑

（6）吊梁小车运行到取梁位置，等待吊梁（图 8-89）。

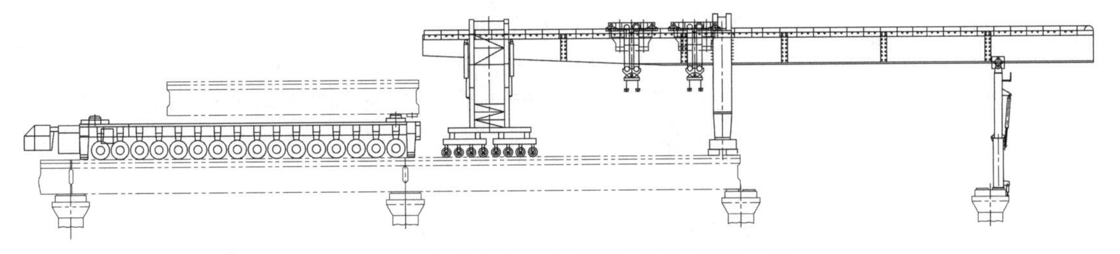

图 8-89　吊梁小车运行到取梁位置，等待吊梁

4. 24 m 变 20 m 跨箱梁架设纵移作业

（1）24 m 箱梁吊装完毕，解除并升起吊具，提升 3 号柱，走行轮组内摆至走行位置并支撑（图 8-90）。

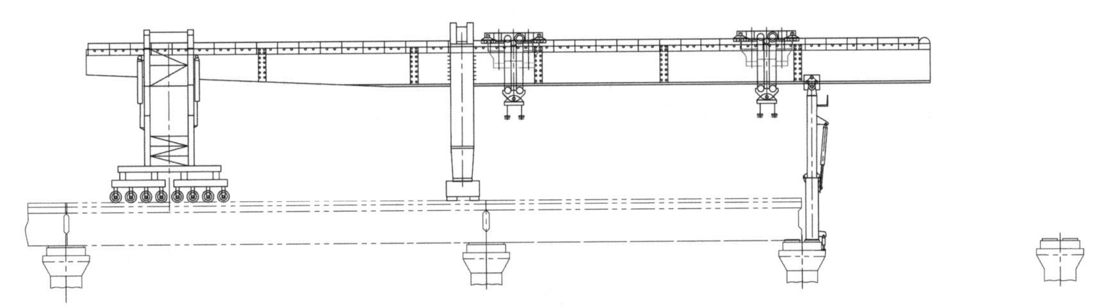

图 8-90　提升 3 号柱，走行轮组内摆至走行位置并支撑

（2）2 号起重小车退到机臂尾部，拆除 2 号柱支撑枕木，纵移架桥机（图 8-91）。

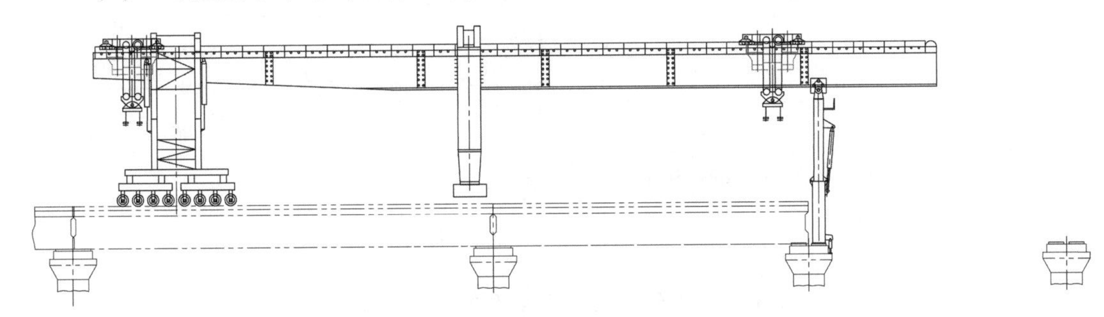

图 8-91　2 号小车后退，拆除 2 号柱枕木

（3）1 号起重小车后退，架桥机纵移 24.7 m 到位，支撑 2 号柱，提升并纵移 1 号柱

(图 8-92)。

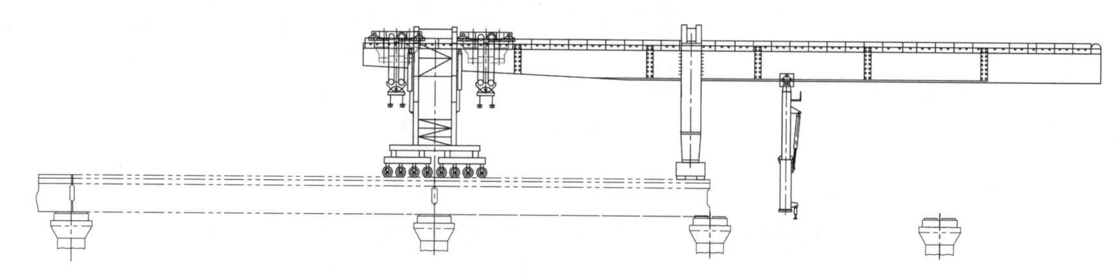

图 8-92　架桥机纵移到位,支撑 2 号柱,提升并纵移 1 号柱

(4) 1 号柱纵移 20.7 m 至前方墩台并支撑(图 8-93)。

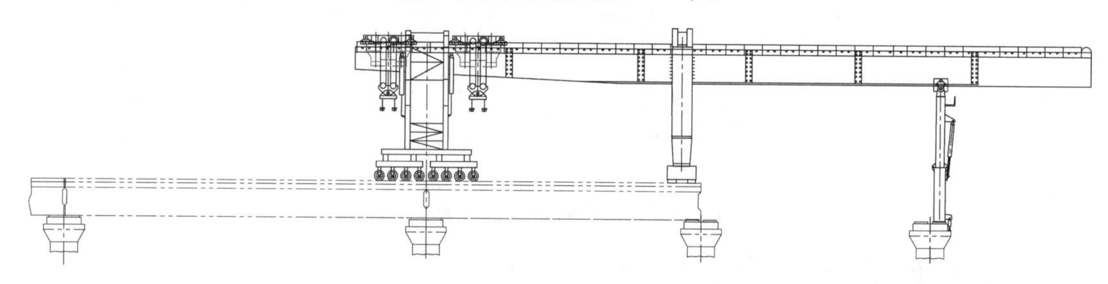

图 8-93　1 号柱纵移 20.7m 至前方墩台并支撑

(5) 起重小车走行到 1、2 号柱之间,提升并外摆 3 号柱走行轮组成宽式支撑(图 8-94)。

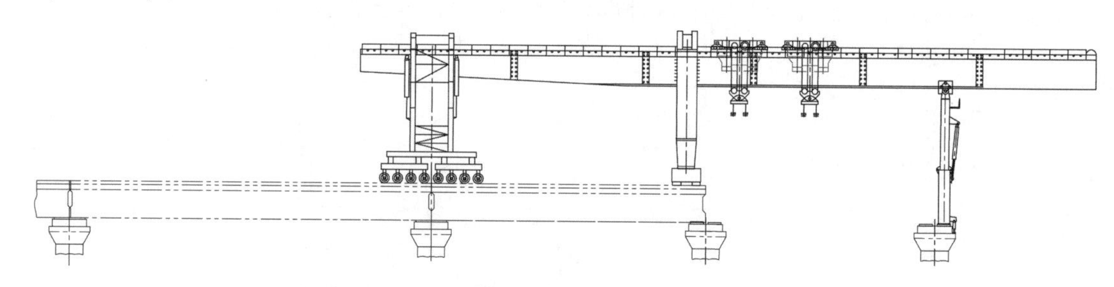

图 8-94　起重小车前移,3 号柱走行轮组成宽式支撑

(6) 吊梁小车运行到取梁位置,等待吊梁(图 8-95)。

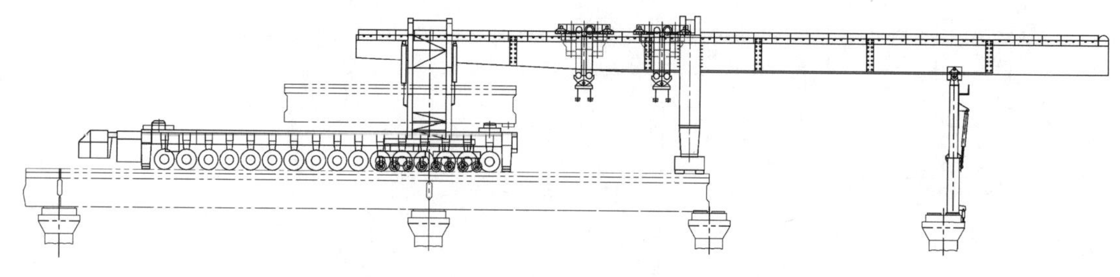

图 8-95　吊梁小车运行到取梁位置,等待吊梁

5. 20 m 变 24 m 跨箱梁架设纵移作业

(1) 20 m 箱梁吊装完毕,解除并升起吊具,提升 3 号柱,走行轮组内摆至走行位置并支

撑(图 8-96)。

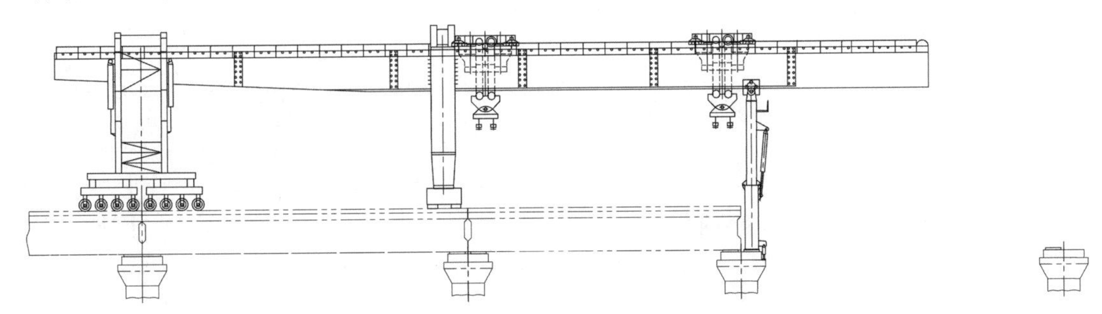

图 8-96　提升 3 号柱,走行轮组内摆至走行位置并支撑

(2) 2 号起重小车退到机臂尾部,拆除 2 号柱支撑枕木,架桥机纵移(图 8-97)。

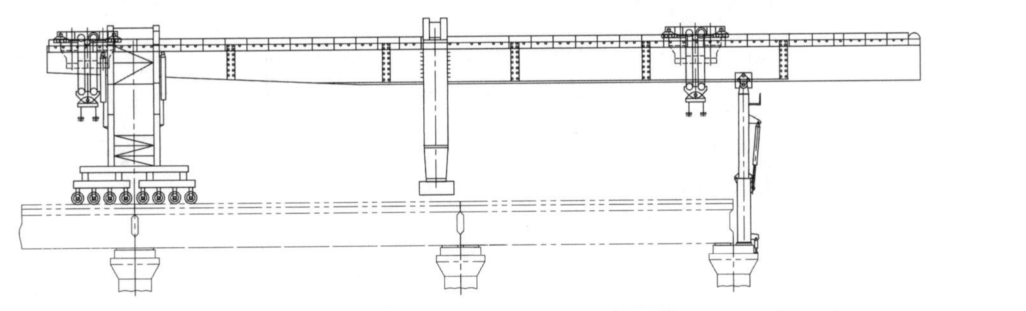

图 8-97　2 号起重小车退到机臂尾部,拆除 2 号柱支撑枕木

(3) 1 号起重小车后退,架桥机向前纵移 20.7 m 到位,支撑 2 号柱,提升并纵移 1 号柱(图 8-98)。

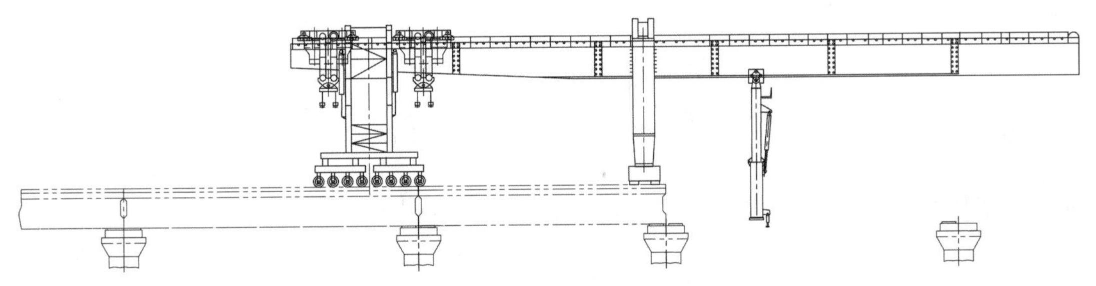

图 8-98　架桥机纵移到位,支撑 2 号柱,提升并纵移 1 号柱

(4) 1 号柱纵移 24.7 m 至前方墩台并支撑(图 8-99)。

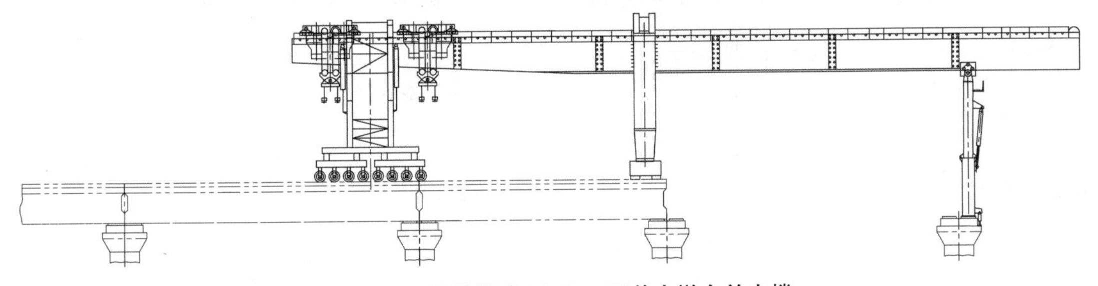

图 8-99　1 号柱纵移 24.7 m 至前方墩台并支撑

(5) 起重小车走行到 1、2 号柱之间,提升并外摆 3 号柱走行轮组成宽式支撑(图 8-100)。

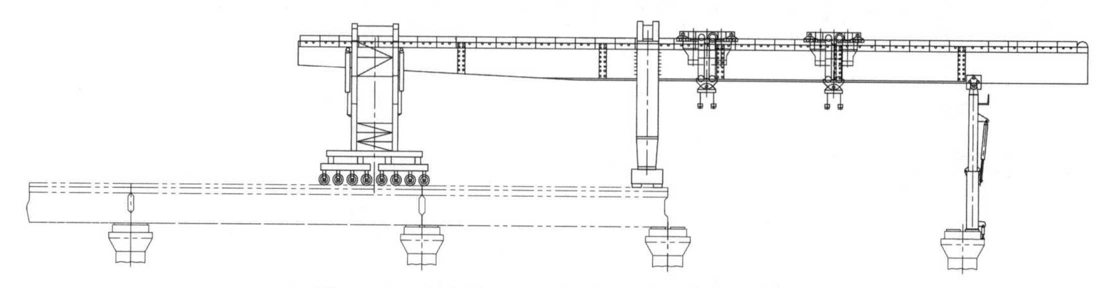

图 8-100　小车前移,3 号柱走行轮组成宽式支撑

(6) 吊梁小车运行到取梁位置,等待吊梁(图 8-101)。

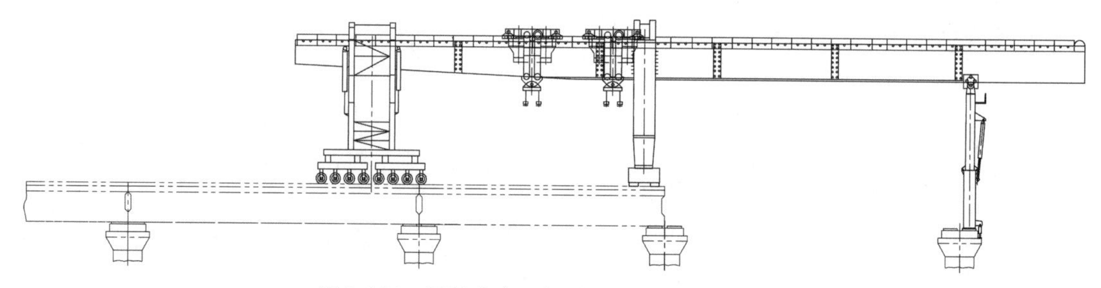

图 8-101　吊梁小车运行到取梁位置,等待吊梁

6. 24 m 变 32 m 跨箱梁架设纵移作业

(1) 24 m 箱梁吊装完毕,解除并升起吊具,提升 3 号柱,走行轮组内摆至走行位置并支撑(图 8-102)。

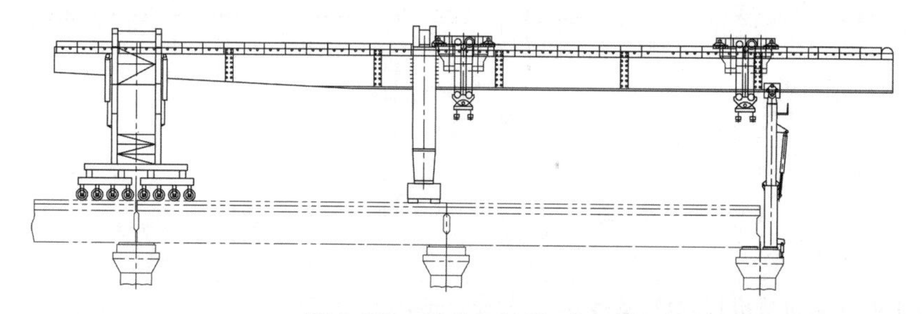

图 8-102　提升 3 号柱,走行轮组内摆至走行位置并支撑

(2) 2 号起重小车退到机臂尾部,拆除 2 号柱支撑枕木,架桥机纵移(图 8-103)。

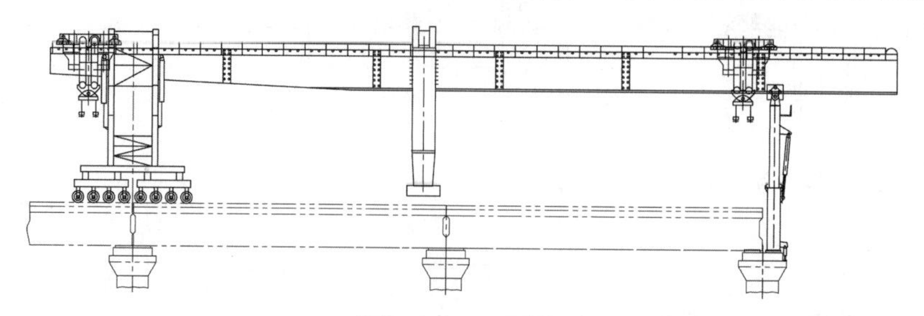
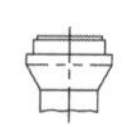

图 8-103　2 号起重小车后退,拆除 2 号柱枕木

(3) 1号起重小车后退,架桥机向前纵移24.7 m到位,支撑2号柱,提升并纵移1号柱(图8-104)。

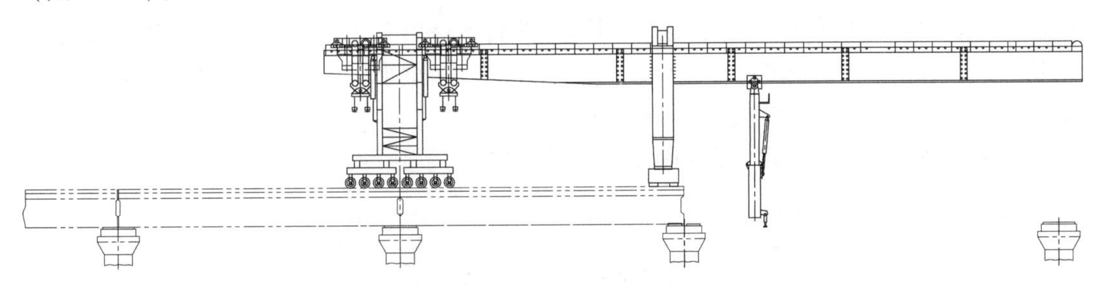

图8-104 架桥机纵移到位,支撑2号柱,提升并纵移1号柱

(4) 1号柱纵移32.7 m至前方墩台并支撑(图8-105)。

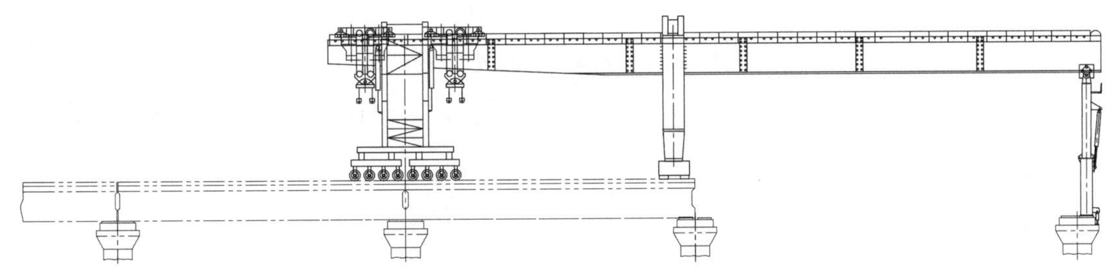

图8-105 1号柱纵移32.7 m至前方墩台并支撑

(5) 起重小车走行到1、2号柱之间,提升并外摆3号柱走行轮组成宽式支撑(图8-106)。

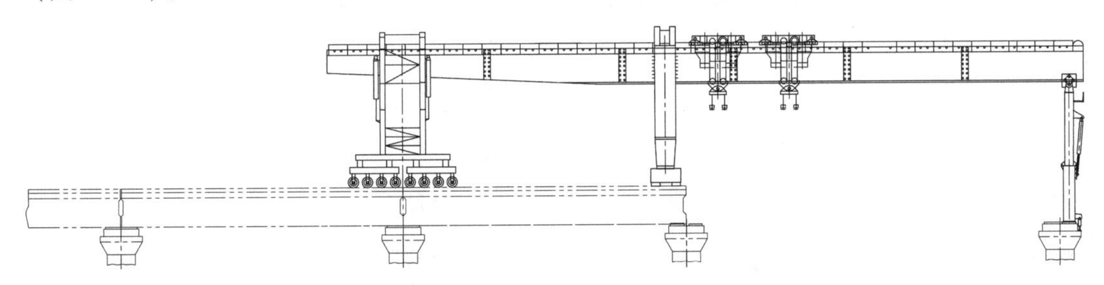

图8-106 起重小车前移,3号柱走行轮组成宽式支撑

(6) 吊梁小车运行到取梁位置,等待吊梁(图8-107)。

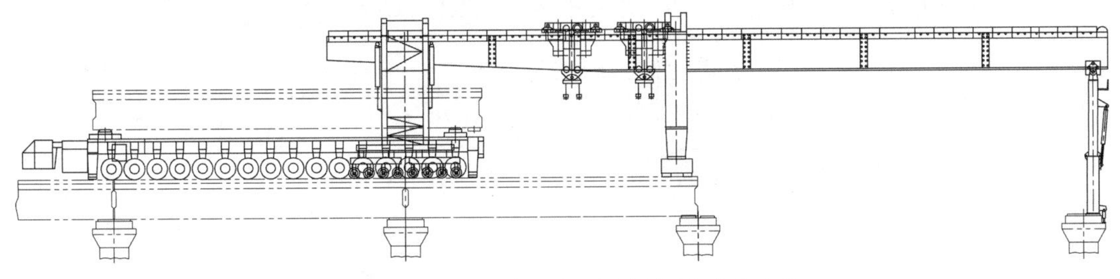

图8-107 吊梁小车运行到取梁位置,等待吊梁

7. 最后一孔梁架设作业

架设最后一孔梁时,架桥机纵移到位后,先拆除1号柱折叠柱间的连接螺栓,收缩折叠油缸,收起折叠柱,然后1号柱走行过孔到前方桥台。伸出1号柱基本柱上的伸缩柱,支撑到桥台上,然后将3号柱由窄式支撑变换为宽式支撑,起重小车运行至取梁位置,架桥机即完成纵移作业,处于待架梁状态。具体步骤如下:

(1) 架桥机架设倒数第二孔箱梁完毕(图8-108)。

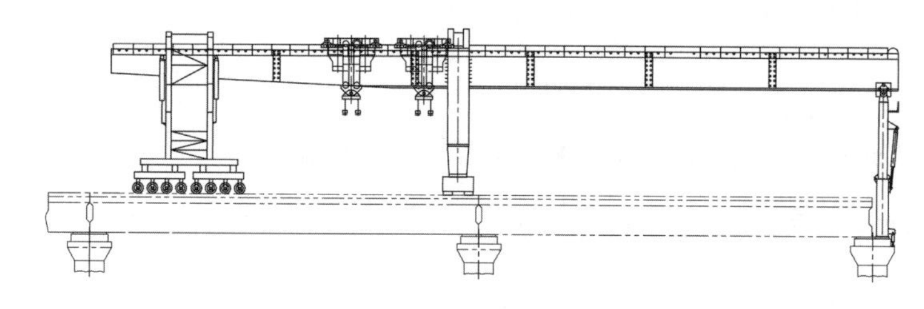
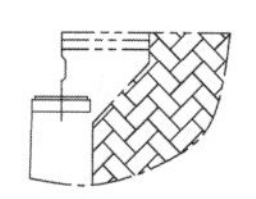

图8-108 倒数第二孔箱梁架设完毕

(2) 2号起重小车退到机臂尾部,拆除2号柱支撑枕木,架桥机开始纵移(图8-109)。

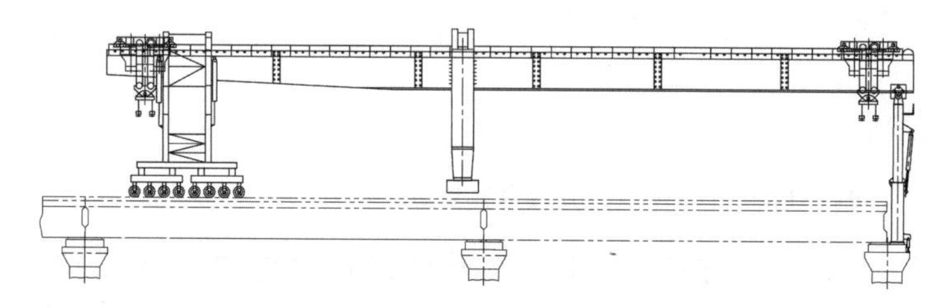
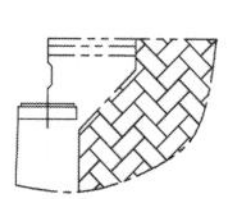

图8-109 拆除2号柱支撑枕木,架桥机开始纵移

(3) 1号起重小车后退,架桥机纵移到位,支撑2号柱枕木(图8-110)。

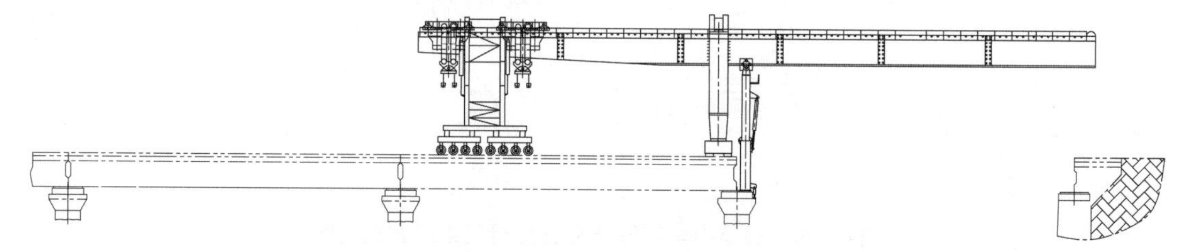

图8-110 架桥机纵移到位,支撑2号柱枕木

(4) 拆除1号柱折叠柱连接螺栓,折叠并纵移1号柱(图8-111)。

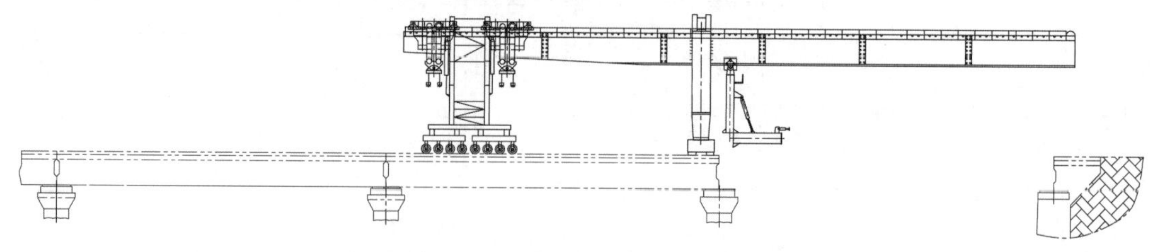

图8-111 拆除1号柱折叠柱连接螺栓,折叠并纵移1号柱

(5) 1号柱纵移到位,支撑1号柱基本柱上的伸缩柱,架桥机完成纵移,进入架梁作业

程序(图 8-112)。

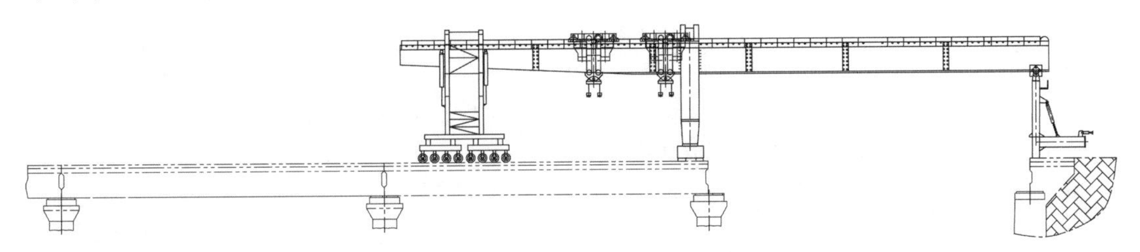

图 8-112　架桥机完成纵移,进入架梁作业程序

8. 架桥机架梁完毕驮运作业

JQ900A 型架桥机架设完一座桥的最后一梁,通过运梁车驮运转移至下一架梁工地。架桥机驮运作业程序如下:

(1) 架设一座桥的最后一孔箱梁时,架桥机的驮架随同要架设的箱梁一道从基地运至架梁工地(图 8-113)。

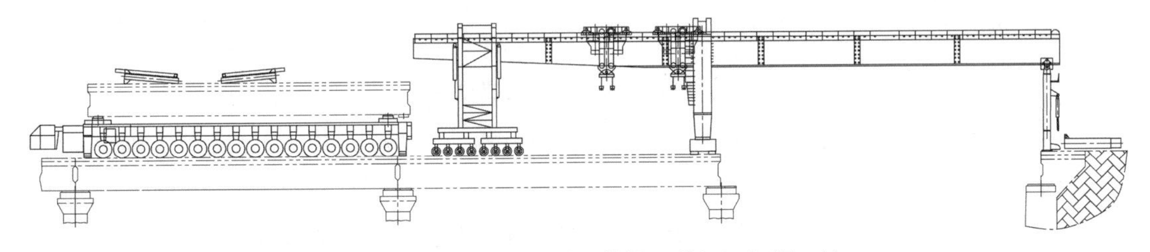

图 8-113　架桥机驮架随同箱梁一道运至架梁工地

(2) 架桥机架梁完毕,将梁片上的驮架用吊梁小车吊放至运梁车上(图 8-114)。

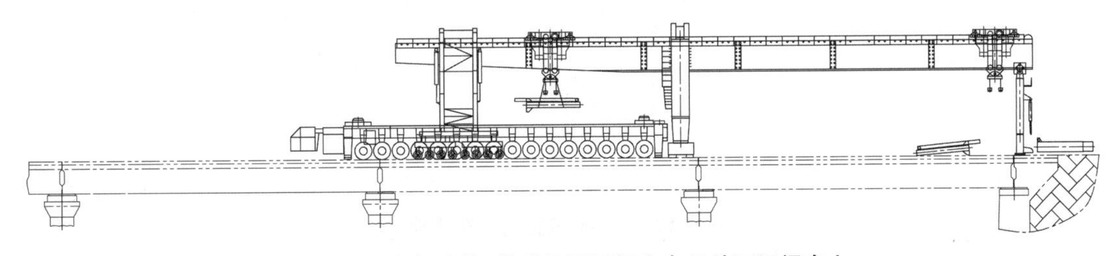

图 8-114　架梁完毕,将驮架用吊梁小车吊放至运梁车上

(3) 架桥机由 1、3 号柱支撑,1 号起重小车位于机臂前端,2 号起重小车拆除 2 号柱下横梁(图 8-115)。

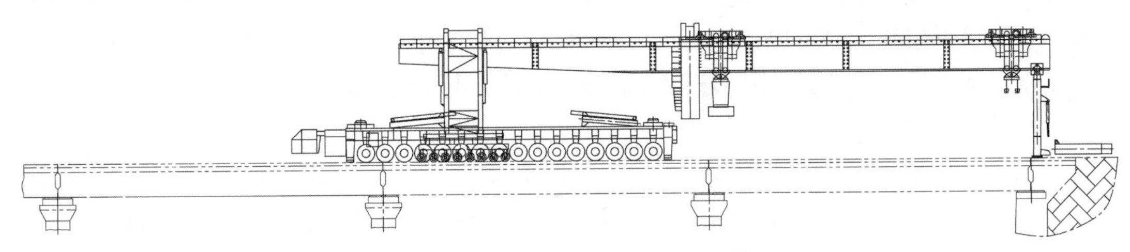

图 8-115　架桥机 1、3 号柱支撑,拆除 2 号柱下横梁

(4) 运梁车前进到驮运位置,将 2 号柱下横梁放置到运梁车中部,2 号起重小车后退到

3 号柱前方(图 8-116)。

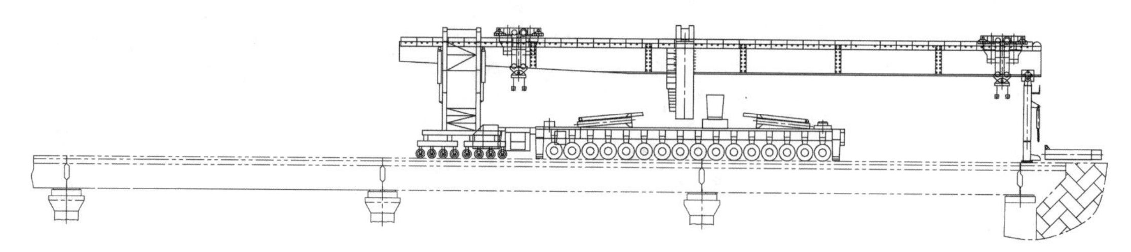

图 8-116　运梁车前进到驮运位置,将 2 号柱下横梁放置到运梁车中部

(5) 起重小车支立驮架(图 8-117)。

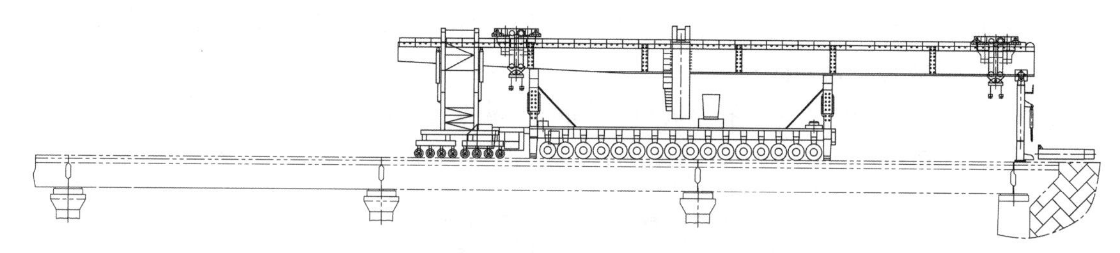

图 8-117　起重小车支立驮架

(6) 交替收缩 1、3 号柱支撑油缸,使架桥机机臂逐渐落放到驮架上,然后分别提升 3 号柱、收折回 1 号柱。

(7) 起重小车运行到驮运位置,并将发电车连挂到运梁车上,收放好电缆。架桥机完成装车作业,可以进行工地转移(图 8-118)。

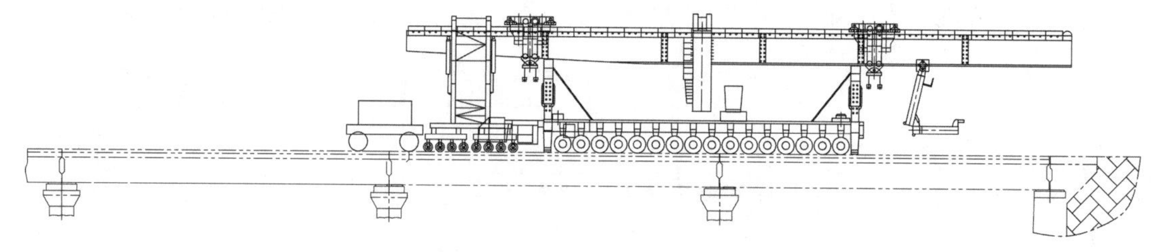

图 8-118　架桥机完成装车作业

(三) 架桥机架梁、纵移作业施工技术要求及安全操作规程

1. 喂梁作业

YL900 型运梁车运送箱梁进入架桥机,通过 3 号柱,到达 2 号柱。运梁速度为 0.3 ~ 4.0 km/h,接近架桥机时应以低速走行,在运梁车前端面距架桥机 2 号柱中心 1.8 m 处停车,支撑好运梁车前后支腿,连接好运梁车与架桥机的电源接口。

(1) 施工技术要求。

① 运梁车装梁时应确保箱梁在运梁车上的支撑位置符合箱梁支撑要求,箱梁支撑截面中心与运梁车中心线横向误差不大于 ±25 mm,支点纵向位置误差不大于 ±50 mm。

② 应在架桥机 2 号柱后方划出运梁车喂梁运行线路,方便运梁车对位运行。以架桥机中心线为中线划出运梁车走行轮胎走行位置线,划线长度应延长至 3 号柱后方一个运梁车车长位置。

③ 运梁车喂梁对位时，注意观察架桥机尾部有无障碍物与运梁车碰撞，运梁车前端通过架桥机3号柱后，前司机室应转至车体侧面。运梁车对位时应低速行驶，速度控制在3 m/min左右。应在运梁车停车位置放置不低于200 mm高的止轮器，防止运梁车因操作不当等原因继续前进。

④ 应有专人观察运梁车与3号柱走行轮组间的侧向间隙，观察运送的箱梁与3号柱柱体间的侧向间隙，严禁冲撞架桥机。

（2）安全操作规程。

① 每班进行架梁作业前应对架桥机进行日常保养与维护，必须对起升钢丝绳、吊杆、吊杆螺母、起重小车拖拉链条等进行检查。

② 运梁车停车对位后应打好止轮器，支撑好运梁车前后支腿。

2. 取梁、吊梁运行作业

运梁车运梁到位，1号柱起重小车吊具下降，将吊杆插入箱梁前端吊孔内，安装垫块，拧紧吊杆螺母。1号起重小车吊起箱梁前端，与运梁车拖梁小车协同作业，使箱梁呈半悬挂半支撑状态运行前进。当箱梁尾部到达2号起重小车取梁位置时，2号起重小车取梁，两台起重小车吊梁同步运行前进。

（1）施工技术要求。

① 1号起重小车取梁位置为小车中心线距2号柱中心2.8 m处，2号起重小车取梁位置为小车中心线距2号柱中心5.1 m处。

② 1号起重小车取梁并吊起箱梁前端，使箱梁底面与支撑柱顶面保持在20～50 mm距离。箱梁由1号起重小车及运梁车拖梁小车拖动，以半悬挂半支承状态前进。待箱梁后端进入2号起重小车取梁位置时，2号起重小车吊起箱梁后端，两台起重小车同步吊梁前进、对位落梁。

③ 吊梁运行接近1号柱时，应以低速行走，并有专人在前端监视对位，严禁箱梁碰撞1号柱。必要时拉动1号柱上的急停开关，紧急停车。

④ 吊梁、运行或落梁时，应保持箱梁左右水平。

（2）安全操作规范。

① 起重小车起吊箱梁时应对起升机构的制动性能进行确认，制动试验不得少于两次，确认制动可靠后方可吊梁拖拉运行。

② 1号起重小车取梁后拖梁前，应确认拖梁小车上的定位销拔出。

③ 吊梁拖拉通过2号柱时应注意观察箱梁与2号柱内侧盖板的侧向间隙，当一侧间隙过小，影响吊梁运行时应停车，启动横移机构，调整箱梁与2号柱间的间隙。

④ 吊梁过程中应注意观察箱梁顶面钢筋与机臂及2号柱下盖板间的间隙，防止箱梁与机臂及2号柱挤紧后，使起升钢丝绳过载。

⑤ 起重小车起吊箱梁时应确认横移小车处于中位，避免发生碰撞。

⑥ 起重小车上每个卷筒位置应设专人观察起升卷扬机钢丝绳、排绳器、制动器等工作情况，防止钢丝绳出现掉槽、缠绕混乱现象。

⑦ 经常检查链条的磨损情况，若发现有链片裂纹、磨损超过规定限度，应及时更换；检查链条固定销是否有弯曲等现象，不得凑合使用。

⑧ 应有专人观察1、2号柱支撑情况。

⑨ 各伸缩柱升降到位，销轴穿入销孔后，必须点动回缩伸缩油缸，使销轴承受载荷，避免油缸过载。

3. 箱梁就位安装

箱梁降到安装位置后，通过起重小车纵向和横向微调，精细调整箱梁支座的位置，使之符合箱梁安装的有关技术要求。

(1) 施工技术要求。

① 落梁就位时，严禁无约束地在纵向和横向顶、拉箱梁，防止意外事故发生。

② 落梁就位，应严格按箱梁的安装技术要求进行。

(2) 安全操作规范。

① 架梁作业过程中应有专人观察1号柱、2号柱的支撑情况。

② 设专人负责1号柱，观察箱梁运行情况，防止冲撞1号柱。

③ 吊梁运行及落梁过程中，支座垫石上、桥下禁止站人。

④ 纵向调整箱梁位置时，起重小车必须以低速走行，而且应以单台起重小车交替走行来调整箱梁纵向位置。

4. 架桥机纵移过孔作业

箱梁安装完毕，3号柱由宽式支撑变换成窄式支撑，2号起重小车后退至机臂尾部，拆除2号柱支撑枕木，架桥机纵移过孔。到位后支撑2号柱，1号柱纵移过孔并支撑，两台起重小车运行到2号柱前方，3号柱变换成宽式支撑，起重小车运行至取梁位置。

(1) 施工技术要求。

① 安装好3号柱支撑横联，提升3号柱，摆动3号柱走行轮组，以窄式支撑形式支撑3号柱。

② 拆除吊杆螺母，提升起重小车吊具，2号起重小车后退至机臂尾部。同时，1号起重小车后退7.0 m。

③ 拉好1号柱防护缆绳(两侧各用一个10 t葫芦拉到挡碴墙钢筋上)，连接好1号柱与已架箱梁吊孔(或桥台漏水孔)间的支撑拉杆。回缩1号柱插销油缸，拔出1号柱与机臂间的定位销轴。

④ 支撑2号柱支腿油缸，拆除2号柱支撑枕木，收回2号柱支腿油缸。2号柱呈悬空状态。架桥机开始纵移，1号起重小车同步后退。

⑤ 2号柱纵移到位(纵移过程中需变换1号柱防护缆绳固定位置，使2号柱能越过1号柱防护缆绳)，支撑2号柱支腿油缸，放置2号柱支撑枕木，收回2号柱支腿油缸。

⑥ 拆除1号柱防护缆绳和与箱梁间的支撑拉杆；提升下缩柱，1号柱沿机臂下耳梁纵移过孔。1号柱走行到前方墩台(架设最后一孔箱梁时，1号柱与机臂的连接位置应前移400 mm)，伸出插销油缸，将1号柱定位插销插入机臂上定位支座。

⑦ 伸出下伸缩柱支撑油缸，使1号柱中心线位于桥墩中心前方600 mm处支撑(架设最后一孔箱梁时，1号柱支撑在桥台上，距桥台中心1 000 mm)。

⑧ 各伸缩柱升降到位，销轴穿入销孔后，必须点动回缩伸缩油缸，使销轴承受载荷，避免油缸过载。

⑨ 将1、2号起重小车运行到2号柱前方，提升并摆动3号柱，使3号柱成宽式支撑。解除3号柱支撑横联，将支撑横联摆动至纵向位置。

⑩ 起重小车后退至取梁位置，架桥机完成纵移作业，处于待架梁状态。

(2) 安全操作规范。

① 架桥机纵移时应确认3号柱变换成窄式支撑。

② 确认2号起重小车已退回至机臂尾部，1号起重小车后退7.0 m。

③ 确认1号柱与机臂间定位插销已拔出，1号柱与已架箱梁间的支撑已连接，防护缆绳已拉好。

④ 确认2号柱支撑枕木拆除，支腿油缸缩回，2号柱呈悬空状态。拆除2号柱支撑枕木前应确认1号柱与已架箱梁间的拉杆和防护缆绳均已就位。

⑤ 架桥机纵移到位，1号柱纵移前应确认2号柱支撑枕木支牢垫实。2号柱到位支撑牢固前严禁拆除1号柱的防护拉杆和防护缆绳！

⑥ 纵移1号柱前应确认1号起重小车位于2号柱的后方。

(四) 特殊情况下架设措施

1. 坡道架梁作业

架桥机在坡道上的架梁过程同前面平道作业程序一致，主要是调整机臂的纵向水平度。

JQ900A型架桥机通过改变1、3号柱伸缩柱插销位置，有级地调整机臂的纵向水平度。不同范围坡道对应的插销孔位不同，应按要求确定插销孔位置。

2. 架桥机通过隧道作业

JQ900A型架桥机小解体后可由运梁车驮运通过客运专线双线电气化隧道。架桥机小解体装车作业和通过隧道后恢复作业程序如下。

(1) 架桥机小解体施工作业程序。

① 架桥机架设完一座桥的最后一孔箱梁，1、3号柱支撑架桥机，用起重小车拆除2号柱下横梁，吊放到运输车上。

② 2号起重小车运行到驮运位置。

③ 拆除架桥机电源。

④ 汽车吊进入架桥机，拆除2号柱上横联、柱体，由运输车辆运到前方工地。汽车吊退出架桥机。

⑤ 在运梁车上组装驮运支架。运梁车进入架桥机，运行到驮运位置。运梁车打支腿，顶升驮运支架，托住架桥机机臂。

⑥ 收折1号柱。

⑦ 用汽车吊拆除3号柱，3号柱的上横联、柱体和走行轮组由运输车辆运送至前方工地。

⑧ 固定架桥机，驮运支架下降，将机臂降至驮运高度。

⑨ 运梁车驮运架桥机过隧道。

(2) 架桥机过隧道后恢复组装作业程序。

① 运梁车驮运架桥机通过隧道至架梁工地，打开支腿，驮运支架开始顶升。

② 将机臂升至作业高度。

③ 安装1号柱。将1号柱吊挂到机臂前端下耳梁上，连接1号柱液压、电气系统，伸出上柱体上的伸缩柱，支撑好1号柱。

④ 汽车吊进入架桥机尾部，组装3号柱。

⑤ 3号柱组装完毕，连接3号柱液压、电气系统，支撑好3号柱。

⑥ 下降驮运支架，运梁车退出。

⑦ 汽车吊进入架桥机中部，组装2号柱柱体、上横联。

⑧ 1号起重小车运行至1号柱后方，利用2号起重小车组装2号柱下横梁。

⑨ 架桥机组装完毕，2号起重小车运行至3号柱上方，架桥机即可进入纵移作业程序。

(3) 施工技术要求。

① 拆卸、运输、组装过程中应保持各结构件连接面的整洁，必要时对连接面进行包装、然后运输。

② 拆卸下的摩擦板、连接用的高强螺栓不允许重复使用，应更换新的钢结构用高强螺栓，并根据螺栓厂家提供的摩擦因数重新计算拧紧力矩。

③ 拆卸时应对液压管路进行密封处理，并作必要的包装捆扎。

④ 拆卸时应对拆卸部位的电缆进行必要的捆扎。

(4) 安全操作规范。

① 架桥机的拆卸和组装应按照相关起重作业技术规范进行。

② 架桥机恢复后应进行试运转。

3. 曲线架梁作业

JQ900A型架桥机在曲线路段架梁作业时，通过2号柱的横移机构使架桥机实现摆头，从而使1、2、3号柱都能在线路附近，起重小车的横移机构可以满足箱梁落梁就位的要求。

(1) 具体作业步骤。

架桥机架梁完毕，按正常纵移方式将架桥机纵移过孔。到位后支撑2号柱，提起1号柱下伸缩柱，1号柱悬挂在机臂下耳梁上。2号柱支腿总成的横移机构动作，使机臂向线路曲线内侧摆头，将架桥机位置调整到适合架梁状态。支撑2号柱支腿油缸，使2号柱支腿总成的横移底架回中位，支垫好2号柱支撑枕木，收起支腿油缸，2号柱支撑在枕木上。2号柱支腿总成横移动作如图8-119、图8-120所示。

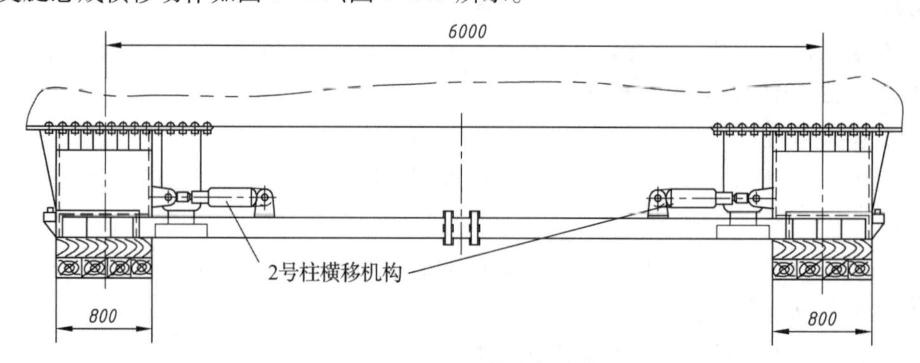

图8-119　2号柱横移示意图

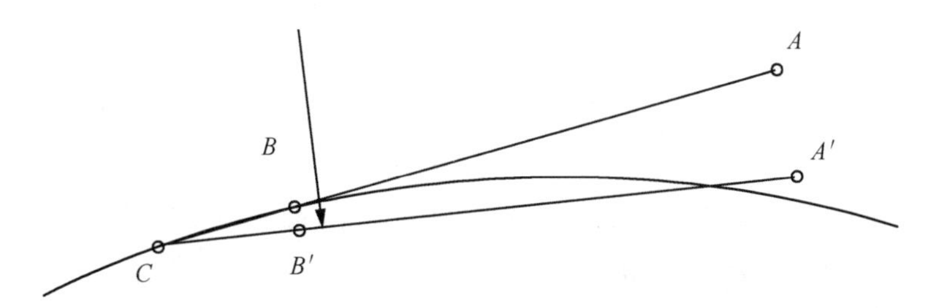

图中：A、B、C 为架桥机的 1、2、3 号柱中心点。A'、B' 为架桥机横移摆头到位后 1、2、3 号柱中心位置。$AB = A'B' = (1.6 + L)$ m；$BC = B'C' = 23.6$ m。其中，L 为架设箱梁跨度。

图 8-120　架桥机摆头示意图

2 号柱支撑完毕，1 号柱纵移过孔。1 号柱沿机臂下耳梁走行至前方墩台并支撑，将 3 号柱由窄式支撑转换成宽式支撑，架桥机即完成曲线路段纵移过孔作业，处于待架梁状态。

（2）施工技术要求。

架桥机架梁完毕进行纵移作业程序。

① 提升 3 号柱，摆动走行轮组并成窄式支撑。

② 拆除起重小车吊杆下螺母，取下垫板。提升起重小车吊具，2 号起重小车后退至机臂尾部，1 号起重小车后退 7.0 m。

③ 回缩 1 号柱插销油缸，拔出 1 号柱与机臂间的定位销轴，拉好 1 号柱防护缆绳。

④ 支撑 2 号柱支腿油缸，拆除 2 号柱支撑枕木，收回 2 号柱支腿油缸。

⑤ 架桥机开始纵移，1 号起重小车同步后退。

⑥ 2 号柱纵移到位（纵移过程中需变换 1 号柱防护缆绳固定位置，使 2 号柱能越过 1 号柱防护缆绳，1 号起重小车亦后退至 2 号起重小车前），拆除 1 号柱防护缆绳。支撑 2 号柱支腿油缸，放置 2 号柱支撑枕木，收回 2 号柱支腿油缸，使 2 号柱支撑在枕木上。

⑦ 提升 1 号柱下柱体升降油缸，收回下伸缩柱，1 号柱悬挂在机臂下耳梁上。

⑧ 2 号柱支腿总成的横移机构横向移动，使架桥机机臂摆头到位。支撑支腿油缸，使 2 号柱横移底架回中位，连接好 2 号柱支腿与横移底架间连接螺栓。

⑨ 1 号柱纵移走行过孔，运行到前方墩台（架设最后一孔箱梁时，1 号柱与机臂的连接位置应前移 400 mm）后伸出插销油缸，将 1 号柱定位插销插入机臂上定位支座。

⑩ 伸出折叠柱支撑油缸，1 号柱在桥墩中心前方 600 mm 处支撑（架设最后一孔箱梁时，1 号柱支撑在桥台上，距桥台中心 1 000 mm。拆下下柱体，将下柱体放在桥台上，伸出上柱体的伸缩柱，支撑在桥台上）。

⑪ 将 1、2 号起重小车运行到 2 号柱前，提升并摆动 3 号柱，使 3 号柱成宽式支撑。

⑫ 起重小车后退至取梁位置，架桥机完成纵移作业，处于待架梁状态。

（3）安全操作规程。

① 架桥机纵移前应确认 3 号柱变换成窄式支撑。

② 架桥机纵移前应确认 2 号起重小车已退回至机臂尾部，1 号起重小车后退了 7.0 m。

③ 架桥机纵移前应确认 1 号柱和机臂间定位插销已拔出，防护拉杆和防护缆绳已拉好。

④ 架桥机纵移前应确认 2 号柱支撑枕木拆除、支腿油缸缩回。1 号柱防护拉杆和防护缆绳就位前,严禁拆除 2 号柱支撑枕木!

⑤ 架桥机纵移到位,2 号柱支撑完毕前严禁拆除 1 号柱拉杆和防护缆绳! 2 号柱支撑枕木应平整严实。

⑥ 2 号柱横移机构横移前,应确认 1 号柱已经悬空,防护拉杆和缆绳已经拆除;2 号柱支腿和横移底架间的连接螺栓已拆除。

⑦ 架桥机机臂摆头到位后,应使 2 号柱支腿总成的横移底架回移至中位,必须连接好 2 号柱支腿和横移底架间的连接螺栓。

⑧ 1 号柱纵移前,应确认 2 号柱支撑枕木支牢垫实。

第五节　架桥机的检查、维护及故障处理

一、JQ900A 型架桥机的检查和维护

经常的检查和维护是保证架桥机和运梁车正常工作、安全作业、延长使用寿命的重要条件,使用中必须做好架桥机、运梁车的检查、维护和保养工作。

(一) 检查和维护注意事项

(1) 检查、维护和保养工作一定要按时进行。

(2) 检查和维护时应将发动机熄火,在无负载条件下进行,不允许在架桥机、运梁车作业时进行维护和检修。

(3) 检查和维护保养时,应在司机室门上悬挂“检查、维护”警示牌。

(4) 所有控制手柄、开关均应处于零位。

(5) 液压系统的检查和维护应尽可能在室内少尘埃的环境中进行。

(二) 液压系统的检查和维护

(1) 经常擦拭与清除液压元件、管路、接头等处表面的油污或尘土,使之保持清洁,这样易于观察液压系统有无泄漏。若发现泄漏,应及时处理。

(2) 应经常注意观察液压系统的温升。管路或元件表面如有脱漆,油中有烧焦味,油液变稠等现象,都是过热的表现。可用温度计直接测量油箱中的油液温度,一般不超过 60 ℃。若油温异常升高,要及时查明原因,排除故障。

(3) 经常检查油箱内液面高度,若高度不够,要及时补油。定期更换油液,更换液压油时必须清洗油箱。

(4) 定期检查液压系统的所有管路,金属管有无损坏,软管有无扭结、擦伤及过度弯曲。

(5) 经常检查有无不正常的声响,若噪声过大及油温过高,可能是油泵磨损。

(6) 定期用流量计检查油泵的工作流量。

(7) 为了保证工作油液的清洁,对油液的存储、转运应十分注意,加油时必须按要求进

行过滤。

(8) 冬季应注意防冻,换用低黏度的液压油。

(9) 必须定期清洗滤清器。

(10) 定期检查和调整液压系统的工作压力。

(三) 机械系统的检查和维护

(1) 检查前确认电源已断开,不允许带电作业。

(2) 检查常用工具和易损备件的完好情况。

(3) 检查各部连接螺栓、销轴、开口销、卡板等是否有松动或脱落现象。当销轴和开口销磨损严重时,应及时更换。

(4) 检查各部结构有无过度磨损、严重变形等情形。

(5) 检查各部焊接是否有开裂现象,尤其是起吊受力部位。

(6) 检查各部钢丝绳润滑是否良好,是否有断丝及磨损过度情况,有无窜槽或重叠缠绕,自由松紧度是否合适。

(7) 检查链条润滑情况,链节是否有裂纹及过度磨损情况,链条自由松紧度是否合适。

(8) 检查各减速箱润滑油的油量,若油位过低,应补足。

(9) 定期对各润滑点进行润滑。

(10) 定期检查排绳器的运动、润滑情况,检查排绳器限位开关动作是否正常。

(11) 检查轮胎的磨损情况,若发现过量磨损,应及时更换。

(12) 检查并试验各制动器的制动情况,若有故障,应及时处理。

(四) 电气系统的检查和维护

(1) 电气柜及操作柜的电器元件操作频繁,而且负载较重,应定期检查各元件的磨损状况,随时修理更换,不要等完全不能用时才停机更换。各类保护元件,如热继电器损坏后应及时换上同型号的备用件,切不可省去不用。购买元件一定要认准定点正规厂家产品,避免使用不合格的电气元件。

(2) 可编程控制器安装在司机室操作柜内,对它不仅采取了防震措施,而且在其电源输入端使用了交流稳压器。使用时应重点定期检查各输出回路,即电气柜内各交流接触器线包两端的电阻、电容,若发现电阻或电容有损坏,应及时更换,以保护 PLC 输出回路的安全。另外,应经常检查交流稳压器的输出电压即 PLC 的交流输入电压,它的正常值为 220 V,变化范围为 160 ~270 V。

(3) 电线、电缆的维护。

当电线、电缆数量较多且大多暴露在户外时,应仔细维护。对电气系统进行日常保养,应切断电源后进行。

① 检查电线、电缆有无破损。

② 应经常调整滑线钢筋以保持张紧状态,钢筋上应定期涂抹适量黄油润滑。

③ 若滑线出现局部绞乱,应及时处理,重新排好,严禁强拉。

④ 各电线、电缆终端接线座应接触良好,对护套受损的电线、电缆应根据破损程度及时进行相应处理。

⑤ 安装在控制箱内的电气设备应经常使其保持正常状态，不要随意触动，以防事故发生。箱盖或箱门必须常闭，电器要保持清洁，不许受潮。

⑥ 检查各接线端子是否有松动现象。

⑦ 定期检查电器触头，若发现有烧结现象，应及时处理。

⑧ 经常检查电器触头压力，使电器各触头压力均匀。

⑨ 应对电器的转动部位定期润滑，以保证其转动灵活。

⑩ 经常检查电气设备上固定导线螺钉是否拧紧。

（五）柴油发电机组的检查和维护

柴油发电机组的检查和维护按《JL300 柴油发电机组使用说明书》进行，建议经常检查以下项目：

（1）机油量是否符合规定，有无污染。

（2）风扇和传动皮带张紧力是否适中，有无损伤。

（3）发动机起动性能、排气颜色是否正常，有无杂音和异味。

（4）缸盖温度、机油压力、机油温度等仪表工作是否正常。

（5）燃油系统有无泄漏，软管、配管有无损伤。

（6）支座紧固件有无松动、脱落。

二、JQ900A 型架桥机常见故障及处理

（一）液压系统常见故障及处理

液压系统常见故障及处理如表 8-3 所示。

表 8-3 液压系统常见故障及处理

故障现象	原因分析	处理方法
噪声大	1. 油泵空吸，滤油器堵塞；吸油管径太小或弯头过多；油温太低或黏度过高；油泵转速过高；油箱不透气；油路堵塞；阀类零件配合不好，动作失灵 2. 油中带泡沫，油箱内油面过低，回油位置在油面以上；油泵轴密封或吸油管路中接头漏气	1. 清洗或更换滤油器，改装吸油管；加温或更换液压油，降低油泵转速；加大油箱透气孔；检修油路，修复后更换阀类零件 2. 加油或改变回油位置，拧紧或更换新管接头
油温过高	1. 油箱内油面太低 2. 油的黏度不当 3. 系统压力过高 4. 油箱表面太脏，影响散热 5. 油泵内部损坏	1. 加油到适当高度 2. 选用适宜的液压油 3. 调整压力到规定值 4. 擦洗油箱表面，保持清洁 5. 检修或更换新零件
压力不足或无压力	1. 油泵转向不对或零件损坏 2. 油泵过度发热，油管吸入空气，油的黏度过低，冷却不良 3. 油泵电机功率低，联轴节发生故障 4. 从高压侧到回油侧发生泄漏；压力调整不当，安全阀失灵；油缸内壁、活塞杆或密封环损坏	1. 调整转向，修换零件 2. 紧固管路，更换液压油，使油冷却 3. 检查零部件，进行修理 4. 调整压力，清洗、修理或更换安全阀及油缸内损坏的零件

续表

故障现象	原因分析	处理方法
油缸爬行运动或对称油缸不同步	1. 系统中进入空气 2. 油缸中相对运动部件摩擦阻力过大或阻力变化 3. 两油缸泄漏不等 4. 两对称油缸阻力不一,油量不相等 5. 油液太脏,运动表面有污染物、杂质	1. 检查原因,排出空气 2. 检查和修正各运动部件的精度 3. 消除泄漏 4. 检查管路并修整 5. 清洗或更换新油

(二) 控制电气部分常见故障及处理

控制电气部分常见故障及处理如表8-4所示。

表8-4　控制电气部分常见故障及处理

故障现象	原因分析	处理方法
接触器、继电器和制动电磁线圈过热	1. 线圈额定电压与线路不符 2. 线圈暂载率与实际不符 3. 磁流通过的固定部分与活动部分之间存在间隙 4. 制动器或接触器弹簧没调好 5. 线圈擦伤或有导电尘埃,致短路	1. 更换线圈 2. 消除间隙 3. 调整弹簧 4. 更换线圈并保持清洁
磁路系统的噪声增大	1. 线圈过载 2. 磁流通路工作表面脏污 3. 磁路倾斜,装配不好	1. 调整弹簧压力 2. 清除污垢 3. 调整磁路方向,重新装配
触头熔结	1. 触头压力不足 2. 触头上有氧化膜或油污 3. 触头开断次数过多	1. 调整弹簧 2. 消除氧化膜、油污或更换触头 3. 更新触头
线圈损坏	1. 空气潮湿,含有腐蚀性气体 2. 机械方面的碰坏	1. 更换线圈,必要时换用经特殊绝缘漆处理的线圈 2. 整修或更换损坏的部件
衔铁吸不上	1. 线圈断线或烧坏 2. 可动部分被卡住 3. 机械部分转轴生锈或歪斜	1. 修理、更换线圈 2. 排除障碍物 3. 去锈上油,更换配件
主接触器不能接触	1. 开关未合上 2. 控制器手柄未回零位 3. 控制线路熔断器烧断 4. 线路无电	1. 接通电源 2. 使手柄回零位 3. 检查更换熔丝 4. 检查线路有无电压
运行中接触器掉闸	1. 触头压力不足 2. 触头烧坏 3. 触头污脏 4. 轨道不平,影响滑触线接触	1. 调整触头压力 2. 更换新件 3. 清洗触头 4. 修整轨道

续表

故障现象	原因分析	处理方法
控制器工作时卡塞、冲击、扳不动	1. 定位机构有毛病或凸轮卡住 2. 触头撑于弧形分支中 3. 触头烧结	1. 修理定位机构,排除卡滞故障 2. 调整触头位置 3. 修整或更新触头
限位开关不起作用	1. 接触系统没有调好 2. 限位开关连线短路或断路	1. 调整接触系统 2. 检修限位开关
电气柜中有火花	元件接触不牢	修理或更换接触不牢的元件
电机不能起动或起动困难	1. 断线 2. 保险丝熔断 3. 断路器断开 4. 电机接触器没有打开,控制系统故障 5. 起动电容器不能接通 6. 电机接线不正确 7. 电压或频率与设定的不一样	1. 检查和修复连接线 2. 更换保险丝 3. 检查断路器,如需要对其进行调节 4. 检查电机接触器控制系统,消除故障 5. 重新连线,选择较大的起动电容器 6. 改变接线 7. 改善电源电压条件,检查导线横截面
旋转方向错误	电机接线错误	调换两相位置
电机轰鸣且有较高的动力消耗	1. 错误绕线 2. 转子卡住	电机必须经专业维修人员修理或更换
保险丝熔断或断路器立即断开	1. 电缆短路 2. 电机短路 3. 电缆接线错误 4. 电机对地短路	1. 修复短路电路 2. 由专业人员修理 3. 纠正连线 4. 由专业人员修理
加载后有显著的速度衰减	1. 超载 2. 电压下降	1. 测量功率,使用较大的电机,在可能的情况下减小负载 2. 增加导线的横截面
电机过热(检查温度)	1. 过载 2. 强制冷却风扇没有工作 3. 环境温度过高 4. 电机是三角形连接,而不是星形连接 5. 导线接触不良(断续两相运动) 6. 保险丝熔断 7. 电源电压偏离额定电机电压10%以上,超高的电压尤其对低速电机有不利的影响	1. 测量功率,使用较大的电机,在可能的情况下减小负载 2. 检查接线,必要时重新接线 3. 减小功率 4. 改变连线 5. 修理接触不良 6. 确定原因,消除故障,更换保险丝 7. 把电源电压调整到额定电机电压
噪声太大	1. 轴承变形、变脏或损坏 2. 转动部件振动 3. 冷却通道上有外来物	1. 重新调准电机,检查轴承,如果需要进行更换 2. 消除起因,若需要的话,调整转动不平衡件 3. 清理冷却通道

（三）机械部分常见故障及处理

机械部分常见故障及处理如表 8-5 所示。

表 8-5　机械部分常见故障及处理

故障现象	原因分析	处理方法
制动器不能释放	1. 制动控制器的电压错误 2. 制动控制器故障 3. 因为制动垫磨损而超过最大允许工作气隙 4. 导线中的电压降 > 10% 5. 冷却不足或制动器过热 6. 制动线圈故障或短路	1. 调节至正确电压 2. 更换制动控制元件，检查制动线圈和开关 3. 检查工作气隙 4. 保证电源电压正常 5. 更换制动器 6. 更换控制元件，检查开关
不能制动	1. 工作气隙错误 2. 制动垫磨损	1. 检查并调整工作气隙 2. 替换制动盘
制动器运行延迟	制动器转接入交流电路中	制动器应在直流和交流电路中同时断路
制动器噪声	1. 由振动引起的传动装置磨损 2. 因错误调节变频器所引起的振荡扭矩	1. 检查设计 2. 根据使用说明书检查变频器参数
减速机异常导致的有规律的噪声	1. 转动研磨噪声——轴承损坏 2. 出现敲击噪声，啮合不规则	与减速机生产厂家联系
减速机异常导致的不规律的运转噪声	油被污染或油量不足	检查润滑油，如需要则更换润滑油
减速机漏油	密封损坏	与减速机生产厂家联系
减速机通气塞漏油	1. 油量太多 2. 通气安装不正确 3. 频繁冷起动（油产生泡沫）或油位太高	1. 修正油位 2. 正确安装通气塞 3. 将通气塞换成排气阀
电机转动时输出轴不转	减速机输出轴键连接破坏	检修输出轴键连接
工作时轴承发出较大声响	1. 轴承未压紧 2. 轴承损坏 3. 轴承盖紧固螺栓松动	1. 挫刮轴承盖或加垫片，保证轴承装配松紧适当 2. 更换损坏的轴承 3. 拧紧螺栓

复习题

一、单选题

1. TJ180 型铁路架桥机额定起重能力为(　　)。

A. 180 t　　B. 200 t　　C. 220 t

2. TJ180 型铁路架桥机用于架设跨度在(　　)以下的预应力钢筋混凝土 T 梁。

A. 20 m　　B. 24 m　　C. 32 m

3. TJ180 型铁路架桥机属于(　　)架桥机。

A. 单梁式简支型　　B. 双梁式简支型　　C. 单梁式悬臂型

4. TJ180 型铁路架桥机当曲梁与主梁锁定时,起重小车通过(　　)可在主梁上前后移动。

A. 蜗轮蜗杆传动　　B. 齿轮齿条机构　　C. 链传动

5. (　　)是支撑架桥机主梁的主要承载构件,安装在 1 号柱和 2 号柱上端的横梁上,通过行走滑轮与主梁连接。

A. 横移机械　　B. 曲梁　　C. 起重小车

6. TJ180 型铁路架桥机的(　　)安装在主梁前端下方,为两级伸缩、窄式门框架结构。

A. 0 号柱　　B. 1 号柱　　C. 2 号柱

7. 在 TJ180 型铁路架桥机 1 号柱下部横梁上安装有一台电动机,电动机通过(　　)可以使 1 号柱下的轨轮带动 1 号柱沿轨道横向移动。

A. 蜗轮蜗杆传动　　B. 钢丝绳牵引　　C. 链传动

8. TJ180 型铁路架桥机(　　)通过上横梁与后曲梁连接,柱身为四根可两级伸缩的立柱。

A. 1 号柱　　B. 2 号柱　　C. 3 号柱

9. TJ180 型铁路架桥机(　　)安装在主梁后端下方,通过框形连接支架与主梁连接。

A. 1 号柱　　B. 2 号柱　　C. 3 号柱

10. TJ180 型铁路架桥机(　　)配有转换节,用以改变柱脚外伸端方向,当采用较宽运梁车时,为方便运梁车通过,转换节将柱脚外伸端转向柱外侧。

A. 1 号柱　　B. 2 号柱　　C. 3 号柱

11. TJ180 型铁路架桥机液压系统共有(　　):0 号柱、3 号柱顶升及横移一套,2 号柱顶升及横移一套,1 号柱顶升及横移一套。

A. 1 套　　B. 2 套　　C. 3 套

12. TJ180 型铁路架桥机 1 号柱和 2 号柱横移油缸采用(　　)横移油缸,工作时受力均匀,运行平稳。

A. 单活塞杆　　B. 双活塞杆　　C. 柱塞式

13. 驮桥机过隧道时,走行时速不得超过(　　),机前有人带道,并配备人员监视驮桥机情况。

A. 5 km/h　　B. 6 km/h　　C. 7 km/h

14. JQ900A 型架桥机机臂前部下盖板设有变跨节点，提供(　　)不同的安装位置，满足架设 32 m、24 m、20 m 箱梁作业施工的需要。

A. 1 号柱　　B. 2 号柱　　C. 3 号柱

15. JQ900A 型架桥机的起重小车在机臂上走行，是通过(　　)运行的。

A. 齿轮齿条在机臂下耳梁上啮合方式

B. 液压缸驱动、钢丝绳拖拉方式

C. 液压马达驱动链条在机臂上拖拉方式

16. JQ900A 型架桥机的 1 号柱是架桥机的(　　)，支撑在前方墩台前半部支撑垫石上。

A. 前支腿　　B. 中支腿　　C. 后支腿

17. JQ900A 型架桥机 1 号柱共有四个托轮组，左右各两组，在机臂(　　)支撑机臂。

A. 后端下盖板腹板下方　B. 前端下盖板腹板下方　C. 前端下耳梁上

D. 后端下耳梁上

18. JQ900A 型架桥机的(　　)位于机臂中部，与机臂固结，是“龙门架”结构中的刚性支腿，为封闭的“O”形门架结构。

A. 1 号柱　　B. 2 号柱　　C. 3 号柱

19. JQ900A 型架桥机(　　)由升降柱、折叠机构、走行机构、液压悬挂均衡装置、转向机构等组成。

A. 1 号柱　　B. 2 号柱　　C. 3 号柱

20. JQ900A 型架桥机过孔走行速度控制在(　　)以内，且设置预减速措施，保证过孔作业安全。

A. 3 m/min　　B. 4 m/min　　C. 5 m/min

21. JQ900A 型架桥机 1 号柱各油缸装有(　　)，可使油缸平稳下降，并能使油缸在任意位置锁定。

A. 减压阀　　B. 平衡阀　　C. 顺序阀

22. 当 JQ900A 型架桥机 3 号柱泵站和小车泵站的补油压力小于(　　)时，严禁启动这部分泵站。

A. 2 MPa　　B. 2.3 MPa　　C. 2.5 MPa

23. JQ900A 型架桥机(　　)液压系统包括闭式走行回路和控制横移油缸、卷筒低速级制动器的开式回路。

A. 2 号柱　　B. 3 号柱　　C. 起重小车

24. JQ900A 型架桥机组装一般选择梁场进行，组装场地有效长度不小于(　　)。

A. 60 m　　B. 80 m　　C. 100 m

25. JQ900A 型架桥机纵移过孔时，确认 1 号柱与机臂间定位插销已(　　)，1 号柱与已架箱梁间的支撑已连接，防护缆绳已拉好。

A. 插入　　B. 拔出　　C. 连接

26. JQ900A 型架桥机纵移时，应在线路上划出(　　)走行路线，使该柱走行轮组沿线走行。

A. 1 号柱　　B. 2 号柱　　C. 3 号柱

27. 当 JQ900A 型架桥机 3 号柱变换支撑方式时，1、2 号起重小车应位于(　　)。

A. 2 号柱前方　　B. 2 号柱后方　　C. 3 号柱前方

28. 运梁车喂梁对位时应低速行驶，速度控制在(　　) 左右。

A. 3 m/min　　B. 4 m/min　　C. 5 m/min

29. 应在运梁车停车位置放置不低于(　　)mm 高的止轮器，防止运梁车因操作不当等原因继续前进。

A. 200　　B. 250　　C. 300

30. 当 JQ900A 型架桥机纵移过孔时，2 号起重小车处于机臂的(　　)。

A. 头部　　B. 中部　　C. 尾部

31. JQ900A 型架桥机在使用中每隔(　　)观察各滤清器是否堵塞。

A. 1 天　　B. 3 天　　C. 5 天

二、多选题

1. 架桥机根据结构形式，可分为(　　)。

A. 单梁式架桥机　　B. 双梁式架桥机　　C. 双悬臂式架桥机

D. 公铁路两用架桥机

2. TJ180 型铁路架桥机属于单臂简支型，主梁能(　　)，达到全幅梁片一次落梁到位。

A. 上下升降　　B. 前后伸缩　　C. 左右摆动

D. 整机可横向移动梁片

3. TJ180 型铁路架桥机的(　　)下装有横移轨道。

A. 0 号柱　　B. 1 号柱　　C. 2 号柱

D. 3 号柱

4. TJ180 型铁路架桥机(　　)柱体的横梁上安装有曲梁。

A. 0 号柱　　B. 1 号柱　　C. 2 号柱

D. 3 号柱

5. TJ180 型铁路架桥机起重小车的保护装置有(　　)。

A. 卷扬高度限位器

B. 天车沿主梁行程限位开关

C. 吊具限位行程开关和机械防撞块

D. 吊具组件防脱装置

6. JQ900A 型架桥机 1 号柱液压系统的执行元件有(　　)。

A. 左右插销油缸　　B. 左右上升降油缸　　C. 左右下升降油缸

D. 左右折叠油缸

7. JQ900A 型架桥机(　　)液压系统中有左右折叠油缸。

A. 1 号柱　　B. 2 号柱　　C. 3 号柱

D. 起重小车

8. 对架桥机进行检查、维护和检修时,应在(　　)条件下进行。

A. 发动机熄火　　B. 无负载　　C. 架桥机不作业

D. 运梁车不作业

三、判断题

1. 当TJ180型铁路架桥机的起重小车与曲梁锁定时,小车可通过钢丝绳牵引驱动主梁前移后退。(　　)

2. TJ180型铁路架桥机的横移机构一端通过螺栓连接在曲梁上部,另一端与支腿柱体上的横梁栓接。(　　)

3. TJ180型铁路架桥机1号柱通过上横梁与前曲梁连接,柱身为两根可两级伸缩立柱。(　　)

4. TJ180型铁路架桥机的起重小车通过轮组挂在主梁上方耳梁上。(　　)

5. TJ180型铁路架桥机的走行机构电机驱动采用交流变频调速技术,使得起重小车走行及横移电机在各种工况下软启动、软停止。(　　)

6. 架桥机组装前一定要按照装箱单清点部件、备料,确保零件清洁,无杂污,无遗漏。(　　)

7. 当TJ180型铁路架桥机横向调整梁片时,横移距离较长并且落梁位置位于轨道中部,宜采用曲梁横移机构的油缸推动主梁横移。(　　)

8. 当TJ180型铁路架桥机架T梁需要横向微调时,一般采用1号柱和2号柱走行机构横移调整。(　　)

9. 当TJ180型铁路架桥机架设边梁时,先走行横移,1号柱、2号柱走行至横移轨道最外侧垫墩处,再利用曲梁上横移油缸推动曲梁、机臂,直至梁片正对落梁位置时停止。(　　)

10. 当TJ180型铁路架桥机转场后,开始架首跨梁时,需要将走行状态的1号柱加装调整节转换成架梁状态。(　　)

11. 当TJ180型铁路架桥机在架设首跨梁时,需要将1号柱的调整节去掉,使其支撑到桥台上。(　　)

12. 当TJ180型铁路架桥机在架末跨梁时,需要将1号柱的调整节装上,使其支撑到桥台上。(　　)

13. 当TJ180型铁路架桥机在短距离转场时,可采用运梁车进行转场。(　　)

14. 当TJ180型铁路架桥机在长距离转场时,可采用架桥机自行爬行的方式转场。(　　)

15. 当驮架桥机过隧道时,隧道内应有足够的照明、通风、通信设施。(　　)

16. 当TJ180型铁路架桥机架曲线桥时,首先根据曲率计算2号柱摆放位置,使2号柱横移轨道与1号柱横移轨道平行。(　　)

17. JQ900A型架桥机起升机构采用变频器无级调速,平稳可靠。(　　)

18. JQ900A型架桥机起重小车走行驱动采用定量泵-定量马达系统,调速范围较大,

可以进一步提高作业效率。(　　)

19. JQ900A 型架桥机起重小车高速轴采用液压盘式制动器作为常规运行制动,低速级采用液压推杆制动器作为紧急制动。(　　)

20. 当 JQ900A 型架桥机纵移作业时,1 号柱与机臂之间可相对运动,实现架桥机步履纵移。(　　)

21. JQ900A 型架桥机 2 号柱两支腿下设有横移机构,通过横移油缸推动 2 号柱带动机臂摆头,从而横向调整架桥机位置,适应曲线架梁需要。(　　)

22. JQ900A 型架桥机架完 100 孔梁后,应对架桥机 5 个液压泵站的油箱进行全面清洗。(　　)

23. JQ900A 型架桥机每架 10 孔梁后,应对液压系统进行全面清洗。(　　)

24. JQ900A 型架桥机电气系统能直观地监视各项安全保护参数的动态变化,同时提供多媒体声像报警。(　　)

25. 当 JQ900A 架桥机组装作业时,可利用运梁车和梁场的龙门吊进行。(　　)

26. 当 JQ900A 型架桥机在组装时,在机臂组装过程中,驮运支架的升降架要升到最高位。(　　)

27. JQ900A 架桥机起重小车组装好后,将其吊装至机臂上,1 号起重小车放置在前驮架前,2 号起重小车放置在后驮架后,并应及时安装拖拉链条,防止起重小车在机臂升高过程中滑动。(　　)

28. 当 JQ900A 型架桥机 1、2、3 号柱安装时,要起升驮运支架,将机臂升至作业高度,并在 1、2、3 号柱处搭放装配作业平台。(　　)

29. JQ900A 型架桥机 1、2、3 号柱安装顺序为先装 1 号柱,再装 2 号柱,最后装 3 号柱。(　　)

30. 架桥机在梁场组装完毕,由运梁车驮运至架梁工地前必须进行试运转,第一次架梁前必须根据国家相关规定进行试验,合格后方可进行架梁作业。(　　)

31. 架桥机组装系高空作业,所有作业人员应戴好安全帽,佩带安全带,注意防滑,防止事故发生。(　　)

32. JQ900A 型架桥机长距离转场,可采用架桥机自行爬行的方式。(　　)

33. JQ900A 型架桥机长途运输,可通过运梁车运输。(　　)

34. 当 JQ900A 型架桥机由运梁车驮运至架梁工地时,应对 1 号柱、2 号柱下横梁进行适当的捆绑固定,防止驮运时晃动影响行驶。(　　)

35. 运梁车驮运 JQ900A 型架桥机抵达桥头时应低速行驶,保证架桥机中心线与线路中线重合。(　　)

36. 架桥机对位时,应在桥头路基上做停车标记,以便架桥机准确就位。(　　)

37. 运梁车停车对位后应打好止轮器,支撑好运梁车前后支腿。(　　)

38. 长途运输架桥机时,需要大解体,由于通过公路或铁路运输车辆运输,故不需要派专人监运。(　　)

39. 架桥机司机的每一次操作只服从队长的口令,只有队长才有权叫司机停车。(　　)

40. 架梁作业开始时，所有在岗人员不能关闭手机，以保证信息畅通。（　　）

41. 架桥作业时，对讲机用于现场指挥交流通信，禁止将对讲机用于聊天等与操作及安全无关的用途，以免占用频道。（　　）

42. 超过六级风时严禁架梁作业，夜间严禁架梁，雨雪天最好不要架梁。（　　）

43. 运梁车喂梁对位时，在运梁车前端通过架桥机 3 号柱后，前司机室应转至车体侧面。（　　）

44. 运梁车喂梁对位时，应有专人观察运梁车及运送箱梁与 3 号柱走行轮组间的侧向间隙，严禁冲撞架桥机。（　　）

45. 吊梁运行及落梁过程中，支座垫石上、桥下禁止站人。（　　）

46. JQ900A 架桥机过孔时，纵移 1 号柱前应确认 1 号起重小车位于 2 号柱前方。（　　）

47. JQ900A 型架桥机架梁纵移过孔作业时，3 号柱应处于宽式支撑形式。（　　）

48. 每班进行架梁作业前应对架桥机进行日常保养与维护，必须对起升钢丝绳、吊杆、吊杆螺母、起重小车拖拉链条等进行检查。（　　）

49. 进行检查和维护保养时，应在司机室门上悬挂“检查、维护”警示牌。（　　）

50. 检查和维护架桥机时，控制手柄、开关均应处于工作位。（　　）

四、填空题

1. TJ180 型铁路架桥机的主梁是架桥机的主要承载部件，为__________形结构，整体由__________节单元梁通过销轴连接机构销接而成。

2. 架桥机是支撑在__________上，可沿纵向或横向自行变换支承位置，用于将预制梁梁体按照在__________位置来架设梁体。

3. TJ180 型铁路架桥机组装前的准备工作包括__________、__________和__________。

4. JQ900A 型架桥机为龙门式__________主梁__________支腿式结构。

5. JQ900A 型架桥机的机臂是架桥机的承载主梁，为__________结构，机臂两端通过__________连接在一起，构成长方形框架结构。

6. JQ900A 型架桥机机臂上盖板上铺设有起重小车__________轨道，上盖板内侧设有起重小车__________轨道。

7. JQ900A 型架桥机工作时，当环境温度低于__________时，使用前应对油液进行电加热，使其油温达到后__________方可工作。

8. JQ900A 型架桥机工作时，油温一般不应超过__________，特殊情况可为__________，当油温超过时应停机散热。

9. JQ900A 型电气系统由 1 号柱、2 号柱、3 号柱、__________、__________五个 PAC 子系统组成。

五、问答题

1. TJ180 型铁路架桥机由哪些部分组成？

2. 简述 TJ180 型铁路架桥机整机组装流程。

3．简述 TJ180 型铁路架桥机过孔流程。

4．简述 TJ180 型铁路架桥机架梁流程。

5．简述 TJ180 型铁路架桥机驮运转场过程。

6．简述 JQ900A 型架桥机的主要组成。

7．JQ900A 型架桥机组装完毕后，试运转项目有哪些？

8．简述 JQ900A 型架桥机架梁作业程序。

9．简述 JQ900A 型架桥机架设 32 m 等跨箱梁纵移作业程序。

10．简述 JQ900A 型架桥机由 32 m 变 24 m 跨架设箱梁纵移作业程序。

11．简述 JQ900A 型架桥机架设最后一孔梁纵移作业程序。

12．简述 JQ900A 型架桥机架梁完毕驮运作业程序。

参考文献

[1] 祁贵珍,刘厚菊.现代公路施工机械[M].3版.北京:人民交通出版社,2015.

[2] 李世华.施工机械使用手册[M].北京:中国建筑工业出版社,2014.

[3] 刘厚菊,丁乡.现代公路施工机械[M].北京:人民交通出版社,2014.

[4] 沈保汉,刘富华.第四讲 捷程MZ系列全套管钻孔咬合桩施工工艺(1)[J].施工技术,2006,35(8):97-98.

[5] 王其伟,飞鹏,陈德军.混凝土预应力智能压浆机原理及大循环智能压浆工艺实现[J].中国科技纵横,2019(15):115-116.

[6] 原贞华.MDEL300型轮胎式提梁机[J].建筑机械,2017(11):47-51.

[7] 代宇,吴耀辉,宫占斌.哈大铁路客运专线900 t双门轮轨式提梁机的研制[J].铁道标准设计,2009(11):62-64.

[8] 马玉敏,孟庆勇,张朋,等.TY900型运梁车[J].建设机械技术与管理,2010(9):61-63.

[9] 何清华.工程机械手册:桩工机械[M].北京:清华大学出版社,2018.